UNGARN-JAHRBUCH

Zeitschrift für interdisziplinäre Hungarologie

Herausgegeben von

Zsolt K. Lengyel

In Verbindung mit

Gabriel Adriányi (Bonn), Joachim Bahlcke (Stuttgart)
János Buza (Budapest), Holger Fischer (Hamburg)
Lajos Gecsényi (Budapest), Horst Glassl (München)
Ralf Thomas Göllner (Regensburg), Tuomo Lahdelma (Jyväskylä)
István Monok (Budapest), Teréz Oborni (Budapest)
Joachim von Puttkamer (Jena), Harald Roth (Potsdam)
Hermann Scheuringer (Regensburg), Andrea Seidler (Wien)
Gábor Ujváry (Budapest), András Vizkelety (Budapest)

Band 33
Jahrgang 2016/2017

Verlag Friedrich Pustet
Regensburg 2018

Ungarn–Jahrbuch. *Zeitschrift für interdisziplinäre Hungarologie*

Im Auftrag des Ungarischen Instituts München e. V.

Redaktion: Zsolt K. Lengyel

mit Florian Bucher, Krisztina Busa, Ralf Thomas Göllner

Der Druck wurde vom Nationalen Kulturfonds
(*Nemzeti Kulturális Alap, Budapest*) gefördert

Redaktion: Ungarisches Institut der Universität Regensburg, Landshuter Straße 4, D-93047 Regensburg, Telefon: [0049] (0941) 943 5440, Telefax: [0049] (0941) 943 5441, hui@ur.de, www.uni-regensburg.de/hungaricum-ungarisches-institut/

Beiträge: Publikationsangebote sind willkommen. Die Autorinnen und Autoren werden gebeten, ihre Texte elektronisch einzusenden. Die zur Veröffentlichung angenommenen Beiträge geben nicht unbedingt die Meinung der Herausgeber und Redaktion wieder. Für ihren Inhalt sind die jeweiligen Verfasser verantwortlich. Größere Kürzungen und Bearbeitungen der Texte erfolgen nach Absprache mit den Autorinnen und Autoren.

Bibliografische Information der Deutschen Nationalbibliothek
Die Deutsche Nationalbibliothek verzeichnet diese Publikation
in der Deutschen Nationalbibliografie; detaillierte bibliografische
Daten sind im Internet über http://dnb.dnb.de abrufbar

ISBN 978-3-7917-2811-7

Bestellung, Vertrieb und Abonnementverwaltung:
Verlag Friedrich Pustet, Gutenbergstraße 8, 93051 Regensburg
Tel. +49 (0) 941 92022-0, Fax +49 (0) 941 92022-330
bestellung@pustet.de | www.verlag-pustet.de
Preis des Einzelbandes: € (D) 44,– / € (A) 45,30 zzgl. Porto- und Versandkosten
Kündigung des Jahresabonnements nur schriftlich bis 1.10. zum Ende des jeweiligen Kalenderjahres

Einband-/Reihengestaltung: Martin Veicht, Regensburg
Einband: Stilisiertes ungarisches Staatswappen mit heraldischer Krone, 17./18. Jahrhundert
Ungarisches Institut München, Regensburg. Bibliothek, Sondersammlungen
Satz: Ungarisches Institut der Universität Regensburg
Druck und Bindung: Friedrich Pustet, Regensburg
Printed in Germany 2018

Diese Publikation ist auch als eBook erhältlich:
eISBN 978-3-7917-7182-3 (pdf)
ISSN 0082–755X

INHALTSVERZEICHNIS

Abhandlungen

Ágnes Póka
Ein Humanist in der Finanzverwaltung.
Die Beamtenlaufbahn von Georg Wernher (1497?–1556)   7

Szabolcs Varga
Die slawonische Aristokratie im 16. Jahrhundert.
Eine Skizze über ihren Aufstieg und Niedergang   25

Ágnes Fülemile
The *Odalisque*. Changes in the Meaning and Reception
of an Orientalising Fine Arts Theme in Europe and Hungary   45

Antal Szántay
Warum Akáts *Grüner* wurde?
Metamorphose, Theater und Freundschaft in der Goethezeit   153

Ákos Kárbin
Die Verhandlungen zwischen dem Deutschen Reich
und der Österreichisch-Ungarischen Monarchie
zum Zoll- und Handelsvertrag von 1891   201

Petra Balaton
The *Székely Action* (1902–1914).
The Example of Regional Economic Development
in the Austro-Hungarian Monarchy   223

Forschungsberichte

Norbert Pap – Máté Kitanics
Die Erforschung der *Türbe* von
Sultan Süleyman des Prächtigen bei Szigetvár (1903–2016)   237

Gyöngyi Kovács
Osmanische Festungen in Südtransdanubien.
Zur Erforschung von Szigetvár-Turbék   263

Mitteilungen

László Lukács
Über vergessene Bücher   283

Ralf Thomas Göllner
Von Visionen zu Taten.
István Graf Széchenyi, der Begründer des modernen Ungarn   291

Mária Rózsa
Zur Rezeption der Romane von Miklós Baron Jósika
in der deutschsprachigen Presse vor 1848   303

Balázs Ablonczy
Skizze über den ungarischen Turanismus   315

Besprechungen

Font, M.: *Völker – Kultur – Beziehungen. Zur Entstehung*
der Regionen in der Mitte des mittelalterlichen Europa.
(Wolfgang Kessler)   327
Pénz, posztó, piac, Gazdaságtörténeti tanulmányok
a magyar középkorról. (Antal Szántay)   329
„zu urkundt in das Stadbuch lassen einschreiben".
Die ältesten Protokolle von Hermannstadt und der
Sächsischen Nationsuniversität (1522–1565). (Wolfgang Kessler)   331
Malcher, G. J.: *Die Oxen-Connection. Die internationale*
Vermarktung von Ochsen – ein unbekannter Wirtschaftszweig
in Regensburg vom Mittelalter bis in die Neuzeit. (Antal Szántay)   332
Bahlcke, J.: *Gegenkräfte. Studien zur politischen Kultur*
und Gesellschaftsstruktur Ostmitteleuropas in der Frühen Neuzeit.
(Gábor Kármán)   333

Geschichte der ungarischen Literatur.
  Eine historisch-poetologische Darstellung.
  (Krisztina Busa)   335
Kultur und Literatur der Frühen Neuzeit im
  Donau-Karpatenraum. Transregionale Bedeutung
  und eigene Identität. (Wolfgang Kessler)   338
BALÁZS, É. H.: *L'Europe des Lumières /*
  Europa der Aufklärung. (Joachim Bahlcke)   339
OROSZ, I.: *A főnix és a bárány városa.*
  Tanulmányok Debrecen múltjából. (István Szabadi)   340
TRENCSÉNYI, B.. *A nép lelke. Nemzetkarakterológiai viták*
  Kelet-Európában. (Franz Sz. Horváth)   344
Krisen/Geschichten in mitteleuropäischem Kontext.
  Sozial- und wirtschaftsgeschichtliche Studien
  zum 19./20. Jahrhundert. (Wolfgang Kessler)   346
Textfronten. Perspektiven auf den Ersten Weltkrieg
  im südöstlichen Europa. (Franz Sz. Horváth)   348
UNGVÁRY, K.: *Tettesek vagy áldozatok?*
  Feltáratlan fejezetek a XX. század történetéből.
  (Franz Sz. Horváth)   350
CSERHÁTI, F.: *Magyarok a bajor fővárosban.*
  (Gabriel Adriányi)   353
A magyar püspökkari tanácskozások története
  és jegyzőkönyvei 1945–1948 között.
  (Gabriel Adriányi)   357
SZÉKELY, T.: *Vatikán, püspökök, kispapok.*
  Tiltás, tűrés, lázadás. (Gabriel Adriányi)   360
SCHUBERT, G.: *Was ist ein Ungar?*
  Selbstverortung im Wandel der Zeiten. (Mihai Márton)   365
Vier Jahre ungarisches Grundgesetz. (Michael Piesskalla)   367

Chronik

Der unterbrochene Sieg einer Unabhängigkeitsbewegung.
  Zum 60. Jahrestag des ungarischen Volksaufstands 1956.
  (Zsolt K. Lengyel)   371

János Arany 1817–1882. Eine deutsche Würdigung
   zum 200. Geburtstag. (Gudrun Brzoska)   377
Der namenlose Wohltäter und sein Erbe. Ansprache zur
   Gründung der Stiftung Ungarisches Institut. (Zsolt K. Lengyel)   391
Verlagswechsel bei der „Studia Hungarica"
   und dem „Ungarn-Jahrbuch". (Zsolt K. Lengyel)   393

Mitarbeiterinnen und Mitarbeiter des Bandes   395

Ágnes Póka, Budapest

Ein Humanist in der Finanzverwaltung
Die Beamtenlaufbahn von Georg Wernher (1497?–1556)

Einführung

Im 16. Jahrhundert erweiterten sich die Berufsmöglichkeiten für humanistische Intellektuelle in Ungarn. Während sie früher vor allem eine kirchliche Laufbahn eingeschlagen hatte, benötigte die neu strukturierte Verwaltung des unter habsburgischer Oberhoheit stehenden Königreiches immer mehr Regierungs- und Hofbeamte, Rechtsanwälte und Notare.[1] Unter den Intellektuellen stellten die Humanisten, die wegen des fehlenden königlichen Hofes in Ungarn bei aristokratischen Mäzenen oder in der Verwaltung Karriere machten, eine besondere Gruppe dar. Da sich Ferdinand I. gerne mit gebildeten Menschen umgab,[2] verwundert es nicht, dass auch in den neu gegründeten Regierungsämtern mehrere qualifizierte Humanisten ihren Lebensunterhalt verdienten. Das unter den ungarischen Regierungsämtern am meisten entwickelte Leitungsorgan war die obere Finanzverwaltung, die Ungarische Kammer mit Sitz in Preßburg (*Pozsony, Bratislava*). Dort waren im 16. Jahrhundert – um nur die bekannteren Namen zu nennen – Sigismund

---

[1] Gábor *Almási*: A respublica litteraria és a császári udvar a 16. század második felében. In: Aetas 20 (2005) 3, 5–37, hier 5, 34; Gábor *Almási*: The Uses of Humanism. Johannes Sambucus (1531–1584), Andreas Dudith (1533–1589), and the Republic of Letters in East Central Europe. Leiden/Boston 2009, 3–68, 99–144; Marianna *Birnbaum*: Humanists in a shattered world. Croatian and Hungarian Latinity in the sixteenth century. Bloomington 1986; Zsigmond *Jakó*: Az egyházi és világi értelmiség szétválása a feudális Erdélyben. In: Korunk 26 (1967) 2, 216–224, hier 216–217, 220; András *Kubinyi*: Polgári értelmiség és hivatalnokrétege Budán és Pesten a Hunyadi- és Jagelló-korban. In: Levéltári Közlemények 39 (1968) 2, 208–225; Erzsébet K. *Obermayer* – István Károly *Horváth*: Macedóniai László. Egy humanista élete és működése a Mohács körüli évtizedekben. In: Századok 93 (1959) 5–6, 773–799, hier 774; Károly *Vekov*: Az erdélyi reneszánsz és a mátyási modell. In: Korunk 3 (1998) 9, 12–25.

[2] *Almási*: A respublica litteraria, 12, 31–32, 34; Péter E. *Kovács*: Ferdinánd főherceg és Magyarország (1521–1526). In: Történelmi Szemle 45 (2003) 1–2, 25–44, hier 38.

von Herberstein, Miklós Gerendi, Tamás Nádasdy, Paul von Oberstein, Georg von Reichersdorffer, Ferenc Thurzó, János Újlaky oder János Zermegh tätig.[3]

Unter diesen Persönlichkeiten ragt Georg Wernher hervor. Er hatte als Wirtschaftsexperte, Humanist und Diplomat eine bedeutende Rolle im Ungarn des 16. Jahrhunderts inne. Trotzdem liegt keine wissenschaftliche Arbeit über alle Bereiche seiner Tätigkeiten vor.[4] Auch dieser Beitrag kann lediglich Wernhers Beamtenkarriere darstellen. Verglichen mit den übrigen Wernher-Biografien bringt er aber aus zweierlei Sicht Neues. Einerseits versucht er den aktuellen Kenntnisstand um Daten zu erweitern, die in der Fachliteratur verstreut auffindbar, aber in frühere Studien nicht aufgenommen wurden. Andererseits beschreibt er Wernhers bisher wenig bekannte Laufbahn in der Finanzverwaltung anhand zahlreicher neu erschlossener Quellen.[5]

Jugend und Studienzeit

Georg Wernher wurde im schlesischen Patschkau (*Paczków*) geboren.[6] Das Geburtsdatum ist nicht bekannt; die Fachliteratur akzeptiert Gustav Bauchs

---

3   Lajos *Gecsényi*: Egy kamarai tisztviselő a XVI. században. Nagyváthy Ferenc. In: Turul 72 (1999) 3–4, 77–83, hier 77; Lajos *Gecsényi*: A Magyar Kamara tanácsosainak összetételéről a XVI. században. In: A történelem és a jog határán. Tanulmányok Kállay István születésének 70. évfordulójára. Hg. Tibor Seifert. Budapest 2001, 55–70, hier 61.

4   Seit dem 18. Jahrhundert erschienen zusammenfassende Beschreibungen des Lebens Wernhers in Form von Lexikonbeiträgen: Ian Daniel *Ianocki*: Ianociana sive clarorum atque illustrium Poloniae auctorum maecenatumque memoriae miscellae. I. Lipsiae/Varsaviae 1776, 298–301; Stephanus *Weszprémi*: Succinta medicorum Hungariae et Transilvaniae biographia. Centuria prima [...]. I. 1774, 199–207. Ab Ende des 19. Jahrhunderts wurden auch mehrere längere Biografien publiziert: Jana *Balegová*: Humanista Jerzy Werner – Wychowanek akademii Krakowskiej. In: Zeszyty Naukowe Uniwersytetu Jagiellońskiego MCCCX-VIII – 2011. Prace Historyczne z. 138, 83–95; Gustav *Bauch*: Georg Werner. In: Zeitschrift des Vereins für Geschichte Schlesiens 32 (1898) 82–104; Zoltán *Csepregi*: Bújócskázó életrajz. Wernher György (1490?–1556) hányatott ifjúsága. In: Acta Historiae Litterarum Hungaricarum 29 (2006) 41–46; Tünde *Katona*: Georg Wernher – ein oberschlesischer Humanist. Sein Schaffen für Ungarns Kultur und Literatur. In: Gerhard Koselleck: Oberschlesische Dichter und Gelehrte vom Humanismus bis zum Barock. Bielefeld 2000, 267–279; Elfriede *Rensing*: Georg Wernher (1490?–1556), Präsident der Zipser Kammer. In: Jahrbuch des Graf Klebelsberg Instituts für ungarische Geschichtsforschung in Wien 3 (1933) 31–58.

5   Aus einschlägigen Beständen des ungarischen und des österreichischen Staatsarchivs: Magyar Nemzeti Levéltár Országos Levéltára, Budapest [im Folgenden: MNL OL]; Österreichisches Staatsarchiv, Haus-, Hof- und Staatsarchiv, Wien [im Folgenden: ÖStA HHSTA]; ÖStA Finanz- und Hofkammerarchiv, Hofkammerarchiv [im Folgenden: FHKA HKA].

6   *Bauch*: Georg Werner, 82; Jana *Balegová*: A sárosi vár Werner György idejében. In: Műemlékvédelem 45 (2001) 3–4, 167–171, hier 168; Jan-Andrea *Bernhard*: Konsolidierung

Annahme, wonach Wernher im letzten Jahrzehnt des 15. Jahrhunderts geboren worden sei.[7] Sein Vater war aller Wahrscheinlichkeit nach Martin Wernher, denn Wernher wurde als Gregorius [!] Martini de Paczkovia in die Matrikel der Universität Krakau (*Kraków*) eingetragen.[8]

Nach einer Hypothese Rensings habe Wernher seine frühen Studien im oberschlesischen Nysa absolviert.[9] Der neuesten Fachliteratur zufolge habe er jedoch das Gymnasium in Patschkau besucht.[10] 1511 begann er seine Universitätsstudien in Wittenberg[11] und setzte sie zwischen 1512[12] und 1514[13] fort. Als Wanderstudent (*Peregrinus*) ging er an die Universität Krakau, ließ sich im Wintersemester 1514/1515 immatrikulieren[14] und erwarb 1519 den Titel

---

des reformierten Bekenntnisses im Reich der Stephanskrone. Ein Beitrag zur Kommunikationsgeschichte zwischen Ungarn und der Schweiz in der frühen Neuzeit (1500–1700). Göttingen 2015, 207; *Contemporaries of Erasmus: a Biographical Register of the Renaissance and Reformation*. III. Hgg. Peter G. Bietenholz, Thomas B. Deutscher. Toronto [u. a.] 1987, 438; Laura *Erdősi*: Wernher: De admirandis Hungariae aquis. In: Az Országos Orvostörténeti Könyvtár Közleményei 29 (1963) 103–168, hier 103; *Ianocki* 299; *Katona* 267; Gábor Farkas *Kiss*: Humanist ethics and urban patriotism in Upper Hungary at the turn of 15th-16th centuries (Valentine Eck's De reipublicae administratione). In: Whose love of which country? The Intellectual History of Patriotism and the Legacy of Composite States in East-Central Europe. Hgg. Balázs Trencsényi, Márton Zászkaliczky. Leiden 2010, 131–148, hier 136; *Rensing* 32; Jenő *Szűcs*: A szepesi kamarai levéltár. Budapest 1990, 8.

[7] Bauch folgerte anhand der Studienjahre auf das Geburtsdatum. *Bauch*: Georg Werner, 82; *Rensing* 32; Borbála Benda und Peter Faix nennen zwar das Jahr 1497, aber sie liefern dafür keinen bibliografischen Hinweis, so dass die Angabe nicht als authentisch anzusehen ist. Borbála *Benda*: Étkezési szokások a magyar főúri udvarokban a kora újkorban. Szombathely 2014, 287; Peter *Faix*: Spis'v dielach Juraja Wernera. Spis'v continuite casu. zostavil: Peter Svorc. Presov [u. a.] 1995, 68.

[8] *Balegová*: A sárosi vár, 169; Adam *Chmiel*: Album studiosorum universitatis Cracoviensis. II. (Ab anno 1490 ad annum 1515). Cracoviae 1892, 158; *Contemporaries of Erasmus* 438; *Csepregi* 42. Die Vaterschaft des von *Rensing* 32 genannten Thomas Wernher von Pomigesdorff halte ich für wenig wahrscheinlich, dieser kommt nämlich in einem Dokument aus 1473 als Zeuge vor, was – sofern er nicht sehr jung war – einen viel zu großen Altersunterschied ergibt.

[9] *Katona* 267; *Rensing* 33.

[10] *Bernhard* 207. *Katona* 267 meint, Wernher habe die Grundschule in seiner Heimatstadt und lediglich das Gymnasium in Neisse besucht.

[11] *Csepregi* 42; Karl Eduard *Förstemann*: Album Academiae Vitenbergensis. Leipzig 1841, 39; Bauch: Georg Werner, 82, erwähnt, dass Wernher sich für das Wintersemester 1511 immatrikuliert habe.

[12] *Contemporaries of Erasmus* 438.

[13] 1511–1514: *Bauch*: Georg Werner, 82.

[14] *Balegová*: Humanista, 84; *Bauch*: Georg Werner, 82; *Contemporaries of Erasmus* 438; *Metrica seu Album Universitatis Cracoviensis a. 1509–1551. Bibliotheca Jagellonica cod. 259*. Ed. Antonius Gąsiorowsky [u. a.]. Varsoviae 2010, 60, 451; Ulászló *Szumowski*: Az orvostudomány története. III. Budapest 1939, 523;

baccalaureatus artium.[15] Nach Rensing soll sich Wernher im selben Jahr an der Universität Wien immatrikuliert haben.[16] Zoltán Csepregi hat aber nachgewiesen, dass sein Name in keiner Ausgabe der Matrikel erscheint.[17] Ein Universitätsstudium nach 1519 scheint umso unwahrscheinlicher, als Wernher keinen Magistertitel erlangt hatte: Die Quellen führen ihn zumeist als *baccalaureus* an (davon unabhängig hätte er, wie viele andere, einige Semester ohne Graduierung studieren können). Als Magister wurde er lediglich während seiner Amtszeit als Rektor in Preschau (*Eperjes, Prešov*) bezeichnet, was sich möglicherweise damit erklären lässt, dass der Titel seiner beiden Amtsvorgänger aus Gewohnheit auf ihn übertragen wurde.[18] Gegen die Wiener Studien spricht auch, dass gleichzeitig in Krakau Wernhers Elegie zum Tod seines vermutlichen Patrons, dem Breslauer Bischof Johannes Thurzó, sowie zwei Hendekasyllaben zum neuen Werk „De versificandi arte" seines Freundes Valentin Eck erschienen sind.[19]

István Weszprémi erwähnt in seinem Werk zur Medizingeschichte des 18. Jahrhunderts Wernhers medizinische Kenntnisse. Weszprémi schloss anhand eines einzigen Belegs auf Wernhers medizinisches Wissen, und zwar aus

---

[15]   Wernher immatrikulierte sich 1511 an der Universität Wittenberg und erwarb das Baccalaureat interessanter Weise erst 1519 in Krakau. Dieser Umstand wirft die Möglichkeit auf, dass in den Matrikeln zwei Georg Wernhers im gleichen Alter verzeichnet sind; darauf weist auch *Csepregi* 42 hin. Vgl. *Bernhard* 207; *Erdősi* 104; *Katona* 268; *Kiss* 136; Jósef *Muczkowski*: Statuta nec non liber promotionum philosophorum ordinis in universitate studiorum Jagellonica ab anno 1402 ad annum 1849. Cracoviae 1849, 168; *Rensing* 33; *Szumowski* 523; *Szűcs* 8. Nach *Bauch*: Georg Werner, 82–83, erwarb Wernher das Baccalaureat 1519 in Krakau, und zwar als Fünfter von 17 Kandidaten. Der Abschluss in Krakau wird ohne Jahresangabe erwähnt von *Balegová*: Humanista, 86; *Contemporaries of Erasmus* 438; *Metrica seu Album Universitatis Cracoviensis* 451; Béla *Iványi*: Eperjes szab. kir. város iskolaügye a középkorban. Budapest 1911, 5.

[16]   *Rensing* 33.

[17]   Ebenda; *Die Matrikel der Universität Wien. III: 1518/11–1579/1.* Bearb. Franz Gall, Willy Szaivert, 1–2. Lieferung. Wien [u. a.] 1959–1971. *Bernhard* 207 übernimmt Rensings Angabe, er kennt Csepregi offensichtlich nicht. Ich selbst habe Wernher in den folgenden Werken nicht gefunden: Vilmos *Fraknói*: A hazai és külföldi iskolázás a XVI. században. Budapest 1873; Károly *Schrauf*: A bécsi egyetem magyar nemzetének anyakönyve 1453-tól 1630-ig. Budapest 1902; Krisztina *Kissné Bognár*: Magyarországi diákok a bécsi tanintézetekben 1526–1789. Budapest 2004; *Speculum academicum Viennense seu magistratus antiquissime et celeberrissime universitatis Viennensis, a primo ejusdem auspicio ad nostra tempora chronologice historice et lemmatice exhibitus a D. Joanne Josepho Locher.* Viennae 1773; Anna *Tüskés*: Magyarországi diákok a bécsi egyetemen 1365–1526. Budapest 2008.

[18]   *Csepregi* 42–43.

[19]   Ebenda, 43; *Bauch*: Georg Werner, 82. Ausführlicher: *Katona* 277; Bálint *Lakatos*: Pannoniae luctus – egy humanista antológia és a törökellenes Habsburg-lengyel összefogás kísérlete, 1544. In: Irodalomtörténeti Közlemények 112 (2008) 259–286, hier 75; *Rensing* 34.

einem Brief von György Kapy aus dem Jahre 1538, in dem der Verfasser Wernher wegen eines Augenleides um Rat fragte, und dieser ihm eine alte Arznei empfahl.[20] Rensing und Balegová vermerken allerdings, dass Weszprémi nichts über eine tatsächliche ärztliche Tätigkeit Wernhers schreibt.[21] Weszprémi bringt noch einen Beleg aus dem Jahre 1539, der von späteren Wernher-Biografen nicht übernommen wurde: Die Bruderschaft der 24 königlichen Pfarrer bezeichnete Wernher 1539 als »Exzellenz«, wobei der Titel damals nur Ärzten vorbehalten war.[22]

Wernhers städtische Karriere

Nach Abschluss seiner Studien betätigte sich Wernher als Notar in Kronstadt (*Brassó, Brașov*). Zoltán Csepregi stellte mit Hilfe der Kronstädter Rechnungsbücher – teils anhand der Ähnlichkeit der Handschrift, teils durch seine spätere intensive Kommunikation mit Kronstadt – fest, dass Wernher zwischen Februar 1521 und Dezember 1523 als Schulleiter[23] (*scolasticus*) und Notar[24] (*publicus auctoritate apostolica notarius*) in der Stadt tätig gewesen war. Die beiden Ämter wurden in jener Zeit oft von der selben Person bekleidet, die im Auftrag der Stadt manchmal auch kleinere diplomatische Aufträge ausführte.[25] Wernhers Tätigkeit als Notar in Kronstadt hat die Verfasserin dieses Aufsatzes schon für eine frühere Periode belegt: 1519 kopierte und beglaubigte er eine Urkunde im Zusammenhang mit einem Darlehensgeschäft zwischen dem König und der Stadt.[26] Seine schulische Tätigkeit lässt sich dagegen erst ab 1521 nachweisen; davor war sein Vorgänger Mihály Fritisch Kronstädter Schulmeister.[27]

Anhand des Vorstehenden lässt sich die Behauptung der früheren Fachliteratur eindeutig widerlegen, wonach Wernher 1521 Hilfslehrer in Preschau

---

[20] *Bauch*: Georg Werner, 95–96; *Katona* 268; *Rensing* 33; *Weszprémi* 199–200.

[21] *Balegová*: Humanista, 86; *Rensing* 33.

[22] *Weszprémi* 200.

[23] *Csepregi* 43; *Lakatos* 2008, 273.

[24] *Csepregi* 43.

[25] József *Hörk*: Az eperjesi ev. ker. collegium története. Kassa 1896, 30. *Csepregi* 43 führt an: Quellen zur Geschichte der Stadt Kronstadt in Siebenbürgen. I–III. Rechnungen aus dem Archiv der Stadt Kronstadt. Kronstadt 1886–1896, I: 300, 302, 317, 321, 383, 398, 404, 408, 465, 482, 489, 500, 513, 522, 534.

[26] MNL OL U 467 Székely Nemzeti Múzeum, Barabás Samu elpusztult okleveleiről készült mikrofilmek, Nr. 247943.

[27] Remig *Békefi*: A népoktatás története Magyarországon. Budapest 1906, 378.

gewesen sei. Der gewisse »Georgius baccalaureatus«, der diesen Posten in Preschau bekleidete, kann nicht unser Wernher gewesen sein.[28] Mit der Datierung seiner Kronstädter Schulmeistertätigkeit bis Ende 1523[29] kann auch widerlegt werden, dass Wernher im selben Jahr Schulmeister in Kaschau (*Kassa, Košice*) war.[30] Nach den Jahren in Kronstadt siedelte Wernher nach Preschau über, um dort als Notar zu wirken. Rensing entdeckte Wernhers Handschrift ab 1524 in den Rechnungsbüchern von Preschau.[31]

Nach Rensing und seinen Anhängern soll Wernher im selben Jahr für kurze Zeit auch die Aufgaben eines königlichen Sekretärs wahrgenommen haben. Dieser Schlussfolgerung lag die folgende Anschrift zugrunde: »Ad Georgii Silesium regis Pannoniae a secretis«.[32] Es ist so gut wie sicher, dass »secretis« ursprünglich »secretariis« hieß. Der rekonstruierte Text bedeutet also »an den schlesischen Georg *von* den Sekretären des ungarischen Königs«, das heißt, die Adressierung ist kein Beweis dafür, dass Wernher (oder der ebenfalls aus Schlesien stammende Georg von Logau) königlicher Sekretär gewesen wäre. Dagegen spricht auch, dass die ungarischen Forscher der Epoche wie József Fógel, György Bónis und András Kubinyi keinen der beiden Männer unter den königlichen Sekretären erwähnen.[33]

In der Fachliteratur hat sich die Ansicht verbreitet, Wernher sei von 1525 bis 1526 oder 1527 Direktor der Schule in Preschau gewesen.[34] Hörk wider-

---

[28] *Hörk* 29–30; *Iványi* 5; *Rensing* 32, 34; *Szűcs* 8. Ohne Jahresangabe erwähnt wird Wernhers Schulmeisteramt in Preschau von János *Gömöry*: Eperjes és az Evangélikus Kollégium története. [O. O.] 1994, 23; *Erdősi* 104; *Kiss* 136; Péter *Kónya*: Evangélikus iskolák Sáros vármegye területén a 16. és a 19. században. In: Egyháztörténeti Szemle 15 (2014) 1, 74–104, hier 76.

[29] Siehe Anm. 24.

[30] *Bauch*: Georg Werner, 83; *Contemporaries of Erasmus* 438; *Erdősi* 104; *Rensing* 34.

[31] Keiner von ihnen verweist auf Archivnummern: *Csepregi* 44; *Katona* 269; *Faix* 71; *Rensing* 35. Für 1523: *Hörk* 30 (ebenda Anfang der Notartätigkeit auf 1524 datiert). Für 1525: János *Gömöry*: Az eperjesi ev. kollégium rövid története 1531–1931. Prešov 1933, 7. Für 1527: *Balegová*: Humanista, 87; Jenő *Zoványi*: A reformáció története Magyarországon 1565-ig. Budapest 1986, 132 [Nachdruck].

[32] *Rensing* 34–35. Siehe auch *Csepregi* 44; *Katona* 269; *Szűcs* 8.

[33] György *Bónis*: A jogtudó értelmiség a Mohács előtti Magyarországon. Budapest 1971, 317–329; József *Fógel*: II. Lajos udvartartása. Budapest 1917, 41–44; András *Kubinyi*: Királyi titkárok II. Lajos király uralkodása idején. In: Gesta 6 (2006) 1, 3–22.

[34] *Csepregi* 44; János *Gömöry*: Az eperjesi ág. hitv. ev. egyház keletkezésének története. In: Protestáns Szemle 40 (1932) 246–260, hier 249; *Lakatos* 273. Wernhers Schulmeisterstelle in Preschau auch ohne Jahresangabe erwähnt von *Gömöry*: Az eperjesi ev. kollégium, 7. Ab 1526: Judit V. *Ecsedy*: Az eperjesi nyomdászat kezdetei. In: Magyar Könyvszemle 118 (2002) 1, 10–23, hier 12; Péter *Kónya*: Sáros vármegye és iskolái 1918-ig. In: Sáros megyei diákok az európai egyetemeken 1387–1918. Hgg. László Szögi, Péter Kónya. Budapest 2012, 9–69,

legte diese Annahme, indem er feststellte, dass in der besagten Zeit Caspar Siebenbürger Schulmeister in Preschau war.[35] Gegen die Hypothese spricht auch, dass im Archiv von Preschau zahlreiche Briefe Wernhers aufbewahrt werden, in denen er sich auf seine früheren Briefe an seinen Freund, den Schulmeister, bezog. Ein weiterer Beweis ist, dass Wernher zwischen 1532 und 1539 als Beauftragter der Stadt Preschau viel Zeit in Prag, Olmütz (*Olomouc*), Wien, Preschau und anderen Städten verbrachte. Er war also viel zu oft unterwegs, um die Schule der Stadt leiten zu können.[36] Schließlich wird Wernher in den Urkunden des städtischen Archivs kein einziges Mal als Schulmeister genannt, obwohl zahlreiche Dokumente vorliegen, die ihn erwähnen.[37] Hörk erkannte den Grund für die Vermutung einer Schulmeistertätigkeit Wernhers in Preschau im folgenden Gedicht von Ioannes Bocatius (Johann Bock): »Hujus enim ludi quoque quondam rexit habenas / Wernherus, saecli laus satis ampla sui!«[38] Hörk schlussfolgerte, dass Wernher aller Wahrscheinlichkeit nach in Breslau (ungarisch *Boroszló* [!], vielleicht meinte er Kronstadt, ungarisch: *Brassó*) Schulmeister gewesen sei und eben deshalb im Auftrag des Stadtrates als Notar die Schule in Preschau beaufsichtigt habe.[39]

Wernher wurde um die Mitte der 1520er Jahre in die engere leitende Körperschaft der Stadt, den Inneren oder Kleineren Rat aufgenommen, das heißt, er wurde Geschworener (*iuratus*).[40] Nach Rensing soll Wernher um 1530 bereits Stadtrichter,[41] das heißt, der Vorsitzende des Inneren Rates, also eigentlich Vorsitzender der Geschworenen gewesen sein; er habe dieses Amt mindestens bis 1534 versehen oder aber es in diesem Jahr wieder erhalten.[42] 1535 war er nachweislich *centumvir*,[43] also Mitglied des Äußeren oder Großen Ra-

---

hier 25. Ab 1527: *Bauch*: Georg Werner, 83; *Hörk* 29; *Iványi* 5; *Muczkowski* 168; *Zoványi* 132. *Balegová*: Humanista, 88, setzt den Beginn der Schulleitertätigkeit auf 1540.

[35]   *Hörk* 30, 331.

[36]   Ebenda, 29–30.

[37]   Ebenda, 30.

[38]   Ebenda.

[39]   Ebenda.

[40]   *Balegová*: Humanista, 88; *Katona* 270; *Rensing* 37; *Szűcs* 8.

[41]   Wernhers Notar- und Geschworenenfunktion werden von *Katona* 269 und *Rensing* 35, 39 auf 1526/1527 datiert. Siehe auch *Balegová*: Humanista, 89; *Szűcs* 8.

[42]   Für 1531: Nach *Hörk* 30 wird Wernher 1531 im Elenchus der Stadt Bartfeld als Richter bezeichnet. Siehe noch *Bauch*: Georg Werner, 87; *Katona* 270; *Szűcs* 8; *Rensing* 40–41. *Balegová*: Humanista, 89, nennt ihn 1532–1533 Mitglied des Inneren Rates. Eine kontinuierliche Tätigkeit als Richter kann dementsprechend nicht belegt werden.

[43]   *Rensing* 41.

tes.[44] Rensing gibt ohne Quellenhinweis an, Wernher sei 1534 *tribunus plebis*, Oberhaupt des Großen Rates gewesen.[45] Nach Balegová war er 1534–1536 beziehungsweise 1538 Mitglied des Äußeren Rates,[46] was die Rechnungsbücher bestätigen. Wernher war nach Zeugnis der selben Quellen zwischen 1538 und 1544 erneut *centumvir*.[47] Anhand dieser Daten dürfte es als logisch erscheinen, dass er die Funktion des Stadtrichters 1534 aufgab und als Mitglied im Äußeren Rat weiterarbeitete. Allerdings war das Amt des Stadtrichters damals das höchste Amt in den Städten, weshalb die Übernahme der Funktion eines Geschworenen oder eines centumvirs einen Rückschritt bedeutet hätte. Die Frage könnte mit Recherchen im Archiv von Preschau beantwortet werden.

Wernher stellte sich 1528 in den Dienst von Tamás Szalaházy, der Bischof zu Wesprim (*Veszprém*) und Erlau (*Eger*), königlicher Kanzler sowie königlicher Statthalter war.[48] Rensing nimmt an, dass sie sich durch Wernhers Tätigkeit als Lehrer kennen gelernt hatten, dieser soll nämlich Szalaházys Neffen, Márton Kechety, in Preschau unterrichtet haben, der später ebenfalls zum Bischof von Wesprim ernannt wurde.[49] Wernher wurde gleichzeitig die Direktorstelle der Schule in Kaschau angeboten, Szalaházy nahm jedoch mit der Begründung dagegen Stellung, dass Wernher bereits in seinem beziehungsweise im Dienst des Königs stand.[50]

Rensing sprach Wernher auch die Kaschauer Schulleitung im Jahre 1529 zu.[51] Diese Angabe lässt sich allerdings nicht nachweisen. Der einzige überzeugende Beweis wäre der von Rensing aufgefundene Brief, in dem Wernher

---

[44] Győző *Ember*: Az újkori magyar közigazgatás története. Budapest 1946, 554.
[45] *Rensing* 41.
[46] *Balegová*: Humanista, 89.
[47] Státní oblastní archív v Prešove, Nr. 2336, Rechnungsbuch purum 1538, 3, 118, 212, 304, 402, 514, 602. Hier sei András Szabó für die großzügige Hilfe gedankt.
[48] *Egyháztörténeti emlékek a magyarországi hitújítás korából.* I: *1520–1529.* Hgg. Vince Bunyitay, Rajmund Rapaics. Budapest 1902, 403, Nr. 410. Das lateinische Original in: Lajos *ifj. Kemény*: A hazai iskolázás történetéhez. In: Történelmi Tár 12 (1889) 794–800, hier 797. Vgl. *Balegová*: Humanista, 88; *Csepregi* 44; *Bauch*: Georg Werner, 83; *Rensing* 36.
[49] »Ipsum Wernerum in nostris servitiis retinuimus.« *Rensing* 36 gibt keine Archivnummer an. Rensing erwähnt nach Béla Iványi noch einen zweiten Brief vom 22. Dezember 1528, in dem Szalaházy schrieb, er habe Wernher in seinen Dienst aufgenommen. Siehe auch *Lakatos* 276.
[50] Tamás Szalaházy, Bischof von Erlau, an die Stadt Kaschau. Buda, 11. September 1528. Das Regest in: *Egyháztörténeti emlékek a magyarországi hitújítás korából* 403, Nr. 410. Das bei *Rensing* 36 erwähnte lateinische Original in: *Katona* 269–270; *Kemény* 797. Für das Regest siehe auch *Békefi* 428.
[51] *Rensing* 36.

Herberstein über seine Arbeit als Schuldirektor berichten soll – zum Verbleib des Briefes liegen jedoch keine Angaben vor, und das Schreiben fehlt auch in Herbersteins Briefmappe, die mehrere Stücke seiner Korrespondenz mit Wernher enthält.[52] Allein die Tatsache, dass Wernher 1529 alle seine Briefe und 1530 sogar etliche in Kaschau datierte, ist an sich kein Beweis für eine Funktion als Kaschauer Schulmeister – er kann sich wegen wie auch immer gearteter Amtsgeschäfte in Kaschau aufgehalten haben.

Hingegen sprechen mehrere Quellen gegen Wernhers Funktion als Schulmeister in Kaschau. Aus dem Jahre 1527 ist ein Schreiben Wernhers an die Kaschauer Bürger erhalten, in dem er ihnen mitteilte, dass er den ihm angebotenen Schulmeisterposten nicht annehmen könne, weil die Preschauer ihn nicht gehen ließen.[53] Aus dem darauffolgenden Jahr ist der bereits erwähnte Brief Tamás Szalaházys bekannt.[54] 1529 verbrachte Wernher als Gesandter der Stadt Preschau mehrere Monate in Prag, so dass seine Tätigkeit in Kaschau praktisch unmöglich erscheint. Aus dem Jahre 1530 ist ebenfalls ein Brief Wernhers bekannt, in dem er den Bürgern von Bartfeld (*Bártfa, Bardejov*) mitteilte, dass er die Schulmeisterstelle »unter den gegenwärtigen schwierigen Umständen« nicht annehmen könne – was die Ausübung der Kaschauer Schulleitung im Jahre 1529 ausschließt: Man hätte ihm die erst vor kurzem und bestimmt aus gutem Grund aufgegebene Stelle wohl kaum erneut angeboten.[55] Aufgrund obiger Ausführungen ist davon auszugehen, dass Wernher 1527–1530 aus verschiedenen Gründen unmöglich als Schulmeister in Kaschau tätig gewesen sein kann.

Während seiner Tätigkeit in der Stadt vertrat Wernher mehrmals als Gesandter die Interessen von Preschau. Hier soll nur ein bedeutender Fall hervorgehoben werden: Es ist denkbar, dass Wernher bei diesem Anlass Ferdinand I. persönlich kennenlernte, dessen Bekanntschaft seine Laufbahn grundlegend beeinflussen sollte.[56] Wernher sprach nach einer Chronik von Caspar Hain im Sommer 1529 als einer der Gesandten des oberungarischen Städtebundes bei dem habsburgischen Herrscher und ungarischen König in

---

52 Österreichische Nationalbibliothek, Wien. Cod. 13597 [Nachträglicher Titel auf dem Vorderblatt:] „Briefe berichtet an den berühmten Staatsmann und Reisenden Sigmund von Herberstein in den Jahren 1502 bis 1561".

53 *Békefi* 418–419, Nr. CCLXI.

54 Siehe Anm. 50.

55 Wernher an die Stadt Bartfeld. Kaschau, 2. März 1530. In: *Békefi* 432, Nr. CCLXXXIX.

56 *Csepregi* 43; *Rensing* 37.

Prag vor.[57] Die Delegation hatte die Aufgabe, über die von den Soldaten verursachten Schäden zu berichten: Ende März 1528 waren 350 Landsknechte aus dem 4.000 Mann starken Herr des Obristfeldhauptmanns Hans Katzianer in Leutschau (*Lőcse, Levoča*) einquartiert worden, die der Stadt bis zu ihrem Abzug im Mai Schäden von beinahe 1.040 Gulden zufügten (einen Großteil der Summe machten die nicht beglichenen Darlehen aus).[58] Die Gesandten hatten übrigens keinen Erfolg.[59]

Im Dienst Ferdinands I. und der Ungarischen Kammer

Die beiden Jahrzehnte, in denen Wernher als Beamter der Ungarischen Kammer tätig war, gehörten bislang zu der am wenigsten bekannten Perioden seines Lebens, obwohl dazu Tausende von Dokumenten zur Verfügung stehen. Vielleicht schreckte gerade dieser Umstand die Forschung ab und war mit ein Grund dafür, dass in der Fachliteratur besonders viele falsche Informationen verbreitet sind. Von diesen seien hier nur einige reflektiert.

Wernher wurde vielleicht unter Mitwirkung Langs[60] Herberstein empfohlen.[61] Es war entweder der Vermittlung durch Herberstein oder andere Humanisten, gegebenenfalls durch Georg von Logau, Valentin Eck oder Caspar Ursinus Velius, oder eventuell der vorhin beschriebenen persönlichen Begegnung zu verdanken, dass Ferdinand I. auf Wernher aufmerksam wurde.[62] Von dort führte Wernhers Weg direkt in den Kammerdienst.

Das genaue Datum der Anstellung Wernhers bei der Ungarischen Kammer konnte nicht festgestellt werden, diesbezüglich sind wir auf Vermutungen angewiesen. Die Kenner seiner Biografie haben die Jahre 1533, 1534 und

---

[57]   *Rensing* 37. Fall erwähnt von *Bauch*: Georg Werner, 85; *Csepregi* 44–45; *Katona* 269.

[58]   István H. *Németh*: Végvárak, városok, hadseregszállítók. A felső-magyarországi városszövetség és a védelmi rendszer 1526–1593. In: Történelmi Szemle 42 (2000) 3–4, 203–243, hier 205.

[59]   *Bauch*: Georg Werner, 85; *Németh*: Végvárak, 205.

[60]   »A quo [Lang], insequenti tempore, Sigismundo Herbersteinio, Germanorum atque Hungarorum regis, Ferdinandi intimo, commendatus est validissime.« *Ianocki* 300.

[61]   *Rensing* 36 meint, Herberstein habe dem König Wernher als verlässlichen Experten in ungarischen Angelegenheiten empfohlen. In der mir bekannten Korrespondenz von Wernher und Herberstein liegt kein solcher Brief vor.

[62]   *Balegová*: Humanista, 89; Gustav *Bauch*: Walentin Eck und Georg Wernher. Zwei Lebensbilder aus der Zeit der Besitzergreifung Ungarns durch die Habsburger. In: Ungarische Revue 26 (1894) 40–57, hier 40; *Csepregi* 44.

sogar spätere Zeitpunkte angesetzt.[63] Der von József Hörk angeführte Brief vom 2. September 1533, in dem Wernher die Preschauer Bürger informierte, dass er auf Wunsch Ferdinands I. mit etwas Zögern ein Amt übernommen habe, fand offensichtlich keinen Eingang in die Wernher-Biografien.[64] Hörk schreibt außerdem, dass Wernher zum »königlichen (Einnehmer-) Kommissar« ernannt wurde.[65] Eine spätere Quelle berichtet, dass Wernher wahrscheinlich schon damals als Kammermeister oder Zahlmeister (*magister camerae*) tätig war: In einem Bericht vom 16. Dezember 1533 informierte Wernher die Ungarische Kammer über die Verhandlungen, die er mit Obristfeldhauptmann Hans Katzianer und dem Steuereinnehmer (*exactor*) Balázs (Péterváradi) über die Schwierigkeiten der Eintreibung der staatlichen Direktsteuer (*dica*) in Oberungarn und der Administration des als Dreißigster (*tricesima*) bezeichneten Außenhandelszolls führte.[66] Anhand dieses Berichts ist auszuschließen, dass er Steuereinnehmer des Komitats war, denn er beschäftigte sich auch mit der Verpachtung des Dreißigsten, während die Steuereinnehmer lediglich die vom Reichstag erhobenen Steuern kassierten.[67] Mit der Eintreibung von Stadtsteuern befasste sich die Kammer nicht, das heißt, als städtischer Steuereinnehmer hätte Wernher der Kammer keinen Bericht erstattet. Rensing zitiert einen Eintrag des Preschauer Rechnungsbuches aus dem Jahre 1534, der die Vermutung der Autorin dieser Abhandlung untermauert: »*Egregius Georgius Vernerus consiliarius regius camuerueque magister Hungaricae tribunus plebis electus*«.[68]

Dieser Eintrag veranlasst zu einem kurzen Abstecher: Anhand des Textes könnte man auch darauf schließen, dass Wernher möglicherweise königlicher Rat gewesen sei; diese Funktion wird zwar von keinem Biografen erwähnt, für spätere Jahre ist sie jedoch auch in anderen Quellen belegt. *Johann Antoninus* aus *Kaschau* bezeichnete Wernher in seinem in Krakau abgefassten Brief vom 9. August 1536 an Erasmus als königlichen Rat.[69] Ferdinand bezeichnete ihn in der Bestätigungsurkunde zur Besitzschenkung Szederkert ebenfalls als

---

[63] Einige Beispiele: 1533: *Gecsényi*: A Magyar Kamara tanácsosainak összetételéről, 57; 1534: *Lakatos* 270, 273; Teréz *Oborni*: Erdély pénzügyei I. Ferdinánd uralma alatt (1552–1556). Budapest 2002, 44; *Szűcs* 8. Nach 1534: *Bauch*: Georg Werner, 87–88; 1535: *Katona* 270.

[64] *Hörk* 30.

[65] Ebenda.

[66] MNL OL E 41 Litterae ad cameram exaratae, Titel 2, Bd. 1385, Nr. 23.

[67] *Ember* 232.

[68] *Rensing* 40–41. Hervorhebung Á. P.

[69] Johannes Antoninus aus Kaschau an Erasmus. Krakau, 9. August 1536. In: *Magyar humanisták levelei*. XV–XVI. század. Hg. Sándor V. Kovács. Budapest 1971, 525–526. Ursprüng-

königlichen Rat.[70] Er bekleidete mindestens bis 1554 das Amt eines königlichen Rates, wie es durch eine Gehaltsaufstellung belegt ist.[71] Anhand des Gesagten ist es anzunehmen, dass Wernher diesen Titel bis zu seinem zwei Jahre später eingetretenen Tod innehatte.

Nun zurück zu Wernhers Kammerkarriere: Laut der früheren Fachliteratur wurde ihm schon bald der Titel eines Kammerrates verliehen. Bei Győző Ember und István Weszprémi wird er – in Anlehnung an Mátyás Bél – 1539,[72] bei Rensing 1538,[73] bei Jenő Szűcs bereits 1536[74] als Rat betitelt. Unter Berücksichtigung der Feststellung Embers, wonach Kammermeistern der Titel Kammerrat zuerkannt wurde,[75] ist anzunehmen, dass Wernher bereits 1533 Rat war.[76] Das älteste der Autorin bekannte Dokument, in dem Wernher als Rat bezeichnet wird, datiert vom 6. Februar 1534.[77]

Aus Győző Embers Beschreibung sind die Aufgaben eines Kammermeisters bekannt.[78] Wenn dieser Zeit dafür hatte, konnte er sich – aufgrund seines Kammerrattitels – an der Arbeit des Kammerrates beteiligen. Die an die Kammer gezahlten Beträge wurden vom Präfekten entgegengenommen und von diesem gegen eine Quittung an den Kammermeister weitergegeben, der ein Rechnungsbuch über Einnahmen und Ausgaben führte. Der Kammermeister konnte von dem Schatzmeister oder den Räten zur Durchführung von Auszahlungen angewiesen werden; in diesem Fall verlangte der Kammermeister eine Quittung über den Empfang des Betrags und legte sie dem Rechnungs-

---

liche Edition in: *The complete letters of Erasmus.* XI. Hg. Stanford Allen Percy. Oxford 1928; 345–347, Nr. 3137.

[70] Besitzübertragungsurkunde Ferdinands I. an Wernher über das Dorf Szederkert. Wien, 12. Januar 1540. In: Tibor *Neumann* – Géza *Pálffy*: Főkapitányi és főhadparancsnoki adományok a 15–16. századi Magyarországon. In: Levéltári Közlemények 80 (2009) 1–2, 209–254, hier 241, Nr. 16; Carolus *Wagner*: Diplomatarium comitatus Sarosiensis. Preßburg/Kaschau 1780, 554–555.

[71] Lajos *Gecsényi*: A döntést előkészítő hivatalnoki elit összetételéről. A Magyar Kamara vezetői és magyar tanácsosai a 16. században. In: Ders.: Gazdaság, társadalom, igazgatás. Tanulmányok a kora újkor történetéből. Győr 2008, 475–487, hier 480.

[72] *Ember* 131; *Weszprémi* 199. Siehe auch Matthias *Bel*: Notitia Hungariae novae historico geographica. Comitatus Posoniensis. I. Vienna 1735, 455.

[73] *Rensing* 47.

[74] *Szűcs* 8, Anm. 1.

[75] *Ember* 122.

[76] *Lakatos* 275.

[77] Instruktion der Ungarischen Kammer an Kammerrat Georg Wernher zur Überprüfung der Rechte der niederungarischen Bergstädte. 6. Februar 1534. MNL OL E 136 Diversae instructiones, Bd. 7, 484–487.

[78] *Ember* 122.

buch bei. Am Jahresende berichtete er mit dem Schatzmeister gemeinsam gegenüber dem Rat über ihre Tätigkeit. Anhand einiger Berichte Wernhers aus seiner Amtszeit als Zahlmeister kann die Liste seiner Aufgaben erweitert werden: Man erfährt, dass er sich persönlich um die Verpachtung der Dreißigsten und die Eintreibung von deren Einkünfte kümmerte,[79] verschiedene königliche Einnahmequellen ermittelte und zeitweise auch wirtschaftspolitische beziehungsweise diplomatische Aufträge erfüllte.[80]

Das nächste Amt verdankte Wernher einem Missverständnis: Mit Bezugnahme auf sein Hauptwerk „De admirandis Hungariae aquis" wird er von einem Teil der Forscher als Präfekt oder Kapitän von Sóvár (*Solivar*) bezeichnet,[81] obwohl er in Wirklichkeit schrieb, dass ihm auch Sóvár unterstand, als er Präfekt von *Sáros* war.[82]

Die Mehrheit der Fachliteratur gibt die *Kapitänschaft* der Burg Sáros (*Šarišský hrad*, in der heutigen Ostslowakei) als nächste Station der Laufbahn Wernhers an, die er um 1538 erhalten haben soll.[83] Wernher wurde 1538 oder spätestens 1539 zum *Präfekten* von Sáros ernannt. Für die Jahreszahl 1538 spricht, dass Wernher in dem Jahr bereits mit der Renovierung der Burg Sáros begann,[84] sowie dass der König ihm auftrug, die Einkünfte der Burg Erlau für die Verpflegung der Soldaten zu verwenden (was nicht zu seinen Aufgaben als

---

79   Wernhers Bericht an die Ungarische Kammer. 16. Dezember 1533. MNL OL E 41 Litterae ad cameram exaratae 1533, Nr. 23; Wernhers Bericht an die Ungarische Kammer. 18. Januar 1534. Ebenda, Nr. 9.

80   So versuchte er 1534 von den Bergstädten Geld zu besorgen. Instruktion an Stephan Pemfflinger, den Präsidenten der Ungarischen Kammer, und an Wernher, Rat der Ungarischen Kammer. MNL OL E 136 Diversae instructiones, Bd. 7, 484–487.

81   *Bauch*: Georg Werner, 88; *Balegová*: Humanista, 91; *Contemporaries of Erasmus* 439.

82   Georg *Wernher*: De admirandis Hungariae aquis. Viennae 1551, 31: »Habetque locus nomen ab his fontibus: Hungaris enim Sowar, hoc est, Salisburgum dicitur. Nam et arq eius nominis supra eum locus fuit, *meae item prafecturae subiecta*, antequam dirueretur.« Hervorhebung Á. P.

83   *Balegová*: A sárosi vár, 168, gibt an, dass Wernhers Name zwischen 1538 und 1557 unter den Burgkapitänen vorkommt. Károly *Tuhrinszky*: Sárosvár története. Eperjes 1899, 30, 47, schreibt, Ferdinand habe die Burg am 25. September 1537 von Szapolyai erobert, und mit dem Friedensschluss von Großwardein (*Nagyvárad, Oradea*) im Jahre 1538 sei die Burg auch *de iure* an Ferdinand gefallen; danach sei Wernher zum Burgkapitän von Sáros ernannt worden. Siehe noch *Csepregi* 45; *Erdősi* 104; Béla *Sarusi Kiss*: A természet által megerősített vár. Murány végvár és uradalma a 16. század második felében. Budapest 2008, 78–79; *Szűcs* 9; *Szumowski* 523. Wernhers Amt als Burgkapitän wird ohne Jahresangabe erwähnt bei *Németh*: Végvárak, 207. Werner bezeichnen als Burgvogt: *Contemporaries of Erasmus* 439; *Gecsényi*: A Magyar Kamara, 57.

84   ÖStA HHStA UA AA 5. Dezember 1538, Fol. 11; MNL OL E 554 Városi és kamarai iratok, Nr. 50; *Németh*: Végvárak, 208;

Zahlmeister gehört hätte).[85] Ein anderes Schriftstück spricht dafür, dass er frühestens ab 1539 das Amt des Präfekten innehatte: Rensing zitiert einen Brief Wernhers an Ferdinand I. vom September 1539, wonach er damals noch zögerte, das Amt des Präfekten von Sáros zu übernehmen.[86] Schließlich nahm er das Präfektenamt noch im selben Monat an und reiste in die Burg Sáros.[87]

Ferdinand erließ erst 1540 eine Instruktion für Wernher.[88] Dieser zufolge war Wernher kein Burgkapitän, wie es ein Großteil der früheren Fachliteratur behauptet. Denn es heißt gleich im ersten Punkt des Schreibens, dass der König vorübergehend Sebastian Krainer anstelle des in Gefangenschaft geratenen Sároser Kapitäns Leonhard Österreicher einsetzte. Krainer erhielt übrigens im März 1541 eine Instruktion als Kapitän, was wohl kaum möglich gewesen wäre, wenn damals Wernher die Funktion des Sároser Burgkapitäns bekleidet hätte.[89] Österreicher kommt in den Dokumenten der 1540er Jahre mehrmals als Kapitän von Sáros vor, was bekräftigt, dass Wernher dieses Amt nicht erhalten haben kann.[90] Die 1548 bei der Neuorganisierung der Ungari-

---

[85]   István *Sugár*: Miként jutott az egri püspöki vár Habsburg Ferdinánd kezébe? In: Agria 27–28 (1992) 181–206, hier 186.

[86]   »Sed profecto non is sum, qui ex re atque dignitate Vestrae maiestatis hoc negotii gerere possum, primum litium rudis legumque patrie huius et lingua imperitus. Deinde vero ea valetudine, que egre negotia ista sustinet, que mihi quotidie in provisione arcis Saros, aliarumque rerum Maiestatis Vestre administratione offeruntur. De qua mea infirmitate me antea quoque, epistolis Maiestati Vestre excusavi. Qua re Maiestati Vestre quam humillime supplico, ut me utroque hoc onere exolvere et agendis his rebus licebit, libenter intereo illi actioni, atque ei qui loquendi et gerendi peritiam ad hanc causam afferet minime inofficiosus, at inutilis auditor quaesique advocatus sum futurus.« Wernher an Ferdinand I. Preschau, 22. September 1539. In: *Rensing* 49–50, Anm. 36.

[87]   Instruktion Ferdinands I. an Wernher über die nach der Übernahme der Burg Sáros nötigen Maßnahmen (Antwort auf das am 8. September 1539 in Sáros verfasste Schreiben). 6. Oktober 1539. ÖStA HHStA Ungarische Akten, Allgemeine Akten, W 338, Fasc. 40.

[88]   Instruktion Ferdinands I. an Wernher zur Verwaltung der Domäne der Burg Sáros und der Einkünfte aus den oberungarischen Gebieten. Wien, 12. Januar 1540. ÖStA FHKA HKA Ungarische Gedenkbücher, Bd. 383, 203v–205v; MNL OL E 21 Magyar Kincstári Levéltárak, Benignae resolutiones, 9. Dezember 1540. Ediert in: *XVI. századi uradalmi utasítások. Utasítások a kamarai uradalmak prefektusai, udvarbírái és ellenőrei részére.* II. Hg. István Kenyeres. Budapest 2002, 522–527. István *Kenyeres*: I. Ferdinánd magyarországi pénzügyigazgatási reformjai és bevételei. In: Történelmi Szemle 45 (2003) 1–2, 61–92, hier 72–73, Anm. 38.

[89]   Instruktion an den Sároser Burgkapitän Leonhard Österreicher. 9. März 1541. ÖStA FHKA HKA Hoffinanz Ungarn RN 1, Konv. 1541, Fol. 20–21.

[90]   Ferdinand I. an Wernher. Prag, 15. Juni 1543. MNL OL E 204 Kamarai misszilisek. Von diesen Schriftstücken bezüglich der Domäne Huszt und der Salzverwaltung von Marmarosch (*Máramaros, Maramureş*) siehe insbesondere „De statu arcis Hwzth et camerae salium Maramarosiensis", darin der Hinweis, dass István Torockói Magyar, zuvor jahrelang im Dienst des Sároser Burgkapitäns Leonhard von Österreicher, zum Unterburgvogt ernannt

schen Kammer herausgegebene Instruktion bezeichnete Wernher – zahlreichen anderen Dokumenten gleich – konsequent als »Georgius Wernherus raefectus Arcis Nostrae Saros«.[91]

Untersuchen wir die Frage andersherum, und zwar anhand der tatsächlich wahrgenommenen Aufgaben, so wird ersichtlich, dass Ferdinand I. Wernher eigentlich die Aufgaben eines Hofrichters, nicht die eines Kapitäns übertrug. Der von István Kenyeres veröffentlichten Instruktion zufolge hatte er die Burg und die Einnahmen der Burg zu verwalten, für die Eintreibung der Zehnten und der Direktsteuer (*dica*) zu sorgen.[92] Zur Eintreibung der Einnahmen standen zehn Soldaten im Dienst der Burg, von denen vier unmittelbar Wernher untergeordnet waren. Wernher musste neben Krainer bei der Auszahlung des Soldes während der Heerschau zugegen sein. Er hatte über jede Ausgabe eine Quittung auszustellen. Der König hatte ihm zwar im Allgemeinen aufgetragen, dem Burgkapitän bei der Bewachung der Burg behilflich zu sein, eine Einmischung in die Kompetenzen des Kapitäns, das heißt, in Angelegenheiten der Burgverteidigung und der Burgbesatzung, war ihm aber eindeutig untersagt.[93] Wernhers Aufgabe beschränkte sich also in erster Linie auf die Verpflegung der Soldaten und die Instandhaltung der Burg.[94]

Der in der Instruktion beschriebene Aufgabenbereich des Präfekten sollte sinnvollerweise um Daten erweitert werden, die anhand der weiteren Anweisungen und Berichte erkennbar sind.[95] Als Präfekt von Sáros verwaltete

wurde (Fol. 279–288). Siehe auch: István *H. Németh*: Kassai polgárok és katonák a 16. században: a hadsereg beköltözésével járó társadalmi és közigazgatási jelenségek a felső-magyarországi városok életében a Mohácsot követő évtizedek során. In: Levéltári közlemények 68 (1997) 1–2, 143–197, hier 187.

[91] Instruktion Ferdinands an den Präsidenten und die Räte der Ungarischen Kammer. Wien, 12. Dezember 1548. MNL OL E 136 Diversae instructiones, Bd. 13, 20–32.

[92] *XVI. századi uradalmi utasítások* 522.

[93] Ebenda, 523.

[94] Über die Instruktion hinaus siehe auch Wernhers Berichte über die Instandhaltung der Burg Sáros: MNL OL E 41 Magyar Kamarai Levéltár, Litterae ad cameram exaratae, 1. August 1549, Nr. 78; E 554 Városi és kamarai iratok, Nr. 50; ÖStA HHStA Ungarische Akten, Allgemeine Akten, 5. Dezember 1538, Fol. 11; ÖStA FHKA HKA Hoffinanz Ungarn RN 5, Konv. März 1555, Fol. 62–65 (Preschau, 3. März 1555). Weitere Berichte Wernhers über die Schwierigkeiten der Eintreibung der Direktsteuer in Oberungarn und der Verpflegung der Soldaten, die Verpflegung von Hust (*Huszt*) und Munkatsch (*Munkács*), die Verpflegung der Burg Murány (*Muránsky hrad*) und die Eintreibung der Staatseinnahmen in Oberungarn sowie die Verpflegung der Burgen und der Soldaten: MNL OL E 41 Magyar Kamarai Levéltár, Litterae ad cameram exaratae, 5. Februar 1547, Nr. 4; 27. April 1549, Nr. 43; 16. Dezember 1551, Nr. 142; 25. Oktober 1552, Nr. 127; 12. Januar 1553, Nr. 7.

[95] *Szűcs* 9.

Wernher auch die kompletten Regalieneinkünfte Oberungarns, worauf sein zur ständigen Bezeichnung gewordener Titel »administrator proventuum nostrorum in partibus regni nostri Hungariae superioribus« hinweist.[96]

Es ist weniger bekannt und daher wichtig zu erwähnen, dass Wernher etliche Male auch Aufträge diplomatischer Art ausführte, wie hier einige Beispiele ohne Anspruch auf Vollständigkeit verdeutlichen: 1536 wirkte er bei den Verhandlungen zwischen Ferdinand I. und dem ungarischen Gegenkönig János I. Szapolyai mit,[97] anschließend war er (neben Gáspár Horváth von Vingárt und Ferenc Révay) Beauftragter Ferdinands bei den 1540 begonnenen Verhandlungen im Ort Gönc,[98] im darauffolgenden Jahr übernahm er die ungarische Königskrone von Königin Isabella.[99] Er erschien auch bei dem von György Fráter für den 1. August 1543 einberufenen Landtag.[100] 1547 war Wernher Mitglied der vom Ungarischen Reichstag an Ferdinand nach Augsburg entsandten Delegation, welche die Aufgabe hatte, die im Reichstag gefassten Beschlüsse dem König vorzulegen, deren Bekräftigung einzuholen sowie den Herrscher um finanzielle Unterstützung zu ersuchen.[101]

Wernhers wohl wichtigster diplomatischer Auftrag bestand darin, 1551 bei den Verhandlungen über die Übergabe Siebenbürgens an Ferdinand und nach deren Erfolg beim Ausbau der siebenbürgischen Finanzverwaltung mitzuwirken.[102] 1551, als Ferdinand und die verwitwete Königin Isabella über die Abtretung Siebenbürgens an die Habsburger verhandelten, schickte Isabella einen Beauftragten nach Schlesien, um die ihr – als Gegenleistung für ihren Rücktritt angebotenen – Herzogtümer Oppeln und Ratibor zu besichtigen.[103] Weil der Beauftragte mit enttäuschenden Nachrichten zurückkehrte, schickte Ferdinand nach einem Monat Wernher und Miklós Oláh, Bischof zu Erlau, zu

---

[96]   István *Kenyeres*: A királyi Magyarország bevételei és kiadásai a 16. században. In: Levéltári Közlemények 74 (2003) 1–2, 59–103, hier 74; *Lakatos* 270, 273, 275; *Neumann – Pálffy* 221; *Sarusi Kiss* 78. Darauf könnte sich die Bezeichnung »royal vice-treasurer« in *Contemporaries of Erasmus* 439 beziehen.

[97]   Auszug aus dem Brief des Lunder Bischofs Johann Wese. MNL OL E 21 Magyar Kincstári Levéltárak, Benignae resolutiones, 22. Juni 1536.

[98]   Imre *Lukinich*: Erdély területi változásai a török hódítás korában. Budapest 1918, 12; *Rensing* 53.

[99]   Endre *Veress*: Izabella királyné. Budapest 1901, 226.

[100]   *Lukinich* 46–47.

[101]   *Monumenta Hungariae Historica. Monumenta comitalia regni Hungariae.* III/3: 1546–1556. Hg. Vilmos Fraknói. Budapest 1876, 109–110.

[102]   Ausführlicher *Oborni* 37–59, 119–140.

[103]   *Veress*: Izabella királyné, 338.

Isabella, um sie zu besänftigen.[104] Gegen Februar 1552 entsandte Ferdinand Wernher und dessen Verwandten György Rakovszky, einen Rechtsgelehrten aus dem Komitat Turóc, um die Stadt Kaschau von Isabella zu übernehmen.[105]

Wernher bat den König 1553 mit Bezugnahme auf sein Alter und seine Krankheit um Freistellung aus seinen Ämtern.[106] Ferdinand verweigerte dies zwar, aber um Wernhers Belastungen zu mindern, ernannte er mit einer Verordnung vom 24. Juli Wernhers Schwiegersohn Zsigmond Thorda von Gyalu zu Wernhers Helfer bei der Finanzverwaltung Oberungarns.[107] Thorda trat sein Amt im Januar 1554 an; bis 20. Mai[108] arbeitete er ohne Instruktion, und zwar mit ähnlichen Befugnissen wie Wernher.[109]

---

[104] Ebenda; György *Laczlavik*: A Somogy megyei Várday család a 16. században. In: Turul 86 (2013) 1, 17–27, hier 24.

[105] József *Bessenyei*: Menekültek… A kereskedelem helyzete Magyarországon 1526 után, Bornemisza Tamás és más budai menekültek működésének tükrében. Miskolc/Budapest 2007, 37; Endre *Veress*: Erdély fejedelmi interregnuma. Izabella királyné diplomáciai működése (1551–1556). Budapest 1899, 28.

[106] »Nam ut diutius haec saxa versem, in quibus tot annos volvendas vitam et valetudinem meam cum nullo meo fructu attrivi, id a me fieri nequaquam potest. Ero autem ei libenter adiumento in omnibus quae quidem a me praestari poterint, et quod mihi restat aevi minus erit molestum, si mihi ipsius, filiaeque meae charissimae, et nepotum consuetudine hic frui licebit.« Brief des Sároser Burgkapitäns Wernher an Ferenc Thurzó, den Präsidenten der Ungarischen Kammer. MNL OL E 41 Litterae ad cameram exaratae 1553, 2. März 1553, Nr. 43.

[107] MNL OL E 21 Magyar Kincstári Levéltárak, Benignae resolutiones, 24. Juli 1553. Das Schriftstück selbst ist verschollen, es ist lediglich ein Regest in den Hilfsbüchern erhalten: »Scepusiensibus in negotiis expediendis Geloii Sigismundus Georgio Wernher adiungendus«; »Geloii Sigismundus in expediendis negotiis Scepusiensibus Georgio Wernher adiungendus«; »Cum egregius fidelis nobis dilectus Georgius Vernerus consiliarius noster, nobis iam ab aliquot annis fidelem operam, fidem, ac diligentiam in seriis nostris, praesertim autem superiore elapso anno, Transylvanicis et quidem difficillimis negotiis impenderit. Imminente autem, vel potius consecuta iam senecta, atque etiam accedente corporis valetudine, qua se propter continuos et exhaustos labores, viribus pene destitutum conqueritur, nos summis precibus interpellaverit, eum eum iis curis liberare vellemus [...]. Cui nos, ut onus tam arduum etiam, senex et valetudinarius perferre posset, generum ipsius Sigismundum Tharda [!], socium scilicet curarum et laboris, ut scitis adiunximus.« MNL OL E 21 Magyar Kincstári Levéltárak, Titel 22, Bd. 670, August-Dezember 1553, 2. September 1553. Siehe *Balegová*: Humanista, 94; *Ember* 148; Lajos *Gecsényi*: Egy beregi nemesúr a Szepesi Kamarában. Szigeti Vas Márton tanácsos 1659–1666. In: Szabolcs-Szatmár-Beregi Levéltári Évkönyv 18 (2008) 163–178, hier 163; *Szűcs* 11; László *Zeman*: Gyalui Thorda Zsigmond élete és munkássága. In: Magyar Könyvszemle 99 (1983) 1, 102–110, hier 104.

[108] MNL OL E 136 Libri instructionum, Bd. 1, Fol. 71r–75r, 20. Mai 1554; *Ember* 148–150; *Gecsényi*: Egy beregi nemesúr, 163; Miloslav *Okál*: La vie et l'oeuvre de Sigismund Gélous Torda. In: Zborník Filozofickej fakulty Univerzity Komenského. Graecolatina et Orientalia 6 (1974) 105–155, hier 125.

[109] *Szűcs* 11.

Ferdinand wollte kein selbständiges Regierungsorgan für die Finanzverwaltung der als Oberungarn bezeichneten Region einsetzen. Wernher und Thorda wurden als Administratoren der Kammer vom König angewiesen, sich in schwierigeren Fragen an die Kammer zu wenden und deren Verfügungen in jeder Hinsicht einzuhalten.[110] Die Zipser Kammer wurde also nicht von Wernher gegründet, wie es an mehreren Stellen der Fachliteratur irrtümlich heißt. Wernher ist hier als Begründer schon deshalb ausgeschlossen, weil er mehrere Jahre vor der Aufstellung dieses Regierungsorgans gestorben war.[111]

Wernhers genaues Todesdatum ist nicht bekannt. Ein bedeutender Teil der bisherigen Fachliteratur[112] setzte es auf Anfang Juli 1556. Wegen der Widersprüchlichkeit der einschlägigen Quellen lässt es sich nicht genauer feststellen, zumal Wernher in einer Quelle am 5. Juli 1556 bereits als Toter erwähnt wird,[113] während ein anderes Dokument seinen Tod auf den 16. Juli 1556 datiert.[114]

Zusammenfassung

Georg Wernher war ein interessanter Typ der humanistischen Intelligenz des 16. Jahrhunderts. Neben seiner literarischen und wissenschaftlichen Tätigkeit leitete er eine Schule, stieg auf der Rangleiter der städtischen Verwaltung nach oben, übernahm parallel zu den genannten Funktionen eine Stelle im Verwaltungsapparat und erfüllte diplomatische Aufträge. Wernhers Lebensweg ist umso interessanter, als er eine einzigartige Karriere bei der Ungarischen Kammer durchlief: Schon seine Bestellung zum Kammerrat war angesichts seiner bürgerlichen Abstammung ein besonderer Erfolg, und dass er zum Steuerdirektor Oberungarns aufstieg, ist beispiellos. Wernhers Amtstätigkeit als Steuerdirektor erbrachte ein bleibendes Ergebnis: Dieses Amt gilt als Vorgängereinrichtung der Zipser Kammer, die 1567, mehr als ein Jahrzehnt nach Wernhers Tod, von König Maximilian I. gegründet wurde.

---

[110] *Ember* 148; *Szűcs* 12.

[111] Ohne Anspruch auf Vollständigkeit: *Bauch*: Georg Werner, 101; *Bernhard* 208; *Csepregi* 44; János Gömöry: A kassai ág. hitv. ev. egyház keletkezésének vázlatos története. Kassa 1935, 8; *Katona* 271; *Kiss* 136. *Almási*: The Uses of Humanism, 95, nennt ihn »a Silesia-born humanist officer of the Northern Hungarian Chamber«.

[112] Ausgenommen etwa *Erdősi* 105, die Wernhers Tod – irrtümlich – auf 1567 datierte.

[113] Besitzschenkung an Peter von Mazedonien. Wien, 5. Juli 1556. MNL OL A 57 Magyar Kancelláriai Levéltár, Libri Regii, Bd. III, 328–329.

[114] »Intereaque diutino morbo conflictans 16 die mensis julii anni 1556 si memoria non fallit obdormivit in Domino.« MNL OL E 554 Városi és kamarai iratok, Fol. Lat. 931, Fol. 23r.

Szabolcs Varga, Pécs

Die slawonische Aristokratie im 16. Jahrhundert
Eine Skizze über ihren Aufstieg und Untergang[*]

In den vergangenen zwei Jahrzehnten hat das ungarische und das kroatische historische Interesse für einzelne Mitglieder beziehungsweise Familien der adligen und aristokratischen Gesellschaft erfreulicherweise zugenommen. Über das politische und militärische Engagement hinaus gelten dabei auch die Themenbereiche familiäre und persönliche Mäzenatur, Repräsentation, Religiosität und Identität als bevorzugte Untersuchungsgebiete. Die Auffassung, diese gesellschaftliche Gruppe sei für die Misserfolge des Königreiches Ungarn im Mittelalter und der frühen Neuzeit verantwortlich gewesen, ist endgültig überholt. Dank westlicher Forschungsergebnisse wurde es zur Gewissheit, dass die Erforschung der hochadligen Aristokratie auch zum besseren Verständnis der staatlichen und höfischen politischen Elite dient.[1]

Durch das historiografische Wirken Pál Engels[2] und András Kubinyis entstand eine gründlich durchdachte, systematische Methodologie der Erforschung der höfischen Aristokratie im spätmittelalterlichen Ungarn.[3] Für die

---

[*] Überarbeitete Fassung von Szabolcs *Varga*: Erdődyek, Kerecsényiek, Ráttkayak. A szlavóniai arisztokrácia felemelkedése és bukása a 16. században. In: Műveltség és társadalmi szerepek: arisztokraták Magyarországon és Európában / Learning, Intellect and Social Roles: Aristocrats in Hungary and Europe. Hgg. Attila *Bárány* [u. a.]. Debrecen 2014, 237–253. Der Beitrag entstand mit Unterstützung des Ungarischen Landesförderungsfonds der Wissenschaftlichen Forschung (OTKA PD 109863).
[1] Norbert *Elias*: Die höfische Gesellschaft. Untersuchungen zur Soziologie des Königtums und der höfischen Aristokratie. Neuwied/Berlin 1969. Eine Reflexion dazu: Claudia *Opitz*: Höfische Gesellschaft und Zivilisationsprozess: Norbert Elias' Werk in kulturwissenschaftlicher Perspektive. Köln/Weimar 2005. Zur Rezeption in Ungarn: Péter *Erdősi*: Az erdélyi udvari társadalom modellje: Kísérlet Nobert Elias fogalmainak alkalmazására. In: „...éltünk mi sokáig ‚két hazában'...“ Tanulmányok a 90 éves Kiss András tiszteletére. Hgg. Veronka Dáné [u. a.]. Debrecen 2012, 67–77.

[2] Pál *Engel*: A királyi hatalom és az arisztokrácia viszonya a Zsigmond korban. 1387–1437. Budapest 1977.

[3] András *Kubinyi*: Bárók a királyi tanácsban Mátyás és II. Ulászló idejében. In: Századok 122 (1988) 1–2, 147–215.

frühe Neuzeit liegen vor allem Fallstudien vor – eine umfassende Monografie steht noch aus.[4] Es wurde jedoch mit der systematischen Erschließung einiger Bereiche begonnen, so etwa gelten die Entstehung der siebenbürgischen Aristokratie einschließlich ihrer Kontaktnetze[5] oder der Einfluss des Wiener Hofes auf die *Inkulturation* des ungarländischen Hochadels im 16. Jahrhundert als gut dokumentierte Themen.[6] Man kennt den Hintergrund für die Benutzung des Grafentitels in Ungarn,[7] und nicht nur das Untersuchungskonzept für die Analyse des Aufstiegs in die Aristokratie wurde erarbeitet, sondern auch seine grundlegenden Merkmale. Eine militärische Karriere oder die Übernahme von Beamtenposten scheinen die wichtigsten Voraussetzungen für den Aufstieg in die Baronenschicht gewesen zu sein, wobei sie sich selbstverständlich nicht gegenseitig ausschlossen, sondern eine spezielle, durch die jeweilige Lebenssituation geprägte Mischung waren.[8]

Die Recherchen zu der aus Kroatien und Slawonien stammenden Elite müssten ernst zu nehmende Ergebnisse aufweisen, zumal sie nicht nur für die ungarische, sondern auch für die kroatische Geschichtsschreibung von Interesse sind. Dennoch steckt die Erforschung der kroatisch-slawonischen Baronenelite noch in den Kinderschuhen. In den letzten Jahren wurden eher Regestensammlungen veröffentlicht, die eine spätere monografische Bearbeitung

---

[4] Nachfolgend einige Beispiele ohne Anspruch auf Vollständigkeit: József *Bessenyei*: A Nádasdyak. Budapest 2005; István *Fazekas*: Szalaházy Tamás, egy Habsburg-hű főpap portréja. In: Történelmi Szemle 49 (2007) 1, 19–35; Tibor *Neumann*: A Korlátköviek. Egy előkelő család története és politikai szereplése a 15–16. században. Győr 2007; Géza *Pálffy*: Különleges úton a Magyar Királyság arisztokráciájába. A Révay család a 16. században. In: Történelmi Szemle 51 (2009) 1, 1–20; Géza *Pálffy*: Pozsony megyéből a Magyar Királyság élére. Karrierlehetőségek a magyar arisztokráciában a 16–17. század fordulóján. Az Esterházy, a Pálffy és az Illésházy család felemelkedése. In: Századok 143 (2009) 862–866. Ein hervorragender Aufsatzband: *Arisztokrata életpályák és életviszonyok.* Hgg. Klára Papp, Levente Püski. Debrecen 2009.

[5] Ildikó *Horn*: A könnyező krokodil. Jagelló Anna és Báthory István házassága. Budapest 2007; Teréz *Oborni*: Udvar, állam és kormányzat a kora újkori Erdélyben. Tanulmányok. Budapest 2011; Klára *Papp*: Az erdélyi Csákyak. Kolozsvár 2011.

[6] Géza *Pálffy*: A magyar nemesség I. Ferdinánd bécsi udvarában. In: Történelmi Szemle 45 (2003) 1–2, 45–59; Géza *Pálffy*: A magyar nemesség bécsi integrációjának színterei a 16–17. században. In: Tanulmányok Szakály Ferenc emlékére. Hgg. Pál Fodor [u. a.]. Budapest 2002, 307–331.

[7] Géza *Pálffy*: A grófi cím a 16–17. századi Magyarországon és Erdélyben. In: „...éltünk mi sokáig ,két hazában'...“ 177–193.

[8] Géza *Pálffy*: A Magyar Királyság és a Habsburg Monarchia a 16. században. Budapest 2010, 121–136, 165–176, 209–215.

ermöglichen.[9] Informationen zu den einzelnen Familien können in dem von
Ivan Bojničić überarbeiteten Standardwerk Siebmachers[10] sowie aus den auch
im Internet auffindbaren Wortartikeltexten des „Hrvatski Biografski Leksikon" gewonnen werden, das bis zum Buchstaben „L" vorliegt.[11] Die auf eine
Verringerung der Bedeutung der kroatisch-ungarischen Staatsgemeinschaft
bedachte frühere kroatische Geschichtsschreibung konnte jedoch mit der
Tatsache nur wenig anfangen, dass die eigene aristokratische Gesellschaft
zum überwiegenden Teil eine mehrfache Identität besaß. Sie hatte in vielen
Fällen (auch) ein ungarisches *Hungarus*-Bewusstsein[12] und fühlte sich infolge
familiärer Kontakte und wegen der bekleideten Ämter auch auf dem Gebiet
nördlich der Drau (*Dráva, Drava*) heimisch.[13] Diese Anschauung scheint für
die einschlägigen Forschungen lange Zeit ein starker Hemmschuh gewesen zu
sein. Mittlerweile hat sich viel verändert: Es fanden gemeinsame kroatisch-
ungarische Konferenzen statt, es erschienen gemeinsame Bände,[14] und Ergebnisse der Adelsforschung wurden publiziert.[15] Dass mehrere Werke ungari-

9   Pavao *Maček*: Rod Patačića od Zajezde. Rodoslovna rasprava. Zagreb 2004; Pavao *Maček*:
    Dva stara roda Zagrebačke županije: Mikulići od Brokunovca i Črnkovečki od Črnkovca. S
    priloženim rodoslovnim stablima. Zagreb 2007; Pavao *Maček*: Rod Orehovečkih od Svetog
    Petra Orehovca. Rodoslovna rasprava. S priloženim rodoslovnim stablom. Zagreb 2008;
    Pavao *Maček* – Ivan *Jurković*: Rodoslov plemića i baruna Kaštelanovića od Svetog Duha (od
    14. do 17. stoljeća). Slavonski Brod 2009; Pavao *Maček*: Plemeniti rodovi Jelačića. I: Rod
    Jelačića od Prigorja, Pušče, Buzina i Pretkovca (Krapine). II: Rod Jelačića od Biševića. S
    priloženim rodoslovnim stablima. Zagreb 2010.
10 Ivan *Bojničić*: J. Siebmacher's grosses und allgemeines Wappenbuch in einer neuen, vollstän-
    dig geordneten und reich vermehrten Auflage mit heraldischen und historisch-genealogi-
    schen Erläuterungen. IV/13: Der Adel von Kroatien und Slavonien. Nürnberg 1899. [Re-
    print: Zagreb 1999.]
11 *Hrvatski biografski leksikon.* http://hbl.lzmk.hr/abecedarij.aspx (26. Januar 2018).
12 In Slawonien besaßen mehrere Großgrundbesitzerfamilien aus Ungarn beachtliche Land-
    güter. Für die Bátori Szabolcs *Varga*: A Bátoriak Szlavóniában. In: Az ecsedi Báthoriak a
    XV–XVII. században. Hgg. Sarolta Szabó, Norbert C. Tóth. Nyírbátor 2012, 141–167.
13 Géza *Pálffy*: Egy szlavóniai köznemesi család a két ország szolgálatában. A budróci Budor
    család a XV–XVIII. században. In: Hadtörténelmi Közlemények 115 (2002) 923–1007.
14 *A horvát-magyar együttélés fordulópontjai. Intézmények, társadalom, gazdaság, kultúra /
    Prektetnice u suživotu Hrvata i Mađara. Ustanove, društvo, gospodarstvo i kultura.* Hgg. Pál
    Fodor, Dénes Sokcsevits. Budapest 2015; *Susreti dviju kultura: Obitelj Zrinski u hrvatskoj i
    mađarskoj povijesti. Zbornik radova.* Hgg. Sándor Bene [u. a.]. Zagreb 2012.
15 Ante *Gulin*: Povijest obitelji Rattkay. Genealoška studija i izvori (1400–1793). Zagreb 1995;
    Agneza *Szabo*: Jastrebarska grana grofova Erdoedy (Erdedi). In: Gazophylacium 14 (2009)
    1–2, 99–111.

scher Historiker in kroatischer Sprache veröffentlicht wurden, stellt mit der
Überwindung der Sprachbarrieren einen bedeutenden Fortschritt dar.[16]

Trotzdem gibt es in der Erforschung der kroatisch-ungarischen adligen
Gesellschaft des frühneuzeitlichen Königreiches Ungarn noch viel zu tun.
Man denke nur an Slawonien, ein Land, dessen Beschaffenheit solche Untersuchungen erheblich erschwert. Dieses in zeitgenössischen Quellen als *regnum Sclavoniae* bezeichnete Königtum bestand ursprünglich aus den Komitaten Agram (*Zágráb*, *Zagreb*), Kreutz (*Kőrös*, *Križevci*) und Warasdin (*Varasd*,
Varaždin) und hatte eine spezielle Stellung innerhalb des Königreiches Ungarn inne, mit der sowohl die kroatische als auch die ungarische Geschichtsschreibung nur schwer umgehen können. Wenn aber der slawonische Adel
einen eigenen, abweichenden rechtlichen Status besaß, ein eigenes Symbol-
system entwickelte und sich als *Slawone* identifizierte, so muss dies auch von
den Forschern der Gegenwart berücksichtigt werden: Der slawonische Adel
kann und darf nicht willkürlich irgendeiner der heute existierenden nationalen Identitäten zugeordnet werden.[17]

Bedingt durch die nationale Betrachtungsweise blieben nicht nur der
mögliche Hintergrund und die Merkmale der kroatischen und slawonischen
Adelungen der frühen Neuzeit unerforscht: Genauso fehlen eine Archontologie und die Untersuchung etwa der in den ungarischen Reichstag delegierten
slawonischen Adligen, der aus dem königlichen Hof entsandten, zumeist
aristokratischen Legate und der aus den Reihen des Provinzadels rekrutierten
königlichen *aulici* (*aulicus seu familiaris regius*). Dies verhindert sowohl die
Erschließung der personalen Beziehungen zwischen dem Königshof und dem
Land als auch die der lokalen Besonderheiten der militärischen und Beamten-
laufbahnen. Dadurch bleibt das Verständnis von den Beziehungen der beiden
Länder zueinander beziehungsweise zum Königreich Ungarn[18] sowie von

---

[16] Dinko *Šokčević*: Hrvatska od stoljeća 7. do danas. Zagreb 2017; Géza *Pálffy*: Povijest
    Mađarske. Ugarska na granici dvaju imperija (1526–1711.) Samobor 2010; Szabolcs *Varga*:
    Studije o povijesti Sigeta i obitelji Zrinski u 16. stoljeću. Szigetvár 2015.

[17] Das Relationssystem der Begriffe für die kroatischen, slawonischen und illyrischen ethni-
    schen Eigenbezeichnungen in der Frühen Neuzeit möchte der Autor in naher Zukunft in
    einem separaten Beitrag untersuchen.

[18] Géza *Pálffy*: Horvátország és Szlavónia a XVI–XVII. századi magyar királyságban. In: Fons
    9 (2002) 1–3, 107–121; Szabolcs *Varga*: Horvátország és Szlavónia a kora újkorban. In:
    Mozaikok a Magyar Királyság 16–17. századi történelméből. Hgg. Zoltán Péter Bagi, Adri-
    enn Horváth. Budapest 2012, 35–57.

ihrer frühneuzeitlichen Staatlichkeit aus.[19] Diese Überlegungen haben den Autor veranlasst, das Thema der Baronisierungen in Slawonien für diesen Aufsatz aufzugreifen, obgleich seine Untersuchung eine Monografie füllen würde.

Am 30. Mai 1559 wurden László Kerecsényi von Kányaföld, Pál und Péter Ráttkay von Rátka sowie Márk Horváth-Štančić gleichzeitig zu Baronen erhoben.[20] Den vier Männern war gemeinsam, dass sie aus Slawonien stammten und durch ihren Kriegsdienst in die Aristokratie aufstiegen. Diese gemeinsame Adelung galt im 16. Jahrhundert als beispiellos. Daher verdient sie es, näher betrachtet zu werden.

Das Archiv der ursprünglich aus dem Komitat Zala stammenden Familie Kerecsényi ist leider nur fragmentarisch erhalten.[21] Aus diesem Grund steht die monografische Bearbeitung der Familiengeschichte noch aus. Immerhin wurden aus der ausgedehnten Korrespondenz der Familie im letzten Jahrhundert mehrere Stücke veröffentlicht,[22] so dass die Geschichte der Kerecsényi in der ungarischen und der kroatischen Geschichtsschreibung nicht gänzlich unbekannt ist.[23] Der Schreiber dieser Zeilen zählt sie trotz ihrer transdanubischen Herkunft zum slawonischen Adel, weil sie ab Ende des 15. Jahrhunderts sowohl durch ihren Landbesitz als auch ihre Ämter mit Slawonien verbunden waren: Lászlós Vater Pál bekleidete jahrelang das Amt des Vizebanus und galt als aktiver Mitgestalter der slawonischen Landespolitik.[24]

---

[19] Ein Beispiel dafür ist folgende, ansonsten mit ausgezeichneter Gründlichkeit erarbeitete Monografie: Nataša *Štefanec*: Državaili ne. Ustrojvojnekrajine 1578. godine i hrvaskoslavonskistaleži u regionalnojobrani i politici. Zagreb 2011.

[20] *Pálffy*: A Magyar Királyság és a Habsburg Monarchia, 169; Magyar Nemzeti Levéltár Országos Levéltára, Budapest. A 57 Libri Regii III, 576.

[21] Hrvatski Državni Arhiv, Zagreb. Obiteljski arhivski fondovi [im Folgenden: HDA OAF]. 727. Kerecheni – Zelina (1533–1644).

[22] *Kerecsényi László levelei Nádasdy Tamáshoz 1553–1562.* Hg. András Komáromy. In: Történelmi Tár 7 (1906) 1, 103–138, 246–265; *Magyar levelek a XVI. századból. Kerecsényi László levelei Csányi Ákoshoz.* Hg. András Komáromy. In: Történelmi Tár 8 (1907) 1, 121–130; *Szigetvári várkapitányok levelezése 1550–1561. Horváth Márton, Kerecsényi László, Farkasich Gergely, Horváth Márk.* Hg. Imre Molnár. Szigetvár 1971.

[23] Sándor *Őze*: Adatok Kerecsényi László Gyulai kapitánságához. In: Hagyomány, közösség, művelődés. Tanulmányok a hatvanéves Kósa László tiszteletére. Hgg. Balázs Ifj. Ablonczy, Iván Bertényi, Pál Hatos, Réka Kiss. Budapest 2002, 114–123. Von kroatischer Seite: Dino *Mujadžević* – Ivan *Majnarić*: Kerecsényi. In: Hrvatski biografski leksikon. http://hbl.lzmk. hr/clanak.aspx?id=10247 (26. Januar 2018).

[24] Szabolcs *Varga*: Szlavónia berendezkedése a késő középkor és kora újkor határán (1490–1540). Pécs 2008, 336–337 [Dissertation].

Die Ráttkays machten eine ähnliche Karriere, allerdings mit dem Unterschied, dass diese Anfang des 16. Jahrhunderts nicht in den Komitaten Agram und Kreutz, sondern im Komitat Warasdin begann.[25] Péter, einer der Söhne des 1556 bei Prelog (*Perlak*) den Heldentod gestorbenen Pál Ráttkay,[26] konnte sich im Soldatenberuf behaupten und durch drei Eheschließungen bedeutende Landbesitztümer für die Familie erwerben, während Pál 1571 im Zusammenhang mit einer neuen Schenkung durch Maximilian von Habsburg (I.) als Kanoniker von Agram bezeichnet wurde.[27] Pál dürfte 1578 aller Wahrscheinlichkeit nach nicht mehr gelebt haben, denn in der neuen Adelsurkunde vom 29. September dieses Jahres erweiterte Rudolf II. nur Péters Adelswappen.[28] Parallel zu diesen Adelserhebungen waren die Ráttkays bestrebt, innerhalb des Landes zu heiraten. Katalin, die Mutter von Péter und Pál, war eine Tochter von Dénes Hássádi; eine Schwester der Rátkay-Brüder, Orsolya, heiratete László Kasztellánffy von Szentlélek und später László Pethő von Gerse, während die andere Schwester, Zsófia, von Simon Keglevics geehelicht wurde. Péter Ráttkay heiratete sogar dreimal: Zuerst László Bánffys Tochter Erzsébet, später Barbara Budachky, die einen bedeutenden Grundbesitz in die Ehe mitbrachte und ihm zwei Söhne und zwei Töchter schenkte. Von letzteren heiratete Zsuzsanna den auch als Banus amtierenden Benedek Túróci, und Anna den zum Baron geadelten Pál Gregorjánci. Péter Ráttkays dritte Gattin war Kunigunda, Tochter des András Henning von Szomszédvár, die in den Quellen davor als Mihály Kerecsényis Ehegattin erwähnt wurde.[29] Der Stammbaum der Familie ließe sich noch ausführlicher darstellen – diese Angaben reichen aber aus, um die engen familiären Bande der slawonischen Adligen untereinander zu veranschaulichen.

Einen Sonderfall unter den Titelverleihungen stellt die Baronisierung von Márk Horváth-Štančić dar, über dessen Familie kaum etwas bekannt ist. Er war ein typischer Vertreter jenes Kleinadels, dessen Mitglieder tatsächlich mit dem Schwert den Aufstieg ihrer Familien begründet hatten. Bedingt durch die niedere Geburt gab es für ihn keine mächtige Elterngeneration wie bei den

---

[25] Ein grundlegendes Werk zur Familiengeschichte: *Gulin.* Vgl. *Ratkaji Velikotaborski u hrvatskoj povjsti i kulturi 1502–1793 u povodu 200-te obljetnice izumrća.* Grad Veliki Tabor 11. rujna – 10. 10. listopada 1993. Hg. Josip Stimać et alii. Zagreb 1993.

[26] Sándor *Bene*: Egy kanonok három királysága. Ráttkay György horvát históriája. Budapest 2000, 10–11; *Varga*: Szlavónia, 337–338.

[27] HDA OAF 765 Rattkay, kut. 10, fasc. T.T. X.X., br. 4.

[28] HDA OAF 765 Rattkay, kut. 1, sv. 1, fasc. G. G.

[29] *Gulin* 13–15.

Ráttkays oder Kerecsényis. Trotzdem besaß er bereits 1559 weit mehr Einfluss als die beiden letzteren. Als königlicher Hauptmann von Szigetvár und als Obergespan des Komitates Baranya bezog er beträchtliche Einkünfte aus Südtransdanubien, die er jedoch nicht in seinem Heimatort Gradec (bei Agram) investierte, sondern für den Ausbau einer Wohnstätte an seinem neuen Heimatort Kirment (*Körmend*) im Komitat Eisenburg (*Vas*) einsetzte. Horváth war der Einzige in dieser Gesellschaft, der sich für eine Übersiedlung ins stärker geschützte Transdanubien entschied; es liegen keine Belege dafür vor, dass er sich früher am gesellschaftlichen Leben des slawonischen Adels beteiligt hätte.[30] Zwischen diesen beiden Tatsachen dürfte eine Verbindung bestehen: Gesellschaftliche Integration besaß nämlich eine nicht geringe erhaltende Kraft, und eine Mitwirkung in der Lokalpolitik beziehungsweise lokale familiäre Beziehungen verstärkten die Motivation, sich in der Heimat zu behaupten.

Im Zusammenhang mit dieser sonderbaren Rangerhebung sollte noch angesprochen werden, dass die Bezeichnung »Rex Sclavoniae« erst in diesen Jahren unter den Herrschertiteln Ferdinand von Habsburgs (I.) erschien,[31] und dass die Flagge Slawoniens, die früher nicht existiert hatte, bei der Krönung Maximilian von Habsburgs (I.) im Jahre 1563 von István Dobó getragen wurde.[32] Aus alledem folgt, dass die adlige Gesellschaft des im westlichen Teil des Gebietes zwischen Drau und Save (*Száva, Sava*) gelegenen Slawoniens um die Mitte des 16. Jahrhunderts in der Hofverwaltung stark präsent war und diesem Umstand auch in der Repräsentation des Herrschers Rechnung getragen wurde. Hier könnte es sich auch um einen zufälligen Zusammenfall handeln, was der Autor jedoch bezweifelt. In den Burgkriegen der 1550er Jahre,

---

[30] Szabolcs *Varga*: Horváth Márk szigeti kapitány hagyatéki leltára 1561-ből. In: Somogy Megye Múltjából. Levéltári Évkönyv 38. Hg. Sándor Bősze. Kaposvár 2007, 7–19.

[31] Johannes Maius ließ am 31. Juli 1529 im Namen Ferdinands von Habsburg (I.) ein Befehlsschreiben an die Stände Slawoniens ausstellen, in dem erstmals Slawonien in der königlichen Titulatur erschien. Ferdo *Šišić*: Hrvatski saborskispisi / Acta comitialia regni Croatie, Dalmatiae, Slavoniae. Knjigaprva: Od godine 1526 do godine 1536. I. Zagreb 1912, 131. Das dürfte mit dem Feldzug des Sultans, der im selben Jahr Wien bedrohte, zusammenhängen, da die Anhänger Szapolyais auch in Slawonien zum Gegenangriff übergingen, so dass ein Großteil des Landes für Ferdinand verloren ging. Wahrscheinlich sollte mit dem Titel der Anspruch Ferdinands auf das für ihn so wichtige Gebiet aufrechterhalten werden. Szabolcs *Varga*: Az 1527. évi horvát-szlavón kettős „királyválasztás" története. In: Századok 142 (2008) 1075–1134, hier 1133. Der Titel war damals noch nicht allgemein verbreitet. Slawonien wurde erst ab 1542 in den königlichen Urkunden regelmäßig genannt. *Pálffy*: A Magyar Királyság és a Habsburg Monarchia, 80.

[32] *Pálffy*: A Magyar Királyság és a Habsburg Monarchia, 326.

beim Betrieb des entstehenden neuen Verteidigungssystems, kam dem slawonischen Gemeinadel, der jahrzehntelange militärische Erfahrung und Ortskenntnisse besaß, aber seinen Grundbesitz größtenteils verloren hatte, eine – im Vergleich zu seiner zahlenmäßigen Stärke – große Rolle zu. In diesen Jahrzehnten blieb eine militärische Karriere im Dienste des Königshofes beinahe die einzige Möglichkeit für den Fortbestand dieser Familien. Aufgrund dieser Erkenntnis traten die Ráttkays, die Kerecsényis, Gergely Farkasich und Márk Horváth, die beide eine Zeitlang in der Burg Sziget tätig waren, sowie die weiter unten erwähnten Familien Draskovich, Kasztellánffy, Alapy, Gregorjánci, Túróci und Konszky den mühevollen Weg zum gesellschaftlichen Aufstieg an.

Anhand der Namensliste der ungarischen Baronisierungen[33] lohnt sich die genauere Untersuchung einer interessanten Tatsache: Die aus Slawonien stammenden und für ihre militärischen Dienste belohnten Personen gelangten zwischen 1559 und 1603 an die Spitze der Adelsgesellschaft. Nach der Baronisierung der Kasztellánffys im Jahre 1569 kam es in Slawonien in den 1570er Jahren zur Verleihung des Adelstitels an Gáspár Alapy und 1581 an István Gregorjánczi, der ebenfalls wegen seiner Kriegsdienste den Baronentitel erhielt. 1599 wurden Benedek Túróci, 1603 ein Grundherr aus dem Komitat Warasdin, Mihály Konszky, mit dem gleichen Titel geehrt. Das bedeutet, dass von den 85 in diesem Zeitraum ausgezeichneten Personen elf, also 13 Prozent, aus der Region stammten. Das kaum zwanzigtausend Quadratkilometer große Slawonien, das fortwährend Gebiete verlor und um die Jahrhundertwende bereits auf kaum ein Drittel seiner früheren Ausdehnung geschrumpft war, machte jedoch einen geringeren Teil der Gesamtfläche des Königreiches Ungarn aus.[34]

Hinzu kommt, dass aus dem 16. Jahrhundert auch andere Großgrundbesitzer bekannt sind, die aus Slawonien stammten und dem weiteren Königlichen Rat angehörten. Dazu zählt der Autor zum Beispiel die Erdődys,[35] von denen mehrere in diesen Jahrzehnten angesehene Hofämter bekleideten. Simon Erdődy, Bischof von Agram, Péter (I.) und Péter (II.) Erdődy sowie

---

[33] Ebenda, 169–172.

[34] Zum Ausmaß des Untergangs Josip *Adamček*: Agrarni odnosi u Hrvatskoj od sredine XV do kraja XVII stoljeća. Zagreb 1980, 242–263; Karl *Kaser*: Freier Bauer und Soldat. Die Militarisierung der agrarischen Gesellschaft an der kroatisch-slawonischen Militärgrenze (1535–1881). Wien [u. a.] 1997, 29–54.

[35] Jüngste Angaben zur Familie: Orsolya *Bubryák*: Családtörténet és reprezentáció. A galgóci Erdődy-várkastély és gyűjteményei. Budapest 2013.

Tamás Erdődy waren wichtige Vertreter der slawonischen Landespolitik. Der 1565 bekräftigte und 1580 um Monoszló erweiterte Grafentitel lässt erkennen, dass sie auch zu den höfischen Kreisen intensive Beziehungen hatten.[36] Mit einigen Bedenken hat der Autor auch die Keglevich und die Zrínyi in diesen Kreis aufgenommen. Erstere hatten bereits zu Lebzeiten von Péter Keglevich im Komitat Warasdin Fuß gefasst, und die Familienangehörigen waren dort während des ganzen 17. Jahrhunderts vertreten.[37] Die Zrínyi verlegten den Familiensitz in der Zeit von Miklós (IV.), des heldenhaften Burgverteidigers von Szigetvár – gerade zuungunsten der Familie Keglevich – auf die geschützte Murinsel im Komitat Zala, aber die kroatische Abstammung blieb ihnen (vielleicht) auch wegen ihrer Konflikte mit dem slawonischen Gemeinadel bis zuletzt bewusst.[38]

Angesichts dieser Umstände könnte man zu Recht erwarten, dass sich im Kreise der in der Hofverwaltung und der regionalen Politik engagierten Großgrundbesitzer ein slawonisches Bewusstsein herausbildete, das im Vielvölkerstaat Ungarn eine spezielle – aufgrund der darauffolgenden Jahrzehnte sogar nationale – Identität hätte darstellen können. Hierfür waren in der zweiten Hälfte des 16. Jahrhunderts mehrere Komponenten vorhanden: gemeinsame Symbole, Zusammengehörigkeitsbewusstsein, ein spezielles Privilegiensystem, eine eigene Elite. Ein Blick auf das damalige Siebenbürgen zeigt, dass auch die Szekler nicht mehr, und die Rumänen noch viel weniger

---

[36] *Pálffy*: A Magyar Királyság és a Habsburg Monarchia, 168. Im 17. Jahrhundert erlangten später die Familien Draskovich (1631), Konszky (1647) und Keglevich (1687) den Grafentitel. Zur Familie Draskovich siehe die Beiträge einer thematischen Ausgabe: *Kaj, Časopis za kulturu* 5 (1972). Zur Familie Konszky: Krešimir *Regan*: Plemićka obitelj Konjski. In: Spomenica Josipa Adamčeka. Hgg. Drago Roksandić, Damir Agičić. Zagreb 2009, 23–51; Krešimir *Regan*: Konjski (de Konzka). In: Hrvatski biografski leksikon. http://hbl.lzmk.hr/clanak.aspx?id=9940 (26. Januar 2018).

[37] Eine kurze Zusammenfassung mit weiterführender Fachliteratur: Ivan *Majnarić* – Maja *Katušić*: Keglević. In: Hrvatski biografski leksikon. http://hbl.lzmk.hr/clanak.aspx?id=198 (26. Januar 2018).

[38] Jüngster Beitrag zur Identität der Zrínyi: Géza *Pálffy*: Költő és hadvezér? A politikus, katona és költő-író Zrínyi Miklós különféle lojalitásai és identitásai. In: Hadtörténelmi Közlemények 127 (2014) 867–880. Neben den Zrínyi gehörten noch folgende aus dem Königreich Ungarn stammende Familien zu den Großgrundbesitzern in Slawonien: Székely von Kövend, Báthori, Batthyány und Nádasdy. Sie können jedoch in der vorliegenden Untersuchung genauso wenig berücksichtigt werden wie die Familien Blagay und Frangepán aus Kroatien, die sich weder in zweiter noch in dritter Linie als Angehörige der *natio Slavonica* definierten. Die Frangepan erwirkten die Anerkennung ihres im Mittelalter erlangten Grafentitels im 16. Jahrhundert und stiegen damit in die Reihe der Aristokratie auf. *Pálffy*: A Magyar Királyság és a Habsburg Monarchia, 173; *Pálffy*: A grófi cím, 181.

vorzuweisen hatten. Bekräftigen lässt sich diese Parallelität anhand des Werkes von Elemér Mályusz über die mittelalterliche Gesellschaft Siebenbürgens, in dem an mehreren Stellen auf die Ähnlichkeit der Situation in Slawonien und in Siebenbürgen hingewiesen wird.[39] Trotz alledem entwickelte sich Slawonien nicht auf organische Weise zu einem frühneuzeitlichen Land mit eigenen Besonderheiten. Der Name und dessen ursprüngliche Bedeutung trennten sich sogar im 17. Jahrhundert, indem eine ganz andere Region, das östliche Becken zwischen Drau und Save, als Slawonien bezeichnet wurde.[40] Trotz vielversprechender anfänglicher Ansätze kam es nicht zur Herausbildung einer slawonischen Adelsnation (*natio*), die örtlichen Aristokratenfamilien starben aus, büßten ihre Bedeutung ein oder bekannten sich infolge eines Identitätswechsels oder einer Identitätswahl als Angehörige der ungarischen oder der kroatischen Nation. Die wichtigste Frage ist also, was mit der slawonischen Aristokratie geschah, und welche Umstände die Entstehung einer slawonischen Lobby in der zweiten Hälfte des 16. Jahrhunderts verhinderten.

Slawoniens Landesidentität im Spätmittelalter

Im ausgehenden 15. Jahrhundert war Slawonien mit rund 260.000 bis 300.000 Einwohnern auf einer Fläche von annähernd 20.000 Quadratkilometern eine der reichsten und am dichtesten bevölkerten Regionen im Königreich Ungarn.[41] Die Bevölkerungsdichte von 13,2 Personen pro Quadratkilometer lag weit über dem Landesdurchschnitt, und es wies auf eine fortgeschrittene Urbanisierung hin, dass 20–25 Prozent der Bevölkerung in Oppida beziehungsweise in einer der Städte (*civitas*), Agram oder Warasdin, lebte.[42] Dank der in erster Linie mit Weinbau erzielten Einkünfte konnten mehrere Familien ihren Kindern ein Auslandsstudium finanzieren, und auffallend viele Männer aus Slawonien schafften es in Positionen der Zentralverwaltung, die Sachkenntnis

---

[39]   Elemér *Mályusz*: Az erdélyi magyar társadalom a középkorban. Budapest 1988.

[40]   Géza *Pálffy*: A haditérképészet kezdetei a Habsburg Monarchiában. Az Angielini várépítész-família rendszeres térképészeti tevékenysége a horvát-szlavón és a magyarországi határvidéken az 1560–1570-es években / Die Anfänge der Militärkartographie in der Habsburgermonarchie. Die regelmäßige kartographische Tätigkeit der Burgbaumeisterfamilie Angielini an den kroatisch-slawonischen und den ungarischen Grenzen in den Jahren 1560–1570. Budapest 2011; *Varga*: Horvátország, 36–38.

[41]   András *Kubinyi*: A Magyar Királyság népessége a 15. század végén. In: Történelmi Szemle 38 (1996) 2–3, 135–161, hier 150–152.

[42]   *Varga*: Horvátország, 42–43.

und Kompetenz erforderten – man denke nur an János Vitéz, Janus Pannonius, János Megyericsei oder István Brodarics.[43]

Die Landesversammlung (*congregatio nobilium regni Sclavoniae*) galt als oberste Institution der Eigenständigkeit der slawonischen Adligen. Die Versammlungen wurden anfangs auf königlichen Befehl abgehalten, sie stellten jedoch bereits ab den 1450er Jahren infolge der Abschwächung der königlichen Macht ein selbständiges politisches Forum des slawonischen Adels dar, wo Beschlüsse über interne Angelegenheiten gefasst wurden. Auf den seit der Jagellonen-Zeit regelmäßig einberufenen Versammlungen wurden auch schon politische Themen behandelt, Gesandte gewählt, Steuern erhoben oder Anträge im Namen des slawonischen Adels verfasst. Aus dieser Zeit datiert die Vorgehensweise, dass der Herrscher eigene Kommissare in die Versammlungen entsandte, die die königlichen Befehle übermittelten und seine Macht repräsentierten, während die Delegierten der slawonischen Versammlung gemeinsam an den ungarischen Reichstagen in Preßburg (*Pozsony*, *Bratislava*) teilnahmen.[44] Die slawonische Landesversammlung tagte bis ins zweite Drittel des 16. Jahrhunderts von dem kroatischen *Sabor* getrennt. Die Fusion der beiden Versammlungen im Jahre 1558 war eine Folge des osmanischen Vorstoßes.[45]

Slawoniens Bevölkerung sprach verschiedene südslawische Dialekte. Unter den Leibeigenen galt es, zwischen Ungarn und Kroaten konsequent zu unterscheiden, was so viel bedeutete, dass sich diejenigen, die sich keiner der beiden Nationen zugehörig fühlten, als *Slawonen* definierten. Der Adel war ethnisch gemischt, die großen und mittelgroßen Grundbesitzerfamilien stammten mehrheitlich aus Ungarn; eine Ausnahme stellte lediglich das südlich der Save liegende Gebiet des Komitates Agram dar, wo bereits in den ersten Dekaden des 15. Jahrhunderts kroatische Großgrundbesitzer Bodenbesitz erworben hatten.[46] Ein bedeutender Zuzug kroatischer Adliger auf andere Gebiete Slawoniens setzte erst in den letzten Jahrzehnten des 15. Jahr-

---

[43] Mit weiterführender Fachliteratur: Tamás *Pálosfalvi*: Vitézek és Garázdák. A szlavóniai humanisták származásának kérdéséhez. In: Turul 86 (2013) 1, 1–16.

[44] Eine heute in vielen Details bereits überholte Zusammenfassung zur slawonischen Verwaltung: Ivan *Beuc*: Instituticija državne Hrvatskoj (1527–1945). Zagreb 1969.

[45] Géza *Pálffy*: Egy fontos adalék történeti földrajzunk és közigazgatás-történetünk históriájához: Az 1558. évi horvát-szlavón közös országgyűlés meghívólevele. In: Fons 10 (2003) 2, 233–248.

[46] Ivan *Jurković*: Turska opsanost i hrvatski velikaši – knez Bernardin Frankopan i njegovo doba. In: Zbornik Odsjeka za povijesne znanosti Zavoda za povijesne i društvene znanosti Hrvatske akademije znanosti i umjetnosti 17 (1999) 61–85.

hunderts infolge des osmanischen Vordringens ein.[47] Zum zahlenmäßig starken slawonischen Kleinadel gehörten vermutlich viele Burgleibeigenen und Angehörige des Burgvolkes slawischen Ursprungs, denen ihre partikulare Eigenständigkeit bewusst gewesen sein dürfte. Es ist also denkbar, dass die Wurzeln der slawonischen Eigenständigkeit in ihren ethnischen und rechtlichen Besonderheiten zu suchen sind, weshalb bis Ende des 15. Jahrhunderts bereits eine einheitliche Adelsgemeinde der slawonischen Adligen entstanden war. Entscheidend für die Zugehörigkeit zu dieser Gruppe war, ob jemand Grundbesitz in Slawonien hatte: Nur dadurch konnte man an der lokalen adligen Gemeinschaft und deren Identität teilhaben. Es muss allerdings betont werden, dass dieser von der Herkunft her heterogene slawonische Adel untereinander verbunden war – einerseits durch die universelle lateinische Kultur und Schriftlichkeit, andererseits durch das markante *Hungarus*-Bewusstsein, aufgrund dessen seine Angehörigen sich zur *natio Hungarica* zählten.[48] Der slawonische Gemeinadel teilte auch die Deutschfeindlichkeit des auf dem Feld Rákos versammelten ungarischen Gemeinadels der Jagellonen-Zeit und akzeptierte – wie der Gemeinadel – János I. Szapolyai als König in den Monaten nach der Niederlage bei Mohács 1526.[49] Die historischen Traditionen und das Bewusstsein der Zugehörigkeit zur Heiligen Krone waren bei den slawonischen Adligen so stark ausgeprägt, dass eine Abspaltung des Landes nicht einmal ansatzweise zur Sprache kam. Erst infolge der osmanischen Eroberungszüge setzten bei ihnen die ideellen Vorgänge ein, die ihre Beziehungen zum Königreich Ungarn immer mehr abschwächten und im 17. Jahrhundert eine Neudefinierung ihres öffentlich-rechtlichen Status ermöglichten.

Slawoniens Großgrundbesitzer im Spätmittelalter

Anhand der Steuerverzeichnisse lässt sich die Reihenfolge der Grundherren des Landes relativ einfach rekonstruieren. Dabei wird ersichtlich, dass meh-

---

[47]   Nataša *Štefanec*: Demografic Changes on the Habsburg-Ottoman Border in Slavonia (c. 1570–1640) In: Das Osmanische Reich und die Habsburgermonarchie. Akten des internationalen Kongresses zum 150-jährigen Bestehen des Instituts für Österreichische Geschichtsforschung. Wien, 22.–25. September 2004. Hgg. Marlene Kurz [u. a.]. Wien/München 2005, 550–578.

[48]   Tibor *Klaniczay*: Irodalom és nemzetiség. In: Ders.: Stílus, nemzet és civilizáció. Budapest 2001, 14–17.

[49]   *Varga*: Szlavónia, 1124–1133.

rere führende Aristokratenfamilien des Königreiches Ungarn beachtliche slawonische Landbesitztümer erworben hatten. Nach Zeugnis der Steuerverzeichnisse aus den Jahren 1490 und 1494 war János Corvin der reichste Grundbesitzer des Landes, aber die Familien Bánfi, Kanizsai, Egervári, Péter Geréb und Bertalan Drágfi besaßen ebenfalls mehrere hundert Steuer zahlende Höfe.[50] Ihnen folgten Jakab Székely von Kövend, György Paumkircher, János Kishorvát und die Bátori.[51] Unter den kirchlichen Amtsträgern besaßen der Bischof von Agram, der Bischof von Fünfkirchen (*Pécs*), der Prior zu Vrana, das Domkapitel von Zagreb und der Abt von Béla ausgedehnte Ländereien. Ein weiteres Merkmal dieser Besitzstruktur war bis 1521 die Gewohnheit, Hochadlige an die Spitze des Landes zu stellen, die auch in anderen Regionen des Königreiches Ungarn bedeutende Besitztümer hatten, so dass die Bane in der Regel nicht aus der Reihe der reichsten Aristokraten Slawoniens stammten.[52] Die erste Ausnahme war der Kroate János Karlovics; in den Jahren nach der Niederlage bei Mohács versuchte Ferdinand von Habsburg (I.) das frühere System aufrecht zu erhalten. 1542 war jedoch mit der Ernennung Miklós Zrínyis zum Banus endgültig entschieden, dass der Titel *Banus Kroatiens und Slawoniens* fortan an Angehörige der lokalen Elite, das heißt, an die Familien Zrínyi, Erdődy, Draskovich, Túróczi, Frangepán und Alapi, fallen würde.

Die spätmittelalterlichen Großgrundbesitzer hatten ihre Besitztümer in den ersten Dekaden des 16. Jahrhunderts entweder verkauft oder verloren, außerdem starben mehrere Familien in diesen Jahrzehnten aus. Von den Übriggebliebenen versuchten jene, die es sich leisten konnten, ihre Familienresidenzen in den geschützteren Komitaten Westtransdanubiens einzurichten. In den Steuerverzeichnissen der 1540er Jahre waren nur noch vereinzelte frühere Grundbesitzer aufzufinden. Mit der Abspaltung des Komitates Virovititz (*Verőce*) gingen die Landbesitztümer der Bánfi, mit Komitat Kreutz die der Nádasdy, des jeweiligen Bischofs von Fünfkirchen und der Batthyány beziehungsweise mit den südlichen Gebieten des Komitates Agram die des Priors von Vrana und des Abtes von Béla für zwei Jahrhunderte verloren. Der Zerfall und die gefährdete Lage Slawoniens eröffneten den slawonischen Adligen

---

[50] Josip *Adamček* – Ivan *Kampuš*: Popisi i obračuni poreza u Hrvatskoj u XV. i XVI. stoljeću. Zagreb 1976, 3–15.

[51] *Varga*: A Bátoriak, 141–142.

[52] Tamás *Pálosfalvi*: A bánok helye a királyság kormányzati struktúrájában, 1435–1526. In: *A horvát-magyar együttélés fordulópontjai* 146–154.

Aufstiegsmöglichkeiten, und für die Entstehung einer lokalen Elite waren scheinbar alle Voraussetzungen erfüllt.[53]

Wege des Aufstiegs

Die Bürgerkriegszustände nach der Niederlage bei Mohatsch (*Mohács*) werteten die Rolle des slawonischen Adels auf. Die Habsburger konnten das Land aus strategischen Gründen nicht in Feindeshand belassen, und für König János I. Szapolyai war Slawonien für den Erhalt der diplomatischen und Handelswege nach Italien von besonderer Wichtigkeit. Ein Großteil des lokalen Adels unterstützte anfangs Szapolyai. An der Spitze seiner Partei stand Simon Erdődy, Bischof von Agram, der mit den kirchlichen Landbesitztümern im Rücken Szapolyais Interessen in Slawonien verteidigen konnte.[54] In der Hofverwaltung begegnet uns mit István Brodarics aus dem Komitat Kreutz eine einzige Person, die als Bischof und Diplomat in die Aristokratie des Klerus aufgestiegen war; nach seinem Tod im Jahre 1539 gelang jedoch der Familie Brodarics der *große Sprung* in die Reihen der Aristokratie nicht mehr.[55]

Es gibt lediglich eine Familie, die Gregorjánci, deren Schicksal etliche Parallelen zu dem der Brodarics aufwies, und die es in den Hochadel schaffte.[56] Meister György Gregorjánci ist seit 1512 in den Quellen belegt: 1518 als Familiare Georg von Brandenburgs, ab 1520 bis zu seinem Tod als slawonischer Gerichtsprotonotar. Seine bescheidenen Landgüter lagen im Komitat verstreut: Markovc, Hegen, Dorozlavc und Kamarcsa (*Novigrad Podravski*) gehörten zu seinem Besitz. Nach dem gewaltsamen Tod von György übernahmen seine Söhne Ambrus und Pál die Leitung der Familie. Ambrus war Stuhlrichter von Kőrös, später engster Berater der Zrínyi und damit Vorsteher der Adligen in Turopolje sowie Burgvogt von Lukavec. 1543 ist er als Steuereinnehmer, ab 1547 als *egregius* belegt; zwischen 1558 und 1565 bekleidete er das Amt des Vizebans. Sein jüngerer Bruder Pál war nach seinen Auslands-

---

[53] *Adamček – Kampuš*.

[54] Szabolcs *Varga*: Szapolyai befolyása Szlavóniában. Referat auf der Konferenz „Epoche des Übergangs – das Land Johann I. Szapolyais". Ungarische Akademie der Wissenschaften, Geisteswissenschaftliches Forschungszentrum, Budapest, 15. Mai 2012.

[55] *Brodarics-Emlékkönyv*. Hgg. Péter Kasza [u. a.]. Budapest 2011; Szabolcs *Varga*: Brodarics bölcsője: Kőrös vármegye kisnemesi társadalmának karrierlehetőségei a 16. században. Referat auf der Konferenz „Die Korrespondenz von István Brodarics". Ungarisches Staatsarchiv, 15. Juni 2012.

[56] Szabolcs *Varga*: Adalékok Gregorjánci Pál pécsi püspök életrajzához. In: Pécs az egyháztörténet tükrében. Tanulmányok. Hgg. Zoltán Erdős, Melinda Kindl. Pécs 2010, 125–135.

studien Kanoniker von Agram, Bischof von Fünfkirchen und von Agram, später von Raab (*Győr*), und in seinem letzten Lebensabschnitt Erzbischof von Kalocsa. Er galt als hochqualifizierter Rechtsgelehrter, dem der Herrscher auch heikle diplomatische Aufgaben übertrug. Ambrus und Pál unterstützen sich gegenseitig wie die Brüder Brodarics; außerdem brachten angesehene Patrone – Miklós Zrínyi, Miklós Oláh oder Péter Erdődy –, der Hofdienst und nicht zuletzt die Geburt des gesetzlichen männlichen Nachkommen István, des Sohnes von Ambrus, 1581 den Baronentitel ein.

Die Gregorjánci gelten allerdings eher als Ausnahme. Anderen Familien aus dem Kirchenadel – etwa den rechtsgelehrten Hobetic, Konszka, Prasovci – gelang es nicht, sich durch Gelehrsamkeit und Familiardienste über den Komitatsadel zu erheben, so dass ihre Nachkommen auch noch im 17. Jahrhundert dieser Adelsschicht angehörten. Das Beispiel der Raveni zeigt, wie viele Faktoren für einen Aufstieg in die Aristokratie nötig waren – darunter auch eine gehörige Portion Glück.

Angehörige der Familie Raveni bekleideten lange Jahre hindurch wichtige Posten in der slawonischen Verwaltung, mitunter sogar am Königshof. In der bereits im 15. Jahrhundert einflussreichen Familie liegen in den ersten Dekaden des 16. Jahrhunderts für die Tätigkeit von János und Mihály Raveni die meisten Belege vor. János stand anfangs wahrscheinlich in königlichem Dienst und war ab 1520 als Sekretär des Banus János Karlovics tätig. Mihály Raveni war Szapolyais Sekretär, 1533 Stuhlrichter des Komitates Kreutz, später wurde er zum königlichen Rechtsdirektor und zum Gerichtsprotonotar Slawoniens bestellt. Die Erhebung in das letztgenannte Amt erfolgte durch Tamás Nádasdy, in dessen Dienst Raveni auch in der Folgezeit verblieb, so dass ihm auch das Amt des Protonotars neben dem Oberlandesrichter verliehen wurde. Mihály Raveni studierte aller Wahrscheinlichkeit nach im Ausland, und in den Quellen der 1530er Jahre wird er als Lehrer von Kristóf Batthyány genannt. Trotz der vielfältigen Aufträge konnten die Brüder Raveni keine nennenswerten Besitztümer erlangen. In der zweiten Hälfte des 16. Jahrhunderts ist die Familie in den Quellen nicht mehr anzutreffen. In ihrem Fall reichten nicht einmal Studium und Hofdienst zum Aufstieg aus.[57]

Im Hintergrund der Baronisierung vornehmer slawonischer Persönlichkeiten standen zumeist militärische Verdienste. Die Kerecsényi, die Ráttkay oder der als Burghauptmann von Szigetvár bekannte Márk Stanchich stammten aus dem Gemeinadel der Komitate Kreutz, Warasdin, Agram und taten

---

[57]   *Varga:* Szlavónia, 342–343.

sich in der Zeit zwischen 1530 und 1560 im militärischen Bereich hervor. Die Kerecsényi standen zu Beginn des 16. Jahrhunderts im Dienste von Osvát Thúz, später von Tamás Bakócz; György Kerecsényi diente jahrelang als Burgvogt des Erzbischofs in Monyorókerék. Sein Sohn Pál war 1521 Hauptmann von Slawonien, 1521–1524 slawonischer Vizebanus und Gespan von Kreutz. In den Jahren nach der Niederlage bei Mohács beteiligte er sich als überzeugter Anhänger Erdődys an den slawonischen Kämpfen und starb 1537 als *egregius*. Páls Sohn, László Kerecsényi, widerfuhr letzten Endes ein tragisches Schicksal: Nach langjährigem Dienst in einer Grenzburg wurde er 1554 mit Miklós Zrínyis Unterstützung zum Hauptmann von Sziget ernannt. 1557 war er Vizebanus von Slawonien, geriet als Hauptmann von Gyula in Gefangenschaft und wurde 1566 hingerichtet. In seinem Fall kommt allein der Kriegsdienst am Hof als Grund für die Erhebung zum Baron in Frage, denn es konnten weder Besitztümer noch familiäre Kontakte oder andere Hofdienste oder ein Studium dazu beigetragen haben. Sein Lebensweg weist viele Parallelitäten zur Laufbahn von Márk Stanchich auf, der in der ungarischen Öffentlichkeit vor allem als heldenhafter Hauptmann von Sziget während der Belagerung der Burg im Jahre 1556 bekannt ist. Márk wurde wahrscheinlich zu Beginn der 1510er Jahre in der Stadt Gradec (bei Agram) im Komitat Agram geboren. Über die Familie ist wenig bekannt: Sie dürfte bereits in den 1530er Jahren nach Kirment umgezogen sein, da der Ort mehr Sicherheit zu bieten schien. Márk begann seine militärische Laufbahn irgendwann gegen Ende jenes Jahrzehnts im Dienste von Tamás Nádasdy. 1541 ist er als Bálint Töröks Familiare in Kisbér belegt. Nach Nádasdys Gefangennahme schloss er sich Ferenc Batthyánys Servitoren an. Obwohl seine gute Beziehung zu Batthyány bis zu seinem Tode fortbestand, versuchte sich Stanchich einige Jahre später wieder im Dienste Tamás Nádasdys zu behaupten. Zwischen 1547 und 1552 diente er als Nádasdys Soldat mit fünfzig Reitern in der Burg Sziget und bekleidete nach László Kerecsényi zweimal den Posten des Burghauptmanns. Im Sommer 1556 verteidigte er die Burg mit Erfolg gegen einen Angriff des Paschas von Ofen (*Buda*), Ali, und die zweite Ernennung zum Hauptmann brachte ihm auch den gesellschaftlichen Aufstieg: Der mittellose Kleinadlige aus Gradec, der sich 1548 mit dem Schwert den Adelstitel erworben hatte, wurde von Ferdinand am 30. Mai 1559 zum Baron und gleichzeitig zum Gespan des Komitates Baranya erhoben und damit zu einem der mächtigsten Grundbesitzer in der Region. Die neue Position konnte er jedoch nicht lange genießen, denn er starb im August 1561 und wurde in Kirment bestattet.[58]

Die Ráttkay von Nagytábor sind als Familiare von János Corvin im Komitat Warasdin bekannt. Benedek bezog 1504 Sold nach 25 Soldaten; sein Sohn Pál war 1528 Anführer der Adelstruppen aus dem Komitat Warasdin, 1538–1539 Vizebanus unter Péter Keglevich, 1542 Vizegespan von Warasdin und Kreutz; in den darauffolgenden Jahren ist er mehrfach als Stuhlrichter von Warasdin belegt. Er stand während der ganzen Zeit im Dienste Miklós Zrínyis und starb 1556 bei Prelog. Seine Söhne Péter und Pál schlugen ebenfalls eine militärische Laufbahn ein und erhielten dank ihrer Berufswahl sowie der Verdienste ihres Vaters 1559 den Baronentitel. Die Ráttkay unterschieden sich dadurch von den bisher behandelten Familien, dass sie 1687 von Leopold I. den Grafentitel bekamen und ihre Angehörigen bis zum Aussterben der Familie im Jahre 1750 zur Aristokratie gehörten.[59] Das bekannteste Mitglied der Familie, György Ráttkay, war Kanoniker von Agram und verfasste um die Mitte des 17. Jahrhunderts in einem großangelegten, konzeptionellen Geschichtswerk das Programm der als *Illyrismus* bezeichneten, von den Vorstellungen kroatischer Humanisten geprägten Ideologie.[60]

Schlussfolgerungen

Ein Aufstieg aus dem slawonischen Gemeinadel war lediglich einige Jahrzehnte lang eine reale Möglichkeit. Die Bedeutung der Region als Kriegsschauplatz wertete den militärischen Einsatz des lokalen Adels auf. Die Herrscher aus dem Hause Habsburg (Ferdinand, Maximilian und schließlich Rudolf) gedachten, die Treue ihrer Anhänger in mehreren Fällen mit dem Baronentitel zu belohnen. Im Hintergrund der vier Rangerhebungen stand der auf transdanubischen Kriegsschauplätzen, insbesondere in der Gegend um Sziget bezeugte Kampfesmut. Die Ursachen hierfür können erst durch weitere Untersuchungen zweifelsfrei ermittelt werden. Auf jeden Fall ist ersichtlich, dass sich die Chancen, die eine militärische Laufbahn bot, nach dem Fall Szigets im Jahre 1566 offensichtlich verringerten: Es kann kein Zufall sein, dass es danach immer seltener zu solchen Ernennungen kam. Die Erstarrung des Kriegsschauplatzes Transdanubien und der Rückgang der mili-

---

[58]   *Varga:* Horváth Márk, 7–12.
[59]   *Gulin.*
[60]   *Bene.*

tärischen Aktivität der Habsburger nach 1568 beschränkten den soldatischen Aufstieg des slawonischen Adels.

Es muss ebenfalls angemerkt werden, dass der Barontitel mit keinem Zuwachs an Landbesitz einer Familie verbunden war, und der Rang an sich für die Familie nicht ausreichte, um in der Aristokratie festen Fuß zu fassen. Bedingt durch schwächliche Familienstammbäume umfassten diese Karrieren in vielen Fällen bloß eine oder höchstens zwei Generationen. Militärische Erfolge konnten ein Sprungbrett für einen Hof- und Beamtendienst sein. So weit kam es aber selten, weil die Generation, die von den Leistungen der Väter hätte profitieren können, in vielen Fällen nicht vorhanden war.

Der fortwährende Zerfall des Landes Slawonien war für die Etablierung einer slawonischen Aristokratie genau so ungünstig. In dem unter christlicher Herrschaft verbliebenen, auf kaum 7.000 Quadratkilometer geschrumpften Slawonien konnten 1582 nur noch 3.298 Steuer zahlende Höfe registriert werden. Dies hatte zwangsläufig zur Folge, dass nur schwerlich neue Großgrundbesitztümer entstehen konnten: Die Quellen belegen eine Verarmung des lokalen Adels. Infolge des Krieges stockte die bürgerliche Entwicklung, die Binnenmärkte waren zerrüttet und das enge Netz der Markflecken wurde weitmaschiger. Im Fernhandel konnten nur Großgrundbesitzer mithalten, die auch an der kroatischen Küste sowie nördlich der Drau Landgüter besaßen. Die aus dem slawonischen Gemeinadel aufgestiegenen Barone vermochten jedoch im Laufe des Jahrhunderts keine ausgedehnten Besitzkomplexe zu erwerben, so dass die Größe und die Einkünfte der von den einzelnen Familien gehaltenen Landbesitztümer mit denen der führenden Familien des Landes nicht zu vergleichen waren.

Durch die dauerhafte Anwesenheit der in der Region stationierten königlichen Truppen verringerte sich die militärische Bedeutung des lokalen Adels. Für sie stand immer öfter nur ein Dienst unter fremden Oberbefehlshabern als mögliche Karriere offen. Weil die Befehlsführung der wichtigsten Burgen schon sehr früh als Ausländer geltenden Offizieren übertragen wurde, waren für den lokalen Adel in vielen Fällen bloß untergeordnete Posten wie der eines Husarenhauptmanns erreichbar.[61]

Zu geringes Vermögen und unzureichende Beziehungen zum Hof verhinderten die repräsentativen Bestrebungen der frisch aufgestiegenen Familien.

---

[61]   Für Kapronca Hrvoje *Petrić*: Okoliš, demografske, društvene i gospodarske promjene u pograničnom gradu. Koprivnica u 17. stoljeću. Samobor 2005, 339. Simon Keglevich diente dreißig Jahre als Husarenhauptmann in der Burg, aber es gelang ihm nicht, aufzusteigen.

So konnten sie sich auch dieser Formsprache nicht bedienen, um ihre Präsenz und ihr Gewicht vor einem größeren Publikum – in erster Linie vor dem regionalen Gemeinadel – akzentuiert darzustellen. Ein Aufstieg durch eine kirchliche Karriere blieb ihnen ebenfalls verwehrt. Die mittelalterlichen Domkapitel, Mönchsorden und bischöflichen Zentren des Königreiches Ungarn erlitten im 16. und 17. Jahrhundert beträchtliche Schäden, weshalb sich der Aufstieg in der Kirchenaristokratie zusehends verengte. Nur die einflussreichsten Familien – wie die Erdődy oder Draskovich – schafften es in die Elite des Klerus. Den Nachfolgern gelang dies nicht, weil es ihnen sowohl an Qualifikation als auch an Beziehungen zum Hof – und möglicherweise auch an Motivation – fehlte.[62] Um die wichtige Frage zu beantworten, warum die Angehörigen dieser Familien in den höheren Posten des Bistums Agram keine Karriereperspektive erkannten, bedarf es noch weiterer Forschungen. Soviel ist jedoch schon zu erkennen, dass die Vormachtstellung kroatischer Migranten in der kirchlichen Gesellschaft eine wichtige Ursache für die kroatischen Selbständigkeitsbestrebungen in der Frühen Neuzeit war.[63]

Schließlich müssen noch die Auswirkungen der Migration kroatischer Adliger angesprochen werden. In der Hoffnung auf ein besseres Leben siedelten Angehörige des niederen und mittleren Adels aus dem mittelalterlichen Kroatien massenweise in die Komitate Warasdin und Agram um, wo sie bereits in den 1540er Jahren bestimmte Bereiche der Verwaltung besetzten. In diesen Jahrzehnten war jedem die Eigenständigkeit bewusst. Der kroatische und der slawonische Adel hielt seine Versammlungen voneinander getrennt ab. Zu einer Fusion der beiden Institutionen kam es erst 1558. Untersuchungen zur Auswirkung der darauffolgenden Jahrzehnte auf die Identität der lokalen Elite stehen noch aus. Es kann aber als beredtes Zeichen gewertet werden, dass Tamás Erdődy am Ende des Jahrhunderts bereits die kroatischen Franziskaner aktiv unterstützte,[64] und dass sich die aus Dalmatien stammenden Draskovich auch während ihrer Aktivitäten in Slawonien stolz zur kroatischen Herkunft bekannten. Im Wesentlichen kann festgestellt werden, dass die Familien, die sich als Angehörige der *natio Illyrica* beziehungsweise *natio*

---

[62] Szabolcs *Varga*: Szempontok a szlavóniai ferencesek koraújkori történetének vizsgálatához. In: Nyolcszázesztendős a ferencesrend. Tanulmányok a Rend lelkiségéről, történeti hivatásáról és kulturális-művészeti szerepéről. I–II. Hgg. Norbert S Medgyesy [u. a.]. Budapest 2013, 237–252.

[63] Antal *Molnár*: A zágrábi püspökség és a magyarországi katolikus egyház a 17. században. A püspöki processzusok tanúvallomásainak tanulságai. Budapest 2012.

[64] *Bubryák* 94.

Croatica definierten, im Kreise des slawonischen Adels zu Beginn des 17. Jahrhunderts zahlenmäßig überhand nahmen, während die Mitglieder der Gruppen mit einem *Hungarus*-Bewusstsein, die in der späteren Fachliteratur als *Magyaronen* bezeichnet wurden, in den Hintergrund gerieten.[65] Um diese Zeit spielte die slawonische Herkunft bei der Identitätswahl überhaupt keine Rolle mehr: Als Option boten sich ungarisch oder kroatisch oder in vielen Fällen sogar gleichzeitig beide an. Es war Ironie des Schicksals, dass die gerade aufkeimende slawonische Aristokratie im wörtlichen Sinne den Boden unter den Füßen verlor, und dass später auf den verbliebenen Gebieten des Landes die Anhänger des kroatischen Illyrismus sich einen neuen Staat aufzubauen begannen.[66]

---

[65] Die *Magyaronen* bekannten sich zum traditionellen Ungarn-Bild des kroatisch-slawonischen Adels und betrachteten die Ungarn in erster Linie als Verbündete. Ihre Angehörigen schlossen sich erst in den 1840er Jahren in einer Partei zusammen. Dénes *Sokcsevits*: Magyar múlt horvát szemmel. Budapest 2005, 41–44.

[66] Für weitere Fachliteratur: Dénes *Sokcsevits*: Horvátország a 7. századtól napjainkig. Budapest 2011, 292–294.

Ágnes Fülemile, Budapest

The *Odalisque*
Changes in the Meaning and Reception of an Orientalising Fine Arts Theme in Europe and Hungary*

As an ethnographer carrying out field work in Transylvania (Romania), I have often come across (Turkish-Arabic) Oriental themes on wall hangings in the so-called *best room* of village homes, surprisingly even in areas – such as the villages of Kalotaszeg or Szék (*Sic*) in the Mezőség region (Transylvania Heath) – that have preserved until recently many of the traditional features of their culture. Representations of ornate seraglios, gardens of paradise with peacocks, bathing odalisques, dancing houris, and odalisques reclining on divans are equally popular in rural and urban Hungarian, Romanian and Gypsy homes. At the weekly local markets or at fairs throughout the countryside it is not difficult to get hold of first- or second-hand plush velvet hangings featuring the favourite themes of Turkish-Arabic Orientalism: Oriental beauties and Bedouin warriors on horseback, the world of harems and abductions, and lion and tiger hunting scenes. What are the roots of such depictions? What are the reasons for this continuing interest? Why are contemporary generations of former peasant communities with their own traditional culture still touched with curiosity about such themes?

In what follows, I present the process of creating visual stereotypes, and the ideas that can be evoked by them, through the concrete example of an analysis of the Western European image of the Turks in the history of art and culture. I provide an overview of the history of the iconography of the Oriental woman, and, within it, that of the *odalisque*,[1] a conventionally popular

---

*   Extended Version of Ágnes *Fülemile*: Az "odaliszk" – Egy orientalizáló képzőművészeti téma jelentésének és recepciójának változásai. In: Ethno-Lore. A Magyar Tudományos Akadémia Néprajzi Kutatóintézetének Évkönyve 32 (2015) 69–144.

[1] From the Turkish *odalik* ("chambermaid"), two, erroneous, European words have been formed: the French *odalisque* and the Italian *odalisca*. In Hungarian literature, both terms are used. Kálmán Szendy's 1833 album, featured in Colour Supplement 11, uses the word

subject in the Late Middle Ages and Early Modern Period in European fine arts and popular culture. I will end with an exploration of the origin and role of the Oriental object-type in the late-peasant environment through the presentation of a specific ethnographic example.

Combining my interests in 15th to 19th century graphic genres and illustrated book types, as well as in ethnicity, has guided my research towards Orientalism in the fine arts. I examine the visualisation of thinking about ethnicity, the logic of visual expressions of ethnic stereotypes, and their vulgar iconography. Among other things, I am concerned with the representation schemes of the peoples of the European periphery and continents beyond Europe from the Late Middle Ages and Early Modern Period in the developed and dominant art centres of Western Europe – especially following the widespread use of printed graphical technologies (as communication media), which has not only standardised methods of creation and articulation, but also influenced the possibilities of reception itself. I am interested in the relationship between mental structures and vision – that is, the culturally defined way of looking at things, according to which the dominant visual language[2] of an era makes it possible to see and understand phenomena through certain visual schemas, as well as the relationships between verbal, textual and visual topoi, where an interdisciplinary approach to research (from the perspectives of history, visual anthropology and art history) promises to be an appropriate method of examination.

Eastern Themes in 16th and 17th Century Graphic Art and Painting

Interest in the East as the other is as old as the history of ancient, then medieval Christian Europe. The *them* and *us* distinction between civilised people and barbarians, and the elaboration of the discourse between the Occident and the Orient, began with the eastward expansion of early Mediterranean cultures. The interactions between the European, Near Eastern and North

---

    odalia. In a broader, European interpretation, the word means a harem lady, lover, concubine, or female slave in the harem of the sultan or other wealthy man.

[2]   According to Ivan *Gaskell*: History of Images. In: New Perspectives on Historical Writing. Ed. Peter Burke. Pennsylvania 1992, 168–192, here 169, the conventional "gallery" and "human-made visual environment" of an era is a "nebulous mass of visual material" that includes, besides objects canonised by the history of art, also provincial objects and any primarily communicative media, including graphic design and photography, souvenirs and other pieces of the objective environment.

African areas of the Mediterranean, and their manifold cultural and artistic aspects, forms a long history comprising many chapters.[3] In parallel with the discovery of the contemporary world, the extension of its boundaries and the mapping of the expanding world, and in keeping with the shifting centre of geopolitical interest, the concept of the East and the focus of attention have undergone constant change.

Orientalism – European interest in Oriental themes, and the concept and artistic perception of the East – got a new impetus and was strongly influenced by the strengthening of military activity of the Turks in Europe. The seemingly unstoppable expansion of the Ottoman Empire and Islam turned the attention of Europe to the new enemy threatening its borders in the 15th and 16th centuries. The loss of sacred sites that were considered the cradle of Antiquity and of Christian culture, the fall of the Holy Land, Byzantium, Constantinople, the Greek archipelago and the Balkan monarchies, the decline of Venice, the threat to Vienna and the collapse of the Kingdom of Hungary, were all steps in the shocking and mobilising realisation of impending danger.

This period coincided with the emergence of mass social demand for printed graphics and books, and other printed information. New types of illustrated books and popular representational genres were created. The discovery of the Turkish Empire was a key aspect of the cosmographic understanding of the world. There were countless pamphlets on Turkish military events, and occasional marketplace journals – which represented the beginnings of German newspaper publishing[4] – as well as travelogues,[5] chronicles and tracts

---

[3]   For example, the expansion of the Hellenic and Roman empires, the waves of Migration Period, the Byzantine system of relations, the Norman and Hungarian invasions, the Moorish-Arab expansion, the Crusades, the long-distance trade and slave trade networks, the flourishing of Venice and Genoa, the Eastern journeys of Dominican missionaries, the Mongolian invasion, the presence of the Cumanians and Jews in the medieval kingdom of Hungary, the relationship between the Golden Horde and the European Slavic territories, or the rise of the Ottoman-Turkish Empire, etc. The history of interactions has manifold cultural and artistic aspects, including the following (non-exhaustive) examples: ancient syncretism, Early Christian Coptic art, Early Medieval Germanic, Norman and Moorish influences in various parts of Europe including Italy, Sicily, Southern part of France and Iberia, Far Eastern cultural goods traded via the Silk Route, and the textile and arms trade with Byzantium, the Middle East, Syria and Asia Minor are all aspects of the dialogue between East and West.

[4]   Kálmán *Benda*: A törökkor német újságirodalma. A XV–XVII. századi német hírlapok magyar vonatkozásainak forráskritikájához. Budapest 1942.

[5]   One of the earliest printed, illustrated travel books, Bernhard von Breydenbach's 'Wallfahrt zum heiligen Grabe' (Mainz 1486) features a number of woodcut representations of groups of Eastern peoples. The woodcuts were produced by Erhart Reuwich. Among the illustra-

discussing the conditions and affairs of the Ottoman Empire and the lives of the sultans.[6] *(Picture 1, 2 and 3.)*

In order to understand the cognitive content evoked by the appearance of the Turks in Late Medieval Christian Europe (beyond the actual political responses), it is worth touching on some antecedents of the image of the East. In Antiquity and the Early Middle Ages, the concept of the East was associated with a series of miraculous beasts.[7] When, in the 15th century, the concept of the East began to follow a Turkish pattern, the associations inherited from depictions of the East in the medieval illustrated bestiaries and mirabilia[8]

---

tions are many cityscapes that are rich in detail. These portraits were included in Sebastian Münster's famous 'Cosmographia' (Basel 1544) without any alterations. Münster's book contains 26 maps and 1,200 woodcut illustrations. The popularity of the work is illustrated by the fact that it appeared in nearly 40 editions by 1628.

6   Magda *Horváth*: A török veszedelem a német közvéleményben. Budapest 1937, in her source catalogue of 1937, lists 157 items up until 1600. These include single-leaf printed sheets, periodicals, chronicles, tracts, military and ethnographic descriptions.

7   On the narrative and pictorial legacy of the representation of the "monstrum hominis", see Ágnes *Fülemile*: Imaginárius etnográfia: a "monstrum hominis" ábrázolásának narratív és képi hagyatéka, és a világ korai felfedezése. In: Folklór és vizuális kultúra. Ed. Ágnes Szemerkényi. Budapest 2007, 87–119.

8   In the 10th to the 13th centuries, several illustrated book types emerged based on the Physiologus and the Etymologia (see footnote 9): the bestiary was a "natural history" of real and miraculous animals and beings, with allegorical and moralising interpretations; while the *mirabilia* presented the wonders of the East. Their legends became part of medieval knowledge, and their symbolism was incorporated into the iconography of Christian art. In the *homines* category of the *mirabilia*, human monsters were followed by far-away peoples with strange customs. These include six-fingered people, cave dwellers, snake eaters, big-lipped people, "maritime" Ethiopians, dog-headed people, cannibals, "evil barbarians", and "honest" people with positive qualities, such as those living by the Red Sea, who offer their women to their guests, or the half-naked black people living among the burning mountains. They are aware of the land of the Amazons, Scythia, Sarmatia and the great mountain range ringing the Caspian Sea at the northernmost end of the world, with the gate of Alexander the Great, an impenetrable barrier against the "unchaste peoples", "the sons of Gog and Magog", who return with the horsemen of the Apocalypse and, according to some, are identical with the lost 10th tribe of Israel, the "red Jews". These motifs were adopted and disseminated by the popular literary works of the Middle Ages on Alexander the Great, the kingdom of Prester John, or Sir John Mandeville's travels. The influx of the Turks has been interpreted by many, including Melanchthon and other German reformers, in the context of the legend of the "Red Jews". See George Huntston *Williams*: Erasmus and the Reformers on Non-Christian Religions and Salus Extra Ecclesiam. In: Action and Conviction in Early Modern Europe. Essays in Honour of E. H. Harbison. Eds. Theodore K. Rabb, Jerrold E. Seigel. Princeton 1969, 351–352. Also John W. *Bohnstedt*: The Infidel Scourge of God: The Turkish Menace as Seen by German Pamphleteers of the Reformation Era. In: Transactions of the American Philosophical Society 58 (1968) 9, 1–58.

developed from the *Physiologus*[9] literature were still vivid and influential. According to this reading, the *monstruosus homines*, or semi-human monsters (which included the evil barbarians), were among the animal and human species that had their place in God's wisely created world order: their appearance was interpreted as divine admonition or punishment. On the maps of the world (*mappa mundi*), these places and peoples, as part of the existing world, were located in the hierarchical spatial order of the universe. In this world order, the places of the canonical miracles (*miraculum*) and the places of the apocryphal wonders located on the periphery of the world (*mirabilium*) coexisted in harmony. In Christian cosmology, both had their place, role, and deeper meaning.

In this context, it is no wonder that Christians regarded the barbarians at their borders with the fear of the mystical unknown. This fear and aversion was accompanied by moral contempt. Among the stereotypes used in medieval theological explanations of Islam were the topoi of the sensuality and immorality of the East, which were first set forth by Byzantine writers, and later adopted by their Western European ecclesiastical counterparts. In medieval Europe, "both Jews and Muslims were seen [...] as people who privileged the carnal over the spiritual".[10] The idea of Christian asceticism stood in radical opposition to the sensual sophistication that characterised, for example, the

---

[9]   The Physiologus was a handbook of paradoxology that summarised the Late Antique travel and scientific traditions from the 4th century, providing a transcendental, spiritual, moralising interpretation of the miraculous phenomena that either occur in nature or are believed to be real. The Physiologus was one of the most popular and widely copied works of the Middle Ages and became a didactic tool in Christian ethical teaching. In Isidor of Seville's encyclopedia Etymologiae (from the 620s), animals with miraculous qualities, anthropomorphic figures and human monsters are systematised as symbols of certain ethical qualities in the wise order of divine creation. Book XI concerns humans and monstrous species. The latter belong in the category of portents. Through monstrous phenomena, God gives warning of imminent devastation. In the hierarchical order of the world, monsters are located between humans and animal species. Miraculous beings were believed to live in India, Ethiopia, Libya and Scythia. In the early medieval encyclopaedias that follow Isidor (e. g. *Hrabanus Maurus*: De rerum naturis, around 840), the description is accompanied by mystical commentaries. The monumental encyclopaedia of Thomas Cantimpré 'Liber de natura rerum' (1228–1244), which was copied by many (including Albertus Magnus, Bartholomaeus Anglicus, and Vincent de Beauvais), connects monstrous species with the concept of the East, as evidenced in the chapter title ('Liber de monstruosi hominibus Orientis'). Several of the 13th century handwritten encyclopaedias and natural histories were also published in print after the 1470s.

[10]   Suzanne Conklin *Akbari*: Placing the Jews in Late Medieval English Literature. In: *Orientalism and the Jews*. Eds. Ivan Davidson Kalmar, Derek J. Penslar. Waltham/Mass. 2005, 32–50, here 33.

exuberant Southern Iberian Moorish urban lifestyle. In comparisons of 9th to 12th century Moorish and Spanish lifestyles, Europe falls short, its anti-Islamic accusations engendered by its own complexes.[11] Medieval legends and literature about the figure of Mohammed have further reinforced the stereotypes: the Prophet's life, as a life of physical instincts, is the antithesis of the asceticism of the Christian saints. "One may wonder whether the sexual obsession that racked this little world of celibate European intellectuals did not play some part in their horror-stricken fascination with the Islam, which they supposed to be a religion of sex, licentiousness, and exuberant savagery of animal instinct."[12]

Picture 1: Saracen Costumes and Arabic Alphabet.
Woodcut illustration by Erhart Reuwich.
Miniature from Bernhard von Breydenbach:
Peregrinationes Terram Sanctam / Wallfahrt zum Heiligen Grabe.
Mainz 1486. Indiana University Bloomington, Lilly Library

---

[11]   Róbert *Simon*: Muslims and Christians in Spain as Seen by Ibn Khaldūn. In: Id.: Islam and Otherness. Selected Essays. Szombathely 2003, 250–252.
[12]   Hichem *Djaït*: Europe and Islam, Cultures and Modernity. Berkeley 1985, 14.

Folium CCLXXIII

De expugnatióne Cóstatinopolis

Uoluerat tápridem animo maomethes quo nã modo Cóstantinopolim sibi subigere posset neĝ ad su
iam gloriã ptinere arbitrabat vrbem in medio turchoꝫ sitam esse que suo imperio nõ pareret. tantoꝗ
matus inde nomini suo decus accedere si eam vrbem expugnaret ĝto pgenitores sui idem conati turpib
accept deftituissent. Cũ paucis igit participato cõsilio castellum iuxta littus ad hostium bosphori paulo ab
vrbe remotius aliud dissimulãs incredibili celeritate extruxit ac munivit. bellum deinde vrbi nõ modo in
durit sed contra inita federa contra iusiurandũ intulit simul ꞇ gerere cepit. Senserant eius animũ greci dif
fidenteſꝗ suis viribus ad latinoꝫ opes confugerant lacrimis ac fletibus auxilia expetétes. Surde proch
pudoꝛ nostroꝛ principũ aures fuere. ceci oculi. qui cadente greciã ruinuram xpiane religionis partem non
viderunt ĝuis privatis queĝ aut odiis aut comoditatibus occupatum salutem publicam neglexisse magĺ
crediderim. Maomethes interea coactis vndiĝ copiis mirabili apparatu formidãdo impetu terra mariĝ
regiam vrbem aggressus cuniculis ac latentibus fossis altissimis actis aggere late edito ponte qua perãi
oppidum versus mare muros alluit vrbis longitudinis ad duo milia passuũ raptim extructo. turribus li
gneis eouſꝗ erect vt muros (ĝuis altissimos) excederent. machinamentoꝛ tormentoꝛũꝗ multiplici adhi
bito genere. oppugnata est vrbs vtrensaĝ summis viribus. non paucis diebus ad extremum vo
cẽ peonis totis castris inclamatũ est. Quito kalẽd. maii milites omnes ieiunũ sanctificent sequenti die l
armis assint vrbem extremisviribus oppugnari. indiuo ciuitatem militi direptioni futuri. Costituta die
ieiunũ ad noctemvſꝗ seruatum. crinde lucernibus stellis mutationes ꝗuiuia passim habita ꞇ quiſꝗ ami
cũ ꝓinquũ notiꝗ habuit cũ eo bilaris epulat est. atꝗ vbi satis ẽ bibitũ tãĝ se deinceps nũꝗ visuri cernt

Picture 2: 'De expugnatione Constatinopolis'.
Woodcut by Michael Wolgemut and Wilhelm Pleydenwurff
from Hartmann Schedel: Liber chronicarum.
Nuremberg 1493, Folio CCLXXIII.
Indiana University Bloomington, Lilly Library

*Picture 3: A German newspaper report on the atrocities committed by the
Turks. Woodcut by Hans Weigel. Nuremberg, around 1530.
Zürich, Zentralbibliothek, Inv. no. PAS II 2:4*

In medieval[13] and Renaissance literature (e. g. Marlowe, Shakespeare), as well
as in the fine arts, one can trace a rich seam of portrayal and symbolism in
the Moorish, Jewish and Saracen, and more generally Eastern and black male.
While the representation of the Eastern male had earlier relied on formal
elements and attributes based on the experience of the Moor, Byzantine and
Cumanian,[14] after the Turks appeared in Europe, this image was *Orientalised*
according to a Turkish pattern (*Picture 4*).

---

[13]   *Akbari.*

[14]   For example, the journey made by Byzantine Emperor Manuel II Palaiologos between
1399 and 1402 to Rome, Paris and London to ask for assistance against the Ottoman threat
inspired many of the drawings in. *Limbourg Brothers:* Trés riches Heures du duc de Berry.
1413 (Musée Condé Chantilly) of the figure of the Oriental king, such as Emperor Augustus
(Folio 22), King David (Folio 45–46) and the Magi (Folio 51–52). The astronomer Ptolemy
wears similar Byzantine-style Eastern clothing in the illustrations in 15th and early 16th
century printed books (see e. g. *Sacrobusto*: Sphaera Mundi, 1488; *Hyginus*: Poeticon Astro-
nomicon, 1512; Prince *D'Essling*: Les livres à figures vénitiens de la fin du XVe siècle et du
commencement du XVIe. I–VI. Florence/Paris 1907–1914, here I, 247, 250). From the Late
Middle Ages, the Magi, or the Three Kings, symbolised the three parts of the world: Europe,
Africa (via the Saracen Balthazar, with the moon and the stars), and Asia (via the Oriental
turbaned figure of Caspar, accompanied by Eastern figures, camels and leopards), and, at
the same time, the submission of secular powers to the supremacy of the church. James *Hall*:
Dictionary of Subjects and Symbols in Art. London 1974, 202. – English costume historian

With respect to depictions of Oriental males, the individual drawings and copper engravings produced from them are characterised by a draft-like freshness of approach to the study of artistic problems. The representation of the exotic features of Oriental costume (pointed headdresses, turbans,[15] rich fabrics, scarves, loose kaftans), beyond their role as attributes, may also have been popularised by the desire to achieve a more pictorial perception. The opportunity was exploited by many renowned Italian and North European Renaissance painters in scenes from the Bible, in the form of Jewish and military figures from the story of the Passion, or the journey of the Magi, for which the drawings of exotic Oriental figures provided an opportunity for exquisite sketches and studies (*Picture 5*).

One of the earliest European artists to depict Oriental figures not merely according to the existing iconographic tradition, but following his own personal impressions of the Turkish court, was the Venetian Gentille Bellini (1429?–1507). In 1479, he was sent by the court of the Republic of Venice to the court of Mehmed II (1451–1481), where a skilled portrait painter was needed.[16] Bellini spent a year at the Turkish court, where he was highly esteemed. Besides portraits,[17] he also drew and painted buildings and people in costume (*Picture 6*). The pictures he painted on returning to Italy also feature Turkish details. Bellini's monumental canvases are characterized by precise Renaissance realism. Although he painted depth according to the principles of Renaissance centralized perspective and with oil technique, the narrative character of his representations and the decorative precision of his style is akin to that of the Turkish-Persian miniature painting.

Stella Mary Newton has highlighted, however, that, due to the settling of the Cumans in Hungary in the 13th century and the role played by Cuman soldiers in the Hungarian army on European battlefields, the pointed headdress worn by the soldiers depicted tormenting Christ became widespread as an attribute of evil in 14th century Italian painting. S. M. *Newton*: Fashion in the age of Black Prince. A Study of the Years 1340–1365. London 1980, 54.

[15]   On the emergence of representations of the turban from the end of the 14th century and its becoming commonplace in the art of the Quattrocento as a means of Orientalising Jewish characters from the Old Testament, see Ivan Davidson *Kalmar*: In: Jesus Did Not Wear a Turban. Orientalism, the Jews, and Christian Art. In: *Orientalism and the Jews* 3–32.

[16]   Mehmet II's Renaissance erudition was comparable with that of his Italian contemporaries. Robert *Ousterhout*: The East, the West, and the Appropriation of the Past in Early Ottoman Architecture. In: Gesta 43 (2004) 2, 165–176, here 171–172. After his death, his successor sold the collection of his art-loving father out of religious fanaticism, thus Bellini's works were scattered or lost. Géza *Fehér*: A magyar történelem oszmán-török ábrázolásokban. Budapest 1982, 21.

[17]   Gentile *Bellini*: Portrait of Mehmet II. Oil on canvas. London, National Gallery, Inv. no. NG3099.

Picture 4: The Meeting of the Magi. Illuminated manuscript.
Limbourg Brothers: Trés riches Heures du duc de Berry. 1413, Folio 51–52.
Chantilly, Musée Condé. http:// www.christusrex.org/www2/berry/
(February 8, 2018)

Picture 5: Israhel van Meckenem (1440/1445–1503):
Head of an Elderly Man with a Long Beard and Turban.
Engraving, 19.5 x 12.4 cm. New York, Inv. no. 17.50.62.
http://images.metmuseum.org/crdimages/dp/original/dp835365.jpg
(February 8, 2018)

Picture 6: Gentile Bellini: Seated Turkish Woman.
Ink drawing, 1479–1481.
London, The British Museum, Inv. no. Pp.1.20.
http://www.britishmuseum.org/research/collection_online/
collection_object_details.aspx?objectId=717802&partId=1
(February 8, 2018)

Picture 7: Albrecht Dürer: The Four Horsemen of the Apocalypse.
Woodcut, 1497–1498, 38.8 x 29.1 cm.
New York, The Metropolitan Museum of Art, Inv. no. 19.73.209.
http://images.metmuseum.org/crdimages/dp/original/dp816773.jpg
(February 8, 2018)

The earliest pictorial example of the authentic representation of a Turkish woman is Bellini's monumental oil painting 'Saint Mark Preaching in Alexandria'.[18] The people listening to St. Mark are dressed in costumes such

---

[18]   Following the death of Gentile in 1507, the painting was finished by his brother Giovanni in 1508 (Oil on canvas, 347 x 770 cm, Milan, Pinacoteca di Brera). An earlier drawing by Gentile of a Turkish woman from 1479–1481 is held by the British Museum in London (Inv.

as Bellini saw at the Turkish court. At the centre of the composition is a group of veiled Turkish women, crouching in the foreground of the picture. In the background, in the central, imaginary main square of Alexandria (the ideal city), with its Italian, Roman and Ottoman-style buildings, the orientalisation of the scene is enhanced by pictorial elements such as palm trees, camels, giraffes, and bare-chested black servants. Bellini also served as a direct source for the orientalising imagery of other contemporary artists: Pisanello, Pinturicchio, Albrecht Dürer, Hans Burgkmair, and others.

Albrecht Dürer (1471–1528) is one of the most prominent northern artists to take an interest in exotic themes.[19] Two of the horsemen in his 'Four Horsemen of the Apocalypse' (woodcut, 1497/1498) wear Oriental clothing as an attribute of evil (*Picture 7*).[20]

Following their occupation of Constantinople (1453), the Turkish sultans regarded themselves as the heirs of Rome and were "planning to join East and West" by the resurrection of Rome's world empire "unified by a single faith and a single monarc".[21] Regarding themselves as the successors of Constantine the Great and Justinian the Great, sultans such as Mehmet II and Suleiman I

---

no. Pp. 1.20, *Picture 6*). Giovanni Bellini's (1434/1439–1516) similarly gigantic painting about the martyrdom of San Marco in the Gallerie dell' Accademia, Venezia (Cat. 1002) was finished by his pupil Vittore Belliniano. The painting also shows some female figures in the background and several lavishly dressed Turkish men in the foreground.

[19] In the British Museum (Inv. no. 1895.0915.974) there is a coloured pen and ink drawing from 1496/1497, depicting three Turkish men. The drawing was done by Dürer in Venice, probably in Bellini's workshop, copying the figures from Bellini's Procession of the True Cross in Piazza San Marco (Venezia, Gallerie dell' Accademia). Dürer remembered Bellini's son as one of the few Italian painters who welcomed him (see *Albrecht Dürer and his legacy: the graphic work of a Renaissance artist*. Ed. Giulia Bartrum. London/New Jersey 2002, no. 38). Dürer's other remarkable works on the subject are: 'Oriental Ruler Seated on His Throne' (Pen and black ink, 1495. Washington, D. C., National Gallery of Art, Inv. no. 19722.1); 'Oriental Archer' (Pen drawing with brown ink and watercolour, 1514. Milan, Veneranda Biblioteca Ambrosiana, Inv. no. F 264); and 'Turkish Family' (Copperplate engraving, 1496. The Metropolitan Museum of Art, Inv. no. 1984.1201.12). Caecilie *Quetsch*: Die "Entdeckung der Welt" in der deutschen Graphik der beginnenden Neuzeit. Ende 15. bis Wende 16./17. Jh. I–II. Erlangen/Nürnberg 1983, II, 129, 159.

[20] Revelations 6, 1–8: "And I looked, and behold, a white horse! And its rider had a bow, and a crown was given to him, and he came out conquering, and to conquer [...]. And out came another horse, bright red. Its rider was permitted to take peace from the earth, so that people should slay one another [...]."

[21] Pál *Fodor*: Szulejmán, a "Nagyszerű" és a "Törvényhozó". In: P. *Fodor*: Szülejmán szultántól Jókai Mórig. Tanulmányok az oszmán-török hatalom szerkezetéről és a magyar-török érintkezésekről. Budapest 2014, 14–15; Gülru *Necipoğlu*: Süleyman the Magnificient and the Representation of Power in the Context of Ottoman-Hapsburg-Papal Rivalry. In: The Art Bulletin 71 (1989) 3, 424–425.

studied diligently in preparation for their reign, were able to read and write in several languages, and studied the literary heritage of Antiquity with respect.[22] As part of their legitimisation efforts, the Turkish sultans positioned them-selves – within the metaphor of the Ancient Greek-Trojan cycle of legends that illustrated the binary opposition between West and East – by adopting the ideology of Rome and Byzantium, according to which Byzantium, as the heir to Rome, saw the Trojans as the antecedents of Rome, the mother city. In this mythological genealogy, logically stretching from Troy (Aeneas) through Rome to Byzantium, the Turks began to see themselves, anachronistically, as the descendants of the Trojans, a self-positioning also reinforced by their anti-Greek sentiments. Ten years after the siege of Constantinople, during one of his military campaigns, Mehmet diverted his army to the ruins of Troy to make a pilgrimage to the tombs of Achilles and Ajax, just as the Roman emperors had once done. His biographer ascribes the following words to him: "God has reserved for me through so long a period of years the right to avenge this city and its inhabitants. For I have subdued their enemies [...] It was the Greeks [...] who ravaged this place in the past, and whose descendants have now through my efforts paid the just penalty after a long period of years, for their injustices to us Asiatics at that time and so often in subsequent times."[23]

Wearing the ideological mantle of the heirs to Rome, and harbouring plans for world domination, these sultans had an astute knowledge of the con-temporary world. For the operation of their empire, it was essential to know their conquered provinces and to have reliable information about places yet to be conquered. Thus they kept their eyes on events in Europe.[24]

---

[22] Mehmet, as a Renaissance man, is well characterised by the fact that he commissioned the collection and translation of literature on Constantinople; his library included a copy of the Iliad; and when he visited Athens in 1458, "he came well informed about its history and was anxious to view the antiquities of the city". *Ousterhout* 170–171.

[23] *Ousterhout* 165. Ousterhout questions, with a focus on architectural history, why Mehmet went to Troy, and why the ancient past was important to the Turks. How did a people with its origins in Asia attempt to position itself in the matrix of mythical-historical-political ideology inherited from Antiquity? On the other side of the coin, the Italian humanists believed that "the Turks were descended from the Trojans, through Teucer, the mythological first king of Troy". *Ousterhout* 171.

[24] For example, Suleiman's grand vizier Ibrahim Pasha regularly collected intelligence about European monarchs and their ceremonies through his well-organised espionage system. *Necipoğlu* 411.

They were interested, among other things, in the products of Western art, and – through the services of envoys, messengers and mediators – they contacted European artists and invited them to the sultan's court.[25]

Besides Gentile Bellini, Mehmed II invited the painters Matteo de Pasti and Costanzo from Ferrara (*Picture 8*). Jacopo Sansovino, Pieter Coecke van Aelst and Luigi Caorlini later also visited Istanbul, and even the greatest artists of the day, Leonardo da Vinci and Michelangelo, heard the siren call to accept the patronage of Selim I (1512–1520). It is hardly surprising that so many people – painters, goldsmiths, merchants and men of the world – were attracted by the opportunity to gain experience and generous payment for serving the sultan, in a permanently international Levantine context, where, in the turbulent relationship between Venice and Constantinople, mutual observation had plenty of peaceful, rather than merely military, aspects.

Picture 8: Costanzo da Ferrara: Sultan Mehmed II. Medal, Bronze,
around 1481, 12.3 cm in diameter. Inscription: SVITANVS. MOHAMETH.
OTHOMANVS. TVRCORVM. IMPERATOR. Washington D. C.,
National Gallery of Art, Samuel H. Kress Collection, Inv. no. 1957.14.695.a.
https://images.nga.gov/en/search/do_quick_search.
html?q=%221957.14.695.a%22 (February 8, 2018)

---

[25]   The period marked by a heightened awareness of Europe lasted more or less from Mehmet II to the mid-term of the reign of Suleiman, until the turn of the 1540s and 1550s, when the former *eclectic syncretism* was replaced by an inward turn in Suleiman's approach, lifestyle and monarchic representation. "Emphasizing the Islamic self-identity of the empire has brought about profound changes in culture" (*Fodor*: Szulejmán, 22) as well as "the canonization of the 'classical Ottoman style' in art and architecture". *Necipoğlu* 421–426.

Picture 9: Unknown Ottoman painter at the court of Mehmed II:
Portrait of the Painter. Third quarter of the 15th century.
Washington D. C., Freer Gallery of Art, Inv. no. F1932.28.
*https://commons.wikimedia.org/wiki/File:Ottoman_Dynasty,_Portrait_of_a_*
Painter,_Reign_of_Mehmet_II_(1444-1481).jpg (February 8, 2018)

In the century or so referred to above – although with high points and lows, depending on the individual rulers, such as, for example, Bayezid's hostility towards the arts – European figurative representation was not exiled from the Ottoman court. Sculptures looted from or bought in Europe were exhibited in public spaces (statues taken from the Royal Palace of Buda Castle in 1526, for example, were displayed before the palace of the grand vizier Ibrahim). There is a much evidence of mutual artistic influence between the West and the East. While Oriental painters were fascinated by the realism of Western portraits, the decorative nature of Turkish-Persian miniatures influenced Gentile Bellini, who spent a longer time in Constantinople. A fine example of the combination of the two artistic visions is Bellini's magnificent portrait of a seated scribe (sometimes attributed to Costanzo da Ferrara), which was later cut out, decorated, and bound in a Persian album.[26] The image has a twin version made by a Persian artist (*Picture 9*).

---

[26]   Boston, Isabella Stewart Gardner Museum, Inv. no. p15e8.

The Turkish rulers, like the European courts of the day, were interested in the portrait as an important genre for the representation of monarchs, thus they endeavoured to find good portrait painters. One example of the deep cultural relations between Venice and Constantinople is the fact that the most attractive portraits of Suleiman (1539, Vienna, Kunsthistorisches Museum), his wife Hürrem (Roxelana, Rossa) and his favourite daughter *Mihrimah*[27] (around 1555), were painted by Titian (1490–1576), who never visited Constantinople. These portraits provided the inspiration for a series of later pictures, e. g. by Tintoretto and Cristofano dell Altissimo (*Picture 10*). In Titian's interpretation, 'La Rossa Sultana' and 'Mihrimah as Saint Catherine' fit perfectly into the long line of Venetian reddish-blonde beauties, and resemble, in terms of setting and costume, the 'Venetian lady in oriental dress with apple' (Washington, D. C., National Gallery) and the Venus-like figures of 'The Portrait of Catherine Cornaro' and 'La Bella'.

The young Titian had studied under Gentile, then Giovanni Bellini, before working with Giorgione. Following Giorgone's early death in 1510, and the death of Giovanni Bellini in 1516, Titian became the uncrowned king of Venetian painting for the next 60 years. The brightest period in his artistic career coincides with the meteoric rise of Suleiman, from the 1520s.

Picture 10: Cristofano dell Altissimo (1525–1605): Cameria, daughter of the Emperor Suleiman. Oil on canvas, 1541, 98.5 x 67.8 cm. Istanbul, Pera Museum, Inv. no. 102

---

[27]   On female members of Suleiman's family and their influence on politics, see *Fodor: Szulejmán.*

Titian also painted a series of portraits of Charles V, another ruler of a world-wide empire and the great rival of Suleiman; as well as of Francois I of France, the third major player in the great arena; along with portraits of popes and doges.

In the first half of his reign, Suleiman placed great emphasis on appearances. On the initiative of the grand vizier Ibrahim Pasha, who was well versed in the representation of power, a new style of court representation was introduced. Both externally, towards Europe, and within the empire, it was Ibrahim Pasha who orchestrated the ceremonial occasions that elevated the sultan with unimaginable pomp to inaccessible heights, such that he increasingly appeared as the enigmatic, silent and unpredictable lord of life and death before both his subjects and the foreign delegations.[28]

Suleiman's plan for world domination was communicated to Europe using European symbolism. During the second military campaign against Vienna, in 1532, he wore European-style insignia rather than the traditional Turkish trappings of power.[29] He impressed Western ambassadors with his incredible pomp, the ceremonial objects fashioned in Europe, his military parades and triumphal marches. News of such things spread rapidly in print and engravings. Suleiman was thus essentially putting the efficiency of Western European means of image production and the dissemination of news, graphics and printing, into the service of Turkish imperial propaganda.

Contemporary Western European eyewitnesses emphasised, both at the time and later, how the entire wealth of European rulers was dwarfed by the splendour they experienced at the Turkish court. For the Turkish Empire, the 15th to 17th centuries were a period of (almost) uninterrupted expansion, a golden age. The massive military, political and economic structure of the Turkish Empire incorporated the eastern part of the Mediterranean, the Balkans, a part of Hungary, North Africa and the Middle East, monopolising the commercial routes as well as land and waterways from the Far East.[30] There

---

[28]   Ibidem, 15–16.

[29]   Reminiscent of the papal three-tiered crown, he ordered a four-tiered crown from Venetian goldsmiths, which was meant as an expression of the sultan's superiority to both the pope and the Holy Roman Emperor. On the making of the four-tiered crown, combined with the feather-plumed pointed helmet, and the role of the doge's son Alvise Gritti in mediating the order and designing the object together with grand vizier Ibrahim, see *Necipoğlu*. Shown in an engraving by Agostino Veneziano, the fantastic headpiece could almost be dismissed as a figment of Orientalist imagination, but it really did exist.

[30]   Fernand *Braudel*: The Perspectives of the World. Civilization and Capitalism 15th–18th Century. III. London 1984, 467–484. Chapter V ('For and against Europe: The Rest of the

were no comparable powers in Eurasia, either territorially, or in terms of economic and military potential. Thus the attention that the empire attracted was no coincidence. The discovery of the radical otherness of the Ottoman Empire's culture, which stood in contrast to that of Europe, resulted in the most powerful image of the Orient to date.[31]

The earliest foreign delegations to the Ottoman Porte were established by the Italian city states that were greatly interested in Levantine commerce, in the time of Mehmed II. They were followed by the French, who were more or less (albeit unreliably) allied[32] to the Turks under Suleiman, and the diplomatic missions of the Holy Roman Empire, followed by the English at the end of the 16th century and the Dutch in the early 17th century.[33] And vice versa: not only did Western countries establish embassies in Turkey, the Turks also sent ambassadors to Western Europe.[34] As a general rule, the appointed ambassadors were accompanied by artists and scientists. Alongside their artistic and scientific duties, they were involved in providing geographic, topographic and military information (although the movements of the Habsburg diplomatic mission were restricted, and on more than one occasion its representatives held under house arrest, as their countries were at war). The very first scholars and artists who accompanied Western missions established the image of Turkish culture in their own societies for many years to come: as the re-publication, duplication and reproduction of both texts and images remained a general practice until the middle of the 19th century, these early impressions took deep root and remained influential for centuries.

From the beginning of the 16th century, many travelogues and discourses were published by European travellers based on genuine local knowledge and personal experience. In addition to Latin, the language of scholars, these works were translated into the major Western European languages and published in French, German, Italian, Dutch and English in large print runs for a growing number of educated readers.

World'), the sub-chapter 'The Turkish Empire' presents the economic potential and well-functioning economic network of the prosperous, continent-sized empire that comprised 30 kingdoms and four seas.

[31]   *Anadolu* (Anatolia) is a Turkish word meaning East, or Orient.

[32]   As result of the Peace Treaty and Capitulation of 1604 between France and the Ottoman Empire, France enjoyed numerous advantages in Levantine trade.

[33]   At this point, we are not dealing with the diplomatic relations between the occupied territories and the Eastern European states.

[34]   From 1607, the Turkish diplomatic mission in Paris contributed to the French elite's enthusiasm for exotic Turkish objects and customs.

In 1509, one of the earliest treatises on the origins of the Turkish Empire was published by the Venetian-born Theodoros Spandounes (Spandugino),[35] son of an aristocrat of Byzantine Greek origin who had fled from Constantinople. The work was also an appeal to the pope to unite the forces of Christianity against the *infidels*. Antonio Menavino, the son of a Genoese merchant, had been kidnapped at the age of 12. He was on his way to Venice with his father when their ship was attacked by pirates, who seized the child and presented him to the sultan as a slave. Menavino served as a page to Bayezid, then Selim I, for 10 years. He wrote down his experiences and observations more than three decades after his release.[36]

It was not long before the French came up with systematic descriptions of their own, recording their scholarly observations typically while in the service of the king of France, as part of a diplomatic mission. The first to journey to the East was Guillaume Postel in the 1530s, followed by Pierre Belon in 1546–1549, and Nicolas de Nicolay in 1551. Guillaume Postel was a scientist, geographer, linguist and Orientalist. Starting with 1534 he spent many years in Constantinople as an interpreter for the first French ambassador Jean de la Foret and published his observations in the work 'La République des Turcs [...]' (Poitiers 1560). The majority of the 57 copperplate engravings in the book are full-page illustrations, depicting standing figures in costume. The work generally praised the Turks. The respected humanist scholar Pierre Belon published natural and ethnographical observations from the Levant,[37]

These travellers were followed by many others at the end of the 16th century and the beginning of the 17th century, enriching the available knowledge with important studies. They included the Portuguese monk Francisco Alvarez, who provided the first systematic description of Ethiopia (*General Chronica* [...]. Frankfurt 1576); the Roman nobleman Pietro della Valle (*Viaggi di Pietro Della Valle il pellegrino* [...]. Rome 1650–1658),[38] the French-

---

[35]   'The Commentari di Theodoro Spandugino dell'origine de'principi Turchi, e de costumi di quella natione [...]' was published in Italian in 1509 and in French in 1519, and in its final version in 1538.

[36]   Antonio *Menavino*: Trattato de costumi et vita de Turchi [...]. Florence 1548. See David *Brafman*: Facing East: The Western View of Islam in Nicolas de Nicolay's 'Travels in Turkey'. In: Getty Research Journal (2009) 1, 153–160, here 160.

[37]   Pierre *Belon*: Les observations de plusieurs singularitez et choses memorables trouvées en Grèce, Asie, Judée, Egypte, Arabie et autres pays étrangèrs [...]. Paris 1553, with 43 woodcut illustrations.

[38]   Caroline *Stone*: Pietro della Valle. Pilgrim of Curiosity. In: Saudi Aramco World 65 (2014) 1, 20.

man Jean Palerne, who travelled for one year in the East, the title of whose work recalls the tradition of pilgrimage literature (*Peregrinations du S. Jean Palerne Foresien, Secretaire de François de Valois Duc d'Anjou* [...]. Lyon 1606); the diplomat Baron Louis Deshayes de Cormenin (*Voiage de Levant fait par le commandement du Roy* [...]. Paris 1624); and other great Orientalists such as Jean de Thévenot (*Relation d'un voyage fait au Levant*. Paris 1665); and the famous/infamous diamond dealer, Jean-Baptiste Tavernier (*Nouvelle Relation de l'Intérieur du Sérail du Grand Seigneur*. Paris 1675).

It is also worth mentioning a few of the German travellers: Stephan Gerlach (between 1573 and 1578),[39] and the theologian Salomon Schweigger (from 1578 to 1581) served in diplomatic missions in Constantinople.[40] Leonhard Rauwolf (*Aigentliche Beschreibungen de Raiss* [...]. Lavinge 1582) was a botanist[41] and natural scientist. Michael Heberer was a Lutheran theologian, with family ties to the Melanchthon family, who spent three years as a slave on a Turkish galley.[42]

While the generation of artist Gentile Bellini had earlier been lured by the sultan to his court, the first ambassador of the Habsburg Empire (1533, Cornelis de Schepper) was accompanied to Constantinople by German and Dutch artists such as Pieter Coecke van Aelst[43] and presumably Jan Swart van Groningen[44] to Constantinople (*Picture 11*). Among the entourage of the

---

[39]   *Stephan Gerlachs deß Aeltern Tage-Buch* [...]. Frankfurt am Main 1674, was published almost 100 years after Gerlach's actual journey.

[40]   Salomon *Schweigger*: Newe Reyßbeschreibung aus Teutschland nach Constantinopel und Jerusalem [...]. Frankfurt am Main 1608. Schweiger was the first to translate the Koran into German – from Italian.

[41]   The botanist Rauwolf was the first European to mention coffee, following his visit to Aleppo.

[42]   Johann Michael *Heberer*: Aegyptiaca servitus. Heidelberg 1610. For a more comprehensive list of 16th and 17th century travellers, see Roland C. *Jennings*: Christians and Muslims in Ottoman Cyprus and the Mediterranean World 1571–1640. New York/London 1993, 419–420. On German travellers see Charlotte Colding *Smith*: Images of Islam 1453–1600: Turks in Germany and Central Europe. London/New York 2014, 99–122.

[43]   On Van Aelst's tapestry project (as a representative of the Dermoyen tapestry manufactory in Brussels), which was never realised due to the alien nature of the genre and the sultan's lack of interest, see *Necipoğlu* 419. The plans were published by Aelst's widow in the form of a woodcut: Les moeurs et fachons de faire de Turcs [...]. Antwerp 1553. The long and monumental panoramic composition, printed using 14 blocks (45.5 cm x 482.5 cm), depicts the ceremonial procession of the sultan, with a view of Constantinople in the background.

[44]   Van Groningen's series of five woodcuts depicting Suleiman and his cortege (trumpeters, mamelukes, Suleiman with his companion, archers, and Arabs) was first published in 1526 by Willem Liefrinck in Antwerp. Jan Swart van Groningen had certainly travelled to Italy,

second Habsburg ambassador, Ogier Ghislan de Busbecq (1554–1562),[45] the artistic achievements of Melchior Lorch (*Picture 12*) should be highlighted. Although many of his drawings have been lost,[46] his cityscapes, including panoramic images of Constantinople drawn with the precision of a draughtsman, are invaluable sources for the history of architecture.[47]

Picture 11: Daniel Hopfer: Three Turkish archers. Inscription: 'Haiden, pagans'. Etching. Between 1526 and 1536 by copying the fourth page of Jan Swart van Groningen's series of five woodprints representing Suleiman's mounted escort (buglers, mameluks, Suleiman with his companion, archers and Arabs). Antwerp, Willem Liefrinck's edition, 1526

---

and probably visited the Ottoman Porte in the entourage of the first Habsburg imperial ambassador, from 1533. *Smith* 101.

[45] His 'Turkish letters' were published in 1581, under the title 'Itinera Constantinopolitanum et Amasium [...]', then in: *Augerii Gislenii Busbequii D. legationis Turcicae epistolae quattor* [...]. Paris 1589, 1595. Busbecq, as a naturalist and a herbalist, introduced the first tulip bulbs into the Netherlands, and the introduction of lilac may perhaps also be associated with him.

[46] Lorch stayed in Constantinople between 1555 and 1559. Only a fragment of his costume drawings were published, well after his death: Melchior *Lorch*: Wolgerissene und geschnittene Figuren in Kupffer und Holz durch [...]. Hamburg 1626.

[47] On Erik Fischer's five-volume monograph on Lorch, see http://www.melchiorlorck.com/?page_id=2 (February 6, 2018).

Picture 12: Melchior Lorch: View of Constantinople over the rooftops.
Woodcut, 1555–1559. Copenhagen, Statens Museum for Kunst.
https://commons.wikimedia.org/wiki/File:lorck_view_over_rooftops.jpg
(February 10, 2018)

The successes of the Ottoman Empire, the Asian anti-Europe and counter-Christendom[48] stirred up vigorous debate among the political thinkers of the era. From the 16th century essentially until the French Revolution, the central issue in French political philosophy, and particularly in disputes on forms of government and ideal governance, was the analysis of Eastern (Persian and Ottoman) despotism. Jean Bodin (1529–1596), in 'Les Six livres de la République' (1576) – which for a long time was circulated only in secret copies in the circles of the European elite – discussed the example of the Turkish Empire, in which he had a keen interest, as part of the typology of government systems.[49] In addition to the classics, he relied on the writings and reports of travellers, scholars and diplomats, and was deeply influenced by Postel's and Belon's positive opinions about the Turkish Empire. In contrast to Nicolas de Nicolay (see below), who insisted on referring to the Turks as barbarians, and in keeping with his sources, Bodin wrote with sympathy about the establishment of the Turkish Empire, admiring the discipline and efficiency of its management of the army, administration and finances. Bodin's comparative analysis preceded by more than a century and a half the epistolary novels 'L'Espion Turc'

---

[48]   *Braudel* 467.
[49]   Ina Baghdiantz *McCabe*: Orientalism in Early Modern France: Eurasian Trade, Exoticism, and the Ancien Regime. Oxford/New York 2008, 58–64.

by Maran and 'Lettres Persanes' by Montesquieu (see below). However, the comparison likewise gave him an opportunity to criticise his own society, and the prevailing conditions under Francois I and Charles V.

The costume image was the typical means of visual presentation of newly encountered peoples. As mentioned above in relation to the works by Postel and Belon, publications that combined travel descriptions and academic discourse contained many illustrations, a large proportion of which were of costumes. Costume albums – with only brief captions rather than explanatory texts – were also published in significant quantities. The so-called costume book, as a new genre presenting the peoples of the world, appeared in the middle of the 16th century and rapidly became popular.[50] In these costume books, considerable attention was devoted to the peoples of the Turkish Empire.[51]

The masters of Western European graphics and printing often gave the same attention to representations of Turkish society as they did to their own. Stereotypical representations[52] of the novel costume images often defined not only the pictorial, but in some cases also the verbal, topoi of non-European peoples in the illustrations appearing in scientific, pseudo-scientific and

---

[50]   For further details about the genre, with particular reference to Hungarian-related representations, see Ágnes *Fülemile*: Viseletábrázolások a 16–17. századi grafikában. In: Ars Hungarica 17 (1989) 1–2, 115–133; Ágnes *Fülemile*: Magyar vonatkozású viseletábrázolások a 18. századi sokszorosított grafikában. In: Népi kultúra – népi társadalom. XVII: Népi kultúra Magyarországon a 18. században. Eds. Attila Paládi-Kovács, Miklós Szilágyi. Budapest 1993, 139–164.

[51]   The first printed costume book was Richard *Breton*: Recuil de la diversité des habits, qui sont de present en usage, tant es pays d'Europe, Asie Affrique et isles sauvages [...]. Paris 1562, with a foreword by Francois Desprez and 121 illustrations by Enea Vico. Among the schematic, decorative woodcut illustrations, seven represent a Turkish figure. The work was quickly followed by Ferdinando *Bertelli*: Omnium Feré Gentium nostræ ætatis habitus, nunquam ante hac æditi. Venice 1563, the etched pages of which are reverse copies of Vico's illustrations.

[52]   When drawing the never-seen peoples of never-seen lands, the majority of artists relied on second-hand information, their own imagination, and previous representational topoi. In some cases, the persistence of European pictorial clichés and their contradiction with ethnographic fidelity are striking. In Cesare *Vecellio*: De gli Habiti antichi et moderni di Diverse Parti del Mondo [...]. Venice 1590, with 420 woodcut illustrations, for example, which is perhaps the most famous costume book of the era, the North American Indian *queen* is a reworking of Botticelli's Birth of Venus. The representation of American Indian and black women in illustrative graphics is from then on snared in this cliché. The standing figure of the black, Indian, *savage* woman recognisably follows some of the compositional solutions of classical Renaissance paintings. The semi-covered or uncovered body, accompanied by some exotic objects, becomes an attribute.

popular publications, often until the late-19th century.[53] (*Picture 14, Colour Supplement 11.*)

In the earliest illustrated books and albums, the presentation of the men of the militant Turkish Empire dominated[54] (sultans, soldiers, mounted spahis, janissaries, foot soldiers, gunners, officers and military musicians), but was soon followed by the discovery of Turkish women. The most influential illustrated travelogue and costume book representing the Turkish Empire was written by French geographer Nicolas de Nicolay (1517–1583). In the middle of the 16th century, Nicolay travelled throughout Europe, as well as to the Greek Islands and the Turkish Empire, serving in the armies of various countries. In 1551, Henri II ordered him to move to Constantinople with the French ambassador to the Sublime Porte, Gabriel d'Aramon, and to survey the empire. Nicolay visited the Greek islands, Malta and North Africa besides Turkey, and returned home with 800 to 900 drawings of cities, ports, castles and people. His costume drawings first appeared in 'Les quatre premiers livres des navigation et peregrinations orientales, de N. de Nicolay avec les figures au naturel [...]' (Lyons: Rouillé 1567), a work with 60 to 62 illustrations (etched by Louis Danet) that was published in several languages and ran to numerous subsequent editions. In the preface to the work, the author stresses the fact that he is presenting costumes "as well of men as women", worn by the Turks and "a diversity of nations", as well as "postures, gestures, and clothes" based on what he had "seen and observed". He provided full-page descriptions alongside the images, containing some remarkable observations. Nicolay was the starting point for visual knowledge of the Turks, and his costume book and the accompanying texts were used in several later works,[55] while his figures were copied by many graphic artists, either unchanged or

---

[53]   On the tendency of typifying costume images, and on the question of representational authenticity, see *Fülemile*: Viseletábrázolások a 16–17. századi grafikában.

[54]   One of the most distinguished illustrators of the era, Abraham de Bruyn, for example, published the images of 24 peoples, including Turkish and Arab mounted warriors: A. *de Bruyn*: Diversarium Gentium Armatura equestris. Antwerp 1577, 57, etchings.

[55]   It was published thus a century later, as part of a volume covering several previous authors, for example in: Thomas Artus *d'Embry*: Histoire generale des Turcs, contenant l'histoire Chalcondyle traduit par Blaise de Vigenaire [...] des plus histoire du serial par le Sieur Baudier. Les Figures et descriptions des principaux officiers et autres personnes de l'Empire Turc, par Nicolai [...]. Paris 1662. Kálmán Szendy's album (*Picture 14*), published in 1833, shows that 250 years later Nicolay and Boissard (who copied Nicolay) were still using these early representations as a source.

with modifications, including Theodore de Bry, Abraham Bruyn, Jan Azel and others (*Picture 14*).

'Habitus Variarum Orbis Gentium Omnium pene Europae, Asiae, Aphricae atque Americae Gentium Habitus' (Malines 1581) was a highly influential costume series probably compiled by the Frenchman Jean-Jacques Boissard (1528–1602). The 67 pages, in landscape orientation, contain a total of 182 costumed figures, and the drawings by the Flemish Abraham de Bruyn were etched in copper by Julius Goltzius. It was the first folio-size (23 x 30.5 cm) costume book. Much of the volume is devoted to the Turkish Empire, including Macedonia, the Greek provinces, Syria, Armenia, Persia and Egypt, where Boissard had travelled personally.[56] The costume book devotes equal space to women and men, and presents them according to subtle criteria. Bruyn directly copies the figures of Nicolay, so they appear in reverse in his book (*Picture 16*).

Picture 13: Chopines. Platformed women's shoes made of wood and covered in leather. Venice, around 1600. Their fashionableness in the 15th to 17th centuries can be attributed to Moorish influence in Spain, and to Turkish influence ("kabkab" slippers) in Italy.
New York, The Metropolitan Museum of Art, Costume Institute,
Inv. no. 1973.114.a.b. Photo: Fülemile

---

[56]   Cesare Vecellio also borrows from Boissard. Following Boissard, the first edition of C. *Vecellio*: De gli Habiti antichi et moderni di Diverse Parti del Mondo [...]. Venice 1590, presented Europe, along with the Turkish Empire and Africa. The interest shown by Venice in the peoples of the world and the Turkish Empire is clearly reflected in the fact that in this city, with its bustling international trade and shipping, nine different books of costumes were published between 1558 and 1610. Bronwen *Wilson*: Foggie diverse di vestire de' Turchi: Turkish Costume Illustration and Cultural. In: Journal of Medieval and Early Modern Studies 37 (2007) 1, 97–139; here 103, Picture 13.

Picture 14: Turkish mother in traditional costume.
Coloured copper engraving from Kálmán Szendy: Nemzetek Kép-Tára
mellyen az egész föld minden ismeretes lakosai hív rajzolatokban s leiratokban
terjesztetnek elő. I. Pest 1833. Budapest, Hungarian National Museum,
Historical Portrait Gallery, Inv. no. TKcs T 2071

Picture 15: Turkish woman. Reprint of a copperplate engraving made after the
drawings of Nicolas Nicolay from Thomas Artus d'Embry: Histoire generale
des Turcs [...]. Les Figures et descriptions des principaux officiers et autres
personnes de l'Empire Turc, par Nicolai [...]. Paris 1662. First appeared in
N. Nicolay: Les quatre premiers livres des navigation et peregrinations
orientales. Lyons 1567. Indiana University, Bloomington, Lilly Library

*Picture 16: Turkish women. Copperplate engraving from Jean-Jacques Boissard:
Habitus Variarum Orbis Gentium. Malines 1581. New York, The Metropolitan
Museum of Art, Prints and Drawings Department, Inv. no. 21.44. http://images.
metmuseum.org/crdimages/dp/original/mm83232.jpg (February 10, 2018)*

*Picture 17: The personification of Asia from the composition featuring four
figures representing the four continents (Europe, Asia, Africa and America).
Coloured gilt porcelain sculpture. Meissen 1745.
Modeller: Johann Friedrich Eberlein, Johann Joachim Kändler, Peter Reinicke.
Warsaw, Muzeum Pałacu Króla Jana III w Wilanowie. Photo: Fülemile*

The title page of Boissard's book features personifications of the four continents (Europe, Asia, Africa and America). In the foreword to the volume, the publisher Caspar Rutz stresses how the world has opened up thanks to great geographical discoveries. The allegorical figure symbolising Asia is shown wearing the headdress of a Turkish sultana and a long tunic with Amazonstyle breast-plate. There is a falcon on her hand and a dromedary nearby, as the attributes of the continent (*Picture 17, 18*).

Picture 18: Title page of Jean-Jacques Boissard:
Habitus Variarum Orbis Gentium. Malines 1581. New York, The Metropolitan
Museum of Art, Prints and Drawings Department, Inv. no. 21.44.
http://images.metmuseum.org/crdimages/dp/original/mm56592.jpg
(February 10, 2018)

In the graphic output of the 17th century, alongside the more sober, informative, illustrative presentations, Oriental figures also appeared as a surreal element of allegorical representations. In the decorative parts of contemporary books and graphic publications, title pages (*Picture 19*) and the frames of scenes and portraits (*Picture 22*) are embellished with a Manneristic abundance of allegorical, mythological, emblematic and panegyric symbols. Depictions of fettered, subjugated or slaughtered Turkish soldiers became an indispensable element of triumphal allegories and apotheoses. In addition to military trophies, weapons, horses and flags, the exotically clad objectified figures of prisoners of war symbolised the fact of victory and subjugation, or such intentions. In the opposition between West and East, Christianity and Islam, and Europe and the Turkish Empire, the old topos of the battle between Good and Evil was constantly revived.[57]

Picture 19: Theodoro de Bry's title page for J.-J. Boissard: Vitae et Icones Sultanorum Turcicorum [...]. Frankfurt 1596.
Copperplate engraving. Budapest, Hungarian National Museum, Historical Portrait Gallery, Inv. no. X. 862

---

[57] *Horváth* 15–18, 21. The stereotypical narrative clichés of German-language literature in the 16th century: "The first such epithet for the Turks [...] is the term Erbfeind [...] the primordial enemy of the Christian faith." "The sacred religion, life, the salvation of Christendom and the purity of its women and children [...] are attacked by the Turk, so he is the 'Erbfeind'." "The Turks are the vilest, the most barbarous people in the world, spurning all cultures and human feeling. This is how the Germans see and characterise the Turks. Throughout their literature there is profound indignation at the immoral life of the Turks." Another epithet applied to the Turks was "Tyrannischer, blutdürstiger Bluthund" ("tyrannical, bloodthirsty bloodhounds"). Contemporary newspapers were full of the horrifying details of the atrocities committed by the Turks. "In the eyes of the French, the Turkish emperor is the Grand Turc, the great conqueror, while in German eyes he is Erbfeind and Bluthund" ("arch enemy and bloodthirsty bloodhound").

Both the systematic but stereotypical sobriety of the reported knowledge, and the bombastic allegorism[58] of the triumphal representation of the age, were ways of taking possession of the unknown, on the one hand on a rational level, and on the other hand on a symbolic-magical level (*Picture 20*).

Picture 20: The triumphal procession of Habsburg Emperor Leopold I.
Allegorical commemorative print on the occasion of the liberation of Buda
in 1686. Etching by Romeyn de Hooghe, 41.6 x 55.7 cm. Budapest,
Hungarian National Museum, Historical Portrait Gallery, Inv. no. 2822

In French and Italian Baroque drama, some of the Oriental figures of Antiquity (Cyrus, Semiramis) appeared among the classical themes, although the political plotting of the contemporary Turkish court was also depicted on stage. Literary imagination was captured most often by the story of Suleiman and Roxelana, and the tragedy of Prince Mustafa, a victim of intrigue and of his father's cruelty. Gabriel Bounin's drama 'La Soltane', which raised the question of the responsibility of Suleiman's wife, was published in 1561, just eight years after the tragic execution of Mustafa. In 1620, Prospero Bonarelli della

---

[58] For further information on triumphal iconography, see Werner *Weissbach*: Trionfi. Berlin 1919; Larry *Silver*: The Triumphs of Emperor Maximilian I. In: "All the World's a Stage ...". Art and Pageantry in the Renaissance and Baroque. I. Triumphal Celebrations and the Rituals of Statecraft. Eds. Barbara Wisch, Susan Scott Munshower. Pennsylvania 1990, 292–331. On the genres of Baroque triumphal representation in copied graphics, see Ágnes *Fülemile*: Populáris grafika Magyarországon a 19. század második felében: emléklapok és emblematikájuk. In: Parasztkultúra, populáris kultúra és a központi irányítás. Ed. Eszter Kisbán. Budapest 1994, 215–220.

Rovere's tragedy 'Solimano' gave momentum to the Turkish motif in French classic drama (*Picture 21*). It was followed by Jean de Mairet's drama 'Le grand et dernier Solyman ou La mort de Mustapha' (1635), Charles Vion Dalibray's 'Le Soliman tragic' (1637), Jean Desmares' tragicomedy 'Roxelane' (1643), and Madeleine Scudery's novel 'Ibrahim ou L'illustre bassa'. Although these plays "contained some Asian exotic details, they had very little to do with Turkish history and authentic atmosphere".[59]

Picture 21: Jacques Callot's title page of Prospero Bonarelli:
Il Solimano. Etching, 1619/1620.
http://www.artic.edu/aic/collections/artwork/27402/print (February 10, 2018)

For European graphic artists, the Turkish woman was discovered through representation of the curiosity of her clothing, or through its imagination and invention. Also by Boissard, the 'Vitae et Icones Sultanorum'[60] contains the torso portraits of the most important wives of the famous sultans, as well as

---

the women's biographies (*Picture 22*). The pictorial representation of women was also motivated by an interest in their headdresses and jewellery, and the extravagance and special features of their clothing, which could be perceived in the decorative detail of their imaginary costumes.

Later, in the 17th and 18th centuries, representations of Turkish women appeared in greater number. It was two costume books, one French and one German, which, at the same time but independently from one another, created their own visual language. Both have become basic sources for the graphic representation of Turkish and exotic women in the 18th, and occasionally 19th century. (See below for a description.) It is owing to the appearance of costume books that the representation of Eastern woman in Europe became more concrete, and their visual topoi ubiquitous, as subsequent representations verifiably stem from this tradition.

Picture 22: Suleiman's wife, Rossa. Portrait in emblematic frame.
Copperplate engraving from Theodoro de Bry: Boissardus:
Vitae et Icones Sultanorum Turcicorum [...]. Frankfurt 1546, 205. Budapest,
Hungarian National Museum, Historical Portrait Gallery, Inv. no. X. 862

From this time on, Oriental women were denoted by the completeness of their unique apparel, or by some element of it, in the form of an attribute. Nudity was not part of the early representation of Turkish women (before the end of the 18th century). Rich and exotic dress became an indispensable part of the representation of the Turkish woman – who became the archetype of the Oriental woman – eventually to be complemented by the genre-like portrayal of her environment. The inseparable and sensitive interplay of object and person, clothing and body, signified and signifier, becomes tangible from this point on in the European iconographic tradition of the depiction of the Oriental woman.

The role of clothing as an attribute is most apparent in allegorical representations, in which the four parts of the world are personified by four female figures. As on the title page in *Picture 18*, the female figures personifying the continents in a French copper engraving[61] from 1612 were: Europe, as an ornately dressed queen with a crown and orb; Asia, as a sultana in an ornate Turkish costume; Africa, as a naked Saracen woman with her lower body veiled and a magi star above her head; and America, as a Diana-like naked Amazon warrior. Thus while the African and American women were shown naked, the Asian woman was shown with the attributes of her rich Oriental costume.

The representation of clothing played an important part in the earlier portrayals of Oriental women. The most prominent types of the depiction of Eastern women, popularised via biblical and apocryphal stories and literary subjects, are: Potiphar's wife, Bathsheba, Judith, Delila, Esther, the Queen of Sheba, the daughters of Lot, Salome, and Mary Magdalene.[62] In drawings of these women, the accentuated richness of clothing and jewellery has a precise meaning, and a role in their story: it is an expression of worldliness, a means of seduction, or a symbol of the woman's immoral and worldly past. Oriental elements were often included in drawings of their ornate costumes. These characters partially embodied negative attributes. Via a new connection between connotations, or through the inversion of connotations, the negative aspects of a character's inner personality have been shifted from the pictorially emphasised Oriental attribute objects to the East itself. In the final reading, moral deficiency was perceived as an Eastern quality. This underlying meaning becomes even more apparent when we consider that Oriental elements are diminished in representations of Jesus and Mary, creating a con-

---

[61] Pierre *Firens*: Hommage des quatre parties du monde [...]. Paris 1612, etching to commemorate the double wedding of Louis XIII to Anne of Austria, and Élisabeth of France to Felipe of Austria. In: Marianne *Grivel*: Le commerce de l'estampe à Paris au XVIIe siècle. Genéve 1986, 96, 432.

[62] It is beyond the scope of this paper even to outline the rich literary and iconographic tradition related to both men and women.

scious opposition. The negative heroes are characters from the sinful world of the Old Testament, which was awaiting redemption, while Jesus and Mary represent the moral ascendancy of the New Testament. The oppositions between Old and New, Sinner and Redeemed, Foolish and Wise, the infidel East and the Christian West are reinforced by the medieval exegetist and pictorial iconographic tradition, based on typological parallels.

The figure of the richly dressed and bejewelled Eastern woman was a kind of *Venus Vulgaris*, in the sense in which the allegory of celestial and earthly love was contrasted in Renaissance paintings under the influence of Florentine humanism in the 15ᵗʰ century. In contrast to the ideal nude, the *Venus Coelestis*, which became the symbol of elevated, divine love, the rich garments and jewels of the *Venus Vulgaris* are symbols of secular vanity. The parallel of the clothed and naked woman in medieval typology exemplified the old and the new Eve, or the heavenly and earthly virtues of Truth and Grace. The same dichotomy can be found in the representation of Mary Magdalene. Before her conversion, the sinful, earthly woman is the figure of richly dressed profane love, while the repentant woman's nakedness, the *nuditas temporalis*, is the nakedness of the penitent, who frees herself from carnal life. The works of Titian (1485–1576), who painted the most famous allegory of the parallels between celestial and terrestrial love, contain many references to the East that bring the concept of Orientalism into the connotations of earthly love, *Venus vulgaris* and *vanitas*.[63]

The significant role of Oriental dress in terms of conveying meaning, forming character and depicting atmosphere is likewise highlighted by the fact that Eastern clothing was not only seen on biblical figures or in typifying costume pictures. The radically new quality of relationships with the East is indicated by the fact that, from the beginning of the 17ᵗʰ century, Western European citizens and aristocrats began to have themselves depicted in Oriental costume, in keeping with the conventions of representative portraiture.[64]

---

[63] In Titian's 'Heavenly Love and Earthly Love' (1514, Rome, Galleria Borghese), the figure of *Earthly Love* wears pointed Turkish slippers, which can be seen peeping out from under her dress. Venus, in 'Venus and Adonis' (1553/1554, Madrid, Prado), sits on a trimmed velvet Turkish caftan. The striped scarf around the hips of the 'Penitent Magdalene' (St. Petersburg, Hermitage, 1560), the turban-like headpiece with threads of gold worn by the female figure in 'Earthly Love and Vanitas' (1514, Munich, Alte Pinakothek), and the fur-lined red velvet mantle embroidered in gold and silver draped around Venus's waist in 'Venus and the Mirror' (1555, Washington, National Gallery) are all references to the East.

[64] While interest of Atlantic Europe in the East was motivated by economic gain, social prestige and curiosity, for the Hungarian, Croat, Polish, Russian and Montenegrin nobility in the

In the 17th century, after a military agreement had been reached, a new European diplomatic status quo began to emerge, of which the Ottoman Empire was an integral part. France, England and the Netherlands took a keen interest in the Turkish Empire and the Oriental question. Countries that did not have to fight for survival against the Turks began to see their great Eastern neighbour rather as a potential ally and trade partner. In the early period of colonisation,[65] the Netherlands was interested mainly in Persia; England in the Middle East and India; and the continent and France mainly in the Turkish territories of the Ottoman Empire, and later its North African colonies. Their emerging Orientalisation was thus focused on different territories in each case, and eventually they drew more heavily on the visual traditions of the everyday world of these societies.[66]

The high-quality artistic representation of the contemporary interest in the Orient is well exemplified in Dutch portraiture. The fashion for Persian Orientalisation in Dutch painting was associated with the Netherland's expansion in the Middle East in the early 17th century.[67] In portraits by Rem-

---

buffer zones of Europe, it meant the need for permanent military alertness against the Turkish Empire. The strong noble consciousness that defined itself in opposition to the Turks (among others) gave rise to a noble dress code that incorporated local elements interpreted as of *ethnic* quality in these countries precisely during the 16th and 17th centuries. The 16th century is still a period of uncertain evolution and formulation, but by the 17th century a distinctive style emerges, which would remain the dominant style of the national, official representation in these countries until the end of World War II. These noble national styles appropriate and shape Oriental elements in their own image with a peculiar ambivalence: partly in opposition to the Turks, but also reflecting a kind of cultural symbiosis. In this case, the image of Turkish culture, and the characteristics and context of Orientalism, therefore differ from the Orientalism of Western Europeans.

[65] The period of early colonisation – if we consider, for example, relations between the Netherlands and Persia or England and India – was still a time of exploration of local relations, adaptation, and step-by-step advancement, and for the time being economic, rather than military-political expansion, alongside the methods of exploration, systematisation, and, of course, stereotyping, which, in the best case, also involved a higher level of artistic digestion of experience, *Braudel* 484–532.

[66] Gerald *Maclean*: The Rise of Oriental Travel: English Visitors to the Ottoman Empire 1580–1720. New York 2004, analyses the travelogues of four English visitors to the Ottoman Empire, from about two centuries before the British Empire. Through an analysis of the writings of an organ builder (Thomas Dallam, 1599), a Protestant pastor (William Biddulph, 1609), a rich, educated gentleman (Sir Henry Blount, 1636) and a trader (Mr. T. S., 1670), the author highlights the admiration felt by Early Modern Western travellers on encountering Ottoman civilisation. At the same time, the experience of travelling provided them with an opportunity to formulate what it meant to be *English*.

[67] In 1623, the Persian shah recognised the Dutch East India Company, and three years later Sultan Maso Bey personally visited the Netherlands. This gave an impetus to the fashion for

brandt[68] and his pupils, which radiate a beautiful, contemplative silence, the men are often dressed in Persian clothes. Oriental dress was intended to express a new social rank and prestige, through its links with the treasures of the East (*Picture 23*). Stadholder Frederick Henry[69] was among those who posed in this manner, for example, in Lievens's full-length portrait. In Gerrit Dou's 'Prince Rupert of the Palatinate and his Tutor', the protagonist can be similarly identified.[70] However, it is not the nature of the portraiture that is immediately striking. The exotic clothing places the characters in a remote, historically undefinable, timeless past, perhaps in biblical times, and draws attention to the philosophical depths of knowledge acquisition. In Rembrandt's and Bol's three-quarter-length portraits of elderly men wearing Persian costume, we do not know the identity of the models, nor is it important. The warm light from the dark background illuminating the dignified faces, the velvet textures, the muted harmony of the colours and the depth of characterisation embody the quintessential art of painting.

One of the most beautiful early nudes in fine art history is the work of Rembrandt.[71] Referred since the 18th century as the Negress, Rembrandt's etching is one of his lesser-known late works from 1658. Printed on golden-toned Japanese paper, the copper etching, with its painting-like quality, depicts a reclining female nude wearing a turban. The sleeping figure veiled by the warm-brown night radiates extraordinary tranquillity. Free of thematic boundaries, Rembrandt's 'Negress' is an early example of "the nude as a means in itself".[72] (*Picture 24.*)

Persian-style Orientalisation as a recurring feature in Dutch portraiture. Hermann *Goetz*: Oriental Types and Scenes in Renaissance and Baroque Painting. II. In: The Burlington Magazine for Connoisseurs 73 (1938) 426, 105–107, 110–112, 114–115; Hermann *Goetz*: Persians and Persian Costumes in Dutch Painting of the Seventeenth Century. In: The Art Bulletin 20 (1938) 3, 280–290, here 287.

[68]   Rembrandt Harmenszoon *van Rijn* (1606–1669) drew and painted a large number of male figures in Oriental costume, one of the most outstanding of which is the huge oil painting, now in New York, The Metropolitan Museum of Art, Inv. no. 20.155.2, which he painted at the age of 26: Man in Oriental Costume. Oil on canvas, 1632.

[69]   Jan *Lievens* (1607–1674): Old Man in Oriental Attire. Oil on canvas, around 1628. Potsdam: Bildergalerie, Sanssouci.

[70]   Gerrit *Dou* (1613–1675): Prince Rupert of the Palatinate and his Tutor. Oil on canvas, 1631. Los Angeles, J. Paul Getty Museum, Acc. no. 84.PA.570. The young Prince Rupert, depicted in ornate Oriental costume, was the son of Elisabeth of Bohemia and Friedrich V Elector Palatine.

[71]   New York, The Metropolitan Museum of Art, Havemeyer Collection, Inv. no. 1929/29.107.28.

[72]   Kenneth *Clark*: The Nude: A Study in Ideal Form. Princeton 1972, 368.

Picture 23: Ferdinand Bol: Portrait of a Man in Oriental Attire.
Oil painting, detail, 1665, 131 x 101 cm. Milwaukee/Wisconsin,
Milwaukee Art Museum, Inv. no. m.1972.51. Photo: Fülemile

Picture 24: Rembrandt Harmenszoon van Rijn: 'Negress'.
Mixed technique on Japanese paper, 1658.
New York, The Metropolitan Museum of Art, Havemeyer Collection,
Inv. no. 1929/29.107.28.
http://www.metmuseum.org/toah/works-of-art/29.107.28/ (February 10, 2018)

The Image of the Turks in the 18th Century

In the 18th century, interest in Turkish culture became keener than ever, although its focus changed. This change in attitude is exemplified by the success of the first spy novel in world literature, 'Letters Writ by a Turkish Spy',[73] which was published in many editions and translated into several languages. Published in 1683 under the titles 'L'Esploratore turco' and 'L'Espion du Grand-Seigneur', the epistolary novel, comprising the fictitious letters sent by Mahmut from Paris to Constantinople, was written by the Genovese political refugee Giovanni Paolo Marana, who lived at the court of Louis XIV. The protagonist narrates events from the perspective of an observant and furtive spy, recounts anecdotes about the French elite, disputes on political and religious issues, and pens satires of contemporary Western European society with the intellectual liberty of an outsider, drawing contrasts with Turkish society.[74] The subject matter of 'L'Espion Turc' was indeed timely, as in 1683, the year of the siege of Vienna, nothing could have attracted greater interest than the appearance of a new genre with a Turkish theme.

The brilliant military achievements of the Habsburgs and their international allies, the gradual liberation of the territory of Buda and Hungary, and the cementing of the new Balkan status quo brought relief to the German-speaking part of Western Europe. The triumphant allies revelled in the euphoria of victory. From Vienna to Karlsruhe and Dresden, treasuries were filled with trophies looted from the Turks. The grandiose celebrations of the rulers of the Baroque Age were immortalised for contemporaries and posterity using the exuberant media of triumphal allegory.

---

[73] In later editions, it appeared under the title 'L'Espion Turc Dans Les Cours Des Princes Chrétiens, Ou Lettres Et Mémoires D'Un Envoyé Secret de La Porte Dans Les Cours de L'Europe [...]'. The first volume contained 102 letters, while the other seven volumes, the authorship of which is contested, contained further 542 letters.

[74] Aleksandra *Porada*: Giovanni Paolo Marana's Turkish Spy and the Police of Louis XIV: the Fear of Being Secretly Observed by Trained Agents in Early Modern Europe. In: Altre Modernità 11 (2014) 96–110.

Picture 25: A memorial print commemorating the carousel
in Vienna's Hofburg in 1667. Copperplate engraving.
Participants in the equestrian ballet
personified the four elements in allegorical costumes.
Budapest, Hungarian National Museum, Historical Portrait Gallery,
Inv. no. 58.2534

In the theatricality of the royal and aristocratic courts of the era, the triumphal processions of the past were tamed into spectacular, playful festivities for court entertainment. Court life was enlivened by theatrical performances, along with themed costume parades, quadrilles and caroussel games (costumed, allegorical equestrian games), masked balls,[75] and peasant weddings. Vast fortunes were spent on extravagant ceremonies that were preceded by professional planning and costume design, and the preparations required an army of specialists.[76] Oriental – that is, Turkish – costumes were an indispen-

---

[75]   On the cultural and dress history of masquerades, see Aileen *Ribeiro*: The Dress Worn at Masquerades in England, 1730 to 1790, and its Relation to Fancy Dress in Portraiture. New York/London 1984.

[76]   On the professional background of the organisation of Baroque court festivals, see Claudia *Schnitzer*: Höfische Maskeraden. Funktion und Ausstattung von Verkleidungsdivertissements an deutschen Höfen der Frühen Neuzeit. Tübingen 1999. In 2014, thanks to Claudia

sable element of the quadrille games, in which the four points of the compass, the four continents or the four elements were personified. Oriental (Turkish, Greek, Persian) costumes were particularly popular in the masquerades. (Liotard, Mary Theresa's favourite artist, painted the queen in Turkish costume.[77])

Schnitzer's curatorial work, Dresden's Staatliche Kunstsammlungen hosted a temporary exhibition on the month-long court festival held by Elector of Saxony Augustus II the Strong to celebrate the marriage of his son Frederick Augustus and Maria Josepha in 1719. For the exhibition catalogue see Claudia *Schnitzer*: Constellatio Felix. Die Planetenfeste Augusts des Starken anlässlich der Vermählung seines Sohnes Friedrich August mit der Kaisertochter Maria Josepha 1719 in Dresden. Dresden 2014. Augustus gave expression to his euphoric joy at his aspirations to power through this favourable marriage via a series of grandiose celebrations under the motto *Constellatio Felix*. On September 17, the Turkish feast was part of the garden festivities on the theme of the planets, the central motif of which was the crescent moon. Drawings were produced (by Carl Heinrich Jacob Fehling), capturing the parade of the janissaries, the banquet in the Turkish Palace built by August the Strong, and the target shooting by torchlight in the Turkish garden. The interest shown by Augustus the Strong and his predecessors in *turquerie* laid the foundation for the largest Turkish collection outside Turkey, which is now hosted by Grünes Gewölbe's 'Türckische Cammer'. Augustus the Strong enjoyed wearing original items of Turkish clothing. His adjutant, Johann Georg Spiegel, often travelled to Constantinople to carry out assignments and procure precious objects. Augustus ordered Arab horses and camels for his festivities. Arab horses were traditionally included among the gifts sent by the Turkish sultan and delivered by diplomats to European rulers.

[77] Liotard's picture is in a private collection. Martin van Meytens' 'Maria Theresia im Kostüm einer Türkischen Haremsdame' repeats the composition of Liotard. (The oil painting from 1743/1744 is now in Wien, Schönbrunn.) On October 3, 1743, a 'Türkisches Fest' masquerade was held in Schönbrunn, for which Maria Theresa probably wore a Turkish costume. Ernst *Wangermann*: Maria Theresa: a Reforming Monarchy. In: The Courts of Europe: Politics, Patronage, and Loyalty 1400–1800. Ed. Arthur G. Dickens. London 1977, 283–303, here 286, mentions that Maria Theresa was fond of dancing and permitted the organisation of masquerades, which had been forbidden in her father's time. In 1717, Lady Mary Wortley Montague wrote in a letter that at the Viennese court "masking" was "never permitted during a war with the Turks" in carnival season (L. M. W. *Montague*: Letters of the Right Honorauble Lady Mary Wortley Montague Written during her Travels in Europe, Asia and Africa [...]. I-III. London 1763, 108, Letter XX, Vienna, January 1, 1717). Earlier masquerades were highly fashionable at the Viennese court. E. g. in 1698, a contemporary eyewitness gave an account of a masquerade, held in honour of Tsar Peter the Great. At the *tavern*-themed masquerade "the Emperor personated the landlord and the Empress the landlady of the tavern", while the tsar was dressed as a Frisian peasant. "The other masks appeared in the dress of the different European and Eastern nations; or as gypsies, gardeners, shepherds, peasants of different countries, quacks, brigands, waiters, etc." Karl Eduard *Vehse*: Memoirs of the Court, Aristocracy and Diplomacy of Austria. II. London 1856, 67.

Picture 26: Court-painter before 1707: Louis William, Margrave of Baden-Baden (also known as Turkenlouis), in Turkish costume. Watercolour, tempera and parchment, 35 x 26.8 cm. Rastatt (bei Karlsruhe), Schloss Favorite. https://commons.wikimedia.org/wiki/File:Badischer_ Hofmaler_001.jpg (February 10, 2018)

Participants at the much-loved 'Ball of Nations' typically wore regional costumes from the royal provinces, Hungarian and Polish hussar uniforms, as well as Turkish and other exotic dress (*Picture 26*). Schnitzer emphasises that the wearing of ethnic and exotic clothing was not necessarily a sign of respect. On the contrary – albeit unspoken – such costumes were an expression of ownership, subjection and disdain, remaining in line with the allegorical interpretations of the former triumphal trophies. The custom of dressing royal children in the style of the enemy in wartime has the same roots.[78] In the intimate life of the royal and aristocratic courts, the freedom to dress in costume allowed for playfulness and comfort, while, at the same time, the associated rules and symbols created an additional dividing line between external reality and the closed, internal world of the court.[79] As the political and military weakening of the Ottoman Empire became increasingly apparent, it was less and less regarded as a bestial enemy. Western ambassadors to Constantinople

---

[78] Ágnes *Fülemile*: Királyok nemzeti viseletben. Példák a nemzeti elemek megjelenésére a 19. századi európai udvari öltözködésben. In: Népi kultúra – népi társadalom. XIX: Társadalomnéprejzi tanulmányok. Eds. Attila Paládi-Kovács, Miklós Szilágyi. Budapest 1998, 91–110, here 95.

[79] *Schnitzer* 36.

came and went, while Western aristocrats began to indulge in the upper-class fashion for making tours in the Turkish Empire, Asia Minor and Persia. The entourage accompanying the incoming ambassadors was always a great attraction, and often recorded in commemorative prints (*Picture 27*).

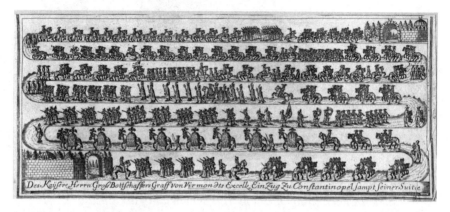

Picture 27: Imperial Ambassador Count Damian Hugo von Virmont's ceremonial entry into Constantinople, 1719. Copperplate engraving. Budapest, Hungarian National Museum, Historical Portrait Gallery, Inv. no. 4552b

Diplomats and aristocrats were also accompanied by artists. The audience scene became a common genre of sketching diplomatic events, where European ambassadors to the Sublime Porte were depicted during their inauguration. The most prominent artist specialising in this genre was the Flemish Jean-Baptiste Vanmour (1671–1737). When Louis XIV sent Marquis Charles de Ferriol D'Argental as ambassador of France to Constantinople in 1699, Ferriol took with him the then unknown painter Vanmour to document his diplomatic mission, and the habits and costumes of the Turkish court. The painter remained in Constantinople after the ambassador's return, and lived there for 38 years until his death. The 100 pictures he made for Ferriol between 1708 and 1709 became Vanmour's most well-known works.[80] It was

---

[80]   In addition to his works for Ferriol, Vanmour painted hundreds of oil paintings for others. These included the 70 oil paintings commissioned by Dutch Ambassador Cornelis Calkoen, who was accredited to the Ottoman Porte between 1726 and 1744. In addition to formal court scenes, he also painted intimate genre themes such as the first day at school, Turkish, Greek and Armenian weddings, etc. These paintings can be seen in the Rijksmuseum in Amsterdam. The paintings commissioned by Calkoen were shown at the exhibition 'The Ambassador, the Sultan and the Artist' at the Amsterdam Rijksmuseum (July 3 to October 26, 2003) and at the Topkapi Sarayi Museum (December 15, 2003 to April 15, 2004). Eveline *Sint Nicolaas* – Duncan *Bull* – Günsel *Renda*: The ambassador, the sultan and the artist:

Ferriol's idea to have Vanmour's pictures etched on copperplates by local masters in Paris, and to publish them in book form with his own foreword. The work (M. de *Ferriol*: Recueil de cent estampes representent Differentes Nations du Levant [...]. Paris: Chez Bason 1714) ran to many editions and was translated into several languages, including English, German, Spanish and Italian. It was probably due to Ferriol's vanity that Vanmour's name is not emphasized in the album. A provincial craftsman rather than a great artist, Vanmour's work has been preserved from oblivion by continuing curiosity in the subjects he painted. A comparison of his paintings and the series of copperplate etchings suggests that some of the Parisian engravers were better artists than he was. However, Vanmour is the first Orientalist painter, in the sense that his paintings were the source of a new wave of Orientalisation in the 18th century. Among the 100 costume pictures in the album, there are 62 representations of Turks, 10 Greeks, six Africans, four Armenians, three Jews, three Romanians, two Tartars, two Persians, two Albanians, two Indians, two French and two Hungarians.

The most impressive pages in the album are those depicting Turkish women in the interior of the seraglio,[81] casually smoking or playing music as they lie on the sofa (*Picture 28, 29*). These internal spaces with their distinctive windows and garden views, and the large pillows and low couches are all characteristic elements of the Oriental interior. It is here that the representation of the exotic Oriental woman, or *odalisque*, has its roots in terms of composition. Vanmour's figures were copied or used by many, from similar costume picture books to high-end artistic creations (e. g. Boucher, the Guardi brothers, Hogarth and Ingres). The *Recuil* became the main source for the 18th century fashion for *turqoiserie*, an indispensable handbook for porcelain sculptors, painters and costume designers. The odalisques in the harem, the bathing figures and Saracen servants to be found in the album were the forerunners of the Orientalising art of the 19th century, including the works of Ingres. This work was essentially the most cited visual knowledge of Turks in that era.

---

an audience in Istanbul. Amsterdam 2003. Apart from the pictures in the Rijskmuseum, Vanmour's paintings are often to be found in private collections and at art sales. On June 17, 2004, for example, Christie's auctioned (SALE 1380, LOT 71) the large oil painting 'A Turkish Hunting Party with Sultan Ahmed III' (151 x 225.5 cm). The sultan and his entourage are resting in the open, entertained by white and black dancers and musicians. The spectators include a lady in European dress.

[81]   A seraglio is a palace complex with a closed harem for women and children.

Picture 28: Turkish woman smoking on a sofa. Scotin's copperplate engraving after J.-B. Vanmour. In: M. de Ferriol: Recueil de cent estampes [...]. Paris 1714. Budapest, National Széchenyi Library, Apponyi H. 2808

Picture 29: Turkish woman playing the tchegour. Scotin's copperplate engraving after J.-B. Vanmour. M. de Ferriol: Recueil de cent estampes [...]. Paris 1714. Budapest, National Széchenyi Library, Apponyi H. 2808

Another influential series during the period was created by Dutch master Caspar Luyken (1672–1708).[82] His work 'Neu-eröffnete Welt-Galleria [...]' (Nuremberg 1703), which was published during the reign of Emperor Leopold I, followed the concept of imperial court preacher Abraham a Sancta Clara, and featured a foreword by him. The 100 copperplate engravings were made by Christoph Weigel, after Caspar Luyken.[83] In his preface, Santa Clara, a theologian notorious for his fanaticism and intolerance, is outspoken in his criticism of those who wear the clothes of other peoples, and emphasises that the book contributes to an understanding of the differences between peoples and social classes. Luyken's beautiful etchings, however, contain no trace of bias, stereotyping or mockery. Whether empresses or Moravian peasant women, German burghers or African natives, his figures are all drawn with equal empathy. In the series, the Turkish Empire is represented on 22 pages, including Turkish, Greek, Armenian, Tartar and Persian figures. The five pages representing Turkish women include the empress, a dancer, a woman at home, a woman on her way to the baths, and a woman in the street. The last two pages show characters in street clothes with veiled faces, while the other three pages show them without veils. Luyken's series was also copied by many, although it was mainly influential in German-speaking countries.[84] (*Picture 30, 31.*)

---

[82] Caspar Luyken and his father Jan were renowned illustrators in Amsterdam, one of the major centres of contemporary book publishing. The father and son produced one of the most famous emblem book about crafts: Jan *Luyken* – Caspar *Luyken*: Het Menselyk Bedryf. Vertoond in 100 verbeeldingen [...]. Amsterdam 1694. They also produced Bible and emblem illustrations, and thousands of other images.

[83] In 1699, Luyken travelled to Nürnberg, where for six years, in collaboration with the famous publisher Christoph Weigel, he published several illustrated books. An incomplete, bound copy of the above series can be found in Budapest, Hungarian National Museum, Historical Portrait Gallery, Inv. no. TKcs 164. On the themes of the series, see also: *Fülemile*: Magyar vonatkozású viseletábrázolások, 141.

[84] By way of example, we include the themes of an 18th century costume book compiled from earlier works, which has been fully preserved in Budapest, Hungarian National Museum, Historical Gallery (Reference Library, 165 VII. 554): *Neu-eröffnetes Amphitetraum [...] Aller Nationen [...]*. Ed. Johann Michael Funcken. Erfurth 1723. The book is divided into four volumes: I. Europe, II. Africa, III. America, and IV. Amphitetrum Turcicum. The four-volume work features 153 costumes from the Turkish Empire, as a continent-sized territory. Some of the depictions are based on the Luyken-Weigel series. However, instead of the delicate, original etchings, Funcken's replicas are sketchy and badly drawn woodcuts.

Picture 30: C. Luyken: 'Eine Tanzende Türkin'. Copperplate engraving from
Abraham a Sancta Clara: Neu-eröffnete Weltgalleria [...]. Nuremberg 1703.
The complete book with unnumbered pages.
Budapest, Hungarian National Museum, Historical Portrait Gallery, Inv. no. 164

Picture 31: C. Luyken: 'Eine Türkin ins Bad gehend'. Copperplate engraving
from Abraham a Sancta Clara: Neu-eröffnete Weltgalleria [...].
Nuremberg 1703. The complete book with unnumbered pages. Budapest,
Hungarian National Museum, Historical Portrait Gallery, Inv. no. 164

When creating theatrical sceneries, props and stage costumes, the series of prints referred to above, and the related Orientalising costume designs, tended to dominate.

During the 16th to 18th centuries, alongside the printed costume books, many series of watercolour paintings were produced, surprisingly also in regions that boasted advanced printing and engraving techniques. These watercolour albums were unique, and the representations they contained were more detailed and authentic than the replicated series. They were typically owned by rulers, high-ranking aristocrats, wealthy patrician families, and university professors. These manuscript series satisfied the demand for luxury and often changed hands in the form of representational diplomatic gifts. Although it is impossible to be sure of its origins, it may well be that the Turkish-themed costume album that is part of the collection of the Hungarian high aristocrat Esterhazy's in Tata, served similar purposes. Produced by an Italian artist, the first volume of a sophisticated, gold-plated album presenting the court of Abdul Hamid (1774–1789) in 86 pages has survived from the second half of the 18th century.[85] (*Colour Supplement 5, 6, 7, 8.*)

Following the Medieval and Renaissance depictions of the East as an attribute of evil, and the Mannerist and Baroque views of the East, based on battle scenes and triumphal representations, as the bestial arch enemy, a new tamed and increasingly erotic image of the Orient began to emerge in the 18th century. The new image of the Turks emphasised curiosity, and evinced a special interest in male-female relations, polygamy and the harems. In 18th century Europe, polygamy was no longer regarded as an example of abhorrent immorality, but rather as an entertaining and frivolous concept. Readers of contemporary popular literature wanted an insight into the sensual, titillating and scandalous world of the harem. At the same time, writers began to try to make their work appealing to their new female readership. With the feminization of act of reading, it is no surprise, then, that the reading woman herself as a theme, appear as part of playful and intimate scenes in popular French etchings. One such etching was 'The reading woman' (*La liseuse*)[86] by N. Ponce, after Ch. Eisen, from around 1770, where the beautiful woman, like some Venus, reclines with erotic abandon half naked on a sofa, surrounded

---

[85] Mónika *Kövesdi*: III–2 Ismeretlen olasz művész, Sultana (katalógustétel). In: Györgyi *Imreh*: A modell. Női akt a 19. századi magyar művészetben. Kiállítás a Magyar Nemzeti Galériában, 2004. október 14. – 2005. február 6. Budapest 2005, 241–242.

[86] Louis *Réau*: La gravure d'illustration en France au XVIIIe siècle. Paris/Bruxelles 1928, 37.

by all the typical accessories of Titian's classical nude tradition. The picture is accompanied by a stanza from Joannes Secundus' 'Hymn to the Kiss':

"Touch but the lips, and you dispense /
The brisk alarm thro' ev'ry sense: /
Come, hover round my tuneful lyre, /
And ev'ry swelling note inspire; /
So shall the warmth my strains express /
Thy rapture-giving pow'r confess."
(Translated by George Ogle)

The 'Arabian Nights' appeared in French translation in 1704, hugely popularising romances set in an Eastern context, as audiences became bored with Greek and Roman classical heroism. Several dramas by Voltaire (1694–1773) were set in an exotic context: 'Zaire' in the Holy Land[87] – (*Picture 32*) –, 'Mahomet ou le fanatisme' in Arabia, 'Les Guébres' in India, 'Alzire' in America, and 'L'Orphelin de la Chine' in China. Even the greatest writers had recourse to eroticism, and even pornography. The erotic novel 'Les bijoux indiscrets' by Diderot (1713–1784), and 'Le sopha' by Crebillon Fils (1707–1777) both have an Oriental setting. Oriental themes and costumes also became popular on the stage, as the fashion of *Alla Turca*[88] hit the musical and operatic theatres.[89]

---

[87]   Although the story takes place during the Crusades, the play openly contrasts Turkish customs with Christian ones. For the first performance at the Comedie-Francaise in 1732, the costumes were made *à la turque*. Dady *Hawkins*: International Dictionary of Theatre Plays. I. Chicago 1992, 929. The popularity of the theme is clearly demonstrated by the fact that Johann Michael Haydn (1737–1806) composed Incidental Music to Voltaire's 'Zaire' in 1777.

[88]   *Alla Turca*: a high-tempo European musical piece written in the style of Turkish janissary military bands. Several great European composers wrote Turkish-style music, including Mozart, Haydn, Gluck, Rossini and Beethoven. In 1699, when Austria and the Ottoman Porte signed the Treaty of Karlowitz, the Turkish delegation brought a janissary band with other performers to Vienna, that played for a long time. This event heightened European interest in Turkish music. In the 1720s, the Polish and Russian, followed by the Prussian and Austrian courts received a complete band from the Ottoman Porte, which was followed by a number of other European countries embracing the fashion for the janissary band in the 1770s. Eventually, rather than importing genuine Turkish musicians, Turkish musical instruments were distributed to black-skinned musicians dressed in Oriental clothes. See Henry George *Farmer*: Military Music. The World of Music XII. New York 1950.

[89]   The first opera by Wolfgang Amadeus Mozart (1756–1791), 'Zaide' (1779) had a Turkish theme, and was followed by the Abduction from the 'Seraglio' (which had its premiere in 1782). Although Mozart did not complete the work, in 'Zaide' he created an original, Orientalising musical language. The protagonist, a female Western slave in the court of

Picture 32: Louise Élisabeth Vigée le Brun: Giuseppina Grassini in the role of Zaïre, in Peter von Winter's opera. Oil on canvas, 1805, 133 x 99 cm. Courted by Napoleon while performing in France, Grassini was a celebrated opera singer. In two of Le Brun's three portraits of her, the primadonna is posing in Oriental costume. Rouen, Musée des Beaux-Arts. https://commons.wikimedia.org/wiki/File:Giuseppina_Grassini_by_ Louise_%C3%89lisabeth_Vig%C3%A9e_Le_Brun_2.jpg (February 11, 2018)

In any case, Orientalisation no longer meant merely the depiction of Oriental themes, or their theatrical visualisation, but also a more general phenomenon: new opportunities and forms of expression in the fields of fashion, social prestige and entertainment. For example, coffee culture was greatly enhanced by the Parisian home of the Turkish envoy Müteferrika Süleyman Ağa (1669), from where news of the coffee ceremonies organised for distinguished guests

Suleiman, is in love with a European slave. They escape and are captured, although Suleiman ultimately releases them so that they can return home to spread the word that there is a fair legal system in the East. (Research into Orientalism also saw a revival in the history of both music and musical theatre. See, for instance, Matthew William *Head*: Orientalism, masquerade and Mozart's Turkish music. London 2000.)

spread rapidly.[90] As part of the fashion for *turqoiserie*, the popularity of wearing Turkish clothes, sitting on carpets and cushions, drinking coffee and sherbet, smoking and taking snuff began to spread at this time (*Picture 37, Colour Supplement 3*). The Turkish technique for making knotted-pile carpets was successfully adopted in France from 1608.[91] From 1628 onwards, the Savonnerie manufactory in Chaillot became the centre of production for elegant decorative carpets, based on Turkish models but with specifically French designs.[92] Savonnerie carpets counted among the most prestigious diplomatic gifts. The French silk industry, which aimed to eliminate imports of luxury Oriental silks, also began to flourish in this era.[93]

Despite the constraints of convention, certain private events belonging to the sphere of intimacy were made public in 18th century society. The wearing of lighter *negligées* at home was accepted as part of the *levée*, or morning audience, during which guests were greeted in the bedroom. Rather than uncomfortable, poorly tailored formal clothes, men were happy to wear loose-fitting caftan-style dressing gowns, or *banyans*, which were made from Oriental silk and brocade, along with Oriental head coverings and slippers. Men and women who imitated Turkish fashions imagined themselves in the role of despots and odalisques. Wearing Oriental garments had an aristocratic elegance.[94] (*Picture 33, 34.*)

---

[90]   The first French coffeehouse in Paris, the Café Procope, opened in 1686. The Italians, the English and the Dutch were ahead of the French in this respect: in Venice, for example, the first coffeehouse opened in 1645, in the north German ports in the 1670s, and in Vienna in 1683.

[91]   Pierre Dupont and his assistant, Simon Lourdet, introduced the technique on their return from the Levant. P. *Dupont*: La Stromatourgie, ou Traité de la Fabrication des tapis de Turquie. Paris 1632.

[92]   The monopoly on the products of the manufactory, which worked primarily for the Louvre, was held by the crown for almost 150 years. From the middle of the 18th century, another tapestry manufactory was founded in Aubusson (France).

[93]   Promoted by Colbert, silk weaving flourished in Lyons between 1620 and 1685 – until the Revocation of the Edict of Nantes – after which the recovery in the 18th century was brought to an end by the French Revolution.

[94]   On Orientalisation in the history of European clothing and fashion see the exhibition catalogue of The Metropolitan Museum of Art, Costume Institute: Richard *Martin* – Harold *Koda*: Orientalism. Visions of the East in Western Dress. New York 1994. The fashion for Orientalisation was undeniably boosted by such extravagant and aristocratic models as Madame de Pompadour, mistress of Louis XV. Her boudoir was decorated in 1747 with Carle van Loo's large-scale genre paintings, which she commissioned, depicting her as a sultana in the seraglio (Paris, Musée des Arts Décoratifs).

Picture 33: Turkish women's caftan. Patterned silk and cotton, late 18th,
early 19th century. New York, The Metropolitan Museum of Art,
Inv. no. c.i.55.74. Photo: Fülemile

Picture 34: German gentleman in costume. Woodcut from
Johann Michael Funcken: Neu-eröffnetes Amphitheatrum [...]. Erfurth 1723.
The man is dressed in domestic negligé (an Oriental robe, known as a banyan
and a smoking cap). He is holding a love letter, and his wigs and formal clothes
can be seen hanging up behind him.
Budapest, Hungarian National Museum, Historical Portrait Gallery,
Reference Library, Inv. no. 165. VII. 554

Picture 35: J.-É. Liotard: Portrait of Maria Adelaide of France
in Turkish-style clothes. Oil on canvas, 1753, 57 x 48 cm. Florence, Uffizi.
https://commons.wikimedia.org/wiki/File:Jean_Etienne_L%C3%ACotard_-_
Ritratto_di_Maria_Adelaide_di_Francia_vestita_alla_turca_-_Google_Art_
Project.jpg (February 11, 2018)

As part of this social role playing, Persian and Turkish clothing, either with
the appearance of originality, or decorative, costume-like and artistic, is still
often to be seen worn by both women and men alike in 18th century portraits.
In representative portraits of illustrious men, these exotic garments serve as
an expression of social rank. Well-travelled men of the world, or members
of the economic and diplomatic colony, made reference in this way to their
relationship with the East. A good example of this is the impressive portrait
of the French ambassador Charles Gravier Vergennes (1754–1768), produced
by French painter Antoine de Favray, who spent nine years in Constantinople
(*Colour Supplement 1*). Because of their picturesque quality, women also increasingly began to wear Eastern outfits. Jean-Baptiste Greuze (1725–1805),
for example, painted a portrait of the celebrated Parisian ballet dancer Marie-
Madeline Guimard in 1790, in which the dancer is wearing a turban, loose
Turkish trousers, and a fur-edged blue silk caftan, following the Orientalising
robe à la turque fashion of the day (*Colour Supplement 2*).

The Swiss Jean-Etienne Liotard (1702–1789), who first studied as a miniaturist, later became famous for his brilliant pastel technique. He spent four years (1738–1742) in Constantinople, where he painted portraits of members of the British colony. He grew a beard and wore Turkish clothing, and as a result was known by many simply as the Turkish painter. On his return home, he was in great demand among the aristocrats of Europe. His genre paintings often feature Eastern figures and interiors. He also painted many of his European models in Turkish dress. In his portrait of Marie Adelaide (*Picture 35*), Liotard depicts the girl lost in a book as she rests in the corner of a green couch, totally at ease and at home. The details of her clothing and the texture of the materials are filled with life. The unique, down-to-earth realism of Liotard's pictures of intimate silence have no equivalent, either in the 18th century or in the history of Orientalising painting.

Representative portrait painting in the 18th century included a more intimate type, the so-called elegiac or poetic portrait. The aristocrats and celebrated beauties of the age had themselves painted in casually elegant poses, in mysteriously revealing, antique-style veils, wearing bucolic or Orientalising costumes, in parks, on balconies, among classical ruins, or before serpentine draperies, accompanied by the dramatic lights of a stormy sky. Orientalising women's clothing had a picturesque ideal type that is similar in French and English portraiture. It was characterised by turban-like headdresses made from lightweight, translucent, long silk scarves; and loose silk or velvet robes worn over fine tulle under garments, with scarf belts tied around the chest, giving a drapery-like appearance and creating a vivid, picturesque effect with a monochromatic splash of colour. Among the English painters, Sir Joshua Reynolds (1723–1792) preferred to dress his aristocratic models in Oriental costume – which he also wore himself. Elisabeth Louise Vigée Le Brun (1755–1842), a popular French portraitist in European aristocratic circles, also liked to paint her distinguished models in Oriental costume. In her half- or three-quarter-length portraits, the Oriental atmosphere is further emphasised by the large velvet cushion used as an armrest, where her subjects could rest their arms with casual elegance.[95]

---

[95] Some of the portraits by Vigée Le Brun showing Orientalising clothing, from the exhibition catalogue for the first retrospective, Le Brun exhibition at the Kimbell Art Museum. For the digital version of the catalogue, see http://www.batguano.com/kamvlbcatalog.html (February 7, 2018): 'Duchesse D'Orleans'. 1789 (Catalogue no. 28); 'Countess Skavronskaya'. 1790 (Catalogue no. 30); 'Princess Galitzyna'. 1797 (Catalogue no. 48).

The Rococo-style *fête galante* painter Jean-Honore Fragonard (1732–1806) also painted the idealised image of a Turkish sultana.[96] These artists are mentioned as a group only because of the similarity of their painted subjects, although there are immense differences between Liotard's timeless enamel-glazed realism, Reynolds' coolly elegant mannerism, Le Brun's feminine affectation, and the decorative character of Fragonard's porcelain figure-like idyllic doll-princess.

In the Rococo art of the 18th century, woman as the object of playful erotic imagination becomes more evident and complex than ever before. The connecting of female eroticism and the exoticism of the East is far more recognisable in the literature of the 18th century than in the fine arts. It is here that we find the apparently missing link between the costume-wearing Oriental woman and the Oriental nude. Earlier visualisations of Oriental women featured clothing as an indispensable attribute. The literary imagination of the 18th century gave birth to frivolous, erotic connotations, an underlying conceptual domain that made way for the appearance of nudity in place of the earlier iconographic tradition of the clothed woman, and the creation of the Oriental nude, opening up a new chapter in the representation of the Oriental woman in the Romanticism of the 19th century.

François Boucher (1703–1770), his master Jean-Antoine Watteau (1684–1721), and his pupil Jean-Honoré Fragonard (1732–1806), were the great revivalists of Rococo nude painting. In his warm-toned red-and-white chalk drawings, Boucher masterfully captures the vision of moving, twisting bodies. His delicate sensuality and intimacy, as he experiments with the composition of the nude in his drawings, is matched by neither the Romantic nor the academic nudes, and will only be seen again in Degas' drawings in the late 19th century. Although Boucher often painted his nudes as part of a theme from Antiquity, in some of his paintings he no longer used the legitimising veil of mythological camouflage. He was the first to paint a nude with an Orientalising title. There are two compositional versions of his nude odalisques. The brunette odalisque lies on her stomach, her shirt pulled up to her waist and her legs revealingly apart.[97] (*Picture 36.*) The blonde odalisque lies on a greenish-yellow couch, her body unclothed, displaying a charmingly curious playfulness, with an unconsciously inviting gesture. The red rose beside her

---

[96] J.-H. *Fragonard*: Sultane sur une ottomane. Between 1772 and 1776. Indiana, Ball State University Museum of Art, Inv. no. BSU 1995.035.127.

[97] F. *Boucher*: Odalisque. 1745 and 1753. Paris, Louvre.

is an attribute of Venus.[98] In the blonde and brown-haired odalisque variants we find scarcely any Eastern references: here, the relationship between the erotic nude and the odalisque (as the archetypical Eastern woman) is short-circuited. Boucher is not only creating the type of Rococo nude, but is also associating this type of nude with the notion of the East.

Picture 36: F. Boucher: Brown-haired odalisque. Oil on canvas, 1740–1749, 53.5 x 64.5 cm. Paris, Louvre. https://commons.wikimedia.org/wiki/ File:Fran%c3%A7ois_Boucher_015.jpg (February 10, 2018)

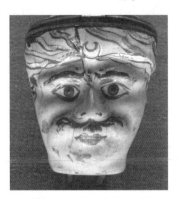

Picture 37: Snuff box in the shape of a Turkish head. Porcelain and copper, Bilston (England) 1765–1770. Saint Petersburg, Hermitage Museum. Photo: Fülemile

---

[98] F. *Boucher*: Resting Girl (Louise O'Murphy). 1751. Cologne, Wallraf-Richartz Museum; Reclining Girl. 1752. Munich, Alte Pinakothek.

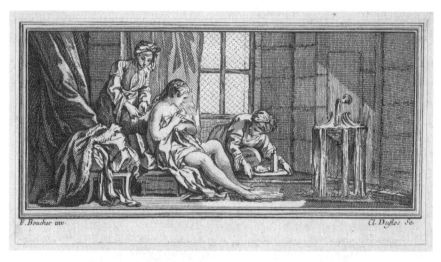

*Picture 38: Sultana at her toilet. Drawing by F. Boucher. Copperplate etching
by Augustine Duflos le Jeune. 7.1 x 13.2 cm. New York,
The Metropolitan Museum of Art, Inv. no. 53.600.1117(2). http://images.
metmuseum.org/crdimages/dp/original/dp826110.jpg (February 10, 2018)*

In the 18th century, therefore, *turqoiserie* (just like *chinoiserie*) was merely a game. A delightful, decorative formality that was only skin deep. (*Picture 37, 38, Colour Supplement 3, 4*). The game was also fun, glamorous and exciting, when it combined the fashion for *turqoiserie* with the rediscovery of the nude. The Rococo turqoiserie nude has no more substance, and is no more serious, than a soap bubble. In the meantime, in antithesis to this insubstantiality, another approach was emerging from the philosophy of the Enlightenment – the more sincere demand for the discernment of reality that was not biased, but that looked for and respected values in others. This approach led to the discovery of the image of the goodness and wisdom of the East. It paved the way for Sarastro's Oriental symbolism in the philosophical world of Mozart's opera, and the same applies to the patriarchal wisdom of "God has made the Orient!"[99] in the poems of Goethe's Pre-Romantic 'West Eastern Divan'.

The 18th century also offered different ways of exploring womanhood. This age was also the century of women's emancipation, at least in terms of the ethereal intellectualism of the salons of the ancien régime. Not even the

---

[99]   'Talismans'. Translated by John Whaley. In: Johann Wolfgang *von Goethe*: Poems of the West and the East: West-Eastern Divan. Issue 68 of Germanic Studies in America. Ed. Joachim Whaley. Bern [a. o.] 1998, 15.

French philosopher Montesquieu (1689–1755) could resist the temptation of the frivolous, erotic literary fashion of the day, although he chose to represent the quest for the individual freedom of a woman of intelligence and will through the character of an Oriental woman. He wrote his most famous and most read work, 'Persian Letters' (1721), under a pseudonym. The fiction that imitates the technique of the quest for truth in contemporary travel literature is, of course, more than a merely voyeuristic treatment of the physical and spiritual manifestations of lust, sadistic punishment and female exploitation. Montesquieu represents the differences between the two societies and legal systems through the eyes of two Persian noblemen travelling to Paris, and includes a criticism of Western society. At the end of the novel, in the final letter, the favourite wife, who was secretly in love with another person for whom she committed suicide, writes to her master: "How could you suppose me so credulous as to believe that the sole purpose for my existence was to adore your caprices? That while you refused yourself nothing, you had the right to frustrate every desire of mine? No: I may have lived in servitude, but I have always been free […] and my spirit has always remained independent."[100] The heroine's words are an expression of the moral contempt of the European Enlightenment towards the tyrannical oppression of an unjust legal and social system.

The 18th century provided an opportunity to acquire and show off erudition not only to the famous *cortigiani* and mistresses. The celebrated stars of witty social entertainment were aristocratic women. The letters written by Lady Mary Wortley Montague (daughter of the Duke of Kingston, 1689–1762) from the Sublime Porte were not part of some fictitious epistolary novel.[101] This wife of a British diplomat, who was sent to Constantinople in 1716, is filled with curiosity to find out as much as possible about the real world of the East and of Oriental women. She learned Turkish and began to wear Turkish clothes, along with her son, who later became a traveller in the East.[102] Lady Montague was the first European woman not only to gain access to the highest circles of Turkish society and to the harems (to meet the sultana

---

[100]   Charles de Secondat *Montesquieu*: Persian Letters. Oxford/New York 2008, 213.

[101]   The author did not intend the letters to be published. They were organised into a volume and published in Paris after her death. *Montague.*

[102]   The portrait of the mother and her infant son in Turkish dress with Turkish servants, with a view of Constantinople in the background, was also painted by the above-mentioned Jean Baptiste Vanmour in 1717. London, National Portrait Gallery, Inv. no. NPG 3924.

in 1718),[103] but also to chronicle with empathy the bright and shadowy aspects of the life of Oriental women. Her image of the East is no longer Orientalising fiction, but a social description of almost ethnographical precision.[104] (*Picture 39.*)

Picture 39: Daniel Chodowiecki (1726–1801):
Title page for the 1790 edition of Lady Mary Wortley Montague's Letters.
Depicting the author's visit to the Turkish baths in Sofia.
Berlin, Staatsbibliothek – Stiftung Preußischer Kulturbesitz, Inv. no. Ui 6281

The social vision of Lady Montague's letters and Montesquieu's novel – at the very same time as the emergence of the topos of the Oriental woman as an exploited, erotic commodity that could easily be turned into pornography and manipulated into kitsch – reveals a more elevated intellectualism, the emblematic formulation of which will also be a characteristic feature of the age of Romanticism. The chained and objectified woman on the slave market is elevated from her humiliation by the preservation of her immanent inner

---

[103]   From the description of the encounter it appears that Lady Montague was fascinated by this pomp, which was unimaginable even in the European royal courts. The author happily dwells on the detailed descriptions of dresses, materials, jewellery and objects. Wherever she goes, she pays close attention to clothing and characterises it with witty criticism, revealing the paramount importance of dress in the hierarchical society of her age. From this perspective, it is perhaps easier to understand that, for a perception and representation of the East, curiosity about the material environment, and above all dress, is key for the European viewer.

[104]   Lady Montague's enlightenment is clearly characterised by the fact that, on witnessing the Turkish practice of smallpox inoculation, she was among the first to promote the practice in England.

freedom. Thus, in the 19ᵗʰ century, the image of the bound Eastern woman not only provided scope for the Victorian perversity of voluptuous voyeurism, but also became the emblematic formulation of personal liberty and the abolition of slavery, as demanded by the modern world.

19ᵗʰ Century Orientalism

The playful boudoir intimacy of the 18ᵗʰ century Rococo added new stereotypes to the concept of Orientalism. In terms of Europe's interest in the Orient, there was much that appeared undifferentiated from the colourful world of the multinational Turkish Empire. The peoples and lands that had been subjugated by the Turkish Empire, and that had partially adopted Turkish culture, were regarded as part of the empire. Thus Greeks, Jews, Persians, Circassians, Albanians, Mamluks, Egyptians and Moroccans were all part of a stereotypical, generic image of the East.

In 18ᵗʰ century characterology, it is not only militancy and bloodthirstiness that are mentioned among the characteristic features of the Turkish people: other degrading, but substantially more every day, stereotypes also appear on the list, including laziness, stupidity and disingenuity.[105] These stereotypes then survived well into the 19ᵗʰ century.

Climatic determinism – the idea that climate affects the habits, social institutions, government systems, thinking, psyche, character and morality of the peoples of a particular region – can be traced back to Antiquity (Aristotle). It appears in the arguments of medieval theologians and Islamic scholars (Ibn Khaldun), travel literature, the works of the humanists and Enlightenment thinkers (e. g. Jean Bodin and Montesquieu),[106] through 19ᵗʰ century scientific and pseudo-scientific, popular interpretations, to the arguments of colonial ideology.

---

[105] See, for example, the large oil painting (Völkertafel, 104 x 126 cm, Vienna, Österreichisches Museum für Volkskunde), painted by an unknown Styrian master on the basis of popular graphic images, which summarizes the common stereotypes of European peoples, including the Turks and Greeks, in pictorial table format. For an English translation of the text: *Kurtze Beschreibung der In Europa befintlichen Völckern Und Ihren Aigenschafften.* http://www.smb-digital.de/eMuseumPlus?service=ExternalInterface&module=collection&objectId=1587308&viewType=detailView (March 3, 2018). The painting is not the only one of its kind: a further six versions are known in other Austrian collections.

[106] Michael *Curtis*: Orientalism and Islam. European Thinkers on Oriental Despotism in the Middle East and India. New York 2009, 72–102; *Djaït* 21–29.

Many examples from medical and geographical scientific works that reflect the psychologising stereotyping of national character can be quoted from the early 19th century. The following lines are quoted from a study published in the 1817 edition of 'Tudományos Gyűjtemény': "Ignorance is associated with feebleness, as it degrades the Soul and makes it crawl. [...] The Greeks and Romans in later times became ignorant, and for the same reasons became small spirited, lecherous and feeble in the eyes of the world. The same can be said of other Oriental Peoples [...] He who does not think, wants to feel [...] But can one be permanently stimulated by physical pleasures? [...] Those intervals, therefore, that separate one such feeling from another, for the Ignorant and Feeble, are filled with Boredom. Thus, in order to cut short their boredom, they stimulate themselves by seeking pleasure." The pursuit of pleasure is the sole occupation of the "dull and lazy". Love "makes them soft and effeminate. – Heaven made Women the stewards and distributors of the most pleasurable pleasures [...]".[107] The text above was not the only such article to appear in the journal. Another author quotes a certain "Schaw, English Doctor": "The Moors, like many of the Oriental Nationalities, were born to be slaves and are the enemies of all work from which they are unable to obtain instant benefit."[108] This has become a general stereotype in terms of Eastern nations. Bertalan Szemere wrote in the following way about his experiences in the East: "I would go to the coffeehouses, and, after removing my slippers according to the custom, I would sit cross-legged on the reed carpet, and, while quietly sipping my sugarless coffee, the most aromatic and flavoursome in the world, I learned to smoke the nargile, which is no easy task for a foreigner. Just like the Muslims, I would sit motionless for three or four hours at a time, in wordless silence, musing, like them, and enjoying the delights of soft idleness [...]".[109] Everything that stimulated and pampered the senses – bodily temptations, baths, lazing, smoking, luxurious surroundings, colours and

---

[107]   M. J.: A' Tudatlanságról, és annak természetes következéseiről. In: Tudományos Gyűjtemény 4 (1817) 92–95, here 93. 'Tudományos Gyűjtemény' (1817–1841) was the first scientific journal in Hungary published monthly in Pest.

[108]   Pál *Tóth*: Mi az oka, hogy némely Nemzetek a Tudományokban és Szép Mesterségekben más Nemzetek felett felyebb emelkedtenek? In: Tudományos Gyűjtemény 9 (1818) 2, 1–27, here 25.

[109]   Bertalan *Szemere*: Utazás Keleten a világosi napok után. Budapest 1999, 37. The author, Bertalan Szemere (1812–1869) was a Hungarian nobleman, writer, lawyer, liberal politician who was one of the main leaders of the 1848/1849 Hungarian revolution and war of independence against the Habsburg rule. After the armistice he emigrated via Greece to Turkey and later to Paris.

jewels, music, dance, scents and narcotics – was adopted into the inventory of literature and the fine arts for the portrayal of the Orient.

Contemporary historical events also repeatedly drew the attention of the European great powers, which harboured aspirations to divide up the region, towards the sick man of Europe – the Ottoman Empire in the throes of death. The first move was Napoleon's Egyptian campaign (1798–1801). Its impacts, as in the case of so many other large-scale political events, were immediately felt in the decorative arts and fashion of the Empire. Various types of artistic turban became highly fashionable among women in the 1810s, and again in the mid-1830s. In the Orientalisation of fashion, the evocative names[110] did not reflect any sophistication in geographical terms, the ethnic objects were easily interchangeable, and might be Indian, Egyptian, Greek, Turkish or Persian, as long as they made a generic reference to the Orient (*Picture 40*).

The most sought-after items from the East were cashmere shawls from India, which were an indispensable item of women's clothing in the first half of the 19th century. The costly original patterned woven and sewn cashmere scarves were often copied in Europe by French, English and Polish textile manufacturers. Their prestige was not only due to their significant monetary value. The cashmere shawls could be worn in hundreds of ways, with a casual elegance that required aristocratic discernment, as they were seen as an expression of charm, style and social class.[111] In contemporary portraits, it features as a *draperie mouillée* among the picturesque accessories of beautiful women (*Colour Supplement 9*).

---

[110] In the 1780s, for example, the fashionable women's dress known as the 'Circassian' was named after the most beautiful women in the sultan's harem according to the Parisian fashion magazine 'Galleries des Modes' (Aileen *Ribeiro*: Dress in Eighteenth Century Europe. New Haven/London 2002, 270). In the description of the fashion image shown in *Picture 40*, the term 'Circassian' appears again in 1795.

[111] Ágnes *Fülemile*: A kasmír sál a 19. századi európai divatban. In: Kriza János Néprajzi Társaság Évkönyve. 14: Tanulmányok Szentimrei Judit 85. születésnapjára. Eds. Klára Gazda, Tekla Tötszegi. Kolozsvár 2006, 43–61.

Picture 40: Fashion image. Heideloff's Gallery of Fashion II, April 1, 1795.
The description of daytime dress highlights elements of Oriental fashion,
such as turbans with ostrich feathers, "Polonaise of scarlet velvet with
Circassian sleeves, and full sleeves of striped silk gauze". Original description:
http://world4.eu/morning-dresses-april-1795/ (February 10, 2018)

The European public was also often concerned about the bloody events that took place during the uprisings against the Turks that flared up at various points in the Balkans during the century. Many of the members of the European elite and the art world demonstrated their sympathy for the heroic Greek War of Independence (1821–1829) by wearing Greek clothing. (This is also traceable in portrait painting.) In the case of Lord Byron, who took up arms to fight for Greek independence, the wearing of Greek clothing was not merely a pose, but the symbolic advertising of an ideal.

During the course of the century, not only the Egyptian question, but also the occupation of Algier in 1830, drew attention to North Africa and the Arab world. The 1850s and 1860s both saw their own wave of Orientalism. *Alla Turca* fashion was given new impetus with the Crimean War (1854–1855) and the opening of the Suez Canal in 1869, an impetus that lasted until the end of the 1870s, when the Berlin Congress (1878) brought an end to Turkish control over the Balkans (*Picture 43, 44*).

Picture 41: French calico with an Oriental scene. Mid-19th century.
New York, The Metropolitan Museum of Art, Inv. no. 2009.323.31.
http://images.metmuseum.org/crdimages/es/original/sF2009_323_31_img1.jpg
(February 10, 2018)

Picture 42: 'Odalisque'. Advertisement 'World's smokers series'.
Allen & Ginter cigarettes, Richmond/Virginia. Coloured lithograph, 1888.
New York, The Metropolitan Museum of Art, Inv. no. 63.350.202.33.45.
https://www.metmuseum.org/art/collection/search/420471 (February 15, 2018)

Picture 43: Empress Eugénie, wife of Napoleon III, dressed as an odalisque.
From Pierre-Louis Pierson: Albumen silver print with applied oil paint,
1861–1865. New York, The Metropolitan Museum of Art,
Inv. no. 2005.100.410(4).
http://images.metmuseum.org/crdimages/ph/original/dp221425.jpg
(February 10, 2018)

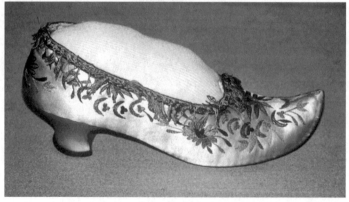

Picture 44: Silk ball slippers with pointed toes and Turkish-style embroidery.
Around 1870. New York, The Metropolitan Museum of Art, Costume Institute,
Inv. no. 1973.260.4.ab. Photo: Fülemile

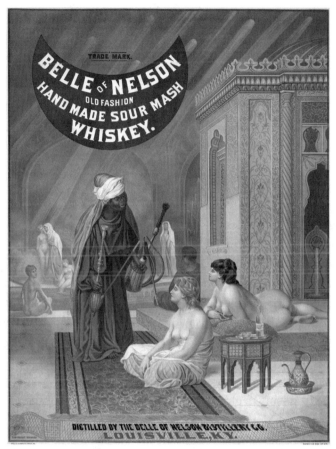

Picture 45: 'Belle of Nelson'. Whiskey advertisement.
Published by Wells & Hope, Louisville/Kentucky, 1878. The composition was
based on the paintings of Jean-Léon Gerome (1824–1904) depicting scenes
from the baths. Beautiful naked white women, a black eunuch, a hookah and
a bottle of whiskey on the carved table rather than coffee.
Washington, D. C., Library of Congress. https://commons.wikimedia.org/wiki/
File:Belle_of_Nelson_Whiskey_poster.jpg (February 11, 2018)

In 1851, at the Great Exhibition in London's Crystal Palace, the individual
exhibitors included India, Africa, the West Indies, Ceylon, Persia, Greece,
Egypt and Turkey. From then on, large industrial and world exhibitions (e.
g. in 1855, 1867 in Paris, 1862 in London) showed an increasing interest in
Oriental objects. The European textile industry also attempted to keep pace
with rising demand (*Picture 41*).

As tourism became more widespread, they were happy to popularise their products using early postcards and advertisements featuring images of exotic Oriental women (*Picture 42, 45*).

The fashion for Orientalisation in photography can be traced until the 1890s, as photographers took over the task of capturing costume portraits and *tableaux vivant*s from the painters of portraits. In addition to portraits, they offered their customers some rather more profane compositions. Professional and amateur photographers happily arranged studio scenes featuring clothed and naked odalisques lying on sofas, and dancing houris. There is an obvious underlying connection between these early photographs and the compositional archetypes of paintings and graphic representations (*Colour Supplement 12*).

From the beginning of the 19th century, the re-discovery of the East witnessed a stronger wave than ever before in Western European painting. Romanticism, with its search for the exotic, its attraction for unique, remote locations and pictorial subjects, and its longing for the golden age of the past, seemed to find in the Orient whatever it had been looking for so desperately. "You must flee; the East will right you, / Patriarchs' pure air delight you; / [...] There I'll penetrate most surely / To the origin of nations [...] / With the herdsmen I go questing, / In oasis-freshness resting [...]." These lines from Goethe's 1819 poem 'Hegira'[112] could be programmatic slogans for pictorial Orientalism.

Orientalism cannot be classified under a single style or school. From the Classicism of Ingres to the Romanticism of Delacroix, through Gérome's polished academic Naturalism and Leighton's pre-Raphaelite Mannerism, to Renoir's Impressionist handling of colour, there is a vast kaleidoscope of painters representing different trends. (The rethinking of the Oriental experience would also be reflected in the decorative aspirations of the Secessionists and other aesthetic movements in the late 19th century.)

Orientalising painting[113] satisfied 19th centuryaudiences' desire for curiosity, thrill, subdued eroticism and verbosity. Popular masculine subjects included *Bashi-Bazouk* mercenaries and Nubian palace guards, rich Moorish interiors, slave markets, street and bazaar scenes with merchants and crafts-

---

[112] Translated by Edward Dowden. In: *Goethe* 433.
[113] Although traditional art historical writing has long ignored most Orientalist painting as a false art, increasing attention has recently been given to research and art trade in this area.

men, and tiger hunts. However, the imagination of painters and audiences alike was captured by the new visual experience of deserts and oases.

Nevertheless, in the invention of the exotic East, the fantasy of women played a central role. Romantic writers and painters portrayed women as irrational, sensual beauties, driven exclusively by the feeling of love. Beginning with the work of Ingres and Delacroix, the most popular theme in Orientalising painting was the figure of the odalisque in the harem. Odalisques were typically portrayed as nudes, or different stages of undress; alone or with companions – in the company of black servants, eunuchs, dancers, musicians and other members of the harem – as elements in generic harem and bath scenes, in rich Eastern interiors, reclining on comfortable sofas and surrounded by exotic accessories (*Picture 45*).

In European painting, the women of the harem are European beauties with alabaster white skin. This is not entirely contrary to the reality, as the most beautiful flowers of the harems come from the Balkans, Greece, the Black Sea and the Caucasian region.[114] During his journey to the East, on a sea voyage with the pasha of Viddin, Bertalan Szemere had an opportunity to see one of the women's faces: "[...] her veil slipped, so despite ourselves we were able to see her white face, as pale as the moon, the result of seclusion in the harem and frequent hot baths, her blood-red lips, rainbow-shaped eyebrows and large black eyes [...]."[115] The inaccessibility of this pale beauty to European eyes, and her isolation, heightened the interest in her feminine vulnerability. The idea of European women as the victims of Oriental despotic lust, awaiting liberation by European men, further accentuated the erotic charge of such interest. Thus, alongside characters suggestive of sensual pleasure, the victimised odalisque figure, exposed to men's tyranny, also emerges.

Convectional 19th century depictions of odalisques can be classified according to certain major, easily distinguishable thematic and compositional types: 1. variants of odalisques lying on sofas; 2. dancing odalisques; 3. bathing odalisques; 4. odalisques playing musical instruments; 5. odalisques smoking hookahs; 6. street girls; and 7. slaves victimised by authoritarian masculine society. In the case of the last two categories, the colourful commotion of city streets or bazaars can often be seen in the background. In relation to the victimised odalisques, voyeuristic themes depicting vulnerable women exposed to hungry, curious gazes on the slave market appeared from

---

[114] Walther *Wiebke*: Woman in Islam. Leipzig 1981, 70.
[115] *Szemere* 43.

the 1870s and 1880s. The photo-realistic details of the Eastern setting often enhance the discomfiting, shocking impact of such scenes. The essential quality of the chained or bound nude is her passivity, which further emphasises the sadistic nature of the scene. The marble-white figure of the chained slave woman brings to mind the classical nude Andromeda, chained to a rock.

One of the most famous chained odalisques of the time was in fact a Classicist statue, 'The Greek Slave' by the American Hiram Powers. The sculpture had a huge impact: it drew an audience a 100,000 visitors in America, and in London it was one of the main attractions at the Great Exhibition in 1851.[116] The work was politicised, becoming a symbol of the abolition of slavery, which understandably touched the contemporary American and British public. As one contemporary put it: "It represents a being superior to suffering, and raised above degradation, by inward purity and force of character. Thus The Greek Slave is an emblem of the trial to which all humanity is subject, and may be regarded as a type of resignation, uncompromising virtue, or sublime patience."[117] (The otherwise rather average Classicist statue successfully recreated the association between concept of Modern Greece and the Greeks of Antiquity.)

Another great sensation at the London exhibition, however, was a show by Eastern dancers, which appealed to the audience's thirst for the exotic.

Many of the 19th century Orientalist painters made personal pilgrimages to the East. They typically went on shorter or longer study trips, although some made life-changing decisions: having decided that the Eastern lifestyle was more appealing, they settled there (e. g. John Frederick Lewis 1805–1876), converted to Islam (Etienne Dinet 1861–1929), dressed in Oriental clothes and spent years of wandering in search of the deeper meaning of life (James Tissot 1836–1902).There are countless Orientalist painters in French art, while Belgium, England, the USA, the German-speaking countries, Swit-

---

[116] Powers himself interpreted the message of his work as follows: "The Slave has been taken from one of the Greek Islands by the Turks [...]. Her father and mother, and perhaps all her kindred, have been destroyed by her foes, and she alone preserved as a treasure too valuable to be thrown away. She is now among barbarian strangers, [...] exposed to the gaze of the people she abhors, and awaits her fate [...] tempered indeed by the support of her reliance upon the goodness of God." For the quotation, see: http://jefferson.village.virginia.edu/utc/sentimnt/grslvhp.html (February 7, 2018).

[117] Ibidem.

zerland, Italy, Spain and Russia are not far behind in terms of their artistic admiration of the East.[118]

Of course, the artistic quality of the end results varied. On the one hand, there was a great deal of superficial pretentiousness, attention to appearances, immersion in the naturalistic representation of decorative detail, and in sincere choice of themes. This is the direction that would eventually lead to the mass production of the most shallow, pretentious and tasteless odalisque and harem paintings, right up to the later branches of academic painting that flirt with symbolism.[119] The entirely insubstantial, mannered formalism approaches the boundaries of the kitsch.[120]

On the other hand, genuine experience of the true Orient continued, not only out of desire for knowledge, but also stemming from a worldview that sought new values (*Colour Supplement 10*). Travelling to the East, apart from being more fashionable than ever, meant, for many, a profound exploration of the East, carried out with a positivist methodology and scientific humility, and the birth of the Oriental Sciences (*Colour Supplement 12*).[121] The 19th century brought with it not only looting, from a position of great power – which began with Napoleon's Egyptian campaign –but also the intellectual altruism of an understanding of the East, which characterised the German, Austrian or Hungarian scholars (e. g. Ignatius Goldziher, Ármin Vámbéry), who had no political interest in the East.[122]

---

[118] Useful repositories of 19th century Orientalist paintings can be found on the following websites: Rick *Finck*: Orientalist Art of the Nineteenth Century. European Painters in the Middle East. http://www.orientalistart.net/index.html (February 7, 2018); Lauret *Hervé*: Les Peintres Orientalistes. http://orientaliste.free.fr/ (February 7, 2018).

[119] On 19th century academic pseudo-art as "the antithesis of genuine art", see Lajos *Németh*: A művészet sorsfordulója. Budapest 1999, 37–46.

[120] The thematic and imaginary banality that is still present to this day in Orientalising kitsch objects and souvenirs, including the visual world of the shops and commercial websites that serve the increasingly popular belly-dancing schools, has its origins here.

[121] In 1869, János Xantus travelled to the Far East as part of an Austro-Hungarian expedition financed by the Minister of Culture József Eotvös. In addition to his memoirs, he collected around a hundred thousand objects that form the basis of the natural and ethnographical collections in the Hungarian National Museum. Mária *Ferenczy*: Xántus János. In: *Imreh* 248–253.

[122] This is a Western product, as even acknowledged by Edward Said: "[...] the German Orient was almost exclusively a scholarly, or at least a classical, Orient: it was made the subject of lyrics, fantasies, and even novels, but it was never actual, the way Egypt and Syria were actual" for English or French interests. Edward W. *Said*: Orientalism. New York 1979, 18–19. Said's seminal work interprets Orientalism as the intellectual product of the colonising British and French Empires, which created the tools for the occupation of the East, and Western supremacy over it. After Said, in the significant quantity of literature on Orientalism, which

The revelatory exploration of the genuine East led to the emergence of a more honest trend in Orientalist painting – typified by Carl Haag (1820–1915), the American Frederick Arthur Bridgman (1847–1928), or Károly Libay and Antal Ligeti in Hungary. These artists, by stepping beyond the clichés of pictorial conventions, discovered simple people, streets, Mediterranean gardens, landscapes, the desert, and all the potential of Oriental plein-air painting. The best mediums for travelogues were watercolours and pastels, which made possible the swift recording of fresh impressions and light-saturated colours. Erotic beauties and fearsome warriors were no longer the most typical subjects of Oriental portraits. They had given way to intimate representations of the soft, feminine inner beauty of Eastern women. These women are once again clothed, mothers and children, young and old. And alongside the vacuous and hypocritical conventional Turkish-Arab Orientalism, the hitherto neglected children of the desert, the Bedouins, Berbers and Oulad-Nail tribe, were now discovered. They represent a counterpoint, albeit a romantic one, since these nomadic desert wanderers were surrounded by the mythical innocence of a Golden Age that had never existed. The poetic artistry of their tribal simplicity was opposed to the almost unbearably corrupt Ottomanized artfulness created by the image industry of the West. (It is ultimately the same old formula: when people get tired of what is well known and well worn, they look for something fresh, new and innocent that has the appearance of antiquity.)

The Wave of Oriental Fashion in the Age of Romanticism in Hungary

In the 1840s, pictures of Oriental subjects appeared in Hungarian art exhibitions, although most of them came from abroad. At the same time, some domestic Hungarian painters began to take an interest in the fashionable theme. E. g. the Austrian Friedrich von Amerling's Hungarian pupil Albert Tikos exhibited his 'Odalisque'[123] in 1844 in Pest, while Vilmos Beck's 'Odalisca' was

---

became fashionable in all areas of aesthetics and the social sciences, a condemnatory tone, and certain "recommended" terms that are repeated ad nauseam ("imagination", "vision", "fantasy", "imperialist politics of power", etc.), became inevitable.

[123] Károly *Lyka*: A táblabíró világ művészete. Magyar művészet 1800–1850. Budapest 1981, 154, 398.

painted in 1847.[124] The oeuvre of Austrian Johann Ender, who greatly influenced Miklós Barabás (the important portrait painter of Hungarian Romanticism), includes the painting 'Greek Girl',[125] which has connections to a specific travel experience of Hungarian relevance. The painter had accompanied the young Count István Széchenyi on his journey to the East.[126] (The travel paintings of Johann Ender and his twin brother, Thomas,[127] are characterised by objective, empathetic, understated and subtle realism.) Ideal portraits, similar to Ender's 'Greek Girl', were extremely popular among Viennese audiences.

Jakab Marastoni (1804–1860), the founder of the first painting school in Pest, painted his 'Greek Woman' in 1845.[128] The painting is not only the essentially mediocre Marastoni's most successful work, but is essentially the first Orientalising nude in the history of Hungarian art.[129] The half-length

[124]   Katalin *Kissné Sinkó*: Orientalizáló életképek. In: *Művészet Magyarországon 1830–1870. I–II.* Eds. Júlia Szabó, György F. Széphelyi. Budapest 1981, I, 98–107, 100, mentions the titles of several Orientalist paintings on the basis of the exhibition catalogues of the Pesti Műegylet from the 1840s.

[125]   Johann *Ender*: Greek Girl. Oil on canvas, 1821. Budapest, Art Collection of the Hungarian Academy of Sciences.

[126]   In 1818–1919, Count István Széchenyi (1791–1860) undertook a longer trip in the company of Johann Ender (1793–1854) to Turkey, Italy, Sicily, Malta and Greece. Some of the fine watercolours made during the journey were given by the Széchenyi family to the Art Collection of the Hungarian Academy of Sciences, see: *Johann Nepomuk Ender (1793–1854), Thomas Ender (1793–1875). Emlékkiállítás.* Ed. Gábor György Papp. Budapest 2001, Catalogue 5 a–g.

[127]   In 1817, Thomas Ender accompanied Leopoldine, the daughter of Emperor Francis, and her husband, the heir to the Portuguese throne, on their Brazilian tour.

[128]   The Italian-born painter moved from Vienna to Pozsony in 1834, and then to Pest in 1836. In 1846, he opened a private school, the First Hungarian Painting Academy. The activities of the *welfare association* that was established by prominent personalities to support the academy also contributed to the painter's reputation. Marastoni also played an active role in the organisation of exhibitions. In 1846, he was made an honorary citizen of Pest (*Lyka* 129–131, 394). His painting 'Greek Woman' (Oil on canvas, 77 x 61.5 cm. Budapest, Hungarian National Gallery, Inv. no. 2726) was purchased by the "welfare association" for the National Museum's Palatine Joseph Gallery. The painter made several copies of this successful composition.

[129]   The white-skinned, dark-haired woman in the picture sits with comfortable ease in a velvet armchair, gazing out from the picture with a mysterious smile. Her expression is delightfully inviting. Her blouse, which is loosely held by a cord, has slipped from her round shoulder. The light, translucent muslin material reveals her breasts. Around her upper body she wears a patterned Indian cashmere shawl lowered to her arms. Around her right wrist is a string of pearls, her red fez has a golden tassel, and she wears gold earrings. Her braided hair, her smooth, soft skin, the dull gold shimmer of the tassel, the fine white muslin, and the pink of the skin beneath all have a realistic texture. The intimate representation and its delicate eroticism captivate the viewer. For more on the actual painting Ágnes *Fülemile*: Gondolatok

idealised portrait of beautiful women, such as that of Marastoni, was one of the most popular picture types in the Biedermeier era. Provincial masters also responded to public demand. Ede Spiro in Pozsony (*Bratislava*), for example, "learned from those who had travelled greatly in Italy, that such ‚images of beauty' as the ‚spinning woman', ‚praying woman', or ‚Eastern woman' always had their own charm among the viewing public."[130] One of his works, which he exhibited in 1835 in Vienna, showing "a Greek girl as she watches the outcome of the battle" is a "certain amalgamation of the image of beauty with history".[131]

In his study on Hungarian Romantic Orientalist literature, Géza Staud discusses interest in Greek subjects. In the world of literature, Greek themes "become entirely different in the light of Romanticism from the Greek subjects of Classicism. Byron's vision of the Greeks infiltrated Hungarian literature. For Byron, just like for some Hungarian writers, the desire for liberty was the emotional cord that attached them to Greece (see for example Garay's 'Háremi hölgy' [*Lady in the Harem*]; Fáy: 'A szulióták' [*The Suliots*]; Jókai's novel 'A janicsárok végnapjai' [*The doom of janissaries*] in 1854, etc.). In addition, the interest in the picturesque found a subject for Greek themes because the Romantic public saw in the Greeks the colourfully clothed, imaginative, hot-blooded people of the East".[132]

Interest in the exoticism of the East appeared in contemporary Hungarian literature, which was influenced by the significant Romantic Orientalising German literature. One of the channels of German Orientalism was the German theatre in Pest, where many plays were produced with Oriental themes.[133] One Oriental-themed play by Schikaneder that was adapted for the Hungarian stage included Turkish-style music that was popularised through the influence of Mozart. In the journal 'Honművész',[134] Gábor Mátray published a piano transcript of the 'Song of the Turkish Sultan Mohamed II', which had allegedly been forwarded to Pest by the Turkish ambassador. (The transcript suggests the influence of Mozart's 'Rondo alla Turca'.) In the same year, he also released the piano work 'Varázshangok a Serailból' (*Magical*

---

az orientalizmusról Marastoni Jakab Görög nő című képe kapcsán. In: Művészettörténeti Értesítő 54 (2005) 1–2, 109–124.

[130]   *Lyka* 148.

[131]   Ibidem.

[132]   Géza *Staud*: Az orientalizmus a magyar romantikában. Budapest 1999, 24.

[133]   Ibidem, 19.

[134]   *Honművész* 1835, no. 64.

sounds from the serail).[135] The ballet 'Lázadás a Serailban' (*Rebellion in the serail*), by choreographer and composer Adolf Ellenbogen, was first performed in 1840 in Pest.[136]

Eastern subjects featured not only in high literature and art, but also in the popular novels, periodicals and almanacs of the era. Although not from Hungarian sources, the visual world of ethnic curiosities entered the public consciousness through these almanac illustrations.[137]

Openness towards a theme in the context of a particular era is best indicated by its use as a trade-sign, as happened on the streets of Pest. In the 1830s and 1840s, Laccataris Dömötör (1798–1864) painted signboards in the commercial center of the town that included 'The King of Greece and The Emperor of Turkey' for traders on Váci Street, and a picture of the 'Greek King Otto'[138] for the Greek-born tailor Ottó Lapedato on Nagyhíd Street.[139] Laccataris's signboard was doubtless inspired by one of the etched portraits of Otto wearing Greek costume around the time of his coronation in 1935. Women from the rich Greek merchant families in Hungary also proudly combined the *tepelika* (*toque*),[140] with their European clothes, and the Greek-born Hungarian artist Laccataris must have seen many examples.

---

135 *Honművész* 1835, no. 556; Dénes *Tóth*: A magyar népszínmű zenei kialakulása. Budapest 1953, 21. It should be mentioned that, like Turkish melodies, Scottish, Swedish, Cossack and Chinese melodies were also considered exotic curiosities, as were the musical borrowings from Hungarian nationalities, such as the Wallachian, Slovak, Serbian or Swabian tunes on the musical stages of the era.

136 *Tóth* 31.

137 The demand for the exotic among the contemporary Hungarian public is exemplified by the earlier mentioned Kálmán Szendy's 1833 colour album (*Picture 14, Colour Supplement 11*). The master adopted figures from the costume books of the 16th to 18th centuries almost without alteration, drawing them in the alluring style of contemporary fashion images.

138 The Bavarian Prince Otto von Wittelsbach was invited to become the first ruler of the Modern Greek monarchy after the country's liberation from Turkish rule. He reigned as Otto I between 1832 and 1862. Building on contemporary folk and urban patrician traditions, he introduced a Modern Greek-style royal household, and enjoyed posing in Greek outfits. Combining Greek and Ottoman elements with European style, the so-called Amalia dress was invented for Otto's wife, Queen Amalia and her companions at the Modern Greek court. The headpiece was a fez adorned with a tassel, similar to those seen on the paintings of Marastoni and Borsos. The Amalia dress became the representative dress for the new Greek national middle class, and was intended as an expression of Modern Greek national consciousness.

139 *Lyka* 368.

140 A reference to the Greek national Amalia outfit. The so-called *kalpaki* (*toque*) was a small, round, tasselled headpiece, topped with a silver or gold filigree disc.

In keeping with international trends, the wearing of Oriental garments became fashionable in Hungary, too. The *fez* was an international item of Ottoman merchandise that was worn throughout the Turkish Empire. As a smoking cap, it also became a common item of European men's clothing in the 18th and 19th centuries. It was especially popular among Hungarian noblemen who travelled in the East. In the pictures recording Iván Forray's journey to the East,[141] Counts Iván Forray and Artur Batthyány are dressed in loose kaftans, Turkish slippers and fezzes, at a 'Maltese boarding house'. In the room, the accessories of European artistic travellers (straw hats) are found among Oriental objects: large cashmere shawls, Oriental tasselled toques, weapons and ceramics (*Colour Supplement 10*). We also know that Count Edmund Zichy, who took part in Forray's expedition, was also happy to wear Eastern dress, as illustrated by the portrait by József Borsos.[142] To commemorate the 1842 journey, Borsos painted the count in the clothes he wore to the garden party given by Solyman Pasha.[143] The casualness of Oriental clothing was one of its most remarkable qualities for contemporary Hungarian aristocrats. Bertalan Szemere, who fled to Turkey following Hungary's surrender in the war of independence, wrote in his travel journal, from which we have already quoted above: "[…] this Oriental race, which is dressed fantastically like the flowers of the fields and the birds of the sky, fascinated me, and throwing away my top hat and ridiculous tails, I began to dress in their fashion after just three days, choosing those colours that I felt best matched my character. I chose a violet-coloured dolman to go with my sky-blue ›dimije‹, wound a green belt around my waist, turned my fez into a turban by covering it with snow-white muslin, and wrapped a black cloak round my shoulders, with long silk tassels – that, for me, is the colour of sorrow, and my heart is at present filled with sorrow, thus I clothe my body in it."[144] It is as if the black cloak described by Szemere

---

[141]   Counts Iván Forray, Artúr Batthyány and Edmund Zichy made a longer tour in the Mediterranean Sea and the Turkish Empire in 1842. The painter Josef Heicke (1811–1861), who accompanied them, later produced lithographs of his own and Forray's drawings. After the early death of Iván Forray(1819–1852), his mother published the travel album in memory of her son. Iván *Forray*: Utazási album. Pest 1859.

[142]   József *Borsos* (1821–1883): Lebanon Emir. 1843. Private ownership. In: *Művészet Magyarországon 1830–1870* II, Catalogue no. 239.

[143]   Wearing the same costume, he appeared as the Turkish pasha in a *tableau vivant* at the Austrian Embassy in Dresden in 1857. Júlia P. *Szabó*: A XIX. század festészete Magyarországon. Budapest 1985, 147; *Sinkó* 102–103 discusses how the identity of Zichy Edmund's family determined the count's attraction to the Oriental *environment*.

[144]   *Szemere* 37.

were illustrated by the fashion image created in 1843 by Ádám Kostyál, the famous tailor and chief costume maker at the National Theatre. Kostyál's fashion design was not his own invention, but was copied from a genuine item of Turkish mantle along with Greek styled tasselled cap *kapáki* (*Picture 46*).

Picture 46: Fashion advertisement of Ádám Kostyál, tailor in Pest.
Published in the magazine 'Regélő' in 1843. Coloured lithograph by Vidéky
after the drawing of Heinrich. Budapest, Hungarian National Museum,
Historical Portrait Gallery, Inv. no. TKcs 61.310

The Oriental garments and objects evoke the world of gentlemen's salons: the social bonds of male society, as they retreat to smoke or exchange manly anecdotes, and the concept of casualness, refer to the more intimate inner world of masculinity. In Henrik Weber's double portrait of 'The composer Mihály Mosonyi and his wife,'[145] the husband wears a brocade dressing gown, and a wedding ring on the hand that rests on his collar. In this exceptionally intimate picture, which expresses the close affinity and love between the couple, the gown is the symbol of the male sphere and masculine private life.

---

145   Henrik *Weber* (1818–1866): The composer Mihály Mosonyi and his wife. Oil on canvas, 1840s. Budapest, Hungarian National Gallery, Inv. no. 5181.

Upper-class Hungarian Women's fashion underwent waves of (Greek- and Turkish-style) Orientalisation, as evidenced by contemporary fashion images and portraits. The 'Portrait of a Woman in Velvet Pelisse'[146] by József Borsos features a fez transformed into a fashion accessory. The low-cut silk-satin dress, the white velvet pelisse trimmed with fur and the jewellery suggest an outfit designed for a ball. The fez introduces the idea of playful Orientalism and costumed role play into the composition. The model in Miklós Barabás's painting 'Woman in striped dress'[147] wears a green and white dress with a red, green and white striped fez, decorated with a tassel in the same colours. Not only does the outfit refer to the national colours, but, with its striped fabric and style of head covering, also makes a reference to the East. In another portrait by Barabás,[148] the unknown woman wears a dress with Greek references. Painted at the end of the 1850s, Soma Orlai Petrich's 'Sappho'[149] wears a contemporary Greek folk-style costume, rather than the garments of Antiquity. The low-cut blouse is reminiscent of that worn by Marastoni's Greek woman (although the fabric is less revealing), while the shape of the sleeves corresponds exactly to the sleeves of the dress decorated by twisted red braid and Greek-style tassel worn by Barabas's model. The face and character of this idealised portrait of Sappho doubtless immortalise the protagonist and stage costume in Grillparzer's opera 'Sappho', following its premiere in Pest. It is no coincidence that Greek references become more frequent in Hungarian fashion in the 1840s and 1850s around and after the 1848/1849 liberty war against the Habsburgs. The desire for freedom was expressed through the subtle symbolism of clothing. In the history of dress during this period, numerous examples of the manifestation of national identity and political symbol-communication can be quoted in regions both close by and far away.[150]

---

[146] József *Borsos*: Portrait of a Woman in Velvet Pelisse. Early 1850s. Budapest, Hungarian National Gallery, Inv. no. 7449 (In: *Szabó* no. 105).

[147] Miklós *Barabás* (1810–1898): Woman in striped dress. Watercolour on paper, 1844. Budapest, Hungarian National Gallery.

[148] Miklós *Barabás*: Portrait of a Woman. 1840. Budapest, Art Collection of the Hungarian Academy of Sciences (In: *Szabó* no. 100).

[149] Soma *Orlai Petrich* (1822–1880): Sappho. 1850s. Budapest, Hungarian National Gallery, Inv. no. 2740 (In: *Szabó* no. 165).

[150] See e. g. Ágnes *Fülemile*: Creation of National Image: Trends of Court Dress in East Central Europe in the 19th Century. In: Ethnic Communities, Ethnic Studies, Ethnic Costumes Today. Ed. János Kodolányi. Budapest 1999, 169–181; *Kleider machen Politik: Zur Repräsentation von Nationalstaat und Politik durch Kleidung vom 18. bis zum 20 Jahrhundert*. Hgg. Siegfried Müller, Michael Reinbold. Oldenburg 2002.

Despite the above-mentioned society fashion, Oriental themes and even more so representations of odalisques are few and far between in 19th century Hungarian painting. Apart from Marastoni's 'Greek Woman' and the 'Arab Girl'[151] by Ágost Canzi, a follower of Ingres, there are no remarkable exotic nudes to be found in the 1840s. The bending figure of the barely adolescent girl in Ágost Canzi's painting, chastely covering her lower body with a blanket, is without any trace of eroticism, as she rests with natural unselfconscious before the stage-like setting of palm trees. The few Turkish female figures from this period are also free of eroticism. Although the narrative illustration depicting Forray's encounter with the daughters of the pasha[152] features many of the commonplaces of Western Orientalisation (black slave, a woman playing a long-necked lute, pipe smoking, a rich Eastern interior, subservient female attention to the men), the representation is nevertheless free from eroticism and is an expression of the respect with which Forray, Zichy, Szemere and other Hungarian travellers regarded the women of the Turkish world.

The *odalisques* in Hungarian art appear among the decorative elements of historical paintings, primarily perhaps in connection to the theme of a late 13th century king Ladislas IV, known as the Cuman. This is hardly surprising: it would be difficult to find a more Orientalist subject in Hungarian cultural history, than on his mother's side half Cuman ruler, who had Cuman concubines and was killed by his own Cuman soldiers. The lithograph by József Marastoni (the son of Jakab Marastoni) depicts Ladislas in his court, with semi-naked figures of Cumanian ladies of pleasure at the foot of his throne.[153] The body language of the woman who kneel at the king's feet suggests submission or begging for mercy, in a manner typical of Western Orientalising paintings depicting female defencelessness. Ferenc Paczka's 'Emese', the bejewelled, fleeing/dancing semi-naked wife of Attila, who dies on his marriage bed, is also an Oriental odalisque (*Picture 47*). The tapestry hanging in the tent, the carpet, and the objects actually copied from the famous archaeological gold treasure of Nagyszentmiklós are all accessories that evoke an Oriental atmosphere (*Picture 47*). The bayadère in the background of Ber-

---

[151] Ágost *Canzi* (1808–1866): Arab Girl. Oil on canvas, 1845. Budapest, Hungarian National Gallery, Inv. no. 9744.

[152] Josef *Heicke* (1811–1861): An evening in Damascus with Count Edmund Zichy. After Iván Forray's drawing. Watercolour, 1849. Private ownership. In: *Művészet Magyarországon 1830–1870* II, Catalogue, no. 245.

[153] József *Marastoni* (1834–1895): The Court of Ladislaus IV the Cuman. Lithograph, 1862. Budapest, Hungarian National Museum, Historical Gallery.

talan Székely's painting Ladislas V and Ulrik Czillei[154] is also an Oriental belly dancer. (Károly Lotz likewise painted his adopted daughter Kornélia on a fan in Turkish costume among Oriental objects. Another of his paintings features a tambourine, the indispensable attribute of depictions of Oriental dancers, next to a reclining nude.[155] Because of their sketch-like, picturesque execution and unusual composition, these latter watercolours do not belong among the conventional odalisque representations.)

Picture 47: Ferenc Paczka (1856–1925): Death of Attila.
Oil on canvas, 1884, 600 x 475 cm. Krasznahorka (Krásna Hôrka),
Andrássy Gallery; Rozsnyó (Rosenau, Rožňava), The Mining Museum

In the 19th century Hungarian social context, the focus of Romanticism and the target of the quest for Exotic was different from the Western European ones. The complex process in which many coexisting factors led to the creation by the Hungarians of their own 19th century, romantic national self-image, and their positioning of themselves between the East and the West evoked different nostalgias among the Hungarian nobility, intelligentsia and art world than existed in the West.[156] On the one hand, the desire to belong to the West was stronger than ever. For Hungarian aristocrats, travelling to the

---

[154]   Bertalan *Székely* (1835–1910): Ladislas V and Ulrik Czillei. Oil on canvas, 1869/1870. Budapest, Hungarian National Gallery, Inv. no. 2796.

[155]   Budapest, Hungarian National Gallery, Inv. no. 409–1905 and 5196–1954.

[156]   Pál *Fodor*: Magyarország Kelet és Nyugat között. In: *Fodor*: Szülejmán szultántól Jókai Mórig, 410–426; Tamás *Hofer*: Construction of the "Folk Cultural Heritage" in Hungary and Rival Versions of National Identity. In: Ethnologia Europaea 21 (1991) 2, 145–170.

cultured, democratic West, and for Hungarian artists the experience of Italy and visits to the great workshops of the academic tradition, represented the equivalent revelationary inspiration and great adventure as the exploration of their own remote colonial empire was for Western Europeans. On the other hand, the self-concept of the Hungarians as People of the East, the quest for the roots of origin, was also a decisive factor that oriented the perception of the East. Due to the supposed Asian roots of the Hungarian conquerors, in the creation of the romantic Hungarian national identity and culture great emphasis was given to the Central Asian, Hun-Turk-Iranian, relations of the Steppes, their scientific exploration and artistic representation, and the creation of a reflective visual language.

The fashionable 18th century turqoiserie of the West, followed by the West's 19th century Orientalism, had no powerful echo in Hungary, because crucial historical Hungarian experiences of the Turks were quite other than, for example, the light-hearted and superficial impressions of the French, whose flirting with the Turks was a reflection of their position of power. Hungarians had various ways of looking at the Turks, and nostalgia was definitely not one of them. On the one hand, the Turkish figure in the turbulent battle scenes of 19th century Hungarian romantic historical painting, despite the academic Oriental details, evoke the vision of the enemy, and the heroically superhuman struggles of the past, saying more about Hungarian historical consciousness than their vision of the East. On the other hand, during the 150-year-long occupation under the Ottoman Empire, Greek and Armenian merchants brought many Turkish products into Hungary and Transylvania, and in the course of their daily contacts, the Hungarians became familiar with many things that were considered a curiosity in the West. (Knowledge and goods were shared e. g. from cooking techniques, to smoking and boot making, while noble women learned the art of embroidery from Turkish sewing women.) Military personnel in the border regions of southern Hungary looked more Turkish than the Turks, while Turks were stationed across the border until as late as the last quarter of the 19th century. The material aspects of the Turkish environment thus felt familiar, rather than innovative. Even the image of the Turks themselves became less deterrent, after Turkey took in waves of Hungarian exiles after failed attempts of anti-Habsburg liberty movements.[157]

---

[157] Such as Count Imre Thököly (exile in Izmit 1699–1705), Prince Ferenc Rákóczi (1717–1735 in Gallipoli and Tekirdağ [*Rodostó*]) or Count Gyula Andrássy and several other military

The object of the Hungarians' nostalgic quest – despite the many Hungarian travellers to the Orient – was thus not primarily the Ottoman East. Although beautiful travel sketches and landscapes were still produced, in comparison with the hundreds of Oriental painters in France, England and Germany it can be said that in Hungary there was scarcely any echo of the fashionable academic Orientalist painting of the West.

In the absence of a colonial empire, the discovery of the other took place within the borders of the multi-ethnic kingdom. The greatest nostalgia among Hungarian intellectuals and artists at the end of the century was experienced through the discovery of the peasantry,[158] which was regarded as the fountain of time, the wellspring of the coveted ancient past, the myth of the rural golden age. For artists, the other *Other* discovered within the borders of the multi-ethnic kingdom, besides the peasantry, were the Gypsies, the popular depiction of whom emerged, on the one hand, from the representational traditions of costume books, and, on the other hand, from the visual approach of the Austrian Biedermeier style. In the 1860s, the Romantic vision of the French Theodore Valerio then endowed them with beauty, magnificence, respect and spiritual glamour, which raised the Gypsy musicians and shepherds of the Hungarian plain to heroic heights.

This remains true, even if, by the end of the 19th century, Hungary boasted academically trained and internationally acclaimed Orientalist painters with excellent technical skills, who are still recognised today as Orientalist painters in the art trade *(Picture 48)*. Ferenc Eisenhut (1857–1903) studied in Budapest and Munich before settling in Munich. Gyula Tornai (1861–1928) studied in Budapest, Vienna and Munich, travelled widely in Morocco, India, China and Japan, and in 1900 was awarded a bronze medal at the Paris World Expo. Arthur Ferraris (1856–1936) was awarded gold medal at the Salon de Paris in 1889. Pál Joanovics (1859–1957), who had Serbian roots, became popular for his genre paintings of the Turkish world of the Balkans. Ágoston Schoefft (1809–1888) moved to the court of Maharaja Ranjit Singh in Lahore. Rudolf Swoboda (1859–1914) travelled widely in Egypt and India and became court painter to Queen Victoria in London between 1885 and 1892. The themes favoured by Eisenhut and Tornai (their countless odalisques), their com-

---

leaders and soldiers of the revolutionary army, who had been sentenced to death for their part in the 1848/1849 war of independence against Austria.

[158] This involved not only the Hungarian peasantry, but also the peasantry of various other nationalities. In this respect, consider, for example, Miklós Barabás' beautiful Transylvanian Romanian-themed paintings and drawings.

positional approach, their realism and attention to the tiniest details of the Eastern environment, and the atmosphere they evoke were fully aligned with the mainstream of international academic Orientalist painting of the era. Eisenhut is the better painter of the two, although his subjects sometimes verge on the sadistic. Tornai's subject matter, like his style, is more trivial. Several of the artists mentioned above exhibited their works in Budapest's art exhibitions, yet the fact remains that their work was intended primarily for Western markets, and was thus uprooted from the Hungarian soil, as these artists have little to do with the domestic development of Hungarian artistic life.

In summary, it can be said that international Orientalism in Hungary was essentially aligned with the academic style of Munich and Vienna,[159] and with German bourgeois tastes at the turn of the 19th and 20th centuries.

Picture 48: F. Eisenhut: The Disgraced.
Published as a black-and-white illustration in the German journal
'Die Gartenlaube' in 1889 by Ernst Keil, Leipzig.
https://de.wikisource.org/wiki/In_Ungnade (March 3, 2018)

---

[159] The image of the Orient in Viennese artistic life differed from the English, French and Belgian image of the East. Austrian artists began only in the last decades of the 19th century to look for sensationalist themes in line with international academic Orientalism. See, for example, the works by Leopold Karl Müller, Otto Pilny, Ernst Rudolph, Ludwig Deutsch and Hans Zatzka. Until then, for Austrian artists, the Exotic was represented by the Eastern half of the Habsburg Empire: the genre scenes of Hungarian folk life, the shepherds of the Hungarian *puszta* and the Gypsies.

The Emergence of Oriental Themes in Popular Culture in Hungary

At the end of the 19th and the first half of the 20th century, interest in Oriental themes reached the middle classes, following the example of the elite, and even between the two World Wars there were painters (such as Antal Péczely 1891–1960, *Colour Supplement 14*) who had fair and profitable careers producing works with Oriental subjects. This is evidenced by the recent art trade. The antiques market naturally relies significantly on the material heritage of the storm-tossed historical middle class. Auction houses often have more refined Orientalist paintings on offer, while Oriental themes are also common among the lower-quality stock of antique dealers and flea markets. Paintings of Oriental harem women can inevitably be found among the art works offered at the largest country fair in Transylvania, held each year in the second week of October in Feketetó (*Negreni; Picture 49, Colour Supplement 13*).

Picture 49: Picture for sale at the Feketetó Fair in Transylvania in 2009. Framed Austrian oil print from the early 20th century. The kitsch bathing scene by Austrian painter Hans Zatzka (1859–1945) features dancing odalisques, flying pigeons and falling rose petals. Photo: Fülemile

The vulgarised topoi of 19th century Romantic and academic painting found receptive soil in the bourgeois and petit bourgeois taste of the era in its provincial interpretation. In the middle-class salons of the intellectuals turned gentry, alongside the family furniture could be found paintings by lesser known or unknown painters, who reworked the popular subjects of the age of national Romanticism. Images of carts drawn by shying horses in the stormy landscapes of the Great Plains, brooding horse herders on horseback, sorrowful shepherds resting on their crooks, idyllic village houses, barefoot gypsy fiddlers, Alpine scenery, cows in the morning mist, together with hunting scenes, ancestral portraits, Biedermeier salon interiors, pseudo-Rococo boudoir scenes, and Orientalist slave fairs or harem scenes. This is the visual environment that would have been encountered by peasant girls, women and artisans, who worked for middle-class families, and this is the taste that left its traces in the kitsch that subsequently found its way into the interiors of the urbanised rich peasantry and the small-town petit bourgeoisie at the turn of the 19ᵗʰ and 20ᵗʰ centuries and first part of the 20ᵗʰ century.

What captures the imagination of wealthier peasants in pictorial representations (besides traditional religious representations and the patriotic images of national heroes) is not themselves – that is, the romanticised idyll of the countryside and the peasantry that the middle class regarded with nostalgia. Thus we do not encounter subjects of the Romantic peasant genre, but rather the sweet idylls of petit bourgeois sentimentality, or image types that answer to Romanticism's longing for the exotic (roaring stags, swans, Spanish dancers, beautiful nudes reclining like Venus in translucent tulle).[160]

Alongside printed, framed pictures (engravings, lithographs, coloured oil prints), the wall hangings that also found their way into peasant dwellings are something of a cuckoo's egg, an incongruous inorganic element of bourgeois origin. (Kitchen wall hangings are very common, reflecting the impact of popular culture between the two world wars. They are usually made from white calico and embroidered with simple stitches in blue or red thread. They are typically decorated with emblematic pictorial symbols and sentimental messages, reflecting the dream world of the bourgeois idyll, which is radically different from the lifestyle of the costumed peasant women.) Besides these, there are the *plush moquette* or *plush velvet* tapestries, which also feature figurative representations of bourgeois origin.

The term *plush velvet*, or *mockado* is still commonly used in the antiques trade. (In Transylvania, the term *moketta* is used.) Mockado refers to a mate-

---

[160] Although in the course of our ethnographic collections we came across more examples of rococo kitsch in the more civic, small-town or peasant-bourgeois context of Transdanubia in Western Hungary, Orientalising kitsch was more common in the Transylvanian peasant interiors.

rial made from wool or cotton that is silkened using a special process, and into which patterns are either printed or woven. Some mockado objects were produced at the turn of the 19th and 20th centuries, and used as wall hangings and tablecloths, and for furniture upholstery. The name of these large tapestries, made from short-napped velvet-imitation fabric, which were used to cover the wall behind a bed or a couch, dates back to olden times.[161] (*Picture 50.*)

Picture 50: Moquette wall hanging depicting an Oriental abduction scene.
From the website of an online second-hand trader.
http://www.vatera.hu/listings/index.php?q=mokett&c=0&warn=1
(March 3, 2018)

---

[161]   The terms moquette, mockett, mockado, moucade, muckadowe, mockader, mackado, mouquade and so on have been used by French, Dutch, English and French weavers since the 16th century, referring to imitation silk velvet made from woollen fibres. A fine woollen thread was used to create the cut velvet surface, while the base fabric could be any combination of wool, linen and silk. The resulting textile, with its silken velvet effect, was used for carpeting and soft furnishings, and also for clothing. Designs were sometimes printed on it, to imitate the more expensive pressed Utrecht velvets. From 1571, Walloon and French Huguenot weavers fleeing from Flanders to England introduced mockado weaving to Norwich. Eric *Kerridge*: Textile Manufactures in Early Modern England. Manchester 1988, 63, 68, 69, 81, 88. In 1741, the technique was patented in England, and designated as of French origin. Nancy *Cox* – Karin *Dannehl*: Dictionary of Traded Goods and Commodities 1550–1820. Wolverhampton 2007. Eventually, the term was used for velvet carpets made from wool on wide looms, and finally for any cheaper, patterned wall hangings and carpets produced in factories on an industrial scale. Lexicon heading "moquette carpet" in Peter *Stone*: Oriental Rugs: An Illustrated Lexicon of Motifs, Materials, and Origins. Singapore 2013, 192.

A variety of patterned wall hangings emerged from the late 19ᵗʰ century, which, like outsized colour prints or paintings, expanded the most popular, almost kitsch, compositions of the trivial pictorial conventions of contemporary academism, and moulded them into popular image types.

Following their success on the market at the turn of the 19ᵗʰ century, mockado wall protectors are still being produced, and, although their social and geographical markets have changed, their representational schemes have remained the same, with their repetitions of 100-year-old clichés. With the decline in Western and Central European middle class demand, the object became fashionable among the petit bourgeoisies and the rural bourgeoisie, and then among the urbanised peasants, while geographically shifting eastwards and southwards to those South East European territories where images of the Turks were still familiar.

It is quite another question, that would go beyond the framework of the current study, to consider, in the complex relationship between the West and the East, how and why the production centres in Turkey and North Africa today adopt and promote the stereotypical clichés of a romanticised, fantasized and stereotypical image of the Orient, which was essentially created by Western European Orientalism, and how it affects their own self-image.

The 'Libyan Wall Hanging' in Szék

Located seven kilometres from Szamosújvár (*Gherla*) in the North Transylvanian Heath, the mobile, market-oriented economic mentality and industriousness of the inhabitants of Hungarian Reformed Presbyterian community of Szék are reflected in both male and female employment. The men learn various construction-related skills at home from childhood, then as they grow up they work with members of the family and friends in small commuting brigades. They take on well-paid jobs in Romania and Hungary, and, since the 1970s, further afield (for example, they worked on the construction of the Olympic Village in Munich). The girls and women also make a significant contribution to family finances. In the last 100 to 120 years, women have typically worked for middle-class families in Szamosújvár and Kolozsvár (*Cluj*), and in the last 30 to 35 years in Budapest, or have been involved in selling folk art items. Coming and going, mobility, and life away from the family were thus typical not only of the menfolk: the women, too, had to adapt to this double life. (Long-distance parenting requires the greater involvement of grandparents in the family division of labour.)

The strong identity of the closed community, which was discovered with the emergence of the dance-house movement and the complex universe of its archaic cultural traditions, were a revelation in the 1970s. The need for the expression of social prestige, and the accumulation and demonstrative presentation of tangible goods, were driving forces behind both the strong traditionalism and the changing fashions in the late-rural community, which was prospering economically as a result of its own work ethic. This endeavour anachronistically preserves many of the traditional aspects of their lives, and is manifested, for example, in construction fashions, which change about every 20 to 25 years, domestic interiors, dowries, and the ostentatious extravagance of weddings and gifts.

Oriental-themed tapestries first appeared in the village in 1975/1976. At that time, men from Szék were typically working for one or two years for state-owned Romanian construction companies in Libya. A company based in Szatmárnémeti (*Satu Mare*) attracted many excellent construction workers and market-savvy men with its good earning opportunities. The Libyan project lasted for about a decade, more or less between 1975 and 1985, and some men spent several employment cycles away from their families. On their return home, to supplement their wages, they traded certain sought-after commodities. This was how tapestries imported from Libya were first introduced in the village, where they soon became popular. Prices were quite high: one piece cost as much as half a month's or a month's salary. In around 1976, Libyan wall hangings not only appeared in domestic interiors, but were also typically included as part of a girl's dowry (*Colour Supplement 15, 16*). A parent who was willing to spend a month's salary on a valuable headscarf, was also ready to part with a similar amount for a new wall hanging. I spoke to someone who was born in 1960 and married in 1977, who still wears traditional dress even in Budapest, where she works as a domestic cleaner. She recalled having two good-quality Libyan wall hangings that were purchased by her parents from a relative working in Libya. One featured a garden with a peacock, and the other the abduction of a girl. The design was woven, and the material was a dense, thick plush velvet with silken threads. Later, in 1982, they acquired two further rugs, which were bought by her husband who was working in the Danube delta as a tipper-truck driver for a transport company based in Szamosújvár. Between 1978 and 1983, her husband was working for two to three months at home, then for two to three months in the Danube delta, for the same salary as he received when at home. Many of the men worked in this way until 1990, the change in regime. As they found it difficult to make ends meet from their salaries, they would take food from home, or food would be sent to them. Men working in the Danube delta frequented the port of Constanta on their days off, where, at the weekend markets, it was possible to buy goods imported via the Black Sea, including Turkish plush velvet carpets. It was here that her husband purchased the two wall hangings mentioned above, one featuring a dancing odalisque in the seraglio, and the other one featuring two lions. Although the Turkish wall hangings were of poorer quality than the Libyan ones, they are also referred to as Libyan wall hangings. Among the four designs, her favourites are the peacock and the abduction scene, which are also the most popular among other inhabitants of Szék.

In the 1970s and 1980s, when a girl from a wealthier family got married, she would be given a Szék-style room furnished with traditional objects, plus a modern living-room furniture (with wall units, sofa, armchairs and coffee table) and a kitchen furniture (kitchen cabinets, table, chairs and woodbox). The Libyan wall hanging belonged with the modern living-room furniture, rather than in the Szék-style room. In terms of colours, the favourites were strong red, ruby and burgundy, and not greatly variegated or gaudy. Thus, the typical and popular dominant deep red colours found in the Szék traditional costume and best rooms were repeated in the colours used in the living-room wall hangings and machine-woven Persian carpets. The Libyan wall hanging remained part of the customary dowry for about 15 years before it began to go out of fashion. However, the women I talked to took hers down from her wall only in 2005. She packed it away carefully and still looks after it, rather than selling it, as many others did, on the local market or at the Feketető Fair, where the formerly popular wall hangings are still in demand among Romanian and Gypsy buyers.

Members of her parents' generation, who were born in the 1930s and who introduced the fashion for wall hangings in the 1970s, still love and use them to this day. Their living-room décor has remained more traditional than that of their children. Alongside the blue-painted walls, peasant furniture, home-painted picture frames, homespun fabrics and earthenware crockery, to this day the peacock-design tapestries are still part of the domestic décor and are still admired and enjoyed (*Colour Supplement 15*). In the same period, plush bedspreads were brought from Hungary, featuring floral or geometric designs, but not as thick as the wall hangings.

In Szék, the term *moquette* (*moketta*) is well known and widely used. It refers to the poor-quality, cheaper plush wall hangings and carpets that have printed rather than woven designs. These were mostly purchased from Gypsy pedlars. She remembers that some wall hangings, featuring stags, for example, were made from thinner material, but these were not thought of very highly and were typically used by elderly people in the kitchen or outdoor kitchen, and relatively quickly wore out and lost their colour.

The higher-quality wall hangings referred to as Libyan by the inhabitants of Szék, are also to be found in and around the Kalotaszeg region west of Kolozsvár (*Colour Supplement 16*), while we came across some of the cheaper tapestries, known as *moketta*, in poorer Romanian peasant households.

It is worth recalling that among the various Oriental themes, it was two particular designs that especially captured the imagination of the people of Szék: the peacock and the abduction (or elopement) of the maid. These were valued the most highly, and, where tapestries are still used for decoration today, they feature these themes.

The significance of the peacock in the imagination and artistic life of the Hungarian peasantry requires little explanation: it has a special significance not only in song lyrics, but also in textiles, as a motif in embroidery and lace making. The symbolism of the peacock motif would require a far-reaching cultural-historical analysis, that is beyond the scope of the present work. It should nevertheless be mentioned that the girl guarding the peacock features in one of the earliest recorded medieval Hungarian ballads, in which the peacock is a symbol of purity and virginity.[162] The peacock in the lyrics of the Midsummer *couple-pairing* songs is a symbol of eternal love.[163] Among late medieval weavers, the peacock, or a pair of peacocks facing each other, are common designs, and the motif appears on embroidered bed linen in the 16th century. Influenced by the textiles of the nobility, and the guild of textile designers, peacock motifs began to appear on peasant textiles from the 18th century, and primarily, because of its love-related symbolism, on textiles included in a bride's dowry. It is therefore no surprise that in Szék, where peacocks already featured on embroidered textiles and pieces of lace, the peacock

---

[162] Lajos *Vargyas*: A magyar népballada és Európa. II. Budapest 1976, 595–598, no. 93.
[163] Béla *Vikár*: A szentiváni ének. In: Magyar Nyelvőr 30 (1901) 498–499.

design was later regarded as familiar and popular when it appeared on wall hangings imported from the East.

Scenes of elopements, and images of couples escaping at a gallop on horse-back were also familiar. The image of two lovers on a galloping horse was a favourite subject of 19th century romantic and historical painting. A horseman spurring his horse to jump, with his sweetheart in the saddle, is a frequent theme in popular artworks. One of the most popular compositions in historical paintings was the portrayal of the escape and suicide of 'Dobozi and his wife,'[164] which combined the dramatic depiction of the bond between the couple with the idea of national resistance, all packaged in the politically acceptable cloak of anti-Turkish sentiment. The first issue of Károly Kisfaludy's journal 'Aurora' presented an illustrated version of the story in 1822.

Kisfaludy's illustration was engraved in copper by German masters and published in the journal.[165] Károly Kisfaludy's 1830 painting of King Ladislas's rescue of a young girl from the oriental enemy in the battle of Cserhalom depicts a similar subject, reusing the compositional type from the iconography for the medieval legend of Saint Ladislas, the 11th century hero knight-king, which was given a new lease of life in the Dobozi theme. The theme was further popularised by the paintings Bertalan Székely (1861) and Viktor Madarász (1868) in the period of national mourning that followed the defeat of the 1848/1849 war of liberation. The depiction of Dobozi and his wife was also popularised in mass reproductions.

The 19th century popularity of gallant abduction/elopement scenes must therefore have touched the mobile peasant communities that were exposed to middle-class influences, such as the women and men of Szék, who worked

---

[164] Set in the time of the Battle of Mohács (1526), the story of Mihály Dobozi and his wife Ilona Farmos appeared in the Istvánffy Chronicle, the chronicle of István Brodarics, and the legend of Antal Verancsics on the Battle of Marót. It was recounted by others, including, in the Hungarian Reform Era, in rhyming verse in a ballad by Ferenc Kölcsey (1821) and a tale by Sándor Kisfaludy (1822). Zoltán *Hermann:* "Magyarentod". Adalékok a Dobozy-témához. In: Margonauták. Irások Margócsy István 60. születésnapjára. Eds. Rumen István Csörsz [a. o.]. Budapest 2009, 208–219; Gyula *Viszota:* Dobozy Mihály és hitvese történetének költői feldolgozásai. Első közlemény. In: Irodalomtörténeti Közlemények 1 (1903) 50–58.

[165] Etchings by Martin Schärmer; Josef Axmann; Johann Blaschke. The representation later inspired works such as a painting by an unknown artist (Budapest, Hungarian Academy of Sciences Art Collection) and a painting by Demeter Laccataris, which was published as an etching in a newspaper in Pozsony in 1835 (Fillértár 2 [1835] II, no. 44, quoted by Júlia *Papp:* "Ti vagytok a 'Polgári erény' s nemzetiség védangyali..." In: A zsoltártól a rózsaszín regényig. Fejezetek a magyar női művelődés történetéből. Ed. Júlia Papp. Budapest 2014, 140–161.

for urban and middle-class families or as commuting construction workers, which would explain the appeal of the images they came across in certain middle-class households.

While all the Oriental themes imported from elsewhere found acceptance for a certain time, it was only those representations that they considered closest to them, and that they had come across earlier, in other contexts, that struck a more sensitive chord in them.

Summary

Above, we have reviewed the main features of the historical interest shown in the Turkish people and their culture by European fine arts. Attention to Eastern themes was strongly embodied by interest in the Turks, which created the most powerful representational concept that Western Europe had ever forged of an Oriental people. We have paid particular attention above to the changes in stereotypical representations of Turkish women, and to the iconographic tradition that crystallised in the figure of the *odalisque*. The popularisation of certain representational types of Orientalism in the fine arts can be traced from the elite, through the middle classes, to the lower strata of society, following the trickle down logic of cultural contacts. The paper ends with a concrete ethnographical description of one stage in a socially perceptible and spatially and temporally localisable process – in connection with the example of the Transylvanian village of Szék.

Colour Supplement

*1. A. de Favray: Portrait of Charles Gravier Count of Vergennes
and French Ambassador to Constantinople, in Turkish Attire.
Oil on canvas, 1766, 141 x 113 cm.
Istanbul, Pera Museum, Inv. no. PM GAP PC.042*

2. J.-B. Greuze: Portrait of Mademoiselle Guimard in Turkish dress.
Around 1790, 116.8 x 90.8 cm. Los Angeles, County Museum.
http://collections.lacma.org/node/229299 (February 11, 2018)

3. Turkish couple having coffee. Porcelain sculpture.
Nymphenburg, Porcelain Manufactory, around 1775–1780, 22.9 x 21 cm.
New York, The Metropolitan Museum of Art, Inv. no. 1974.356.528
http://images.metmuseum.org/crdimages/es/original/dp155352.jpg
(February 11, 2018).
The Turkish influence on the spread of coffee drinking and smoking
is clearly illustrated by the porcelain sculpture.
There is a coffee set and pipe on the Turkish couple's table

4. F. Boucher: Pasha in his harem.
Pen, ink, brush, grey wash, watercolour, 1735–1739.
Vienna, Albertina.
*https://commons.wikimedia.org/wiki/File:Francois_Boucher_-_The_Pasha_in_*
His_Harem,_c._1735-1739_-_Google_Art_Project.jpg (February 11, 2018)

Perva, che Suona Istromento detto Naij avanti del Sultano

5. *Female musician playing the* ney *flute.*
Sketch from the watercolour and gilt 86-page album 'Costumi turchi'
representing the court of the Turkish sultan Abdul Hamid (1774–1789).
Unknown Italian master, third quarter of the 18th century.
Featuring the ex libris of Count Miklós Esterházy.
Tata, Kuny Domokos Museum, Reg. no. 67.8.1.

6. A food server in the seraglio.
Sketch from the watercolour and gilt 86-page album 'Costumi turchi'
representing the court of the Turkish sultan Abdul Hamid (1774–1789).
Unknown Italian master, third quarter of the 18th century.
Featuring the ex libris of Count Miklós Esterházy.
Tata, Kuny Domokos Museum, Reg. no. 67.8.1.

7. 'Kafez Basi', the coffee servant of the grand vizier.
Sketch from the watercolour and gilt 86-page album 'Costumi turchi'
representing the court of the Turkish sultan Abdul Hamid (1774–1789).
Unknown Italian master, third quarter of the 18th century.
Featuring the ex libris of Count Miklós Esterházy.
Tata, Kuny Domokos Museum, Reg. no. 67.8.1.

8. 'Kemane' violinist.
Sketch from the watercolour and gilt 86-page album 'Costumi turchi'
representing the court of the Turkish sultan Abdul Hamid (1774–1789).
Unknown Italian master, third quarter of the 18th century.
Featuring the ex libris of Count Miklós Esterházy.
Tata, Kuny Domokos Museum, Reg. no. 67.8.1.

9. *Unknown painter: Miniature portrait of wife of*
Hieronimus Colloredo-Mansfeld, general of the Habsburg emporial army,
née Wilhelmine Waldstein Wartenberg (1775–1849).
Aquarelle on paper glued on tin-plate, beginning of 1800's in the time of
Napoleonic wars, 11,9 x 10,0 cm.
Budapest, Hungarian National Museum, Historical Portrait Gallery,
Inv. no. TKcs 12/1950 Rajz

10. 'A máltai veszteglő-intézet' (Maltese boarding house).
A lithograph version of watercolour by Count Iván Forray (1819–1852)
by Joseph Heicke (1811–1861).
Count Forray is in the company of Count Edmund Zichy during their 1842
trip in the Mediterranean and the Turkish Empire. After the early death of
Forray, his mother published the travel album in memory of her son.
Iván Forray: Utazási album. Pest 1859.
Budapest, Hungarian National Museum, Historical Portrait Gallery,
Inv. no. TKcs 58 1471

11. Turkish figures with 'Odalia'. Coloured copper engraving
from Kálmán Szendy: Nemzetek Kép-Tára mellyen az egész föld minden
ismeretes lakosai hív rajzolatokban s leiratokban terjesztetnek elő. I. Pest 1833.
Budapest, Hungarian National Museum, Historical Portrait Gallery,
Inv. no. TKcs T 2071. The source for the figure 'Odalia' was T. Bensley for
William Miller: The Costume of Turkey. London 1802 and Louis Dupré:
Voyage à Athènes at à Constantinople [...] Paris 1825

12. Reclining odalisque.
Coloured postcard from Alexandria.
Collection of János Xantus.
Budapest, Museum of Ethnography, Photograph Collection,
Inv. no. F 694.
The touristic postcard was purchased and brought home
by Xantus from his 1869 scientific expedition to the East.
The image is a photographer's atelier scene with the typical
composition of reclining nude

13. Odalisque with her servant.
Oil painting for sale at the Feketetó Fair in 2009.
Kitsch, by a provincial painter. Photo: Fülemile.
The late-Renaissance composition of reclining Venus
(reclining nude with servant in the foreground and landscape
in the background with deep perspective)
was reinterpreted and orientalised by 19th century painters
(e. g. Ingres, Chasseriau, Bridgman).
The unknown provincial painter's kitschy picture,
a distant paraphrase of the 19th century compositions of great masters,
uses all the clichéd props of the oriental environment

14. Antal Péczely (1891–1960): Odalisque.
Oil on canvas, second part of 1930s.
Budapest, from a middle class family's private collection.
Photo: Fülemile

15. 'Libyan wall hanging' in the living room of an elderly couple.
Szék (Transylvania, Romania), 2012.
Photo: Fülemile

16. Wall hanging with harem scene, in a family living room.
Zsobok (Jebucu), Kalotaszeg region (Transylvania, Romania), 2005.
Photo: Fülemile

Antal Szántay, Budapest

Warum Akáts *Grüner* wurde?
Metamorphose, Theater und Freundschaft in der Goethezeit

Kennern der deutschen Theatergeschichte des 19. Jahrhunderts dürfte der Name von Ferenc Akáts alias Karl Franz Grüner (1776–1845) bekannt sein. Er wirkte als Starschauspieler, Regisseur und Direktor an mehreren deutschen Theatern und hinterließ auch zwei gedruckte Schriften, die einen besonderen Wert für die Theaterästhetik aufweisen.[1] Über sein Leben ist allerdings nicht allzu viel bekannt. Darüber berichtet Eisenbergs Lexikon aus dem Jahre 1903 ausführlicher.[2] Geboren in Ungarn, trat Akáts die militärische Laufbahn an, verließ aber den Dienst, um zusammen mit Pius Alexander Wolff nach Weimar zu gehen und bei Goethe unter dem Namen Grüner Schauspieler zu werden. Er debütierte am Weimarer Theater im Oktober 1803. Bald ging er aber nach München und anschließend nach Wien. Ab 1816 wirkte er längere Zeit am Hoftheater in Darmstadt als Darsteller, Dramaturg und Regisseur. Grüners Name ist eng mit der Glanzperiode des Darmstädter Theaters verknüpft. Er leistete hier sowohl im Schauspiel als auch in der Oper »Außerordentliches, sodaß zu seiner Zeit kein deutsches Theater mit dem Darmstädter in künstlerischer Beziehung wetteifern konnte«.[3] Nach der Auflösung dieses Theaters im Jahre 1830 fand seine Karriere ein Ende. Er vergeudete die groß-

---

[1] Erika *Fischer-Lichter*: The Transformative Power of Performance: A New Aesthetics. Oxon 2008, 184; Denis *Hänzl*: Die Ordnung des Theaters. Eine Soziologie der Regie. Bielefeld 2013, 76.

[2] *Ludwig Eisenberg's Großes biographisches Lexikon der deutschen Bühne im 19. Jahrhundert.* Leipzig 1903, 361. Auf dieses Werk stützen sich: *CERL Thesaurus. Das Tor zum gedruckten europäischen Kulturerbe.* https://thesaurus.cerl.org/record/cnp01058236 (21. September 2017); *Grazer Kunst- und Buchantiquariat Wolfgang Friebes, Liste 81.* http://www.friebes.at/dateien/liste_81.pdf (21. September 2017); *Große Bayerische Biographische Enzyklopädie.* Hg. Hans-Michael Körner. I. München 2005, 703; Österreichisches Biographisches Lexikon. II. Wien 1959, 89; Wilhelm *Kosch*: Deutsches Theater-Lexikon. I. Berlin 1953, 632. Das verbreitete Geburtsdatum, 2. März 1780, ist falsch.

[3] *Ludwig Eisenberg's Großes biographisches Lexikon 361.*

herzogliche Pension, weilte eine Zeit in Paris und leitete von 1832 bis 1836 das Stadttheater in Frankfurt am Main. Dort wurde er aber entlassen und versuchte, wieder in Wien am Theater an der Wien und am Hofburgtheater Fuß zu fassen – »aber alles umsonst. Er verfiel dort wieder in sein unstetes Leben, und schließlich soll er sogar als Fleckenputzer sich sein Brot verdient haben. So ging ein großes Talent, jedoch ohne solide Basis, zügellos in seinen Neigungen, erbärmlich zu Grunde. Grüner starb in den elendsten Verhältnissen im Juli 1845 in Pest«,[4] in Ungarn.

Ausführlicher stellte der ungarische Literaturhistoriker Tivadar Thienemann (1890–1985) den Lebensweg von Akáts-Grüner in einer Studie dar, die er anhand von Forschungen während seiner Berliner Studienjahre (1912–1913) geschrieben und in einer vergessenen Zeitschrift 1915 publiziert hatte.[5] Die weiter verbreitete, aber auch subjektivste Erinnerung an Grüner stammt von Georg Gottfried Gervinus (1805–1871), der im Jahre 1820 als Fünfzehnjähriger seine kaufmännische Lehrstelle in Darmstadt angetreten hatte, im dortigen Theater bald auf die Schauspielerin Therese Grüner, Tochter von Franz Grüner, aufmerksam wurde und sich in sie verliebte.[6] In Darmstadt galt das persönliche Interesse des Großherzogs Ludwig I. insbesondere der Musik, der Oper und dem Theater, wobei letzteres sogar die Oper übertraf, was Franz Grüner zu verdanken war: »Er [Grüner] war neben Aug. Wolf der specielle Schüler Göthe's in Weimar gewesen, und er hatte sich so in Weise und Wesen seines verehrten Meisters eingelebt, daß wer Göthen persönlich nicht kannte, sich in vielen Beziehungen an seinem Schüler eine Vorstellung von dem Dichter bilden konnte. Grüner's ganze Persönlichkeit war von einer imponirenden, überlegenen Art; der Ausdruck seines Gesichtes (von dem ich einen vortrefflichen Umriß (b) von Sandhaas diesen Blättern beilege, weil er werth ist nicht verloren zu gehen,) war von einer martialischen Kraft, Festigkeit und Sicherheit; und so war sein Urtheil überallhin bestimmt, klar und scharf umrissen, seine Menschenkenntniß so tief wie weit, seine Natur für eindringlichen Ernst so wohl gestimmt wie für den heitersten Humor. Von dem verschwenderischen häuslichen Leben des verschuldeten Mannes gingen in der Stadt viele mythische Erzählungen um, die ihm die sittliche Gunst des Publikums

---

4   Ebenda.
5   Theodor *Thienemann*: Goethes ungarischer Schüler. In: Ungarische Rundschau für Historische und Soziale Wissenschaften 4 (1915) 3–4, 814–847. Diese Zeitschrift erschien in fünf Jahrgängen von 1912 bis 1917. Zu Thienemann: Péter *Kozák*: Thienemann Tivadar. In: nevpont.hu 2013. http://www.nevpont.hu/view/7401 (21. September 2017).
6   Georg Gottfried *Gervinus*: Leben. Leipzig 1893, 84–101; *Thienemann* 844–845.

entzogen; seine ästhetische Gunst erzwang der geniale Künstler gleichwohl, so oft er auftrat. Sein Spiel war ganz Kraft und gesunde Natur; ihn lesen zu hören, einfach und ohne jede theatralische Manier, war ein Genuß ohne Gleichen. Sein Galotti und Paul Werner, sein Wallenstein und Tell, sein Götz und Alba, sein Brutus, sein König in Leben ein Traum, sein Doge im Fiesco u. a. waren Meisterstücke der Bühnenkunst; und so selbst viele Rollen aus Dramen geringen Werthes: sein Friedrich II in Töpfer's Tagesbefehl sollte den Großherzog, der den alten Fritz gesehen hatte, so lebendig an den großen Todten erinnert haben, daß er erschüttert das Theater verließ.«[7]

Vater und Tochter Grüner wirkten auf den jungen Gervinus so stark, dass dieser beschloss, sich dem Theater zu widmen. Im Juli 1823 machte er Bekanntschaft mit Grüner, der zusammen mit seiner Tochter im Kurort Schlangenbach weilte. Grüner nahm Gervinus wohlwollend an und besprach mit ihm die schauspielerischen Pläne: »Er hörte mich theilnehmend an; er zeigte alle menschenkennende Rücksicht auf diese Hindernisse; er sah mich auf den Entschluß an sich selber ernstlich an; er ließ sich durch meine Eckigkeit und Blödigkeit nicht irren; er äußerte in aller Bestimmtheit, der Bühne sei ein Nachwuchs unerläßlich, dem es mit Kunst und Bildung ein heiliger Ernst sei.«[8] Grüner half also dem jungen Mann, die Metamorphose zu vollziehen, die er selbst einst vollzogen hatte. Die beiden übten und lernten zusammen und trugen am 20. Januar 1824 zu Grüners Geburtstag ein Stück von August von Kotzebue vor. Doch im Sommer zersprang das Luftschloss von Gervinus. Da seine Eltern die Schauspielerei nicht gutheißen wollten, schob er die Entscheidung auf die Grüner, die sich gerade mit Gastrollen in Regensburg aufhielten. Er schickte einen Brief mit seinen Liebeserklärungen an Therese Grüner, »von deren Aufnahme die Entscheidung über mein künftiges Loos abhängen solle. Es war zu viel seiner Rücksicht, daß ihr der Alte gestattete, mir zu antworten, mir mit milder Zurechtweisung eine Ablehnung zu schicken«.[9] Bald befreite sich Gervinus auch aus der kaufmännischen Ausbildung und trat in Gießen, anschließend in Heidelberg sein Studium an, das ihm die berühmte akademische und politische Karriere eröffnete.

---

[7]   *Gervinus* 90.
[8]   Ebenda, 94–95.
[9]   Ebenda, 97.

Dokumente

Aber wer war Akáts? Warum suchte er Goethe an, um Schauspieler zu werden? Warum wurde Akáts zu *Grüner*? Zufällig sind dem Autor dieses Beitrags einige Quellen in die Hände gefallen, die Thienemanns Studie beträchtlich ergänzen und diese Fragen besser beantworten lassen – wenn auch nicht alles und auch nicht ausführlich und auch nicht objektiv. Es sind einundzwanzig Briefe, die Ferenc Akáts zwischen 1795 und 1805 auf Deutsch an Grafen János Nepomuk (Johann Nep.) Festetics schrieb.[10] Drei Briefe aus dem Jahre 1795 verfasste Akáts, als er Kadett im ersten Regiment des Erzherzogs Ferdinand war und durch Österreich sowie Bayern an die französische Grenze zog. Bis zum 23. Februar lag er in Linz, am 6. März passierte er die Grenze zwischen der Habsburgermonarchie und Bayern und gab München als seine Adresse an.[11] Im Juni 1795 war er im Feldlager bei Kappel am Rhein (heute Kappel-Grafenhausen an der französischen Grenze) und gab »Kentszingen unweit Freyburg« (Kenzingen) als seine Adresse an.[12] Hier war die Mannschaft ungewiss über die Zukunft, »weil man gar nichts hört, wir wissen nicht, wer Koch oder Kellner ist.« In dieser Zeit war er auch in einer Liebesaffäre verwickelt, die zuletzt seine »Ehre [...] durch Verläumdungen gebrandmarkt« hatte.[13] Einige Jahre später verließ Akáts das Militär, heiratete eine Frau in Augsburg und ging mit ihr nach Ungarn. Am 21. Juni 1801 meldete er sich aus Linz auf dem Rückweg nach Augsburg, wohin ihm die Briefe adressiert werden sollten: »A Monsieur Francois d'Akáts Seigneur de Baromlak a Augsburg. Abzugeben Littera D. No. 75.«[14] Von diesem Zeitpunkt an sind bis Frühjahr 1803 mehrere umfangreiche Briefe von Akáts an Festetics überliefert.[15] Nach längerem Schweigen meldete er sich wieder am 11. Januar 1804 mit einer kurzen

---

[10]   Magyar Nemzeti Levéltár Országos Levéltára, Budapest [im Folgenden: MNL OL]. P 265, Kt. 1 (neugeordnet), „Akáts“, Fol. 1–56.

[11]   Ebenda, Fol. 3–5, Brief Nr. 1, Linz, 16. Februar [1795]; Fol. 8–10, Brief Nr. 2, [Braunau], 7. März [1795].

[12]   Ebenda, Fol. 1–2, Brief Nr. 3, Feldlager bey Kappel am Rhein, 23. Juni 1795.

[13]   Ebenda, Fol. 6–7, Brief Nr. 4 [O. O., o. D., 1795].

[14]   Ebenda, Fol. 11–12, Brief Nr. 5, Linz, 21. Juni 1801.

[15]   Ebenda, Fol. 13–15, Brief Nr. 6, Augsburg, 28. August 1801; Fol. 16–23, Brief Nr. 7, Augsburg, 15. Dezember 1801; Fol. 26–28, Brief Nr. 8, Augsburg, 15. Februar 1802; Fol. 29–32, Brief Nr. 9, Augsburg, 4. Juni 1802; Fol. 33, Brief Nr. 10, Augsburg, 17. Juni 1802; Fol. 34, Brief Nr. 11, Augsburg, 24. Juni 1802; Fol. 35–37, Brief Nr. 12, Augsburg, 2. August 1802; Fol. 38–39, Brief Nr. 13, Augsburg, 8. August 1802; Fol. 40–43, Brief Nr. 14, Augsburg, 5. September 1802; Fol. 24–25, Brief Nr. 15, Augsburg, 4. November 1802; Fol. 44–47, Brief Nr. 16, Augsburg, 2. April 1803.

Notiz, um seine neue Stellung und Adresse bekanntzugeben: »A Monsieur François Grüner Fürstlich Sächsisch-weimarischer Hof-Schauspieler. A Weimar.«[16] Vier Briefe aus der Münchener Zeit sind noch überliefert.[17] Es sind Selbstzeugnisse eines Mannes, der während dieses Jahrzehnts zwei Metamorphosen durchlief: Der Kadett Akáts wurde zum zivilen Edelmann, verheiratet in Augsburg, dann zum Schauspieler Grüner in Weimar und München.

Der Adressat dieser Briefe, János Nepomuk József Albert Graf Festetics, wurde am 24. Mai 1776 in Ödenburg (*Sopron*) geboren.[18] Er war das siebte und jüngste Kind von Pál Graf Festetics (1725–1782) und Baronin Kajetana von Stillfried und Rathenitz (1735–1819). Er heiratete am 25. Januar 1798 in Szalabér Franciska Horváth von Zalabér (1777–1814). Aus der Ehe gingen fünf Kinder hervor: Ernő János Vilmos (1800–1869), Rudolf (1802–1851), Sándor (1805–1877), Matild (1810–1859) und Benno (1812–1872), die früh verwaisten, nachdem ihre Mutter im Mai 1814 und der Vater am 8. Oktober 1815 in Baltavár gestorben waren.[19] János Festetics besuchte 1792–1796 die

---

[16] Ebenda, Fol. 48–49, Brief Nr. 17, Weimar, 11. Januar 1804.

[17] Ebenda, Fol. 50–53, Brief Nr. 18, München, 5. Oktober 1804; Fol. 54–56, Brief Nr. 19, München, 12. Januar 1805; MNL OL P 265 Kt. 2 (neugeordnet), „Grüner" [o. F.], Brief Nr. 20, München, 5. April 1805; Fol. 1–2, Brief Nr. 21, München, 9. Mai 1805.

[18] Festetics János. In: József *Szinnyei*: Magyar írók élete és munkái. III. Budapest 1894, 447. Szinnyei und andere biografische Nachschlagwerke verwechseln oder vermengen die Angaben von drei verschiedenen Personen mit dem Namen János Festetics. Der Verfasser der Thesen an der Pester Universität „Assertiones ex physica, quas in r. univ. Pestiensi. 1787. mense aug. publice propugnavit. Pestini" war höchstwahrscheinlich János Graf Festetics (1763–1844), jüngerer Bruder des berühmten Grafen György Festetics. Vgl. *Geneology.eu* http://genealogy.euweb.cz/hung/festet3.html (21. September 2017) und mit falschen Angaben: *Keszthelyi életrajzi lexikon.* http://www.fgyvk.hu/eletrajzilexikon/?dir=F (21. September 2017). Der Verfasser der bekannten Streitschrift (J. von *Festetics*: Einige Bemerkungen über das Verhältniß der Bauern in Ungarn zu ihrem Gutsherrn. In: Belehrung und Unterhaltung für die Bewohner des österreichischen Staats 3 [1810] 9, 326–337. Reprint J. von *Festetics*: Verhältniß der Bauern zu ihren Grundherren. In: Topographisch-Statistisches Archiv des Königreichs Ungern. I. IIg. Johann von Csaplovics. Wien 1821, 418–425. In ungarischer Übersetzung J. *Festetics*: A parasztok viszonya földesurukhoz [1806]. In: Korall 2005, 19–20, 218–223) war aber János Graf Festetics (1781–1809), das jüngste Kind des Grafen Lajos Festetics (1732–1797) und der Krisztina Farkas de Nagy-Jóka aliter Hügye (geboren 1743). *Geneology.eu* http://genealogy.euweb.cz/hung/festet1.html (21. September 2017); H. S.: Anmerkung. In: Belehrung und Unterhaltung 3 (1810) 9, 337; Antal *Szántay*: Serfdom in 18th Century Hungary. In: Schiavitù e servaggio nell'economia europea secc. XI–XVIII / Serfdom and Slavery in the European Economy, 11th–18th Centuries. Ed. Simonetta Cavaciocchi. Firenze 2014, 263–279, hier 275.

[19] Genealogische Angaben: *Geneology.eu.* http://genealogy.euweb.cz/hung/festet2.html (21. September 2017).

Königliche Akademie in Preßburg (*Pozsony, Bratislava*).[20] Er bekleidete keine öffentlichen Ämter, lebte in Wien, Preßburg und auf seinen Gütern in Baltavár im Komitat Eisenburg (*Vas*) und im Komitat Tolnau (*Tolna*). Seine historische Bedeutung besteht lediglich darin, dass er die zahlreichen an ihn adressierten und bisher kaum erforschten Briefe aufhob und überlieferte.[21]

Metamorphose

In seinen Briefen fasste Akáts mehrmals seinen Lebensweg zusammen. In einem Schreiben an Festetics (Augsburg, 15. Dezember 1801) blickte er bis zu seiner Jugend zurück.[22] Sein Brief an Carl August Böttiger (1760–1835, Augsburg, 1. Juli 1802) enthält umfangreiches Bewerbungsmaterial für die Schauspielerausbildung in Berlin oder Weimar, außerdem seine ausführliche Autobiografie.[23]

Jugend

Akáts wurde am 20. Januar 1776 in dem Dorf Baromlak (*Kisbaromlak*, Komitat Komárom, heute *Branovo* in der Slowakei) geboren. Auf dem Familiengut verbrachte er heitere Kinderjahre. Nach dem Tod seines Vaters zog er mit der Mutter nach Preßburg, wo er drei Jahre eine Militärerziehungsanstalt und sechs Jahre die Normal- und Lateinschulen besuchte.[24] Die Militärerziehungsanstalt war sicherlich das Regiment-Erziehungshaus des in Preßburg stationierten Ungarischen Infanterie-Regiments. *Regiments-Erziehungshäuser* wurden gemäß der Verordnung Kaiser Josephs II. vom 9. Mai 1782 von jedem Infanterie-Regiment errichtet; sie erzogen Knaben vom sechsten bis zum achtzehnten Lebensjahr in vier Klassen.[25] Vielleicht wurde Akáts als Zögling

---

[20] Veronika M. *Novák*: A Pozsonyi Jogakadémia hallgatósága 1777–1848. Budapest 2007, Nr. 3005: Fesztetics (Festetics, Fesztetits) Nepomucenus, Comes, 1792/1793 Philosophie 1; 1793/1794 Philosophie 2; 1794/1795 Jura 1; 1795/1795 Jura 2.

[21] MNL OL P 265 Kt. 1–4.

[22] Akáts an Festetics. Augsburg, 15. Dezember 1801. MNL OL P 265 Kt. 1, Fol. 16–23.

[23] Akáts an Böttiger. Augsburg, 1. Juli 1802. Sächsische Landesbibliothek, Staats- und Universitätsbibliothek, Dresden [im Folgenden: SLUB]. Nachlass Böttiger, Mscr. Dresd. h. 37, 2°, Bd. 1, Nr. 18. Teilabdruck in: *Thienemann* 824–828.

[24] Akáts an Böttiger. Augsburg, 1. Juli 1802. SLUB Nachlass Böttiger; *Thienemann* 825.

[25] Josef Ritter Rechberger von *Rechkron*: Das Bildungswesen im österreichischen Heere vom dreissigjährigen Kriege bis zur Gegenwart. In: Mitteilungen des k. k. Kriegs-Archivs 3 (1878) 1–80, 145–282, hier 36.

Mitglied der Ehrenwache bei der Stephans-Krone während des Preßburger Landtags 1790/1791.[26] Die Normalschule wurde in Preßburg mit der Maria-Theresianischen Schulreform ins Leben gerufen. Die Lateinschule absolvierte Akáts zum Teil wahrscheinlich im Katholischen Erzgymnasium, dann eine Klasse im Schuljahr 1792/1793 an der Königlichen Akademie.[27]

Die Zeit seiner Erziehung, die er zusammen mit Festetics verbracht hatte, nannte er die »glücklichen Jahren wo ich noch Ritter des Veigelblauen Bands war, wo Therese noch lebte«.[28] Ob die Ritter des Veigelblauen Bands eine ernsthaft-spielerische Gesellschaft von Schulfreunden in Preßburg war oder vielleicht die verstorbene Therese einst das veigelblaue Band trug, lässt sich nicht feststellen. Es ist auch unklar, wer Therese war. Sicher scheint, dass sie eine wichtige Bekanntschaft, vielleicht eine Jugendliebe von Akáts war, der sie viele Jahre später immer noch erwähnte und seiner eigenen Tochter den Namen Therese gab.

---

[26] Sámuel *Decsy*: A' magyar Szent koronának és az ahoz tartozó tárgyaknak historiája [...]. Béts 1792, 311.

[27] *Novák* Nr. 2971: Akats Franciscus, 1792/1793, Philosophie 1. Die Latein- oder Grammatik-schule beziehungsweise *kleines Gymnasium* bezeichnete die ersten drei Jahrgänge (1: Vorbereitung, 2: Grammatik, 3: Syntax) der Mittelschule. Die weiteren zwei humanistischen Jahrgänge (1: Poesis, 2: Rhetorik) der Mittelschule hießen *großes Gymnasium*. In Preßburg gab es zwei berühmte Mittelschulen, das Erzgymnasium der Benediktiner und das Evangelische Lyzeum. Leider sind die Jahrbücher dieser Gymnasien nur aus späterer Zeit (ab 1813 und ab 1853) erhalten. https://library.hungaricana.hu/hu/collection/iskolai_ertesitok_pozsony/ (21. September 2017). – Paulus von *Ballus*: Presburg und seine Umgebungen. Presburg 1823, 143–157, listete folgende Schulen und Erziehungsanstalten in Preßburg auf: 1) Katholisch: Königliche Akademie, das geistliche Seminarium, Erzgymnasium, königliche National-Musterschule (Normalschule), städtische National-Hauptschule, städtische Trivialschulen, Mädchenschule bei St. Martin, Mädchenschule und Konviktschule von der Congregation de Notre Dame und von den Ursulinerinnen, königliches Institut zur Bildung öffentlicher Lehrerinnen und Erzieherinnen; 2) Evangelisch: Elementarschulen, Bürgerschulen, Lateinische- oder Grammatikal-Schulen, Ev. Lyzeum. Siehe auch Domokos *Kosáry*: Művelődés a XVIII. századi Magyarországon. Budapest ³1996, 455–46, 482–492; Lajos *Hajdu*: A közép- és alsófokú iskolák ellenőrzése Magyarországon a felvilágosult abszolutizmus időszakában (1776–1790). In: Levéltári Közlemények 57 (1986) 1, 3 56; Eva *Kowalská*: Pozsony – a tanügyi innováció helyszíne a 18–19. század fordulóján. In: Iskolakultúra 22 (2012) 9, 80–90; Sámuel *Markusovszky*: A pozsonyi ág. hit. evang. Lyceum története. Pozsony 1896. – Die königliche Akademie galt als Hochschule. Im Sommer 1776 wurde die Errichtung von fünf königlichen Akademien in Ungarn und Kroatien verordnet, und zwar in Kaschau (*Kassa, Košice*), Tyrnau (*Nagyszombat, Trnava*), seit 1784 Preßburg und Raab (*Győr*), seit 1785 Fünfkirchen (*Pécs*), Großwardein (*Nagyvárad, Oradea*) und Agram (*Zágráb, Zagreb*). An den Akademien konnte man zweijährige philosophische oder juristische Kurse (*Kosáry* 497–498), an der Universität in Pest höhere juristische Studien absolvieren (Ferenc *Eckhart*: A jog- és államtudományi kar története, 1667–1935. Budapest 1936).

[28] Akáts an Festetics. Augsburg, 15. Dezember 1801. MNL OL P 265 Kt. 1, Fol. 16r.

Militär

Die zwischenzeitlich wieder verheiratete Mutter starb, und der junge Akáts blieb bei seinem Stiefvater, dem Arzt Johann Torkos, der ihn kaum lenken konnte. Gegen seinen Willen entschloss sich Akáts für die militärische Laufbahn. »Was war natürlicher, als daß ich bey meinem großen Ehrgeize, heftigen Temperamente und denen damaligen Zeitumständen, wo eben der französische Krieg in sein Beginnen war, den kürzesten Weg wählte, und mich aus freyer Hand gegen den Willen aller meiner Anverwandten und besonders meines Stiefvaters, der von dem Soldatenstand eine besondere Abneigung fühlte, als Kadet bei dem in Presburg liegenden Hung. Inf. Regimente engagieren ließ.«[29] Bei diesem Entschluss standen ihm die Vertrauten Festetics und Inkey bei.[30] Letzterer war sicherlich sein Schulkamerad, Antal Inkey (1776–1831), der im Schuljahr 1792/1793 zusammen mit Akáts und Festetics die erste Philosophie-Klasse an der Königlichen Akademie in Preßburg besuchte.[31]

In den nächsten sieben Jahren, also von 1793 bis 1799, während er »manches Elend kennen lernte, und gewiß verschiedene Schicksale erlebte«, diente er fern von Ungarn und fern von Festetics.[32] Aber er hielt mit ihm Kontakt – zumindest im Jahre 1795. Im Dienst war Akáts Mitglied eines engen Personenkreises, der aus Kameraden und Bekannten um Festetics bestand. In seinem Brief aus Linz vom 16. Februar 1795 erwähnte Akáts auch seine Kameraden Ocskay und Hauptmann Szabó, deren Grüße er auch übermittelte: an János Festetics, Pfarrer Stekel, die zwei Inkeys, Ormosdy und seinen Herrn Hausdoktor, sowie an Herrn v. Szathmáry, Herrn von Banner und Herrn von Csiska, wie auch »einen Handkuß an die Baronin Kletz Brod von ihrem theuren Kletzen Brod«.[33]

Von diesen Personen kann *Ocskay* eindeutig identifiziert werden: Es handelte sich um Ferenc Ocskay (1774–1851), der in Preßburg die zweite Philosophie-Klasse an der Königlichen Akademie im Schuljahr 1792/1793 be-

---

[29]   Akáts an Böttiger. Augsburg, 1. Juli 1802. SLUB Nachlass Böttiger; *Thienemann* 825.

[30]   »[...] ich wurde gewaltsam Soldat, zu welcher Handlung Du [Festetics] und Inkey meine muthigen Vertrauten waren.« Akáts an Festetics. Augsburg, 15. Dezember 1801. MNL OL P 265 Kt. 1, Fol. 16r.

[31]   *Novák* Nr. 3035: Inkey (Inkei) Antonius, 1792/1793 Philosophie 1; 1793/1794 Philosophie 2; 1794/1795 Jura 1; 1795/1796 Jura 2.

[32]   Akáts an Festetics. Augsburg, 15. Dezember 1801. MNL OL P 265 Kt. 1, Fol. 16r.

[33]   Akáts an Festetics. Linz, 16. Februar [1795]. MNL OL P 265 Kt. 1, Fol. 3r. Die Schreibweise der Namen variiert; in diesem Brief schrieb Akáts zweimal »Ormody« und einmal »Ornosdy« anstatt »Ormosdy«, »Satmary« anstatt »Szathmáry«, »Fesevitz« anstatt »Festetics«.

suchte und mit Akáts eng befreundet war.[34] Sie dienten zusammen »an den Ufern des Rheins«.[35] Nachdem Ocskay wegen einer Augenkrankheit den Militärdienst quittiert hatte, beschäftigte er sich mit naturwissenschaftlichen und archäologischen Sammlungen, schrieb Abhandlungen in wissenschaftlichen Zeitschriften – zum Beispiel über die in Ungarn heimischen Grillenarten –, und urde Mitglied mehrerer wissenschaftlicher Sozietäten. Seine Naturaliensammlung schenkte er dem Ungarischen Nationalmuseum.[36]

Ferenc Ocskay war der Sohn von József Ocskay (1740–1805), der die Militärakademie in Wiener Neustadt absolviert und sich im Siebenjährigen Krieg und im Türkenkrieg ausgezeichnet hatte, 1790 als Ritter des Maria-Theresien-Ordens in den Freiherrenstand erhoben worden war und zuletzt in den Rang eines Generalmajors aufgestiegen war.[37] Seine jüngeren Brüder waren ebenfalls Soldaten: Hauptmann Rudolf Ocskay, Ehemann der Zsófia Benyovszky, der Tochter des berühmten Abenteurers Móricz Benyovszky, sowie Oberstleutnant Zsigmond Ocskay und Leutnant Sámuel Ocskay.[38] 1792 und 1793 dienten im Ungarischen Infanterieregiment von Erzherzog Ferdinand im Stab unter Erzherzog Karl Oberst (Obr.) Ocskay, Ritter des Maria-Theresien-Ordens, und Major (Maj.) Ocskay.[39] Oberst Ocskay erhielt seinen Rang 1788, das Kleinkreuz des Maria-Theresien-Ordens 1789,[40] er war also József Baron Ocskay. Für die Jahre 1794, 1795 und 1796 ist nur Oberstleutnant (Obrl.) Ocskay, der anscheinend aus dem Rang eines Majors befördert wurde, im Regimentsstab aufgeführt.[41] Er war sicherlich Zsigmond Ocskay.

---

[34] *Novák* Nr. 2913: Ocskay Franciscus, 1791/1792 Philosophie 1; 1792/1793 Philosophie 2. Sein Verwandter, Lajos Ocskay, besuchte die Akademie von 1788 bis 1792 (zwei philosophische und zwei juristische Klassen, ebenda, Nr. 2203). Es waren insgesamt zwölf Mitglieder der Familie Ocskay früher oder später an der Akademie immatrikuliert. Ebenda, 585.

[35] Akáts an Festetics. München, 12. Januar 1805. MNL OL P 265 Kt. 1, Fol. 55v.

[36] Ocskay Ferencz. In: *Szinnyei* IX (1903) 1214–1215.

[37] Ocskay v. Ocska. In: *Der Adel von Ungarn sammt Nebenländern der St. Stephans-Krone.* Bearb. Géza von Csergheö. Nürnberg 1893. https://www.arcanum.hu/hu/online-kiadvanyok/Siebmacher-siebmacher-wappenbuch-1/der-adel-von-ungarn-magyarorszag 2/csaladok-29/ocskay-v-ocska-5984/ (21. September 2017).

[38] Ocskay család. In: Iván *Nagy*: Magyarország családai czimerekkel és nemzékrendi táblákkal. I–XIII. Pest 1857–1868, hier VIII, 1861, 196–201, 326–327; József *Follajtár*: Az ocskói Ocskay család. I–II. In: Turul 1930/1–2, 1–20; 3–4, 83–90, hier 1–20.

[39] *Militär-Almanach Nr. III. Oesterreichischer Militär-Almanach für das Jahr 1792.* Wien 1792, 3; *Militaer-Almanach Nr. IV. Oesterreichischer Militaer-Almanach für das Jahr 1793.* Wien 1793, 2.

[40] *Militaer-Almanach Nr. IV.* 158, 109.

[41] *Militaer-Almanach Nr. V. Oesterreichischer Militaer-Almanach für das Jahr 1795.* Wien 1794, 2; *Militaer-Almanach Nr. VI.* Wien 1795, 2; *Militaer-Almanach Nr. VII.* Wien 1796, 2.

Akáts diente also unter dem Vater und dem Onkel seines Schulfreundes und Dienstkameraden Ferenc Ocskay. Es ist demnach sehr wahrscheinlich, dass die Ocskay Akáts zum Militärdienst ermuntert hatten.

Ormosdy war wahrscheinlich József Ormosdy, der in seinen freundschaftlichen Briefen an J. Nep. Festetics sowohl Akáts und Ocskay als auch Inkey erwähnte.[42] Er besuchte 1793–1797 die Königliche Akademie in Preßburg.[43] Seine Beziehungen zu Festetics und dessen Freunden wurden enger, als Therese (Terézia) Ormosdy, die wahrscheinlich seine Schwester war, sich in J. Nep. Festetics verliebte. Sie plante die Ehe mit ihm, schrieb ihm 1796 zahlreiche Liebesbriefe, bis sie Ende Januar 1797 plötzlich mit ihm brach[44] – vom Kummer erholte sie sich nicht.[45] Ob sie jene Therese war, der auch Akáts in seinen Erinnerungen an die schöne Jugend gedachte, bleibt vorerst ungewiss.

---

[42]   Briefe von József Ormosdy and J. Nep. Festetics. MNL OL P 265 Kt. 3, „Ormosdy József", Fol. 1–292. Beispiele: »wegen dem Inkey und Akacs freuet es mich sehr« (Ormosdy an Festetics. [O. O., o. D.]. Fol. 24–25); »und bringe zugleich den Akacs mit wenn es dich freuet«; hier auch Erwähnung Inkeys (Ormosdy an Festetics [O. O., o. D.]. Fol. 35–36); »Schon war dein Brief gestern fertig den ich dir schrieb, als zum größten Unglück Akacs mir sagte daß er [127r] von dir einen erhielt. Ich zerriß ihn gleich und schrieb nun diesen. Auch er brauchte einige Stunden zu dir zu antworten – doch daß seyn Brief mehr Freude und Vergnügen dir verschaffen wird, daran zweifelt Niemand.« (Ormosdy an Festetics. Preßburg, 2. September 1793. Fol. 126–128); »Freytag war ich im Theater samt Akacs und Ocskay, sie spielten ganz gut« (Ormosdy an Festetics. Preßburg, 7. Oktober 1793. Fol. 129–131); »meine Briefe werden dir vielleicht zu klug seyn <...>, doch von mir kannst du es nicht fordern denn ich besitze nicht jene Beredsamkeit welche Akacs« (Ormosdy an Festetics. Preßburg, 13. Oktober 1793. Fol. 67–69).

[43]   *Novák* Nr. 3337: Ormosdy Josephus, 1793/1794, Philosophie 1; 1794/1795, Philosophie 2; 1795/1796, Jura 1; 1796/1797, Jura 2; Ormosdy schrieb in seinem Brief an Festetics (Pischdorf [*Bischdorf, Püspöki*, heute *Pozsonypüspöki, Podunajské Biskupice* in der Slowakei], 3. Oktober 1793). MNL OL P 265 Kt. 3, „Ormosdy József", Fol. 72–73, 77, dass er sich freute, bald in Preßburg zu sein, die Schule zu besuchen und seine Freunde wiedersehen zu können.

[44]   Briefe von Therese Ormosdy an J. Nep. Festetics. MNL OL P 265 Kt. 3, „Ormosdy Terézia", Fol. 1–66. »[...] wärend Sie mich der reinsten Liebe versicherten, warffen Sie Sich von einen zügelloßen Ausschweiffung in die andere, vergassen darüber Ihre Ehre, rechtschaffenheit und Religion – o! daß ichs zur Ihrer Schande sagen muß – verlohren Ihre Gesundheit, und leiden schon seit September an der abscheulichsten Krankheit, die man sich nur immer denken kann, und von welcher Sie niemals gänzlich kuriert werden, den[n] daß böße Gieft bleibt nun für immer in Ihrem Körper zurück, zu welcher Klasse Menschen Sie nun gehören mag Ihnen Ihr Gewissen sagen.« Therese Ormosdy an J. Nep. Festetics. Preßburg, 26. Januar 1797. Fol. 55–56.

[45]   »Therese ist schrecklich schwermüthig, warum, daß hüllt sie in den dichtesten Schleyer des Geheimnisses. – Sie sitzt meistens an ihrer Arbeit in Gedancken versenkt, und hat durch Kummer merklich an Schönheit abgenommen.« Pongrátz an J. Nep. Festetics. Preßburg, 3. August 1797. MNL OL P 265 Kt. 3, „Pongrátz" [o. Fol.]. Zu der Affäre siehe Frau Kramer an J. Nep. Festetics ([O. O., o. D., Anfang 1797]. MNL OL P 265 Kt. 3, „Kramer", Fol. 1–3) und

Wer neben Antal Inkey, dem Schulkameraden, der zweite *Inkey* war, ist unklar. Unter den Briefen an J. Nep. Festetics sind zahlreiche Briefe von Antal Inkey und dessen Vater Károly Inkey (gestorben 1809) überliefert; beide redeten Festetics als »Freund« und »Bruder« an.[46] H. Inkey, der nicht näher identifiziert werden konnte, und Boldizsár Inkey, der Cousin von Károly Inkey, verwendeten ebenfalls die Anrede »Bruder« beziehungsweise »Frater«, während Boldizsárs älterer Bruder, Ferenc (1775–1836), mit »Bester Graf« eine formalere Anrede benutzte.[47] Mit J. Nep. Festetics korrespondierte später auch ein Rudolf Inkey, dessen Briefe sind aber verschollen.[48] Weder Rudolf noch H. Inkey sind im Stammbaum der Familie aufgeführt.

Pfarrer Stekel wird in den Briefen an J. Nep. Festetics öfters erwähnt und ist wahrscheinlich identisch mit Jakob Stökel, von dem auch einige Briefe überliefert sind.[49] Über *Hauptmann Szabó*, den Kameraden von Akáts, sowie über *Ormosdys Hausdoktor* und die Herren *Szathmáry*, *Banner* und *Cstska* konnte der Autor keine Angaben finden.

Die Militärkarriere von Akáts ging zu Ende:»Nach der Schlacht von Ostrag wurde ich krank, und kam nach Augsburg ins Quartier zu meinem Weibe.«[50] In der Schlacht bei Ostrach besiegte am 21. März 1799 die Koalitionsarmee unter Erzherzog Karl die vordringende französische Donauarmee unter General Jourdan.[51] Akáts wurde verwundet und unter dem Kommando von Vincenz Graf von Kolowrat in das Augsburger Lazarett getragen.[52]

Aloys (Alajos) Révay an J. Nep. Festetics (Preßburg, 2. April 1797. MNL OL P 265 Kt. 3, „Révay Alajos" [o. Fol.]).

[46] http://genealogy.euweb.cz/hung/inkey.html (21. September 2017); Briefe von Antal Inkey an J. Nep. Festetics, 1795–1815. MNL OL P 265 Kt. 2, „Inkey Antal", Fol. 1–93; Briefe von Károly Inkey an J. Nep. Festetics, 1797–1799. Ebenda, „Inkey Károly", Fol. 1–37.

[47] Zwei lateinische Briefe von Boldizsár Inkey an J. Nep. Festetics. Berin [Iharosberény], 23. April und 14. Mai 1797. MNL OL P 265 Kt. 2, „Inkey Boldizsár", Fol. 1–4; zwei Briefe von H. Inkey an J. Nep. Festetics. [O. O., o. D.]. MNL OL P 265 Kt. 2, „Inkey H.", Fol. 1–3; ein Brief von Ferenc Inkey an J. Nep. Festetics. [O. O., o. D.]. MNL OL P 265 Kt. 2, „Inkey Ferenc", Fol. 1–3.

[48] MNL OL P 265 Kt. 2, „Inkey Rudolf", 1808–1813. Vgl. István *Kállay*: A Festetics családi levéltár. Repertórium. Budapest 1978, 92.

[49] Briefe an J. Nep. Festetics. MNL OL P 265 Kt. 3, „Stökel Jakab", drei lateinische Briefe von Jac. Stökel [O. O., o. D., o. Fol.] sowie ein deutschsprachiger Brief von Dominicus Stöckel, (Kiss-Leőd [Kislőd, Komitat Veszprém], 20. Oktober 1798, mit Beschreibung einer Augensalbe [o. Fol.].

[50] Akáts an Festetics. Augsburg, 15. Dezember 1801. MNL OL P 265 Kt. 1, Fol. 16r.

[51] *Ostrach 1799. Die Schlacht, der Ort, das Gedenken.* Hg. Edwin Ernst Weber. Ostrach 1999.

[52] Akáts an Böttiger. Augsburg, 1. Juli 1802. SLUB Nachlass Böttiger; *Thienemann* 825.

Ehe und Familiengut

Die Frau, die er anscheinend schon besser kannte, war die Witwe des gefallenen Hauptmanns Rehling.[53] Akáts heiratete sie am 8. August 1799 im Augsburger Dom.[54] Seine Frau Maria Anna, geborene Rauch, war »die eintzige Erbin« ihres vermögenden Vaters, der aber bei der Eheschließung klarstellte, dass er weder Mitgift noch irgendeinen Beitrag zum Lebensunterhalt des Paares geben wolle. Doch Akáts hoffte, dass ihm sein Familiengut in Baromlak genügend Einkommen sichern würde: »aber damahls trotzte ich auf mein Guht in Ungarn«, wohin er nun mit seiner Frau zog.[55]

Doch seine Rechnung mit dem Familiengut in Baromlak ging nicht auf. Als Akáts mit seiner Frau nach Hause kam, fand er, dass sein Stiefvater Torkos »alles in der grösten Unordnung« gelassen hatte. Das Gut war für 800 Gulden pro Jahr verpachtet, aber von der Pachtsumme wurden die Zinsen für die Schulden in Höhe von 4.000 Gulden abgezogen. Diese Schulden auf das Gut hatte noch die Mutter von Akáts aufgenommen. Außerdem forderten die Brüder von Torkos 7.000 Gulden und zwangen Akáts, ihnen 3.000 Gulden mit sechs Prozent Zinsen zu *verschreiben*. So wuchsen die Schulden auf 7.000 Gulden, und die Zinsen auf jährlich 420 Gulden an. Weitere 60 bis 70 Gulden wurden für die jährliche Instandhaltung der Gebäude abgezogen. Folglich blieben Akáts von der Pachtsumme 280 bis 300 Gulden: »[...] von diesen kleinen Einkünften in Preßburg zu leben, mit Weib und Kind? – Du weist ob das möglich war. – Ich kame unter die Hände der Juden und Wucherer, – kein Mensch wußte meine schröckliche Laage; Nur Esterházy.«[56]

[53] Ebenda.

[54] Die Ehe wurde vom reichsstädtischen Hochzeitsamt am 3. August 1799 bewilligt: »Herr Franz Achats Edler zu Baromslack und Frau Maria Anna verwittibte von Rehling geborne Rauch haben einen consens erhalten. Actum den 3. eiusdem [August 799].« Stadtarchiv Augsburg, Augsburg. Hochzeitamt, Hochzeitprotokolle, Bd. 29. Freundliche Mitteilung von Herrn Archivinspektor Mario Felkl, wofür hier gedankt sei. Laut Matrikelbuch des Augsburger Domes heiratete Akáts am 8. August 1799 die Witwe Maria Anna von Rehlingen, geborene Rauch. Archiv des Bistums Augsburg, Augsburg [im Folgenden: ABA]. Pfarrmatrikeln Augsburg Dom 14. Freundliche Mitteilung von Herrn Diplom-Archivar Christoph Meierfrankenfeld, wofür ebenfalls herzlich gedankt sei.

[55] Akáts an Festetics. Augsburg, 15. Dezember 1801. MNL OL P 265 Kt. 1, Fol. 16r, 23r.

[56] Ebenda, Fol. 23.

János Károly Esterházy

Der Jugendfreund von Akáts, János Károly (Johann Karl) Graf Esterházy (1775–1834), war der Sohn von János Graf Esterházy (1750–1778) und Teréza Gräfin Erdődy (1748–1794).[57] Er heiratete 1802 die Nichte von János Nep. Festetics, Rózsa Gräfin Festetics (1784–1854); ihre Kinder waren Mária Teré- zia (1802–1837), Karolina (1811–1851) und Albert János (1813–1845).[58] János Károly Esterházy war Grundherr von Zselíz (*Zeléz, Zelis, Zselczov,* heute Želiezovce in der Slowakei), wo er das heute noch bestehende Schloss aus- bauen ließ. Franz Schubert verweilte 1818 und 1824 monatelang dort und unterrichtete die zwei Töchter in Musik. Dort war später auch Franz Sacher als Koch angestellt, sein Sohn Eduard wurde 1843 dort geboren.

Akáts verbrachte die Zeit in Ungarn mit seinen Freunden János Károly Esterházy und János Nep. Festetics in Zselíz, in Preßburg und wahrscheinlich auf den Gütern der Festetics in Baltavár und Tolnau, wo sie ausgiebig feierten. Akáts erinnerte sich später, dass ihm die Beine vom Tanzen weh getan hatten, während sein Bauch die Folgen »von deinem schwelgerischen Tisch« fühlte und er hoffte, wieder in Tolnau »bey der schmelzenden Harmonie der Böhmen froh und lustig zu seyn«.[59] Er erinnerte sich auch, dass er maßlos Rheinwein und Champagner getrunken hatte, doch ohne Nachwirkungen: »Ich soff als wenn ich eine Tonne Häringe gefressen hätte, und doch blieb ich nüchtern wie eine Kornblume.«[60]

Wahrscheinlich im Jahre 1800 wurde das erste Kind von Akáts geboren, es starb jedoch bald, und »außer dem Grabe seines einzigen Kindes bindet ihn nichts mehr an die Heimat«.[61] Er kehrte nach Augsburg zurück, wo er wenigs- tens mit den wohlhabenden Eltern seiner Gattin rechnen konnte. Esterházy reiste mit.

Am 21. Juni 1801 war er in Linz und berichtete Festetics, »daß unser Bru- der Hans [János Károly Esterházy] mit mir jetz in Linz sitzet«, und dass sie am

---

[57] Wahrscheinlich studierte Esterházy von 1790 bis 1794 an der Königlichen Akademie in Preßburg. Der Name *János* (Johann) Esterházy taucht mehrmals unter den Namen der Studenten auf. *Novák* Nr. 2607: Eszterházy Joannes, Comes, 1790/1791, Philosophie 1; Nr. 3001: Eszterházy (Eszterházi) Joannes Nep., Comes, 1792/1793, Jura 1; 1793/1794, Jura 2; Nr. 3217: Eszterházy (Eszterhazy) Joannes, Comes, 1793/1794, Philosophie 1; 1794/1795, Philosophie 2; 1795/1795, Jura 1; 1796/1797, Jura 2.

[58] *Geneology.eu.* http://genealogy.euweb.cz/hung/esterhazy5.html (21. September 2017).

[59] Akáts an Festetics. Linz, 21. Juni 1801. MNL P 265 Kt. 1, Fol. 11.

[60] Akáts an Festetics. Augsburg, 28. August 1801. MNL OL P 265 Kt. 1, Fol. 13.

[61] Akáts an Böttiger. Augsburg, 1. Juli 1802. SLUB Nachlass Böttiger; *Thienemann* 825.

29. Juni in Augsburg eintreffen wollten.[62] Dort aber hinterließ er bald sein »schwangeres Weib in Thränen« und begleitete Esterházy auf eine Reise; sie »durchstreiften ganz Nord Deutschland«.[63] Sie kehrten am 21. August nach Augsburg zurück, nachdem sie »Hany [János Károly Esterházy] und ich in halb Deutschland herumjagten.«[64]

In der Tat reisten sie nach Weimar, um das literarische Zentrum Deutschlands kennenzulernen.[65] Esterházy war von Johann Karl Unger, ein Professor in der Zips und Dichter in Wien, der auch einige Zeit in Zselíz verbracht hatte, literarisch vorbereitet und wahrscheinlich zum Besuch Weimars angeregt worden. Esterházy und Akáts kamen Anfang August 1801 in Weimar an. Goethe war gerade nach Pyrmont verreist, sie wurden aber von Herzogin Anna Amalia empfangen und machten Bekanntschaft mit Christoph Martin Wieland und Carl August Böttiger, dem Esterházy später freundschaftliche Briefe schrieb.[66] Auf der Rückreise wurden sie bei Coburg wegen eines Missverständnisses verhaftet, waren jedoch am 21. August 1801 in Augsburg, von wo Esterházy am 25. August nach Wien abreisen wollte.[67]

In diesen Tagen kam es jedoch wegen des Gutes Baromlak zum Bruch zwischen Akáts und Esterházy. Akáts hatte bereits im Frühjahr 1800 versucht, mit Hilfe von Esterházy sein Familiengut zu retten. Er schlug Esterházy vor, Baromlak als Hypothek für ein Darlehen von 4.000 Gulden zu nehmen, um »nur die Hauptschuld, nemlich dem Arentator zu bezahlen, und ihm dann die Pachtung aufsagen zu können, und mich [Akáts] selbst darauf zu setzen, durch Gutte Wirthschaft Ihm [Esterházy] nach und nach zu bezahlen, oder wenn er [Esterházy] warten wolle, ihm die ganze Summe nach dem Todt

---

[62]   Akáts an Festetics. Linz, 21. Juni 1801. MNL OL P 265 Kt. 1, Fol. 11.

[63]   Akáts an Festetics. Augsburg, 15. Dezember 1801. MNL OL P 265 Kt. 1, Fol. 18r.

[64]   Akáts an Festetics. Augsburg, 28. August 1801. MNL OL P 265 Kt. 1, Fol. 13.

[65]   *Thienemann* 815.

[66]   J. K. Esterházy an Böttiger. Augsburg, 21. August 1801. SLUB Mscr. Dresd. h. 37, 4°, Bd. 44, Nr. 51, abgedruckt in: *Thienemann* 816; J. K. Esterházy an Böttiger. Wien, 26. September 1801. SLUB Mscr. Dresd. h. 37, 4°, Bd. 44, Nr. 52, abgedruckt in: *Thienemann* 817–818; J. K. Esterházy an Böttiger. Zselíz, 4. Februar 1802. SLUB Mscr. Dresd. h. 37, 4°, Bd. 44, Nr. 53, abgedruckt in: *Thienemann* 819 (Datum laut Kalliope-Verbund: „Zeléy, 01. 02. 1802". http:// kalliope-verbund.info/de/ead?ead.id=DE-611-HS-2640388 [21. September 2017]); J. K. Esterházy an Böttiger. Zselíz, 8. Juni 1802. Germanisches Nationalmuseum, Nürnberg. Historisches Archiv DE-611-HS-626722, abgedruckt in: *Thienemann* 820; J. K. Esterházy an Böttiger. Wien, 7. Dezember 1802. SLUB Mscr. Dresd. h. 37, 4°, Bd. 44, Nr. 54, abgedruckt in: *Thienemann* 822; J. K. Esterházy an Böttiger. Wien, 4. April 1803. SLUB Mscr. Dresd. h. 37, 4°, Bd. 44, Nr. 55, abgedruckt in: *Thienemann* 823.

[67]   J. K. Esterházy an Böttiger. Augsburg, 21. August 1801. SLUB Nachlass Böttiger; *Thienemann* 816.

meines Schwiegervaters baar zu entrichten«.[68] Es kam auch die Idee auf, dass Esterházy das Gut kaufen könnte; dessen Onkel stimmte aber diesem Geschäft nicht zu.[69] Dennoch arrangierte Esterházy den Kauf Baromlaks mit Hilfe seines Bediensteten Ignaz Reimprecht als Käufer.[70] In der Tat wurden 12.000 Gulden bezahlt, doch als offizieller Kaufpreis standen im Kaufbrief 20.000 Gulden, »da mit mann über den niedrigen Verkauf keine Glossen mache, sie [Esterházy und Reimprecht] schämten sich selbst darüber«.[71] Zwar konnte Akáts durch den Verkauf von Baromlak seine Schulden tilgen, aber es blieben ihm noch 3.000 Gulden, womit er nicht zufrieden war: »Er [Esterházy] machte mich zum Bettler« – beklagte er sich nach ihrem Bruch.[72] Doch vorläufig glaubte er noch an Esterházy: »[...] und da ich täglich die Worte hörte, ›Was mein ist gehört auch Dein‹, so schlug ich mir alle böse Gedancken aus dem Kopf.«[73]

Als ihm aber wieder Zweifel kamen, verlangte er von Esterházy ein offizielles Versprechen, was aber Esterházy mit Freundschaftsversicherungen in die unbestimmte Zukunft verschob.[74] Dadurch ermuntert und wegen »seinen öfteren Versicherungen, mir Jährlich 1.000 Fl. zu geben«, formulierte Akáts einen Vertrag über eine jährliche Unterstützung in Höhe von 600 Gulden, den er Esterházy in Wien zur Unterschrift vorlegte, bevor sie die Reise nach Deutschland antraten. Esterházy reagierte wieder mit Freundschaftsversicherungen und verschob die Regelung der Angelegenheit auf die Zeit nach ihrer Rückkehr, wodurch das Vertrauen für eine Weile wieder hergestellt war.[75] Als

---

[68] Akáts an Festetics. Augsburg, 15. Dezember 1801. MNL OL P 265 Kt. 1, Fol. 23v.

[69] J. K. Esterházy an Akáts. Wien, 9. April 1800, in Kopie von Akáts seinem Brief an Festetics (Augsburg, 15. Dezember 1801) beigefügt. MNL OL P 265 Kt. 1, Fol. 21r; J. K. Esterházys Vater, János Graf Esterházy (1750–1778), hatte einen älteren und einen jüngeren Bruder, Kázmér Graf Esterházy (1749–1802) und Károly Graf Esterházy (1756–1828). http://genealogy.euweb.cz/hung/esterhazy5.html (21. September 2017). Höchstwahrscheinlich an den letzteren war der schwer beschädigte, deutschsprachige Brief von J. K. Esterházy adressiert, mit der Anrede »Gnädigster Oncle!«. Zselíz, 21. Oktober 1808. MNL OL P 1294 Kt. 14, Fol. 209.

[70] Ignaz Reimprecht verwaltete das Familienarchiv von J. K. Esterházy. Siehe die lateinischen Briefe von J. K. Esterházy an ein Familienmitglied, mit der Anrede „Spectabilis Dominis", über Archivangelegenheiten. Zselíz, 26. Juli 1803. MNL OL P 1294 Kt. 17 [o. Fol.]; Zselíz, 8. August 1803, und Zselíz, [o. T.] Dezember 1803. Ebenda, Kt. 14, Fol. 207–208.

[71] Akáts an Festetics. Augsburg, 15. Dezember 1801. MNL OL P 265 Kt. 1, Fol. 23v, 17r.

[72] Ebenda, Fol. 17r.

[73] Ebenda.

[74] Ebenda, Fol. 17v; J. K. Esterházy an Akáts. Preßburg, 13. Februar 1801, in Kopie von Akáts beigefügt, ebenda Fol. 21.

[75] Akáts an Festetics. Augsburg, 15. Dezember 1801. MNL OL P 265 Kt. 1, Fol. 17v–18r.

sie von Weimar nach Augsburg zurückkamen, und Esterházy nach Ungarn abreisen sollte, legte Akáts Esterházy wieder den Vertrag mit einem Begleitbrief vor. Esterházy antwortete ihm ebenfalls schriftlich – »diese Briefe wurden alle von einem Zimmer ins andere geschickt« – mit erneuerten Versicherungen seiner Freundschaft und dem Versprechen, bis zum 1. Januar 1802 das zugesagte Schreiben aufzusetzen.[76]

Doch im Oktober 1801 kam es zum endgültigen Bruch. Kaum war Esterházy, der in Wien wochenlang an *Gallfieber* erkrankt war,[77] nach Zselíz heimgekehrt, kündigte er Akáts die Freundschaft. Im Brief mit der Anrede »Mein Herr!« nannte er die Versuche, ihn vertraglich zu binden, »Betrug«, »Falle«, »boshafte Tücke, und ränckenvolle Plannschmiederey«. Im kalten Ton forderte Esterházy ihn auf, auf die Angelegenheit nicht wieder zurückzukommen und die Adresse anzugeben, an die er die 1.000 Gulden Schulden schicken solle. Akáts solle sich bezüglich seiner »Mobilien« erklären, die wahrscheinlich noch in Zselíz oder Preßburg bei Esterházy standen.[78]

Nach der Abreise von Esterházy lebte Akáts in Augsburg ein eher zurückgezogenes Leben und widmete sich dem Studium, Schreiben und Theater: »Ich lebe jetzt ein besonderes Leben, einsam zu Hause an meinen Schreibtische bis 6 Uhr, dann ins Theater, oder hinaus in die Freye.«[79] Im September 1801 wurde seine Tochter Therese geboren.[80] Der Bruch mit Esterházy versetzte ihn aber in eine schwere emotionelle und finanzielle Lage. Er musste seine Hoffnung aufgeben, mit Hilfe oder auf Kosten seines vermögenden Freundes ein Leben entsprechend dem gewünschten Status führen zu können: »Ich steche jetz allein und verlassen bettel Arm, dem elend, und der Noht preißgegeben [...] und auch vielleicht ohne Freund! Glaube mir oft komt mir der Gedanke des Selbstmordes, aber da lächelt mein Kind, noch fremdt in denen Verhältnissen dieser Welt, lächelt, und ich glaube in diesen Lächeln eine Aufforderung zu lesen, kühn die Muhtlosigkeit mit Füssen zu tretten; –

---

[76] Ebenda, Fol. 18; J. K. Esterházy an Akáts. Augsburg, 22. August 1801, in Kopie von Akáts beigefügt, ebenda Fol. 21v–22r.

[77] J. K. Esterházy an Böttiger. Wien, 26. September 1801. SLUB Nachlass Böttiger; *Thienemann* 817.

[78] Akáts an Festetics. Augsburg, 15. Dezember 1801. MNL OL P 265 Kt. 1, Fol. 18v; J. K. Esterházy an Akáts. Zselíz, 31. Oktober 1801, in Kopie von Akáts beigefügt, ebenda Fol. 22v.

[79] Akáts an Festetics. Augsburg, 28. August 1801. MNL OL P 265 Kt. 1, Fol. 13r.

[80] Akáts an Böttiger. Augsburg, 18. September 1801. SLUB Mscr. Dresd. h 37, 2°, Bd. 1, Nr. 17; *Thienemann* 827. Über die Taufe konnte in den Matrikeln des Bistums Augsburg kein Vermerk ermittelt werden. Freundliche Mitteilung von Herrn Diplom-Archivar Christoph Meierfrankenfeld (ABA).

und zu hoffen.«[81] Die neugeborene Tochter, die Akáts in seinem Brief »Rosine« nannte, gab ihm Kraft, und der Adressat des Briefes, János Nep. Festetics, war nun seine einzige Hoffnung. Er schilderte ihm nicht nur seinen Lebensgang und vor allem den Bruch mit Esterházy ausführlich, sondern bat ihn auch, ihm Gastfreundschaft für einen Monat in Ungarn zu gewähren, damit er seine Angelegenheiten in Ordnung bringen könne. Er wollte nämlich sowohl seinen Lebensunterhalt sichern, indem er den »kleinen Rest« seines Vermögens in Ordnung brachte und möglicherweise einen Dienst erwarb. Außerdem wollte er seinen sozialen Stand wiederherstellen, indem er die Affäre mit Esterházy im Kreis der Vertrauten beurteilen ließ, und seine Familiendokumente zurückverlangen, die bei Reimprecht, dem Bediensteten Esterházys, lagen. Allerdings brauchte er für die Reise die Unterstützung von Festetics, den er bat, ihm 100 Gulden in Bancozettel zu schicken, denn 25 Gulden waren sein »ganzes Geld«.[82]

In jenen Tagen hatte J. K. Esterházy viel erfreulichere Themen. Er zahlte dem gemeinsamen Freund Festetics 900 Gulden »alte Schulden« zurück und berichtete ihm, dass sich nun das Verhältnis zwischen ihm und Festetics ändern müsse: »Meine jetzige Situation erlaubt mir nun nicht mehr den Bruder in dir zu lieben, sondern gebiethet, den Onkel zu verehren.« Die Erklärung war seine bevorstehende Eheschließung, womit er auch Festetics überraschen wollte, »um der Wellt zu zeigen das nicht du – mich an deine Familie verkupeltest sondern das ich aus eigenem Antrieb dem Edelstein aus deiner Verwandschaft mir erobert habe«. Esterházy plante, am 26. Dezember 1801 nach Wien, und dann nach Pentzing (heute XIV. Wiener Bezirk) zu reisen, wo die Heirat mit Gräfin »Rosine« Festetics stattfinden sollte.[83] Vielleicht kann Esterházys Bruch mit Akáts zum Teil mit der bevorstehenden Eheschließung erklärt werden. Sie markierte für Esterházy jedenfalls einen klaren Lebensabschnitt, wie er auch seinem Weimarer Freund schrieb: »Mein Herz liebt Sie noch immer, aber schweigen mußte ich denn meine Vernunft kehrte erst jetzo ganz wieder – der thörichte Liebhaber verschwand, und der vollendete Ehmann spricht nun mit Seinen Böttiger – ja geschehen ists – gebohren bin ich,

---

[81] Akáts an Festetics. Augsburg, 15. Dezember 1801. MNL OL P 265, Kt. 1, Fol. 19r, 20r.

[82] Ebenda, Fol. 19v–20r.

[83] J. K. Esterházy an J. Nep. Festetics. Zselíz, 12. Dezember 1801. MNL OL P 265 Kt. 1 (neugeordnet), „Esterházy G.", Fol. 1–2. Weitere 21 Briefe von J. K. Esterházy an J. Nep. Festetics aus den Jahren 1796–1798, meistens ohne Datum: Ebenda, „Esterházy J.", Fol. 1–47.

geheurathet hab ich', nun bleibt nur noch das Sterben übrig – und ich habe meine Bestimmung erreicht.«[84]

Akáts aber, verzweifelt wegen seines Lebensunterhalts, wandte sich Ende 1801 an György Graf Festetics (1755–1819), den berühmten Begründer der landwirtschaftlichen Hochschule Georgikon in Güns (*Keszthely*) und Cousin zweiten Grades von János Nep. Festetics. Er schilderte ihm seinen Lebensweg sowie seine mittellosen Lebensumstände und bat ihn um eine Anstellung. Er wurde aber vom Sekretär des Grafen, Imre Csapó, nach mehrfachen Ansuchen abgewiesen. »Nun höre mein neues unglück, und verarge mir, wenn du kannst, daß ich den ganzen Menschengeschlecht fluche!« – schrieb er verzweifelt János Nep. Festetics und bat ihn erneut um Hilfe. Denn über den Winter mit dem kleinen Kind waren alle Ersparnisse verbraucht, seine »Baarschaft« bestand »aus 9 Gulden«.[85]

Homme d'affaire

Akáts versuchte, seine finanzielle Lage auch auf anderen Wegen zu verbessern. Er wurde Handelsagent und vermittelte vor allem Textilien, Wein und andere Getränke an ungarische Aristokraten in seinem Bekanntenkreis. Bereits auf der Rückreise nach Augsburg, als er mit J. K. Esterházy in Linz war, bot er János Nep. Festetics seine Dienste an: »[...] und benöhtigest du etwa aus diesen Gefilden etwas, so laß mich dein Home d'Affaire seyn.«[86] Er machte Festetics auch darauf aufmerksam, dass Esterházy mehr als 500 Flaschen Wein, darunter 50 Flaschen seltenen Rheinischen Rotwein, besaß. Festetics sollte nun Esterházy besuchen, die Weine kosten und auswählen, welche Sorten ihm Akáts schicken solle.[87] Dieses Geschäft schien einigermaßen funktioniert zu haben, denn im Frühsommer 1802 schickte Akáts »Champanier Wein«, »Rheinwein« und Textilien »nach dem letzten Geschmack von der Oster Messe zu Frankfurt a/M«. Die Waren wurden auf der Donau transportiert, »als transito Guht« entsprechend verpackt und versiegelt, damit sie nicht gestohlen oder ausgetauscht wurden. Allerdings standen sie wegen eines star-

---

[84] J. K. Esterházy an Böttiger. Zselíz, 4. Februar 1802. SLUB Nachlass Böttiger; *Thienemann* 819.

[85] Akáts an Festetics. Augsburg, 15. Februar 1802. MNL OL P 265 Kt. 1, Fol. 28; Briefe von Akáts sind im entsprechenden Archivbestand nicht verzeichnet. Vgl. MNL OL P 246 Bündel 1, Briefe an György I. Festetics (1755–1819); *Kállay* 65–68.

[86] Akáts an Festetics. Linz, 21. Juni 1801. MNL OL P 265 Kt. 1, Fol. 11r.

[87] Akáts an Festetics. Augsburg, 28. August 1801. MNL OL P 265 Kt. 1, Fol. 13.

ken Windes länger in Regensburg und trafen erst Ende Juni 1802 in Wien ein.[88] Zu den kostbareren 45 Flaschen Wein stellte Akáts eine detaillierte Preisliste zusammen[89] und verzeichnete auch die Textilien detailliert.[90] Laut der später zusammengestellten Verrechnung waren die Kleidung (227 Florin 43 Kreuzer) und die Getränke (366 Florin 17 Kreuzer) insgesamt 594 Gulden wert, eine Summe, die aber um 16 Prozent des Wechselkurses des Bancozettels erhöht werden musste.[91]

Verrechnung der Textilien und Getränke für J. Nep. Festetics
Angefertigt von Akáts, 5. September 1802[92]

Anzahl	Ware	Gulden	Kreuzer
Stück	Nr. 1		
1	von Baumrinde gedrucktes Kleid schwarz mit gelben Blumen	20	–
1	von nemlicher Qualitaet ostendisch	18	–
1	von Loile Baptist englisch gedruckt	18	–
1	von französisch. Satin broché braun 7 ½ Staab a 6 Fl.	45	–
1	von feinsten ostendisch. muschell. gestickt mit weissen Seidenblumen	45	–
1	französischer Fächer mit Gold gestickt	27	
1	d[etto] d[etto] mit Silber gestickt	13	30
1	p[aa]r Ermel von feinsten Crepp mit halben niederland. ordinaire Spitze	9	–
1	p[aa]r d[etto] von Baptist gestickt	10	30
	Schneider Conto für die gemachten Kleider	15	50
	Fracht für das Garn von Pest bis hier	5	53
	Summa	227	43
Flasche	Nr. 2		
103	Champanier a 2 Fl. 45 Xr.	283	15
18	Rhein Wein Johannesberger 2 Fl. 48 Xr.	50	24

---

[88] Akáts an Festetics. Augsburg, 4. Juni 1802. MNL OL P 265 Kt. 1, Fol. 29; Akáts an Festetics. Augsburg, 17. Juni 1802. Ebenda, Fol. 33.

[89] Die Liste ist nicht vorhanden. Siehe Akáts an Festetics. Augsburg, 24. Juni 1802. MNL OL P 265 Kt. 1, 34.

[90] Akáts an Festetics. Augsburg, 4. Juni 1802. MNL OL P 265 Kt. 1, Fol. 31v.

[91] Akáts an Festetics. Augsburg, 5. September 1802. MNL OL P 265 Kt. 1, Fol. 41.

[92] Ebenda, Fol. 41.

2	Linel a 2 Fl. 24 Xr.	4	48
1	Extra alten Stein Wein	5	–
2	Bouttell. rothen Burgunder	5	30
1	Extra Leistenwein	5	–
1	Weissen Burgund. einer der seltensten Weine	5	–
4	Englisch 4 jähriges Bier a 1 Fl. 50 Xr.	7	20
132	Summa	366	17
	Totalberechnung		
	Summa	594	–
	Diese 594 Fl. erhielt ich von dir in Bancozettel, ich mußte dahero 16 p[e]r Cento Auswechslung bezahl[en]. Ich wechselte sie noch in Tolna bei deinem Doctor ein. 594 Fl. zu 16 p[e]r cento macht	94	54
	Zusammen	688	54
	In Bancozettel empfangen zusammen	676	–
	Verbleibt mir annoch zu empfangen	12	54

Akáts meldete auch, dass »die Lioner Puppe« angekommen sei. Er schickte auch »Muster von Uiberkleider, so die neueste Mode wäre«; ein Kleid kostete zwölf Dukaten. Bald sollte eine Messe in Augsburg gehalten werden, wozu Franzosen und Engländer »schon zu hunderten auf Quartier bestellungen gemacht haben«. Akáts erwartete also die Bestellungen von Festetics und wollte wissen, ob er »die Halstücher Chiler Hosen, und schönes englisches Tuch, und von welcher Farbe«, und die »prächtig gestickte muschlinene Kleider« kaufen solle, »entweder für dich, oder zu weitern speculation«.[93]

Akáts belieferte nicht nur seinen Freund, sondern auch dessen Verwandtschaft und Bekanntschaft. Vom Rheinwein sollte Graf Koháry zwei Flaschen bekommen, sicherlich als Probe für weitere Bestellung. Akáts besorgte auch einen Pass, vielleicht von der Reichsstadt Augsburg, den er persönlich der Schwester von János Nep. Festetics, der »Gräfin Codenus« übergab.[94]

Auch die Frau von János Nep. Festetics, Gräfin Franciska, geborene Horváth, ließ gesponnene Wolle nach Augsburg schicken, um sie dort weben zu

---

[93]   Akáts an Festetics. Augsburg, 4. Juni 1802. MNL OL P 265 Kt. 1, Fol. 31v.

[94]   Constantin Mária Anna Festetics (1761–1826) war seit 1785 verheiratet mit Joseph Freiherr von Gudenus (1755–1831). http://genealogy.euweb.cz/hung/festet2.html (25. September 2017).

lassen. Die Augsburger Weber waren jedoch zu beschäftigt, und wenn die Wolle noch gebleicht werden sollte – was Akáts für ratsam hielt –, hätte es noch weitere acht bis neun Monate gedauert.[95] Das Tischzeug wurde der Gräfin zweieinhalb Jahre später immer noch nicht zugestellt.[96] Auch ein Herr E. Horváth, sicher ein Verwandter der Gräfin, bestellte 100 Flaschen Champagner, die Akáts schicken wollte, sobald er die Bezahlung erhalten habe. Man schickte ihm Bancozettel oder Wechsel, gekauft zum Beispiel beim Bankier Triß in Wien, was aber die Kosten um 20 bis 25 Prozent erhöhte.[97]

Akáts hatte auch Geschäftsideen: Festetics könne auch 500 Flaschen Champagner kaufen, da der Preis nur 2 Florin 38 Kreuzer pro Flasche in Augsburg, und 2 Florin 42 Kreuzer pro Flasche mit Transport bis Wien, jedoch ohne Mautgebühr betrug. Festetics könne gleich 100 Flaschen für je 3 Florin an Herrn Horváth weiterverkaufen.[98] Wein von Ofen (*Buda*) könne für 2 Gulden 50 Kreuzer pro Flasche in Augsburg verkauft werden; wöchentlich kamen Schiffe auf der Donau von Wien bis nach Donauwörth, von wo die zwei bis drei Meilen Landweg wenig kosten würden. »Gutten Offner wären hier sehr schöne Speculationen zu machen, wenn du mir 2 bis 3 Eymer zur Kost schicken wolltest, aber d[a]ß müßte bald seyn, es würde dich in der Folge gewiß nicht gereuen« – bedrängte Akáts seinen Freund.[99] Seitdem englische Kaufleute auf die ungarischen Weine aufmerksam geworden waren, stieg die Nachfrage, Akáts schien sie sogar mit Werbung in der Zeitung zu nutzen. Doch »die Unternehmung geräht sehr schlecht. Ich muß in einen unglücklichen Zeichen gebohren seyn«.[100]

Auch seine Sendung mit Getränken und Textilien stellte das Ehepaar Festetics nicht vollständig zufrieden: »Daß der Champanier nach deinen Geschmackt ist, freuet mich so unendlich als es mich schmertz daß der Rheinwein, das Bier, und die Kleider dir und der Gräfin mißfallen.«[101] Den Wein und das Bier betreffend fiel ihm die Antwort leicht: »Chacun son goût«, aber für die Textilien zog er den Kaufmann zur Rechenschaft. Dieser erklärte ihm, er würde das Geld gleich erstatten, wenn es Akáts gelinge, in der Habsburger-

---

95 Akáts an Festetics. Augsburg, 4. Juni 1802. MNL OL P 265 Kt. 1, Fol. 29v.

96 Akáts an Festetics. München, 12. Januar 1805. MNL OL P 265, Kt. 1, Fol. 55r.

97 Akáts an Festetics. Augsburg, 4. Juni 1802. MNL OL P 265 Kt. 1, Fol. 32r; Akáts an Festetics. Augsburg, 24. Juni 1802. Ebenda, Fol. 34v; Akáts an Festetics. Augsburg, 8. August 1802. Ebenda, Fol. 39r.

98 Akáts an Festetics. Augsburg, 8. August 1802. MNL OL P 265 Kt. 1, Fol. 39r.

99 Akáts an Festetics. Augsburg, 4. Juni 1802. MNL OL P 265 Kt. 1, Fol. 32r.

100 Akáts an Festetics. Augsburg, 8. August 1802. MNL OL P 265 Kt. 1, Fol. 39v.

101 Ebenda, Fol. 38r.

monarchie für den selben Preis »Einen Druck, von der Qualität, von den ächt-Englischen Geschmack, oder einen Satin broché von Französisch[em] Geschmack, aufzutreiben«. Er behauptete außerdem, dass Leipzig, Berlin und Frankfurt die Mode diktieren würden und »Wien sich nach diesen Städten richtet, und in allen benannten Städten diese Moden ganz neu sind, so ist es högst unwahrscheinlich daß überschickten Kleidungstücke in Wien aus der Mode sind, vielmehr erst Mode werden«. So übernahm Akáts wenigstens die Verantwortung für die Wahl der Farbe und des Schnittes.[102]

Suche nach Status

Im Frühjahr 1802 war Akáts wieder in Ungarn, um seine Angelegenheiten in Ordnung zu bringen.[103] In Zselíz empfing ihn aber Esterházy nicht, und in Lewenz (*Léva*, heute *Levice* in der Slowakei) suchte er Herrn von Szathmáry beziehungsweise seinen »Plenipotenz« vergebens. So reiste er – »Mit dem grösten Wiederwillen, aufgebracht über mein unversöhnbares Schiecksall« – nach Preßburg.[104] Hier, im Theater, begegnete er aber einer Linzer Bekanntschaft seiner Militärjahre: »dieses Weib nahm mich leidenschaftlich ein«. Erst nach drei Wochen war »dieser verdambte Taumel« vorbei, als sein Gewissen wieder erwachte und, inzwischen nach Wien weitergereist, auch »der leichtsinnige Nebel« verschwand, »und ich frug zum ersten mahle mit fürchterlichen Ernst; von was wirst du wenn diese paar Gulden weg sind, dein Weib und dein Kind ernähren?«[105] Nun spielte er mit der Idee, Patriziat in Wien zu beantragen, doch dazu hätte er 4.266 Gulden besorgen müssen. »So sind alle meine Hoffnungen zertrümmert, so bin ich theils durch meine eigene Schuld, aber gröstentheils durch meine Freunde und Verwandte Schurkereyen zum Ärmsten Schlucker heruntergesuncken.«[106]

Akáts war zutiefst verzweifelt, mittellos und fühlte sich in einer aussichtslosen Lage. Er kämpfte sogar mit Selbstmordgedanken. Er plante, seine Familie zu verlassen, um anderswo sein Verdienst zu suchen, aber dies hätte die Ehre seiner Familie ruiniert. »Wenn die etlichen Hundert Gulden verbraucht

---

[102] Ebenda, Fol. 38v.

[103] Laut *Thienemann* 826 fuhr Akáts am 13. Februar 1802 nach Ungarn. Ohne diese Reise zu erwähnen, datierte er seinen Brief an Festetics noch in Augsburg, 15. Februar 1802. MNL OL P 265 Kt. 1, Fol. 26–28.

[104] Akáts an Festetics. Augsburg, 4. Juni 1802. MNL OL P 265 Kt. 1, Fol. 32v.

[105] Ebenda.

[106] Ebenda.

sind, von was wirst du dann Weib, Kind und dich ernähren??? Diese Frage ist mein eintziger Gedanke, Nachts rüttelt sie mich aus dem Schlafe, – Mittags benimbt Sie mir die Lust zu Essen, – und Morgens zum Leben! – Schon oft ergrief mich mit kalter Hand, der gräßliche Gedanke des Selbstmords. – aber der bessere theil meines Ichs Hält mich zurück. – Ich bin nicht fähig meine Gedanken fünf Minuten fixirt zu behalten; – O! wie schmertz der stille leidende Blick meines Weibes, d[a]s unschuldige Lächeln meines Kindes. – Schon etlichen mahlen war ich willens Sie heimlich zu verlassen, und in die weite Welt hinein zu lauffen, Brod für Sie und für mich bey Fremde zu suchen, aber der Gedanke welche Mißhandlungen würde Sie von Ihren Vatter auszustehen haben, der Gedanke an den Hohn und Schande welche nur Sie als die Zurückbleibende treffen würde, hielt mich wieder zurücke.«[107]

Die einzige Hoffnung von Akáts war nun Festetics. Folglich entwarf er wiederholt Pläne, wie ihm Festetics helfen könnte, so hätte er ihm jährlich 400 Gulden Hypothek auf die Erbschaft, die sich seine Frau erhoffte, geben können, wie er nach der Rückkehr in Augsburg im Sommer 1802 vorschlug.[108] Akáts hoffte auch darauf, dass ihn Festetics für einige Zeit aufnimmt und ihm sogar eine Hufe in Pacht gibt, damit er seine Schwiegereltern nicht mit anderen Schritten verärgere und dadurch die erhoffte Erbschaft verliere.[109]

Akáts fühlte sich in der Klemme. Er musste den Erwartungen seiner Schwiegereltern entsprechen, um von der erhofften Erbschaft nicht ausgeschlossen zu werden. Diese Erwartungen aber hinderten ihn am Geldverdienen. Dabei wuchs auch seine Familie: Seine Frau war wieder schwanger, das Kind sollte im Oktober oder November 1802 geboren werden. »Wären meine Verhältnisse hier nicht durch den Stolz und die grosse Verwandschaft meiner Schwieger Eltern für mich äußerst drückend, so würde ich mein bischen Lebensunterhalt leicht selbst mir hier verdienen können; dahero wäre mir ein dritter Ort, wo ich ohne Aufsehen zu erregen, mich dahin begeben, und da eingeschränkt leben könte, bis der Zeitpunkt sich genahet hatt, wo ich der Wohlthaten nicht mehr bedarf, von unendlichen Vortheil.«[110] Und er malte länger aus, wie ihm Festetics ein Haus mit zwei Zimmern, Garten und genügend Land, um die Familie zu ernähren, in Tolnau »um einen billigen Preiß

---

[107] Ebenda, Fol. 30r.

[108] Ebenda, Fol. 30r-v.

[109] Akáts an Festetics. Augsburg, 15. Februar 1802. MNL OL P 265 Kt. 1, Fol. 26v; Akáts an Festetics. Augsburg, 17. Juni 1802. Ebenda, Fol. 33; Akáts an Festetics. Augsburg, 2. August 1802. Ebenda, Fol. 37v; Akáts an Festetics. Augsburg, 8. August 1802. Ebenda, Fol. 38r.

[110] Akáts an Festetics. Augsburg, 5. September 1802. MNL OL P 265 Kt. 1, Fol. 40r.

in Verpachtung« geben könnte, was ihm unter anderem auch ermöglichen würde, eine Anstellung in seinem »Vatterlande« zu finden.[111]

Doch, als er aus Ungarn wieder nach Augsburg zurückkehrte, zeigte sich ein anderer Hoffnungsschimmer. Es lag ein Brief von Böttiger vom 16. Februar 1802 auf seinem Tisch, in dem der Weimarer Literat die von Akáts im September 1801 begonnene Korrespondenz weiterführte und auch sein Mitgefühl wegen des Bruches mit J. K. Esterházy zum Ausdruck brachte.[112] In dieser Affäre stand Böttiger an der Seite von Akáts, wie dies aus seinem Brief an Karl Anton Gruber klar hervorging: »Aber es lebt in Augsburg ein sehr braver und doch sehr unglücklicher Mann, den der Herr Graf Esterházy einst seinen Bruder und Freund nannte. Macht ihm sein Herz über diesen keine Vorwürfe: so habe ich nichts zu sagen, als den alten Vers des Horaz: Nil intra est olea[m], nil extra est in nuce duri.«[113]

Akáts antwortete auf diesen Brief von Böttiger mit dem langen Brief vom 1. Juli 1802, der seine Autobiografie samt Bewerbung um die Schauspielerausbildung in Berlin bei August Wilhelm Iffland (1759–1814) oder in Weimar bei Goethe enthielt.[114] Akáts arbeitete wohl länger im Juni 1802 an diesem Brief, der sein Schicksal grundsätzlich ändern sollte.

Böttiger berichtete ihm umgehend, dass er die Lage von Akáts der Herzogin Anna Amalia und ihrem Berater, Wieland, vorgetragen und ihr Mitgefühl ausgelöst habe.[115] Doch in Theaterangelegenheiten konnte Böttiger nichts tun. So schlug er Akáts vor, sich als Hofmeister zu versuchen, da er bei der Geburt seiner Tochter ohnehin sein pädagogisches Interesse geäußert hatte. Akáts aber hielt an der Hoffnung, Schauspieler bei Goethe zu werden, fest: »Könnte ich dahero bey der Schaubühne in Weimar einen Platz als Volonteur oder vielmehr als Schüler erhalten; so würde ich versuchen, die Hindernisse zu besiegen. Auf Gage mache ich unter dieser Zeit nicht den mindesten Anspruch.«[116]

---

[111]   Ebenda, Fol. 40v, 43r.

[112]   *Thienemann* 827.

[113]   Böttiger an Gruber. Weimar, 11. Oktober 1802. Országos Széchényi Könyvtár, Budapest. Kézirattár, Quart lat. 771, Fol. 32v. Fehlerhafter Druck in: *Thienemann* 825. Die lateinischen Verse von *Horatius*: Epistola I. ad Augustum, 31.

[114]   Akáts an Böttiger. Augsburg, 1. Juli 1802. SLUB Nachlass Böttiger. Laut *Thienemann* 824, Anm. 21, war der Brief 18 Seiten, laut Kalliope-Verbund nur 14 Seiten lang. http://kalliope-verbund.info/DE-611-HS-2875895 (25. September 2017).

[115]   *Thienemann* 829.

[116]   Akáts an Böttiger. Augsburg, 2. August 1802. SLUB Mscr. Dresd. h. 37, 2°, Bd. 1, Nr. 1; *Thienemann* 829.

Böttiger antwortete zwar Akáts gleich am 25. August 1802, konnte ihm aber wieder keine guten Nachrichten hinsichtlich des Theaters übermitteln. Akáts war wieder verzweifelt und sogar bereit, seine Weimarer Pläne aufzugeben. Er unternahm aber einen letzten Versuch und wandte sich Anfang September 1802 unmittelbar an Goethe: »Schon wollte ich ganz des Theaters vergessen, als mich ein unnenbahres Gefühl an mein Schreibtisch hinzog, und mich an dem Herrn Geheimen Rath Göthe zu schreiben zwang, wobey ich aber genau beobachtete, was Sie die Güte gehabt haben mir anzuzeigen. — Was wird wohl mein Schicksal seyn? — Ich harre mit Geduld und Ergebung. — Wie kann ich aber Ihren Zeitaufwand, Ihrer Freundschaft genug danken!«[117]

Goethe antwortete ihm gleich und positiv. Der Wortlaut dieses Briefes ist unbekannt, doch das Datum ist in Goethes Tagebüchern – am 27. September 1802 ein Brief an »Mr. François d'Akáts, Augsburg« – verzeichnet.[118] Vorhanden ist aber die Antwort von Akáts.[119] Er äußerte seine Dankbarkeit und »höchste Freude« über die Aufnahme in Weimar, in seinen »neuen Stand«, kündigte an, bald nach seiner Genesung die Reise unter dem Namen »Franz Grüner« anzutreten und bat um einen Reisepass, den er in Augsburg auf den fremden Namen nicht erhalten konnte. Dieser Wunsch wurde ihm gleich erfüllt: Am 17. Oktober 1802 notierte Goethe in sein Tagebuch wiederum einen Brief an »Hrn. D'Acátz nach Augsburg mit einem Paß«.[120] Für Akáts alias Grüner war nun der Weg nach Weimar frei. Zur selben Zeit wurde seine zweite Tochter geboren.[121]

Seinem Freund Festetics verriet Akáts vorerst nichts von der positiven Wende seines Lebens. In unklaren Worten und in trüber Stimmung schilderte er seine Lage, als ob er noch immer mit der Hilfe von Festetics rechnete, der ihm in der Tat 125 Gulden zu schicken versprach.

---

[117] Akáts an Böttiger. Augsburg, 12. September 1802. SLUB Mscr. Dresd. h. 37, 2°, Bd. 1, Nr. 2. Abgedruckt in: *Thienemann* 829–830.

[118] Johann Wolfgang *von Goethe*: Tagebücher. In: Goethes Werke. Weimarer Ausgabe. III/3: 1801–1808. Weimar 1889, 63; *Thienemann* 830.

[119] Akáts an Goethe. Augsburg, 6. Oktober 1802. In: *Briefe an Goethe. Gesamtausgabe in Regestform, 1764–1819*. Hg. Klassik Stiftung Weimar, Goethe- und Schiller-Archiv, in Kooperation mit dem Verlag Hermann Böhlaus Nachfolger. Weimar 2004, Nr. 4/430. Abgedruckt in: *Thienemann* 830–831.

[120] *Goethe*: Tagebücher, 65; *Thienemann* 831.

[121] Über die Taufe konnte in den Matrikeln des Bistums Augsburg kein Vermerk ermittelt werden. Freundliche Mitteilung von Herrn Diplom-Archivar Christoph Meierfrankenfeld (ABA).

»Mein Entschluß ist gefaßt. Ich wandere. Wohin? Daß weiß das Schieck-sall. Weh' thut es dem Herzen Weib und Kind verlassen, und dessen junges Stammerln entbehren zu müssen; – [24v]

Weh' thut es dem Herzen aus seinem Vatterlande, sich verbannt zu sehen; – doch des Verhängniß eiserner Arm umklammert mich, und rei[ßt][122] mich fort.

[…] Allein, – ohne Stütze stehe ich auf dieser schönen Erde, – zwey un-mündige Wesen und ein guttes Weib, schmügen sich mit furchtsamer Zärt-lichkeit an meinen Busen, Ihnen gehört ein hülflosen Leben, Ihnen, die eint-zigen Bande, die mich noch an diese Welt faßeln, für (sie)[123] suche ich ein Pläzchen der Ruhe, und des [25r] Friedens, ob unter weiße, oder schwartze Menschen daß gilt gleich, wenn nur unter bessere.«[124]

Doch die Reise verzögerte sich. Anfang November 1802 wurde Akáts wie-der krank – »ein mächtiger Fieberfrost gewaltsam ergrief« ihn; er durfte die bereits vorbereitete Reise nicht antreten, wie er dies verzweifelt Goethe be-richtete. »Mein schmerzliches Gefühl gränzt an Verzweiflung, so nahe meinn Ziel, und jetzo wieder so weit entfernt!« – schrieb er und bat um die weitere Güte Goethes, »dann die Fortdauer Ihrer Gnade ist mir werther, als die Fort-dauer meines Lebens. – Diese Hofnung ist das feste und eintzige Band, so meine Seele in dieser gebrechlichen Hülle festhält.«[125]

Anfang April 1803, noch immer in Augsburg, doch schon mit Aussicht auf die Reise nach Weimar, brach Akáts mit seiner Gesellschaft in Ungarn und nahm auch von J. Nep. Festetics Abschied.[126] Verbittert äußerte er sich über den Grafen György Festetics, dem er seine missliche Lage und sein Konflikt mit J. K. Esterházy mitsamt Dokumenten vorgelegt und ihn vergeblich um Hilfe und Anstellung gebeten hatte. Die Schuld daran schob er Herrn Reim-precht zu; Esterházy nannte er »nur högst schwach«, und »von der Gräfin [Rózsa Festetics], wie auch von allen übrigen sprach [er] mit der grösten Schonung«. Dabei habe er vielleicht »zwar nicht klug, aber auch nicht niedrig gehandelt«. Er glaubte nicht, seinen Stand, seine Ehre »in aller Augen« verlo-ren zu haben, wie ihm Festetics vorgeworfen hatte. »Was sind denn die Aller Augen? Vielleicht Annibal, Elise, Ocskay &c &c Geschöpfe die sich jetzo bey

---

[122] Papierschaden.

[123] Über der Zeile eingefügt.

[124] Akáts an Festetics. Augsburg, 4. November 1802. MNL OL P 265 Kt. 1, Fol. 24–25.

[125] Akáts an Goethe. Augsburg, 6. November 1806. In: *Briefe an Goethe* Nr. 4/464. Abgedruckt in: *Thienemann* 831–832, hier 832.

[126] Akáts an Festetics. Augsburg, 2. April 1803. MNL OL P 265 Kt. 1, Fol. 44–47.

jenen trüglichen Kohlen-feuer erhitzen, das mich durch seinen stinckenden Dampf erstickt hat; sie haben freilich nicht das zu befürchten, den[n] sie erfreuen sich weiter Nasenlöcher, und grosser Mäuler; und überhaupt lieben sie Gestanck und dicke Luft; oder scheinen es zuwenigsten jetzo zu lieben, da sie solche als geübte Chemiker vortheilhaft zu benutzen verstehen, dann so viel ich höre werden sie alle dick und fett dabey. Wohl bekom's ihnen!«[127]

Ohne über seine Pläne näheres zu schreiben, nahm er von seinem Freund Abschied: »Was die Zukunft anbelangt, brauche ich dir nichts mehr zu sagen, als ich baue auf dein Wort; noch mehr auf dein Herz. Jetzo lebe wohl und glücklich. Möge dich jene Zufriedenheit beglücken, die jeder edle genießt! Die Welt ist groß, und unauslösbahr[128] ist die Hoffnung in den innersten meines Herzens eingegraben. Es giebt doch noch gute Menschen. Bleibe mein Freund wenn auch nur so viel als deine Verhältnisse (es)[129] erlauben, und denke öfters an deinen Bruder Akáts mpp.« Diesem Brief legte Akáts Verse aus Shakespeares „Cymbeline", IV. Akt, »mit einigen Veränderungen« bei – zum Andenken des unlängst verstorbenen Bruders von Festetics, des Grafen Péter Festetics (1768–1803), mit dem Akáts früher separat korrespondiert hatte.[130]

»Dieses Blat is der Todes-Feyer deines – unserers – Bruders gewidmet

Er ist an jenen Ort, wo jeder Schein schwindet, wo wir nur mit unsern Thaten bekleidet vor dem Welt-Richter tretten müssen; Er ließt vielleicht jetzt in meinen Herzen, und findet mit feurigen Buchstaben sein Angedenken darinnen eingetragen.
Ruhe mit Dir, Edler Mann, theurer Freund und Bruder!
Ruhe mit deiner Asche!!!

Scheu nicht mehr der Sonne Glut
Noch des wilden Winters Wuth
Hast vollbracht, bist heimgegangen
Wirst der Arbeit Lohn empfangen!
Jung und reitzend schön und werth, [46r]
Alles wird in Staub verkehrt.

---

[127] Ebenda, Fol. 47r.
[128] Anstatt »unauslöschbar«.
[129] Über der Zeile eingefügt.
[130] Akáts an Festetics. Augsburg, 28. August 1801. MNL OL P 265 Kt. 1, Fol. 15r. Leider sind diese Briefe im Nachlass von Péter Festetics nicht erhalten. Vgl. MNL OL P 263; *Kállay* 90–91.

Scheu nicht mehr der fürsten Droh'n
Du bist ihrem Streich entflohen;
Speiß und Kleid verschmäht die Leiche,
Schilfrohr ist ihr wie die Eiche.
Fürsten, Aertzte, groß und gelehrt,
Alles wird in Staub verkehrt

Scheu nicht mehr des Blitzes Feil;
Noch des grimmigen Donnerskeil;
Scheu nicht mehr der Wehsucht Wunden,
Lust und Gram sind dir verschwunden.
Was der Liebe Ruf gehört,
Alles wird in Staub verkehrt;

Kein Beschwörer störe Dich!
Und kein Zauberer plage Dich!
Kein Gespenster schrecke Dich!
Alles Uibel meide Dich!
Stille Ruh, der Nachwelt Liebe,
Heilige dieses Grab edler Triebe.
Schakespeare
mit einigen Veränderungen von mir.«[131]

Theater

Akáts interessierte sich für das Theater seit eh und je. Schon als Kind habe er mit Puppentheater gespielt, später am liebsten Komödien gelesen und im Jahre 1798 mit einigen Kameraden ein Stück erfolgreich aufgeführt; seitdem sei er »bereits in mehreren Stücken teils in Gesellschafts-, Theaters-, theils in öffentlichen Schauspielhäusern in verschiedenen Rollen aufgetreten«, wie er in seiner Bewerbung um die Schauspielerausbildung aufzählte.[132]

Er beschäftigte sich ernsthaft mit dem Theater in Augsburg und schrieb sogar eine Broschüre zur Verbesserung des dortigen Theaters. Er fand Aner-

---

[131]   Akáts an Festetics. Augsburg, 2. April 1803. MNL OL P 265 Kt. 1, Fol. 46. Vgl. William *Shakespeare*: Cymbeline. IV. Akt. In: W. Shakespeare's dramatische Werke. Übersetzt von Ernst Ortlepp. IV. Stuttgart 1839, 433–434.

[132]   Akáts an Böttiger. Augsburg, 1. Juli 1802. SLUB Nachlass Böttiger; *Thienemann* 826.

kennung, besonders bei dem aufgeklärten Theologen und Philosophen Jakob Salat (1766–1851), doch die nötigen finanziellen Mittel fehlten ihm nach wie vor.[133] Es bedarf weiterer Forschungen, mehr über Akáts und das Augsburger Theater herauszufinden. Max von Stetten beschäftigte sich in seinen Briefen »über den Zustand der Künste in Augsburg« im Jahre 1804 hauptsächlich mit den schönen Künsten, also mit Kupferstichen, Zeichnungen, Malerei sowie Bildhauerei, widmete der Musik aber nur einen kurzen Abschnitt. Über das Theater verlor er kein Wort.[134]

Das Theater war für Akáts nicht nur Vergnügung und intellektuelle Beschäftigung, sondern schien ihm auch eine standesgemäße Anstellung zu bieten. Wieder Soldat zu werden wollte er nicht, denn »dazu hatte ich schon zu viel Bildung« – meinte er. Hofmeister zu werden, wie ihm Böttiger und auch Festetics geraten hatten, dies ganz besonders in Augsburg, »wo man mich in höchsten Wohlstand kannte«, wollte er nicht: »ich hatte so viele äussere und innere Hindernisse daß es nicht ging.«[135] Schauspieler, Regisseur und sogar Direktor an einem Hoftheater zu werden, bedeutete aber Anerkennung, Ruhm und nicht zuletzt eine sichere Gage. Seine Entscheidung erörterte er Böttiger gegenüber wie folgt: »Lange mich selbst prüfend, in welchem Felde ich am besten bestehen könne, worin mein weniges Wissen, meine Empfindungen und innigen Gefühle, meine Grundsätze von Moralischer Unabhängigkeit, Freyheit des Geistes mein Hang zur Thätigkeit und mühsamen Arbeiten am besten hinzupaßte, – so fand ich wenn ich mein Äußeres, mein Alter und meine heiße Begierde dazu rechnete, daß die Schaubühne vielleicht daß einzige Feld wäre, auf welchen ich mit Ehren als Sieger zu bestehen hoffte.«[136] Doch kein Wanderschauspieler, sondern ein Hofschauspieler am angesehensten Hause wollte Akáts werden. Deswegen bewarb es sich gezielt bei Böttiger, um am Berliner Nationaltheater bei Iffland oder am Weimarer Hoftheater bei Goethe aufgenommen zu werden: »Würdigen Sie mich einer baldigen Antwort, welche bestimmt entscheide, ob mein Wunsch erhöret wird, denn nur Berlin und Weimar ist meine Losung; indem ich nie gesonnen bin mich an herumziehenden Banden zu schließen um da sowohl in meiner Bildung nur eine schiefe Richtung zu geben, als meinen morali-

---

[133] Akáts an Festetics. München, 5. Oktober 1804. MNL OL P 265 Kt. 1, Fol. 50r (die einst beigelegte Broschüre ist nicht vorhanden).

[134] Max von *Stetten*: Ueber den gegenwärtigen Zustand der Künste in Augsburg. In: Der neue Teutsche Merkur 1790–1810. Hg. Christoph Martin Wieland. 2 (1804) 111–152.

[135] Akáts an Festetics. München, 5. Oktober 1804. MNL OL P 265 Kt. 1, Fol. 50r.

[136] Akáts an Böttiger. Augsburg, 1. Juli 1802. SLUB Nachlass Böttiger; *Thienemann* 827.

schen Charakter dem gänzlichen Untergang auszusetzen. So groß meine Achtung für den wirklichen Künstler ist, eben so groß ist auch mein Mitleiden gegen den Taglöhner. Die Schaubühne soll nur ein freyer Zufluchtsort meiner Gefühle und meines Verlangens zur Veredlung der Menschheit etwas beytragen zu können, für mich seyn.«[137] Akáts meinte auch, dass der soziale Stand von Schauspielern und Theaterleuten in den nördlichen deutschen Staaten viel höher sei, als in der Habsburgermonarchie. »Nur muß ich dich bitten ja kein Vergleich mit jenen Theatern die in Kais[erlichen] Staaten sind; ja selbst das Wiener Hof und National Theater nicht ausgenommen, zu machen: In Weimar wird es kunstmäßig betrieben und bei euch handwerksmäßig – Dort ist der Schauspieler der erste gesuchteste Stand, bei euch der letzte oder (vielmehr)[138] gar keiner! – Doch stille darüber!«[139]

So konnte Akáts in Weimar, wo er zusammen mit Pius Alexander Wolff (1782–1828), der sich in Nürnberg zu ihm gesellt hatte, letztendlich eintraf, ein neues Leben beginnen: »Den 16ten Juny 1803 kam ich dort gleichsam in eine neue Welt, neu geboren an.«[140] Hier konnte er sich große Fortschritte in der Theaterkunst versprechen »durch den Umgang und Belehrung so grosser Männern« wie Friedrich von Schiller, Johann Wolfgang von Goethe, Christoph Martin Wieland, Johann Gottfried Herder (der aber am 18. Dezember 1803 starb), Johann Heinrich Voss (1751–1826), Johannes (Daniel) Falk (1768–1826) und August Theodor Heinrich Bode (1778–1804).[141] »Ich lebte glücklich in Umgang mit diesen großen Männern! O! oft habe ich an dich gedacht, wenn ich abends bei dem großen Gőthe zu Tisch gebeten war, und

---

[137] Ebenda; *Thienemann* 828.

[138] Über der Zeile eingefügt.

[139] Akáts an Festetics. München, 5. Oktober 1804. MNL OL P 265 Kt. 1, Fol. 53r. Ähnliche Gedanken in Bezug auf »Oberdeutschland« bei Akáts an Böttiger. Augsburg, 2. August 1802. SLUB Nachlass Böttiger; Goethe an Sabine Wolff, die Mutter von Pius Alexander Wolff. Weimar, 1. September 1803. Goethe-Museum, Düsseldorf. Beide Dokumente zitiert von *Thienemann* 833, Anm. 26.

[140] Akáts an Festetics. München, 5. Oktober 1804. MNL OL P 265 Kt. 1, Fol. 50v. Vielleicht reiste Akáts gleich nach Bad Lauchstädt weiter, um die dortigen Theateraufführungen anzusehen. Vgl. Christiane Vulpius an Goethe. Lauchstädt [zwischen 15–20. Juni 1803]. In *Briefe an Goethe* Nr. 4/771.

[141] Akáts an Festetics. München, 5. Oktober 1804. MNL OL P 265 Kt. 1, Fol. 50v. Zu J. H. Voss Franz *Muncker*: Voß, Johann Heinrich. In: Allgemeine Deutsche Biographie 40 (1896) 334–349; zu J. D. Falk Adalbert *Elschenbroich*: Falk, Johannes. In: Neue Deutsche Biographie 4 (1959) 749–750; zu A. T. H. Bode siehe Bode, August Theodor Heinrich, Indexeintrag: Deutsche Biographie. https://www.deutsche-biographie.de/gnd116215445.html (25. September 2017). Siehe auch Goethes Tagebucheinträge vom 20. und 21. November 1803 sowie 12. Februar 1804, zitiert von *Thienemann* 836.

die ersten Dichter Deutschlands /:wie die Vorwelt keine hatte, und die Nachwelt keine bekommen wird:/ den Tisch umgaben. Ihr Gespräch – Ihre Fröh-
lichkeit – Man<n>[142] vergaß sich und die Welt und staunte die Männer an! In
Entzücken zweifelte ich oft über die Wirklichkeit ich dachte es ist ein schö-
ner Traum, und fürchtete das Erwachen; aber wohl nur meine Furcht war
vergebens.«[143]

Das erste Treffen mit Goethe fand am 21. Juli 1803 statt. »Die Empfindungen dir zu beschreiben welche mich ergriffen, wie ich das erstemal vor dem
grossen Gőthe stand, und drey Stunden in einem fort declamiren mußte –
kann ich dir nicht beschreiben; mit einem Wort; Gőthe fand mich würdig in
Thaliens Tempel einzugehen.«[144] Goethe selbst hielt später ausführlichere
Erinnerungen fest, indem er betonte, dass Akáts und Wolff ihm die Gelegen-
heit gaben, sich nicht nur »instinktmäßig« mit dem Theater zu beschäftigen,
sondern über die Theaterkunst systematisch nachzudenken, »die Kunst aus
ihren einfachsten Elementen« didaktisch zu entwickeln.[145] »Mit dem Gehen
wollen wir anfangen« – sagte Goethe am Ende der Aufnahmeprüfung.[146] Er
erarbeitete einen Lehrplan für die beiden »Lehrlinge«. Auch ein Dritter,
Grimmer, wurde aufgenommen, vor allem auf Schillers Wunsch, der für seinen „Wilhelm Tell" mehrere Personen brauchte.[147] Die Arbeit begann sogleich; am 22., 24. sowie 25., 27. und 29. Juli, dann nach der Sommerpause am
11. und 18. September, schließlich über den Winter hindurch hielt Goethe
Übungen mit Akáts und Wolff ab.[148] Im Jahre 1816 erinnerte er sich daran
folgendermaßen: »1803, im August, kamen zwey junge Leute, Grüner und
Wolff, hierher, die Gesellschaft war in Lauchstädt, ich hatte Zeit und Humor
und wollte einen Versuch machen, diese beyden, eh jene zurückkämen, auf
einen gewissen Punkt zu bringen. [...] Beyde waren mit Glauben und Neigung
zu mir gekommen, der eine den Militär-, der andere den Kaufmannsstand
verlassend, und beyde haben es nicht übel getroffen. [...] Ich dictierte die

---

[142] Durchstreichungen im Original werden mit < > markiert.
[143] Akáts an Festetics. München, 5. Oktober 1804. MNL OL P 265 Kt. 1, Fol. 53r.
[144] Ebenda, Fol. 50v.
[145] Johann Wolfgang von *Goethe*: Tag- und Jahreshefte. In: Goethes Werke. Weimarer Ausgabe. XXXV. Weimar 1892, 148, zitiert von *Thienemann* 833. Siehe auch Goethe an August Wilhelm Schlegel. Weimar, 2. Oktober 1803. Universitäts- und Landesbibliothek Bonn, zitiert von *Thienemann* 835.
[146] Wie Friedrich Schubart (1739–1791) die Erzählung von seinem Freund, Wolff, festhielt, zitiert *Thienemann* 832.
[147] *Goethe*: Tag- und Jahreshefte, 149.
[148] Anhand Goethes Tagebücher: *Thienemann* 833–834.

ersten Elemente, auf welche noch niemand hingedrungen ist. Beyde ergriffen sie sorgfältig. [...] Wir hatten aber damals so viel Lust zu leben und zu theatrisieren, daß mich im Winter ein Theil der Gesellschaft in Jena besuchte und unsere Übungen fortsetzten. Durch den Schnee war die Schnecke [die Straße nach Jena] impracticable geworden, Grüner verlor das Heft, das er in der Tasche als ein Talisman trug, welches er aber einige Tage nachher wieder bekam, indem er in allen Schänken Lärm geschlagen und es glücklicher Weise ein Fuhrmann aufgelesen hatte.«[149]

Dieses Heft wurde später kopiert und aufgehoben.[150] Goethe übergab es später Eckermann, der Anfang Mai 1824 folgendes notierte: »Goethe hatte mir heute ein Convolut in Bezug auf das Theater zugesendet; besonders fand ich darin zerstreute einzelne Bemerkungen, die Regeln und Studien enthaltend, die er mit Wolff und Grüner durchgemacht, um sie zu tüchtigen Schauspielern zu bilden.«[151] Eckermann fand diese Papiere so interessant, dass er »vornahm, sie zusammenzustellen und daraus eine Art von Theaterkatechismus zu bilden«.[152]

Akáts wurde am 1. September 1803 am Weimarer Hoftheater für drei Jahre vertraglich für eine Gage von wöchentlich drei Talern verpflichtet.[153] Laut Vertrag musste er alle ihm zugeteilten Rollen annehmen, mit Fleiß und dem besten Willen »executieren«. Fleiß brauchte er auf jeden Fall, denn Schiller meinte, vom guten Willen von Akáts und Wolff sei mehr zu erwarten, als »von ihrem Talent«; dennoch unterstützte er den Wunsch von Akáts, in der „Jungfrau von Orleans" als Gespenst aufzutreten, und wollte die Neulinge als »sprechende Statisten« einsetzen.[154] Einen Monat später debütierte Akáts in der Rolle von Voltaires „Mahomet" in der Übersetzung und Bearbeitung von Goethe.[155]

---

149 Goethe an Carl Friedrich Zelter. Weimar, 3. Mai 1816. In: Goethe- und Schiller Archiv, Weimar [im Folgenden: GSA]. Zitiert von *Thienemann* 833.
150 „Dramatische Übungen mit Wolff und Grüner". GSA; *Thienemann* 834.
151 Johann Peter *Eckermann*: Gespräche mit Goethe in den letzten Jahren seines Lebens, 1823–1832. I. Leipzig 1836, 155. Ich verdanke diesen Hinweis meinem Freund, dem Literaten und Theaterkünstler Péter Litván (1962–2018). Siehe auch den Eintrag vom 5. Mai 1824 in *Eckermann* III, Leipzig 1848, 46.
152 *Eckermann* I, 155.
153 *Thienemann* 834.
154 Schiller an Goethe. Weimar, 14[?] September 1803; Weimar, 14. November 1803. In: *Briefe an Goethe* Nr. 4/973; Nr. 4/1095. Zitiert von *Thienemann* 835.
155 Laut *Thienemann* 835 betrat Akáts am 1. Oktober 1803 die Bühne gleich in zwei Rollen im „Julius Cäsar".

»D[en] 17ten 8bris 1803 stellte ich zu erst die Rolle des Mahomets, von Voltaire, bearbeitet von Gőthe dar. Wenn ich in den vorigen Zeiten Kanonen Donner hörte, und die Franzosen mit blutigen Säbeln auf mich zu stürmen sah, so klopfte [53r] mir das Herz nicht so bange – als der geheimnißvolle Vorhang auf rollte – und <mir> ich bei dem hellen Schein der Beleuchtung (mir)[156] tausend Menschen entgegen schauen, auf jede meine Bewegungen lauern; jedes Wort auffangen, bekritteln (sah und einbildete zu hören)[157] – bei Gott! es ist keine Kleinigkeit!«[158]

Nach den ersten Erfolgen waren die Lehrlinge, Akáts und Wolff, dem Meister, Goethe, dankbar, und planten, ihm eine Freude zu bereiten.[159] Akáts trat der frohen Weimarer Gesellschaft bei; er ging mit dem vierzehnjährigen Sohn Goethes, August von Goethe (1789–1830), auf Hasenjagd, besuchte ihn, als er krank war, und las ihm Reisebeschreibungen vor.[160] Er besuchte zusammen mit Wolff täglich die Mutter von August, Christiane Vulpius (1765–1816).[161]

Während Wolff neue Rollen übernahm, wurde Akáts in den neuesten Stücken nicht beschäftigt. Doch bald erhielt er die Rolle eines Hauptmanns in Kotzebues „Hugo Grotius", was ihm Vergnügen bereitete.[162] Während seiner Weimarer Zeit, bis Mai 1804, spielte Akáts zahlreiche Rollen.[163] Stolz berichtete seinem Freund Festetics über seinen neuen Stand in Weimar.[164]

Nicht jeder war aber über die neuen Schauspieler ganz erfreut. Franz Kirms (1750–1826), Mitglied der Theaterkommission neben Goethe, äußerte seine Befürchtungen um den guten Ruf des Weimarer Hoftheaters wegen der vielen (drei!) Anfänger und korrespondierte mit Goethe über ihre Einsatzmöglichkeiten.[165]

---

156 Über der Zeile eingefügt.

157 Über der Zeile eingefügt.

158 Akáts an Festetics. München, 5. Oktober 1804. MNL OL P 265 Kt. 1, Fol. 50v, 53r.

159 Christiane Vulpius an Goethe. Weimar, 5. November 1803. In: *Briefe an Goethe* Nr. 4/1073.

160 August von Goethe an J. W. v. Goethe. Weimar, 5. November 1803. In: *Briefe an Goethe* Nr. 4/1070, berichtet, dass sich Akáts bei der Hasenjagd im Schlossgraben auf einen Hasen gestürzt hatte, ohne ihn zu fangen. Über den Besuch von Akáts: A. v. Goethe an J. W. v. Goethe. Weimar, 9. November 1803. In: Ebenda, Nr. 4/1080.

161 C. Vulpius an Goethe. Weimar, 9. November 1803; Weimar, 14. Dezember 1803. In: *Briefe an Goethe* Nr. 4/1084; 4/1191.

162 C. Vulpius an Goethe. Weimar, 30. November 1803; Weimar, 7. Dezember 1803. In: *Briefe an Goethe* Nr. 4/1136; Nr. 4/1165.

163 Liste zusammengestellt von *Thienemann* 835–836, Anm. 32.

164 Akáts an Festetics. Weimar, 11. Januar 1804. MNL OL P 265 Kt. 1, Fol. 48r.

165 Franz Kirms an Goethe. Weimar, 14. Dezember 1803; Weimar, 16. Dezember 1803. In: *Briefe an Goethe* Nr. 4/1187, Nr. 4/1195.

Auch Akáts wurde unzufrieden. Seine Schulden häuften sich wieder, seine Bitte um die Erhöhung seiner Gage blieb unbeantwortet, und er fühlte sich auch standesmäßig zurückgestuft, verglichen mit seinem ersten Besuch in Weimar, als er in der Begleitung des ungarischen Aristokraten Esterházy wie ein Ehrengast behandelt worden war. Folglich bat er am 23. Mai 1804 um sofortige Entlassung: »Diese Geringschätzung thut mir so weh, daß ich nicht anstehen kann bestimmt um meine augenblickliche Entlassung zu bitten.« Worauf Goethe eigenhändig im wohlmeinenden Ton und »mit Dank für seine bisherigen Leistungen« die Entlassung erteilte.[166] Allerdings verließen Weimar zur selben Zeit neben Akáts auch K. W. Zimmermann, F. A. Grimmer und F. Brand, wodurch einige Rollen im „Tell" unbesetzt blieben.[167]

Akáts sprang mit dem Entlassungsgesuch jedoch nicht ins Leere, denn er hatte wahrscheinlich seine Berufung nach München bereits in der Hand.[168] Ihm wurde ein Gehalt von 520 Gulden im ersten Jahr, 900 Gulden im zweiten und 1200 Gulden im dritten Jahr angeboten.[169] Er verließ Weimar sofort, reiste über Augsburg nach München, wo er im kurfürstlichen Hof- und Nationaltheater Anfang August 1804 in Kotzebues „Menschenhaß und Reue" debütierte. Am 29. September 1804 wurde auch sein eigenes Lustspiel „Eitelkeit und Liebe" – ein Einakter – vorgeführt. Gleichzeitig arbeitete er an einem „heroischen Trauerspiel" aus der Geschichte von England mit dem Titel „Alfred der Große".

»Vor zwey Monathen bin ich hier zum erstenmal in Gegenwart des ganzen kurfürstlichen Hofes wie auch des Königs und der Königin der Schweden und einiger hundert Menschen in der Rolle des Unbekannten aus Menschenhaß u[nd] Reue aufgetreten. Während der Aufführung war alles stille, und ich muß dir aufrichtig gestehen, ich hielt dieses Schweigen für ein böser Vorzeichen und dachte schon meine schöne Anstellung ist in Bronen[170] gefallen – aber sie da; eben wollte ich mich /:nachdem die Aufführung zu Ende war:/ entkleiden – als auf einmal ein allgemeiner Klatschen, Rufen Grüner fora [Beifallsruf, Fora-Ruf, A. Sz.] aus allen Kehlen tönte. – Ich wollte nicht hin-

---

[166]   Grüner [Akáts] an die Hoftheaterkommission. Weimar, 14. März 1804; Weimar, 23. August [Mai] 1804; Goethe an Grüner [Akáts]. Weimar, 25. Mai 1804. Landesarchiv Thüringen, Hauptstaatsarchiv Weimar, A 10016. Dokumente abgedruckt in: *Thienemann* 838–839.

[167]   Schiller an Goethe. Weimar, 30. Mai 1804. In: *Briefe an Goethe* Nr. 4/1543.

[168]   Franz *Grandaur*: Chronik des königlichen Hof- und Nationaltheaters in München. München 1878, 60. Auch *Thienemann* 840.

[169]   Akáts an Festetics. München, 5. Oktober 1804. MNL OL P 265 Kt. 1, Fol. 53v.

[170]   Anstatt »Brunnen«.

ausgehen, aber <es wurde> das Geschrei (wurde)[171] imer stärker – der Vorhang rollte hinauf – ich nahm geschwind [51r] meinen Uiberrock und wollte für den Beyfall danken – Nocheinmal erschallte der fürchterliche Lärm – Ich konnte fast keine Worte hervorbringen, und sagte blos; ich danke für ihre gütige nachsicht! und noch einmal jauchtzte mir der Haufe den lärmemesten Beyfall zu. – Diese allgemeine laute Stimme bestättigte meine hiesige Anstellung – den andern Tag bekam ich das Decret als Hof und National Schauspieler ins Haus geschiekt – In vieler Hinsicht kann ich mir viel Gutes von diesem Schritt erwarten – Iffland ist bereits 20 Jahren auf dem Theater – und ich erst dreyzehn Monathe /:ich will keines wegs sagen daß ich schon Iffland bin; aber daß ich es werden kann, daran glaube ich zuversichtlich![:/] – Vor Acht (Tagen)[172] wurde ein Lustspiel gegeben in 1em Akt von mir verfertigt unter dem Titel Eitelkeit und Liebe. Der Beyfall war entscheidend für mich. – Jetzo arbeite ich an einem großen heroischen Trauerspiel unter dem Titel Alfred der Grosse; – Das Thema ist aus Englands Geschichte genommen; und ist es dem dankbahren Freunde erlaubt, so werde ich solches dir öffentlich dediciren. – Ich fürchte dir mit Unkösten beschwerlich zu fallen, so hätte ich dir von dem erstem das Manuscript zugeschickt. – Hier hast du einen kleinen Auszug meiner Geschichte – ich hoffe du wirst mit mir zufrieden sein – diese Bahn werde ich schwerlich mehr verlassen, ich bin willens mich auf die möglichste Höhe hinauf zu arbeiten nur natürlich je mehr meine Geschicklichkeit steigt, je mehr steigt auch der Preiß davon. [51v] Nun kann ich doch zum wenigstens als Ehrlicher Mann leben und <kome an> kann auch auf eine gewisse Art meinen Ehrgeitz befriedigen.«[173]

Damit rundete sich die Metamorphose von Akáts ab. Der Edelmann aus Ungarn, Ferenc Akáts von Baromlak, der beim Militär in den antirevolutionären Kriegen keine Karriere machen konnte, sein kleines Familiengut vertat und auch seine Aristokratenfreunde verlor, wurde erfolgreicher Hofschauspieler und Dramatiker in Deutschland, der unter dem Namen *Franz Grüner* mit der geistigen und politischen Elite verkehrte, in Goethes Kreis Aufnahme fand und von deutschen Fürsten, sogar von dem König und der Königin von Schweden auf der Bühne Beifall erntete.[174] Im Theater fand er den standesgemäßen Beruf und das Lebensziel.

---

[171] Über der Zeile eingefügt.
[172] Über der Zeile eingefügt.
[173] Akáts an Festetics. München, 5. Oktober 1804. MNL OL P 265 Kt. 1, Fol. 53v, 51.
[174] Obwohl Akáts und seine Freunde ungarische Adlige waren, korrespondierten und sprachen sie miteinander auf Deutsch, was für Akáts die deutsche Bühnenkarriere erleichterte. Vgl.

»O! so wohl ist es mir lange nicht geworden! – O! lieber Bruder sorge nicht; das mein auf falsche Hypothesen gebautes Betragen mir in Wege komme /:deine Worte:/ denn ich habe für nichts Sinn als für diese Kunst – mein eintziges Denken u[nd] Bestreben – ja die Seele meines jetzigen Lebens ist – [54v] ein würdiger Priester Thaliens zu werden. Halte es ja nicht für Übermuth oder Großsprecherey da ich mich gegen dich geäußert habe, daß ich einst hoffe Iffland gleich zu werden – Nein es ist Grundsatz für dem sich bildenden Künstler das Höchste zu seinem Ideal zu machen – und dahero die Kühnheit meiner Äußerung! – Mit dieser Lebensweise hat sich mein ganzes Wesen geändert – ich verehre das Schöne ohne Sinnlichkeit – ich studiere den Menschen und seine Leidenschaften – als den eintzigen Stoff meiner Darstellung – ohne selbst gemein Menschlich und leidenschaftlich zu seyn. – Ich lebe einsam in der Vorstadt in einem Garten – um mich her ist es still gleich dem Grabe – und hier erschaffe ich mir jene Zaubereyen – die auf der Bühne den Menschen rühren und erheben können – In diesem Gelingen liegt alle meine Wonne u[nd] Seeligkeit.«[175]

Akáts war sich allerdings bewusst, dass die Nachrichten von seinem Erfolg seine Heimat, Wien oder Preßburg noch nicht erreichen konnten. Die dortigen Zeitungen ignorierten das Münchener Nationaltheater und überhaupt »die Verhältnisse von unsern Deutschen Theatern«, wie Akáts seinen Freund Festetics belehrte.

»Sehe einmal den Freymüthigen oder den Eleganten von einem ganzen Jahrgang durch und wenn du eine eintzige auseinandergesetze Nachricht von dem Nationaltheater in München findest – so will ich alles gesagte gelogen haben;

2tens habe ich wohl einen Ruf zu Hauße – daß heißt: auf dem Münchner Theater, und unter dem hießigen Publikum – aber noch bis jetzt nicht im Auslande. Ist es einmal so weit, dann bin ich meinem Ziele <nach> nah – und dieser Ruf lieber Bruder wird am allerwenigsten durch diese gemeine Zeitungen gegründet – welche in Deutschland wie billig ihren ganzen Kredit verlohren haben; sondern dieser öffentliche allgemeine Ruf wird nur allein durch Reisen <gegründet> fest gesetzt. – Laß nur zwey Jahre vorüber gehen und mir

---

László *Tarnói*: Értékítéletek a magyarországi német nyelvű irodalmi életben a 18–19. század fordulóján. In: Irodalomtörténeti Közlemények 101 (1997) 3–4, 235–246.

[175] Akáts an Festetics. München, 12. Januar 1805. MNL OL P 265 Kt. 1, Fol. 54.

wird gewiß die Seeligkeit – dich selbst als meinem Beurtheiler in Wien zu umarmen; denn meine erste Reiße geht dahin.«[176]

Und in der Tat: Akáts war kaum zwei Jahre später in Wien, seit 1807 als Schauspieler und Regisseur am Theater an der Wien beschäftigt. Hochschätzende Äußerungen über seine Kunst sind aus dieser Zeit überliefert von Caroline Pichler (1769–1843), Ernst August Friedrich Klingemann (1777–1831), Joseph Schreyvogel (1768–1832); hier spielte er unter anderem die Hauptrolle im Trauerspiel „Zriny" von Theodor Körner (1791–1813), worüber auch Goethe Nachricht erhielt.[177] Als Regisseur war Akáts vielleicht noch bedeutender in Wien.[178] Er trug viel dazu bei, dass die Weimarer Klassik in der Habsburgermonarchie Fuß fassen konnte. Er stellte Goethes „Götz" und Schillers „Tell" – trotz großer Schwierigkeiten mit der Zensur –, ebenso Kleists „Kätchen von Heilbronn" zum ersten Mal auf die Bühne in Wien, spielte selbst beide Titelrollen und ließ seine Bearbeitung von „Götz" auch im Druck erscheinen.[179] Als sich die ganze vornehme Welt zum Wiener Kongress (1814/1815) versammelte, war Akáts am Hoftheater. Anfang Februar 1815 verzeichnete Rahel Varnhagen von Ense (1771–1833) über ihn: »Einen Grüner haben sie hier mit der schönsten Stimme, dem gesammeltsten Furienwesen, welches ihm auch aus brauchbaren Augen leuchtet, von Natur großartige Bewegungen und konzentrirtes Dastehen, Dasein; kurz, der Sammlung und Aufmerksamkeit auch in geringen Stücken erweckt. Den möcht' ich mitnehmen, oder mitschicken.«[180] Zu dieser Zeit war der Freund und Bruder von Akáts, János Nep. Graf Festetics, aber bereits tot. Zugleich belebten sich mit dem Weimarer Kreis die Beziehungen von Akáts wieder. Böttiger besuchte ihn während seiner Reise in Wien; und Akáts wandte sich wieder an ihn, um Gastspiele in Dresden und Leipzig vorzubereiten, und Grüße von J. K. Esterházy, mit dem sich Akáts zwischenzeitlich versöhnt hatte, zu übermitteln.[181]

---

[176] Akáts an Festetics. München, 12. Januar 1805. MNL OL P 265 Kt. 1, Fol. 56v. Später schickte Akáts ein Blatt aus München, das ihn als Schauspieler würdigte: »Hier lege ich dir auch ein Blatt bei, welches jetz mehr geltet als alle Freimüthigen und Eleganten, wo von mir eine kleine Erwähnung geschieht.« Akáts an Festetics. München, 5. April 1805. MNL OL P 265 Kt. 2 [o. Fol.].

[177] Christian Gottfried Körner an Goethe. Dresden, 24. September 1812. In: *Briefe an Goethe* Nr. 6/496. Abgedruckt in: *Thienemann* 840–841.

[178] *Thienemann* 841–842.

[179] *Götz von Berlichingen mit der eisernen Hand. Ein Schauspiel in fünf Aufzügen. Eingerichtet für das k. k. priv. Theater an der Wien von Franz Grüner.* Wien 1809.

[180] Rahel Varnhagen von Ense an Moritz Robert. Wien, 4. Februar 1815. In: Rahel Varnhagen von *Ense*: Rahel. Ein Buch des Andenkens für ihre Freunde. II. Berlin 1834, 259–260.

[181] K. F. Grüner [Akáts] an Böttiger. Wien, 3. Januar 1816. In: *Thieneman* 842.

Und am 18. Juli 1815 schrieb Akáts erneut an Goethe, um ihm zur Auszeichnung mit dem Kommandeur-Kreuz des österreichischen Leopold-Ordens durch Kaiser Franz I. zu gratulieren.[182] Im März nächsten Jahres reiste Akáts von Wien nach Darmstadt, um im Dienst und unter der Anleitung von Großherzog Ludwig I. die Höhen seiner Theaterkarriere zu erklimmen. Darüber war auch Goethe unterrichtet.[183] Akáts hinterließ in den nächsten drei Jahrzehnten auch zwei Veröffentlichungen theatergeschichtlicher und theaterästhetischer Bedeutung sowie einige weitere Spuren in zerstreuten Briefen.[184] Auch das Porträt von Akáts ist überliefert.[185]

Freund und Bruder

Akáts, J. Nep. Festetics und J. K. Esterházy nannten einander »Freund und Bruder«. Die Anrede in den Briefen von Akáts an Festetics war »Theurer Freund«, »Bester Freund«, »Theurer ewig durch mich geliebter Freund«, »Freund«, »Lieber Bruder«, »Bruder«, während Esterházy seine Briefe an Akáts mit der Anrede »Liebster Bruder«, »Freund« und ausnahmsweise »Mein Herr« begann, wie er auch Festetics auch als »Liebster Freund«,

---

[182]   Akáts an Goethe. Wien, 18. Juli 1815. In: *Briefe an Goethe* Nr. 4/1625. Abgedruckt in: *Thienemann* 843.

[183]   Karl Friedrich Zelter an Goethe. Heidelberg, 20. August 1816. In: *Briefe an Goethe* Nr. 7/446.

[184]   *Lebens- und Denkbuch aus Shakspeares sämmtlichen Werken. Zusammengestellt von Franz Grüner* [Akáts]. Carlsruhe 1830; Franz *von Akáts*, genannt *Grüner: Kunst der Scenik in ästhetischer und ökonomischer Hinsicht. Theoretisch, praktisch und mit Plänen, wie auch als Beispiel des Verfahrens durch eine ganz scenirte Oper „Iphigenia in Tauris" erläutert. Als Handbuch für Intendanten, Privat-Direktoren* [...]. Wien 1841. Siehe außerdem: zwei Briefe von K. F. Grüner [Akáts] an Joseph von Scherer (Regensburg 1805 und 1806). Bayerische Staatsbibliothek, München. J. Schereriana IV; K. F. Grüner [Akáts] an Hoftheater-Intendanz in Weimar. Darmstadt, 4. November 1819. Goethe-Museum, Düsseldorf, 4182; K. F. Grüner [F. Akáts] an Anton Karl Boltzmann. Frankfurt am Main, 11. Juni 1824. Universität zu Köln, Institut für Medienkultur und Theater, Theaterwissenschaftliche Sammlung, Au 3399; K. F. Grüner [Akáts] an Georg Christian Braun. Darmstadt, 3. Juli 1829. Stadtbibliothek Mainz, Hs III/49/7; drei Briefe von K. F. Grüner [Akáts] an Clemens Remie. Frankfurt am Main, 8. bis 19. Oktober 1830. Universität zu Köln, Institut für Medienkultur und Theater, Theaterwissenschaftliche Sammlung, Universität zu Köln, Au 3400; K. F. Grüner [Akáts] an Elise Bürger. Frankfurt am Main, 12. Februar 1832. Bayerische Staatsbibliothek, München, Autogr. Grüner, Karl Franz; K. F. Grüner [Akáts] an Unbekannten [O. O., o. D.]. Universitätsbibliothek Johann Christian Senckenberg, Frankfurt am Main. Vgl. Karl Franz Grüner [Akáts] im Kalliope-Verbund: http://kalliope.staatsbibliothek-berlin.de/de/eac?eac.id= 104307196 (25. September 2017).

[185]   In der Zeichenmappe von Georg Gottfried Gervinus und Victoria Gervinus. Universitätsbibliothek Heidelberg, Heid. Hs. 2568, 1–12.

»Schätzbarester Freund« und »Lieber Mukerl« (der Kosename von J. Nep. Festetics) angeredet hatte.[186] Die Briefe sind emotional aufgeladen.

Dieser Abschnitt soll darlegen, welche Bedeutung *Freundschaft* für Akáts hatte, was Freundschaft in seinen Ausführungen beinhaltete, und wozu er die Äußerungen über Freundschaft benutzte. Der Autor verzichtet allerdings darauf, diesen Fall in die immense Geschichte von Gefühlen einzugliedern, Vergleiche zu ziehen, Parallelitäten und Unterschiede aufzuzeigen.[187]

Freundschaft

Akáts liebte seinen Freund »heiß und innig«, ewig oder wenigstens bis zum Tode.[188] Er war bereit, seinem Freund alles, sogar sein Leben zu geben, allerdings als Dank für die Dienste, die der Freund ihm in einer Liebesaffäre erwiesen hatte, indem Festetics Liebesbriefe zwischen Akáts und einer Frau („M.***") vermittelte.[189]

Als aber die Liebesaffäre schiefzugehen schien, und Akáts »als ein Mädchen Schänder verabscheut« seine Ehre zu verlieren glaubte, da über ihn Lügen erzählt wurden, »von jenen Engel den ich voll reiner seligerer Liebe – liebte /:doch daß bekenne ich, auch nur meinen theuren Freunde:/ von dieser wird sie erzählt, erzählt mit lächenden Munde« – also in dieser bewegten

---

[186] Briefe von Akáts an Festetics, mit Kopien von Briefen von Esterházy an Akáts, und Briefe von Esterházy an Festetics. MNL OL P 265.

[187] Vgl. aus der internationalen Fachliteratur: *Love, Sex, Intimacy, and Friendship between Men, 1550–1800.* Eds. Katherine O'Donnell, Michael O'Rourke. New York 2003; Robert A. *Nye*: Kinship, Male Bonds, and Masculinity in Comparative Perspective. In: American Historical Review 105 (2000) 1656–1666; Jan *Plamer*: Geschichte und Gefühl. Grundlagen der Emotionsgeschichte. München 2012 (auf Englisch: The History of Emotions. An Introduction. Oxford 2015); *Politics of Friendship.* Thematische Nummer von Eighteenth Century Studies 32 (1998/1999) 2; Linda A. *Pollock*: The Practice of Kindness in Early Modern Elite Society. In: Past & Present 2011/211, 121–158; Barbara H. *Rosenwein*: Generations of Feeling. A History of Emotions, 600–1700. Cambridge 2016; Maiken *Umbach*: The Politics of Sentimentality and the German Fürstenbund, 1779–1785. In: Historical Journal 41 (1998) 679–704; Daniel W. *Wilson*: But Is It Gay? Kissing, Friendship, and 'pre-homosexual' Discourses in Eighteenth-Century Germany. In: Modern Language Review 103 (2008) 767–783.

[188] »[...] ich liebe dich Gewiß noch immer wie sonst so heiß und innig, bin dein Freund und werde es bleiben, bis mein Ich in ein Nichts verwandelt von der Allmächtigen Hand wird.« Und zum Schluss: »Nur bittet dein Freund vergiß mich nicht vergieß nicht deinen Dich ewig Liebenden Freund Fr. Akáts.« Akáts an Festetics. Linz, 16. Februar [1795]. MNL OL P 265 Kt. 1, Fol. 3; »Dein Freund bis zu den Uibergang der Unsterblichkeit, in eine bessere Welt F. d'Akáts.« Akáts an Festetics. [O. O., o. D. 1795]. Ebenda, Fol. 7v.

[189] »O! könte ich dir dienen mit meinem Leben, wie gern gebe ich es hin.« Akáts an Festetics. [O. O., Braunau], 7. März [1795]. MNL OL P 265 Kt. 1, Fol. 8.

Gefühlslage wandte sich Akáts an den Freund, um mit ihm »schriftlich zu sprechen« und ihm seine »Lage« darzulegen, damit »[ihn s]eine Freunde nicht aus ihren Zirkel höhnend verstossen«, denn die ihn quälenden Gedanken »nur dann sich zurückziehen, wenn ich (in)[190] den armen meines Freundes, seliges Gefühl' aushauche und Trost von seinen Lippen begierig mit meinen Ohren auffange.«[191]

Auch wenn Akáts länger keine Nachricht vom Freund erhielt, war er über den Verlust des Freundes besorgt.[192] Wenn er aber »Achtung und Freundschaft« aus dem Brief des Freundes herauslas, war er glücklich, aber mahnte seinen Freund, diese Empfindung für immer beizubehalten.[193]

Akáts war »verbittert« über die Abwesenheit des Freundes und wünschte seine Anwesenheit, seine körperliche Nähe.[194] Dem Freund allein und sogar nur mündlich könnten bestimmte Geheimnisse anvertraut werden, meinte Akáts.[195] Aber der Freund sollte wegen der ihm anvertrauten Wahrheit seinen Freund nicht tadeln.[196]

Freunde sollten einander auch finanziell beistehen, glaubte Akáts, als er »baht Ihm [Esterházy] er möchte mich doch der Zukunft versichern, denn ich glaube nicht: daß es ein Verbrechen ist, wenn der Arme Freund auf die Hülfe des reichern bauet; besonders nicht wenn er die Hauptursache seiner Armuth ist«.[197] Dies war auch eine Mahnung an Festetics, dessen finanzielle Unterstüt-

---

[190]   Über der Zeile eingefügt.

[191]   Akáts an Festetics. [O. O., o. D., 1795]. MNL OL P 265 Kt. 1, Fol. 6–7.

[192]   Akáts an Festetics. Feldlager bey Kappel an Rhein, 23. Juni 1795. MNL OL P 265 Kt. 1, Fol. 1.

[193]   »O! Wie wohl thut dieser Gedancke. – Laß diese Empfindung deinem Herzen nie gegen mich fremdt werden, Denke, wir alle sind Menschen.« Akáts an Festetics. Augsburg, 28. August 1801. MNL OL P 265 Kt. 1, Fol. 13.

[194]   »O! nein, nur zu oft verbittert mir der Gedanke, dich vieleicht nicht mehr zu sehen, unsere kleine Unterhaltungen«. Akáts an Festetics. Linz, 16. Februar [1795]. MNL OL P 265 Kt. 1, Fol. 3; »Lieber Bruder wenn du und dein Bruder [J. Nep. und Péter Festetics] so bey uns seyn köntest, wie unendlich froh würden wir [Akáts und J. K. Esterházy] seyn«. Akáts an Festetics. Linz, 21. Juni 1801. Ebenda, Fol. 11; »Ich zittere auf den Augenblick in deinen Armen zu liegen, dann mein Bewußt giebt mir daß schöne Gefühl daß ich es würdig bin.« Akáts an Festetics. Augsburg, 15. Dezember 1801. Ebenda, Fol. 20v; »O! ich bin so alein, so ohne Freund auf dieser Welt.« Akáts an Festetics. Augsburg, 17. Juni 1802. Ebenda, Fol. 33.

[195]   »<u>Viel ist in den innern meines Herzen eingeschlossen, daß dem Papier nicht anvertrauet werden, – was nur des Freundes Mund, dem Freunde vertrauen kann.</u>« Akáts an Festetics. Augsburg, 15. Dezember 1801. MNL OL P 265 Kt. 1, Fol. 20v. Unterstreichung im Original.

[196]   »Aufrichtig wie ein Bruder dem Andern, legte ich mit Wahrheit mein Bekentniß in deinen freundschaftlichen Busen, und du mißhandelst mich dafür!« Akáts an Festetics. Augsburg, 2. August 1802. MNL OL P 265 Kt. 1, Fol. 35v.

[197]   Akáts an Festetics. Augsburg, 15. Dezember 1801. MNL OL P 265 Kt. 1, Fol. 17v.

zung Akáts ständig in Anspruch nehmen wollte – sogar noch in seinen ersten Münchener Jahren.

»Lieber Bruder! Du hast für mich schon manches geholfen – thue auch das letzte – Ich habe zwar dein heiliges Wort   mündlich und schriftlich – mir alle Jahr Einhundert u[nd] 25 Gulden als Beihülfe zu geben; – und noch obendrein deine Bedingung unter welcher du mir viel zu thun versprochen hast; daß heißt, wenn ich versuche mein Brod zu verdienen; – Jetzt ist der Fall da; Sey jetz mein Wohlthäter – und ich kann dir einmal vielleicht glänzend danken; – Auch gebe ich dir dann dein Wort zurück mich ferner zu unterstützen; – Doch verstehe mich recht; Du sollst mir diese Summe keineswegs zum Geschenk machen, Nein sondern blos lehnen damit ich meiner Wechsel bezahlen kann, und mit Gemächlichkeit die Summa dann für dich zurücklegen. – In allen Fällen bezahle ich dir in drey [52r] Jahre zurück – Ich hoffe auf dein Wort und auch deine Freundschaft! War der Akáts gesunken, so soll bei (Gott)[198] aus dessen Fall der Grüner so glorreich entstehen, wie der Akáts es nie werden konnte. Mein Leben ist ein bundes Gemählde – doch immer zeigt sich trostreich mir aus der Verwirrung die Hand der Freundschaft leitend und menschenfreundlich helfend – Jetz will ich erst leben – das Leben mues weisen. – Der mindeste Zweifel an deine Hülfe wäre Verrath an der Menschheit. – Schreibe nur ja recht bald – denn nur die Hülfe zu rechter Zeit – ist Hülfe. Dein Bruder Akáts mpp.«[199]

Akáts äußerte allerdings nicht einseitig seine freundschaftlichen Gefühle. Seine Briefe an Festetics weisen darauf hin, dass Festetics in seinen Briefen, die allerdings verschollen sind, ähnliche Emotionen darzulegen vermochte. Und Esterházy schrieb geradezu eine poetische Liebeserklärung an Akáts vor ihrer gemeinsamen Reise nach Weimar.

»Freund! Der Natur in Ihren Wincken zu folgen war mier mein äussersten Bestreben, diese so gutte Mutter, lehrte mich in Liebe, – Freundschaft – Wohlwollen [21v] und Beglückung – dem Weg zur Ruhe zu finden. – Daß erste verboht mir mein Schiksall, desto reichlicher an Wonne war mir die Freundschaft – Aus Millionen habe ich dich gefunden, und aus Millionen Mein bist du – kann ich nun was anderst wünschen als die Dauer meines Glücks? etwas

---

[198] Über der Zeile eingefügt.
[199] Akáts an Festetics. München, 5. Oktober 1804. MNL OL P 265 Kt. 1, Fol. 51v–52r. Außerdem in weiteren Briefen an Festetics aus München (12. Januar, 5. April und 9. Mai 1805). Ebenda, Kt. 1 und 2.

schöners als meine Gefühle in deinem Herzen zu erwärmen? Den neugeboh-
renen Gedanken durch deinen Kopf zur That reifen zu lassen.
O! Schicksal laß meinen leichten Kahn
Des Lebenswellen sanft hinunter gleiten
Zufriedenheit schwebe leichten Flugs voran
Und Freundschaft soll den Nachen glücklich leiten.«[200]

Auch Ocskay, der zusammen mit Akáts beim Militär gedient hatte, äußerte ähnliche Töne der Freundschaft. Doch als es zum Bruch zwischen Akáts
und Esterházy kam, verschwand Ocskays Freundschaftsgefühl, das von Akáts
nun als »niedrig« abgestempelt wurde.[201] Enttäuschung über den Verlust der
Freundschaft und Bruch mit ihm hinterlassen langen, unausmerzbaren
Schmerz. Esterházy und – noch mehr – Ferenc Ocskay bereiteten Akáts eine
tiefe Enttäuschung, dem nur Festetics als einziger Freund blieb.

»Du hast am Ende deines Briefes einen Menschen erwähnt – dessen Nahmen mir die schmertzhaftesten Empfindung verursacht – und noch dazu Ihn
zum Richter meiner Handlungen aufgeworfen – Esterh[áz]y that mir sehr
weh – noch mehr seine Gattin /:an die mein Weib vor einige Tage geschrieben
hat:/ aber wer mit allen kleinlichen niedrigen Bosheit an mir handelte – mich
unter der Larve der heiligsten Freundschaft meuchelmörderisch gemordet –
den ich vor allen liebte – denn er war der Gefährte meiner Jugend Jahre – und
vereinigt zu [55v] gleicher Zeit traten wir in die fremde Welt – eröffneten
unsere Lebensbahn an den Ufern des Reihns – Jahrelang freuten wir uns zusammen und litten auch zusammen – nur ein Gefühl schien unsere Brust zu
beleben – und Jetz.

Mein Leben gebe ich darum um das Andenken dieses Menschen aus meiner Seele reissen zu können – und schon schien er vergessen als du mir mit
deinem Brief wieder alle alten Wunden aufgerissen – O! wenn ich noch auf
unsere letzte Zusammenkunft in Levenz [*Lewenz, Léva,* heute *Levice* in der
Slowakei] denke wie er alles wieder rief was er durch Esterh[áz]y gereitz mir
geschrieben – wie er mich auf das Neue seiner Freundschaft versicherte – und

---

[200] J. K. Esterházy an Akáts. Preßburg, 13. Februar 1801. In Kopie von Akáts seinem Brief an
Festetics (Augsburg, 15. Dezember 1801) beigefügt. MNL OL P 265 Kt. 1, Fol. 21. Die Verse
stammen aus dem Gedicht „Der Orlabach" von Anton Wilhelm Christian Fink (1770–
1794), erschienen in: Neue Thalia. Hg. Friedrich Schiller. II. Leipzig 1792. https://de.wiki-
source.org/wiki/Der_Orlabach (25. September 2017).

[201] »Ocskay mußte damahls in Zelez bey Ihm [Esterházy] seyn, und kündigte mir in niedrigen
Ausdrücken seine <Freund> niedrige Freundschaft auf; – ohne mich zu hören.« Akáts an
Festetics. Augsburg, 15. Dezember 1801. MNL OL P 265 Kt. 1, Fol. 22r. Unterstreichung im
Original.

ich Thor Thränen der Freude weinte – leichter mich über Esterh[áz]y zu trösten suchte – <nur> weil mir doch dieser geblieben schien – Fort! ewiger Schleyer über diese schmertzens volle Vergangenheit, auf welchem du mir allein wie ein leuchtender Engel in einer lieblichen Erscheinung schwebst! –

Höre den heißesten Wuntsch deines Bruders! Sey nicht eine bloße Erscheinung; – daß ist Schein – sondern bleibe für mich eine tröstende Wirklichkeit – ein ewig wirklicher Bruder und Freund!

F. v. Akáts mpp.«[202]

Doch für Akáts war Freundschaft, Nächstenliebe und »menschliche Nachsicht« nicht allein privater Natur, ausschließlich auf ihn und den Freund begrenzt, sondern allumfassend die Grundlage einer möglichen idealen Gesellschaft. Seine diesbezüglichen Ausführungen erinnern sogar an Schillers „An die Freude" (1785), vertont von Ludwig van Beethoven im vierten Satz seiner IX. Symphonie (1824), seit 1985 Europahymne zum Ausdruck der gemeinsamen Werte Freiheit, Frieden und Solidarität. Akáts, der gerade aus Weimar zurückgekehrt war, kannte sicher Schillers Ode, doch welche Version? Denn der bekannte Vers der ersten Strophe – »Alle Menschen werden Brüder« – steht erst in der posthumen Veröffentlichung von 1808, anstatt des Verses – »Bettler werden Fürstenbrüder« – in der ursprünglichen Originalversion.

»Entfernung läßt uns erst erkennen, ob wir den Freunde achten, d[a]z fühle Ich an jetzo. [15r] Du sagst in deinem Brief gegen Ende: Tolna wäre ein Quelle von besonderen Wirkungen, wenn es nur auch die Quelle der ächten Freundschaft, und menschlicher Nachsicht wäre! – O! wie edle spricht aus diesen Wuntsche, dein guttes festes Herz und wie laut stimt d[a]z meinige bey. – Menschliche Nachsicht!!! O Tugend, ohne welcher keine Geschellschaft,[203] keine Verbindung möge sie was immer für einen Nahmen tragen, bestehen kann, ohne dessen Ausübung, Liebe, Freundschaft, – alle edlen Gefühle, <und> (in)[204] Spott und Verachtung aufgelößt, zur Geißel der Menschheit werden, – aber dessen Befolgung bald eine feste Kette, um alle Herzen der Menschen werden könte; aus welcher Vereinigung, eine allgemeine Harmonie entstehen würde; – Der Mensch würde den Menschen ohne Unterschied der Nationen und Ständte, lieben. – Der Entzweck, der Moral würde erfüllt seyn. – Ich bitte dich übe diese Tugend an meisten an mir, – damit du mich lieben,

---

[202] Akáts an Festetics. München, 12. Januar 1805. MNL OL P 26 Kt. 1, Fol. 55.
[203] Anstatt »Gesellschaft«.
[204] Einfügung über der Zeile.

damit du mein Freund seyn kannst, – dann ich fühle meine Schwächen. So wie ich nie aufhören werde, dein Bruder und Freund zu seyn. Akács mpp.«[205]

Später veröffentlichte Akáts ähnliche Gedanken in der Einleitung seiner Shakespeareschen Sammlung:

Der »Zweck des Lebens ist Lieben und Denken.

Was diesen hohen, einzigen Zweck befördert, ist meinem Nebenmenschen nützlich. – Die Erfahrung an mir selbst beweist mir, dass diese Sammlung ächter Lebensweisheit mich öfters zur Geduld, Wohlthätigkeit, Gerechtigkeit, – der Born [Brunnen], aus dem die reinste Nächstenliebe quillt – einlud;« und wenn seine Sammlung »auch nur einen, oder eine, meiner Brüder und Schwestern mit derselben Wirkung erfreuet, so ist mein Unternehmen gerechtfertigt.«[206] Akáts setzte noch ein – der Empfindsamkeit und der Romantik verschriebenes – Motto hinzu: »Lesen – ist nichts; Denken – Etwas; Denken und Fühlen – Alles.«[207]

Bruder

Bruder war seit eh und je ein Synonym, sogar eine Steigerung von *Freund*. Die babylonische Geschichte von Gilgamesch und Enkidu oder die biblische Geschichte von David und Jonathan verwenden *Bruder*, um den *Freund* zu nennen. An der Schwelle der Spätantike und des Frühmittelalters erzählte Gregor von Tours (538–594), dass Sichar eine »große Freundschaft« mit Chramnesind schloss, den er als »süßesten Bruder« angeredet hatte.[208] Bruderschaften wurden schon in der Antike gebildet und bestehen seither als Ordensgemeinschaften verschiedenster Art, religiös oder weltlich ausgerichtet. Im 18. Jahrhundert fügten sich die Freimaurer in diese Reihe. Brüderlichkeit war ein ebenfalls in der Antike formulierter Begriff, der im Christentum Aufnahme fand und im 17.–18. Jahrhundert von der Aufklärung verfeinert in den ideellen Leitsatz der französischen Revolution 1789 über *Freiheit, Gleichheit, Brüderlichkeit* einging. Bruderschaft hieß auch die Vereinbarung von zwei oder mehreren Personen, sich zu duzen. An der Schwelle des 19. Jahrhunderts konnte also *Bruder* mehrere Bedeutungen, verschiedene Konnotationen aufweisen.

---

[205]   Akáts an Festetics. Augsburg, 28. August 1801. MNL OL P 265 Kt. 1, Fol. 13v, 15r.
[206]   Selbstgespræch des Herausgebers an der Stelle eines Vorworts. In: *Lebens- und Denkbuch* 1–3.
[207]   *Lebens- und Denkbuch* 4.
[208]   Gregor von *Tours*: Historiarum libri. X. *Rosenwein* 2016, 38–39.

Für Ferenc Akáts, János Károly Esterházy, János Nepomuk Festetics, Antal Inkey, Ferenc Ocskay und József Ormosdy bedeutete *Bruder* viel mehr als ein Synonym von *Freund*. Sie waren *Grüne Brüder*. Zu ihnen gehörte sicherlich auch der leibliche Bruder von J. Nep. Festetics, Péter Festetics – und wahrscheinlich einige mehr, die in ihren Briefen an J. Nep. Festetics ihn als Bruder und Freund angeredet hatten. Den Kern der Gruppe bildeten die Schulfreunde, die im Schuljahr 1792/1793 die Königliche Akademie in Preßburg zusammen besucht hatten. In jenem Schuljahr waren 331 Studenten an der Königlichen Akademie immatrikuliert, 145 von ihnen besuchten – wie Akáts – die erste Philosophie Klasse.[209]

Waren denn die *Grünen Brüder* ein jugendlicher Bund von Schulkameraden, wie etwa „Die Jungen von der Paulstraße" im weltbekannten Roman von Ferenc Molnár (*A Pál utcai fiúk*, 1906)? Selbst wenn, war die Schulkameradschaft stark und langhaltig. Beinahe zehn Jahre nach der gemeinsamen Schulzeit, 1801 schrieb Akáts über Esterházy: »Aber Nein ich dachte dieser Mensch ist zu Gutt, er kann dich nicht betrügen. – Er ist ja dein Freund, – noch mehr er ist ja ein Grüner Bruder! Er schwur ja mich zu lieben, mir in jeden Fall beyzustehen.«[210] Noch zu dieser Zeit besaßen die Grünen Brüder eine gewisse Autorität, um in ihren Angelegenheiten – vielleicht aufgrund angenommener Regeln – zu urteilen. Nach der Affäre mit Esterházy bat Akáts seinen Freund Festetics, ihm einen Monat »Gastfreundschaft« in Ungarn zu gewähren, um »erstens denen Grünen Brüdern meine Rechtfertigung zu übergeben, welche dann daß Recht sprechen mögen«.[211] So kam es dann, dass Festetics und Ocskay die »Unschuld« von Akáts in der Affäre »vollkommen anerkannten«.[212]

Es liegt nahe, die Grünen Brüder mit den Freimaurern in Verbindung zu setzen. Historiker meinen, die Anrede *Bruder* identifiziere einen eindeutig als Freimaurer. Dies ist aber, wie oben gezeigt wurde, fraglich. Andererseits war in der zweiten Hälfte des 18. Jahrhunderts die Freimaurerei weit verbreitet in Europa, so auch in der Habsburgermonarchie und in Ungarn.[213] Von Kaiser Franz I. an über Könige und Fürsten bis zu Adligen und Bürgern waren viele

---

[209] *Novák* Nr. 2970–3167.

[210] Akáts an Festetics. Augsburg, 15. Dezember 1801. MNL OL P 265 Kt. 1, Fol. 18r.

[211] Ebenda, Fol. 19v.

[212] Akáts an Festetics. Augsburg, 4. Juni 1802. MNL OL P 265 Kt. 1, 30v.

[213] Éva H. *Balázs*: Freimaurer, Reformpolitiker, Girondisten. In: Beförderer der Aufklärung in Mittel- und Osteuropa. Hgg. É. H. Balázs [u. a.]. Berlin 1979, 127–140; Éva H. *Balázs*: Hungary and the Habsburgs 1765–1800. An Experiment in Enlightened Absolutism. Budapest 1997, 33–42.

Männer in Freimaurerlogen verschiedener Richtungen aktiv. Éva H. Balázs schätzte die Anzahl der Freimaurer in Ungarn in den 1770ern und 1780er Jahren auf 600 bis 1.000 Personen.[214] Neben dem Statthalter von Ungarn und, später, der österreichischen Niederlande, Herzog Albert von Sachsen-Teschen (1738–1822), und dem ungarischen Hofkanzler, Ferenc Graf Esterházy (1715–1785), sowie dessen Stellvertreter beziehungsweise Nachfolger Károly Graf Pálffy (1735–1816), waren zum Beispiel mehrere von den Bezirkskommissaren Josephs II. aktive Freimaurer.[215] Mitglieder der Familie Festetics waren besonders involviert in der – beinahe modischen – Bewegung der Freimaurer. In den 1780er Jahren waren György Graf Festetics, noch als Rittmeister bei den Greven-Hussaren, in der Loge „Zur Wahrheit" in Wien, Lajos Festetics (1732–1797) in der Loge „Zur Großmuth" in Pest und József Graf Festetics (1758–1843?) in der Loge „Zum goldenen Rad" in Eberau (*Monyorókerék*, heute in Burgenland, Österreich).[216] Letzterer, József Festetics, war der älteste Bruder von J. Nep. Festetics und Schwiegervater von J. K. Esterházy. Der Sohn von Lajos Festetics war Antal Festetics (1764–1853), der das Schloss in Dég (im zentralungarischen Komitat Fejér) nach 1810 erbauen ließ, wo er auch das geheime Archiv der Freimaurer in Ungarn unterbrachte.[217]

Eine schriftliche Äußerung von Antal Inkey würde gegen die freimaurerische Verbindung der Grünen Brüder sprechen. Jedoch schrieb Inkey diese Zeilen kurz nachdem im Jahre 1795 die Tätigkeit der Freimaurer verboten sowie die Jakobiner verurteilt und hingerichtet worden waren. Insofern mögen die vehemente Negierung jeder geheimen Sozietät und die rücksichtslosen Loyalitätsbezeugungen gerade das Gegenteil unterstreichen.

---

[214] *Balázs*: Hungary, 42.

[215] Antal *Szántay*: Regionalpolitik im alten Europa. Die Verwaltungsreformen Josephs II. in Ungarn, in der Lombardei und in den österreichischen Niederlanden 1785–1790. Budapest 2005, 228–230.

[216] Ludwig (Lajos) *Abafi*: Geschichte der Freimaurerei in Oesterreich-Ungarn. IV–V. Budapest 1893, 1899, hier IV, 308; V, 190, 285.

[217] Olga *Granasztói*: Szabadkőműves árulók. Új felvetések a magyarországi szabadkőművesség 18. századi történetéhez. In: Helikon 62 (2016) 599–624; Réka *Lengyel*: Mi maradt meg a dégi Festetics-levéltár szabadkőműves forrásanyagából? In: Helikon 62 (2016) 625–639. – Lajos und Antal Festetics werden in den aus den Jahren 1792–1794 überlieferten Schriften des freimaurerischen Archivs in Dég öfter erwähnt: MNL OL P 1134 Bündel 3, Fol. 720–721 (Bd. 8); Fol. 733r–v, 734v–735r, 736r–v (Bd. 10); Fol. 985r, 986r–v, 987v, 988v (Bd. 21). Siehe auch das Bestandsverzeichnis des Archivs von Dég: *Bestand der Dégh-Schriften.* Zusammengestellt von Eva Huber. [Wien 1992, Typoskript], Bd. 17, Nr. 13, 108, 116, 135 (Trauerrede auf Kristóf [?] Festetics); Bd. 88, Nr. 52, 63, 66–79 (Korrespondenz von Aigner und Festetics, 1795–1798).

»Was du mir von der Ormohdischen Familie schreibst, ist mir wirklich eine Neuigkeit, ich hätte nicht geglaubt, daß in diesem Haus eine solche Veränderung vor sich gehen sollte, jedoch nur die Theres soll in ein gutes Haus kommen, um die übrigen bekümmere ich mich nicht. Ich danke dir lieber Bruder für deine Freundschaft, daß du dich meiner so bekümmern thust, jedoch sey du ohne Sorgen, denn ich weiß von Ihren Statuten, von Ihrer Societät kein Wort, und der muß ein Erz-Schelm, ein [5v] Erz-Spitzbub seyn, der meinen Nahmen darunter schrieb; daß kannst du dir wohl einbilden von mir, daß wenn ich Ihre Statuten wüßte, welche wieder den König, Vaterland, oder Religion wären ich gewiß der erste gewesen wäre, der sie angegeben hätte. Denn mein König, mein Vaterland, und mein Religion sind mir zu heilig, als daß ich an ihnen Verräther wurde, und es wäre mir gar nicht möglich einer zu werden, also Bruder sey ausser Sorgen.«[218]

Ob die Grünen Brüder über ihren freundschaftlichen Bund von Schulkameraden hinaus auch dem Bund der Freimaurer beigetreten sind, lässt sich nicht zweifelsfrei klären. Sollte dies der Fall gewesen sein, so war für Akáts der Zugang nach Weimar dadurch erleichtert, da sowohl Böttiger als auch Goethe Freimaurer waren. Für Akáts war dieser Männerbund jedenfalls von einer so großen Bedeutung, dass er seinen Künstlernamen davon abgeleitet hatte: »Ich veränderte meinen Nahmen, so wie er bis jezt verändert ist und bleibt, und heiße Grüner /:warum gerade Grüner, wirst du leicht errathen können:/ – machte zu Geld, was nur zu Geld machen war und reißte nach Weimar.«[219]

Fazit

Ferenc Akáts von Baromlak, ein Edelmann aus Ungarn, befreundete sich während seiner Schuljahre in Preßburg mit den Hochadligen Festetics und Esterházy. Er entschied sich prompt für den Militärdienst in den antirevolutionären Kriegen (1792–1799), verließ aber das Militär und heiratete eine Witwe in Augsburg (1799), die ihm ein frühverstorbenes Kind und zwei Töchter schenkte (1800–1802). Doch sein Einkommen vom ererbten Familiengut reichte nicht aus, die Familie zu ernähren. Deswegen suchte er die Unterstützung seiner vermögenden Freunde, die ihn aber nach einer Zeit zurückwiesen und ihm weder Unterstützung noch irgendeine Anstellung

---

[218] Antal Inkey an J. Nep. Festetics. Berény [Iharosberény], 1. Januar 1796. MNL OL P 265 Kt. 2, „Inkey Antal", Fol. 4–7.
[219] Akáts an Festetics. München, 5. Oktober 1804. MNL OL P 265 Kt. 1, Fol. 50v.

anboten. So war er gezwungen, einen standesgemäßen Beruf zu wählen, den er bei Goethe in Weimar erlernte (1803) und in der Folge erfolgreicher Hofschauspieler wurde. Es ist die Geschichte einer Metamorphose, der Erhaltung von Ehre und Stand sowie des verzweifelten Ringens um die Gunst von höhergestellten Jugendfreunden.

Epilog

Am 13. Januar 1911 stand auf der Bühne des Berliner Lessingtheaters ein Charakter, Erich Spitta. Der »Kandidat der Theologie« hatte seine Laufbahn plötzlich geändert und meldete sich beim Direktor Hassenreuter zur Schauspielerausbildung, teilte diese Entscheidung seinem Vater in einem zwölfseitigen Brief mit, worauf ihn der Vater verstieß und ihm jegliche Unterstützung verweigerte, denn »Ein Schauspieler ist in seinen Augen von vornherein der allerverächtlichste, schlechteste Lumpenhund, der sich denken läßt«. Darauf bot ihm seine Geliebte, Walburga, die Tochter des Direktors, mit dem Ausruf »Was mein ist, ist dein!« auch Geld an.[220]

Im ersten Akt bittet Spitta, der entschlossen ist, seine Theologenkarriere aufzugeben, den Direktor Hassenreuter, ihn als Schauspielerlehrling anzunehmen. Der Direktor sträubt sich dagegen nicht zuletzt deshalb, weil Spittas Stimme und körperliche Ausstattung nicht »der Schiller-Goethisch-Weimarischen Schule der Unnatur« entsprechen. Doch Spitta ist fest entschlossen und hat bereits seinen Vater, einen Pastor, über seine »innere Wandlung« ausführlich informiert. Im dritten Akt trägt Spitta als Übung Verse von Schillers „Die Braut von Messina" vor. Der Direktor ist über die Art des Rezitierens empört, und es beginnt eine scharfe Diskussion zwischen den Beiden. Spitta verwirft die »grenzenlos läppischen späteren Goetheschen Schauspielervorschriften, die durch und durch mumifizierter Unsinn sind«, während der Direktor darauf besteht, dass »der Goethesche Schauspielerkatechismus A und O meiner künstlerischen Überzeugung ist«. Direktor Hassenreuter bricht empört den Schauspielerunterricht ab und erklärt Spitta zu einem Ratten, zu einem von jenen, die in der Kunst »die Wurzeln des Baumes des Idealismus abfressen«.[221] Damit ging eine große Epoche des Theaters zu Ende.

---

[220] Gerhart *Hauptmann*: Die Ratten. Tragikomödie in fünf Akten. Berlin ⁷1911. Ich bin meiner Kollegin Dr. Mária Sárosi dankbar, mich an das Stück erinnert zu haben. Zitate aus dem Vierten Akt, 151, 154.

[221] *Hauptmann*: Die Ratten, Erster Akt, 39–45; Dritter Akt, 95–101.

Ákos Kárbin, Budapest

Die Verhandlungen zwischen dem Deutschen Reich und der Österreichisch-Ungarischen Monarchie zum Zoll- und Handelsvertrag von 1891

Als im letzten Drittel des 19. Jahrhunderts Produkte der Industrierevolution auf dem internationalen Markt erschienen, begann das explosionsartige Wachstum des Welthandels. In der Zeit der Nationalstaaten musste jedes Land für seine Industrie- und Landwirtschaftsprodukte einen Markt innerhalb und außerhalb seiner Grenzen finden. Die Wurzeln der Globalisierungsprozesse findet man in dieser Epoche, in der Zeit der frühen Nationalstaaten. Zwischen Deutschland und der Österreichisch-Ungarischen Monarchie kam außerhalb des Militärverbandes im Jahre 1891 ein Zoll- und Handelsvertrag zustande. Die handelspolitische Kooperation kann auf die Zeit des Zollvereins zurückgeführt werden, aber sie wandelte sich wegen der Schutzzollpolitik Otto von Bismarcks. Leo von Caprivi, der die Virtuosität Bismarcks im Außenhandel nicht geerbt hatte, blieb bei seiner Methode, hatte aber schon ein anderes Ziel vor Augen.[1] Der neue Kanzler machte Deutschland mit den Zoll- und Handelsverträgen zu einem Industrieland.[2] Er wollte, anders als Bismarck zuvor, das Bündnis zwischen der Monarchie, Italien und Deutschland auch aus wirtschaftlichen Gründen stärken. Der Markt bot mit seinen beinahe 130 Millionen Menschen den verbündeten Staaten riesige wirtschaftliche Möglichkeiten.[3]

---

[1] Katja *Frehland-Wildeboer*: Treue Freunde? Das Bündnis in Europa 1714–1914. München 2010, 397.

[2] Rainer *Lahme*: Deutsche Außenpolitik 1890–1894. Von der Gleichgewichtspolitik Bismarcks zur Allianzstrategie Caprivis. Göttingen 1990, 227.

[3] Lothar *Höbelt*: Die Handelspolitik der Österreichisch-Ungarischen Monarchie gegenüber dem Deutschen Reich. In: Habsburgermonarchie 1848–1918. VI/1: Die Habsburgermonar-

Vorliegende Arbeit soll zeigen, wie die neuen Zoll- und Handelsverhandlungen zwischen Deutschland und der Österreichisch-Ungarischen Monarchie geführt wurden, wer die Teilnehmer waren und welche Ansprüche die Ordnungsprinzipien der Kooperation formten. Wie konnten – wenn überhaupt – die unterschiedlichen Interessen von Österreich und Ungarn in Einklang gebracht werden und wie konnten die beiden Länder einheitlich gegenüber dem Deutschen Reich auftreten? Die Analyse des Zollabkommens soll an anderer Stelle durchgeführt werden, hier sollen nur die Ereignisse zwischen dem 20. März 1890 und dem 3. Mai 1891 reflektiert werden.

Vorgeschichte im Deutschen Reich

Deutschland galt bei der Reichsgründung 1871 als ein Agrarstaat, auch wenn einige Bereiche seines Industriesektors durchaus bedeutend waren. 1850 hatte 55 Prozent der deutschen Bevölkerung im landwirtschaftlichen Sektor gearbeitet, die Zahl der im Industrie- und Bergbausektor Beschäftigten betrug 1870 27,6 Prozent. Dank staatlicher Förderungen entwickelte sich die Industrie rasch. Zur Jahrhundertwende hatte die Industrieproduktion einen bedeutenden Anteil am Wachstum der deutschen Wirtschaft.

Aufgrund dieser Veränderungen arbeiteten 1900 nur noch 38 Prozent der deutschen Bevölkerung in der Landwirtschaft, denn die Zahl der Arbeiter im Industrie- und Bergbau hatte sich auf 36,8 Prozent erhöht.[4] Gleichzeitig war in der zweiten Hälfte des 19. Jahrhunderts ein bedeutendes demografisches Wachstum zu beobachten. Das Deutsche Reich hatte bei seiner Gründung 1871 41.058.792 Einwohner. Diese Zahl erhöhte sich bis zum Abschluss des Handelsvertrages auf 49.428.470 und erreichte 1905 60.641.489 Einwohner.[5] Mit der Erhöhung der Bevölkerungszahl stiegen auch die gesellschaftlichen und sozialen Ansprüche.

Vorgeschichte in der Österreichisch-Ungarischen Monarchie

Ungarn war in erster Linie ein landwirtschaftliches Land, während Österreich vor allem industrielle Produkte erzeugte. Neben dem Ausgleich von 1867 hat

---

chie im System der internationalen Beziehungen. Hgg. Adam Wandruszka, Peter Urbanitsch. Wien 1989, 561–586, hier 571.

[4]   Nachum *Gross*: Austria-Hungary in the world economy. In: *Economic development in the Habsburg Monarchy in the nineteenth century.* Hg. John Komlos. Boulder/Co. 1983, 30.

[5]   Irmin *Schneider*: Die deutsche Russlandpolitik 1890–1900. Paderborn 2003, 52.

Österreich-Ungarn auch einen wirtschaftlichen Ausgleich abgeschlossen, den die Parteien nach je zehn Jahren entsprechend den Veränderungen der wirtschaftlichen Verhältnisse erneuern sollten. Die Länder der Monarchie verfolgten in ihrer Handelspolitik unterschiedliche wirtschaftliche Interessen und Ziele. Während Ungarn seine Agrarprodukte vor allem nach Mittel- und Osteuropa exportierte, lieferte Österreich seine Industrieprodukte in die Balkanländer.[6]

Das Übergewicht des billigen ungarischen Getreides hatte keine gute Wirkung auf die Entwicklung der Landwirtschaft in Österreich, was in erster Linie die Alpenbauern in eine schwierige Lage brachte.[7] Die Produkte der ungarischen Mühlenindustrie überschwemmten Österreich und sogar seine wichtigsten nördlichen und westlichen Exportpartner. Der österreichische Rinderimport kam in erster Linie aus Ungarn. Hinsichtlich der Industrie war die Situation viel besser: Österreich war zum Beispiel auf den Gebieten Bierbrauerei, Zuckerproduktion aus Zuckerrüben, Papierproduktion und Möbelproduktion ertragreich. Außerdem verfügte es über einen bedeutenden Kohlebergbau. Dank der Entwicklung im Zuge der Industrierevolution schlossen sich Böhmen, Mähren, Schlesien, Teile Niederösterreichs und die Steiermark bis zu den Jahren 1880 und 1890 der westlichen industriellen Struktur an.[8] Laut Statistik von 1869 arbeiteten 67,2 Prozent der österreichischen Bevölkerung in der Landwirtschaft und 19,7 Prozent im Industriesektor. Die Anteile an Beschäftigten betrugen 1890 im landwirtschaftlichen Sektor 62,4 Prozent, im Industriesektor 21,2 Prozent. Infolge der Entwicklung der österreichischen Industrie arbeiteten bis 1910 nur noch wenig mehr als die Hälfte der Bevölkerung in der Landwirtschaft, nämlich 53,1 Prozent, und beinahe ein Viertel in der Industrie, 24 Prozent.[9] Gleichzeitig ereignete sich in Österreich eine rasche demografische Entwicklung. In der zweiten Hälfte des 19. Jahrhunderts erhöhte sich die Bevölkerungszahl von 20.217.531 im Jahr 1869 auf

---

6   Emil *Palotás*: Machtpolitik und Wirtschaftsinteressen. Der Balkan und Russland in der österreichisch-ungarischen Außenpolitik 1878–1895. Budapest 1995, 160–161.

7   Erich *Zöllner*: Ausztria története. Budapest 1998, 338.

8   Jürgen *Angelow*: Wirtschaft, Handel, Mitteleuropakonzept und Zweibund zu Beginn des 20. Jahrhunderts. In: Der „Zweibund" 1879. Das deutsch-österreichisch-ungarische Bündnis und die europäische Diplomatie. Historikergespräch Österreich – Bundesrepublik Deutschland. II. Hgg. Helmut Rumpler, Jan Paul Niederkorn. Wien 1996, 300.

9   *Gross* 30.

23.707.906 im Jahr 1890. Bis zur Jahrhundertwende stieg die Bevölkerungszahl auf 26.150.708.[10]

Zur Mitte des 19. Jahrhunderts hatte Ungarn das feudale System überwun-
den, es blieb aber trotzdem ein Agrarland. Die natürlichen Gegebenheiten
prädestinierten Ungarn für die landwirtschaftliche Produktion beziehungsweise für Tierhaltung und Tierzucht, die nach dem österreichisch-ungarischen Ausgleich 1867 auch das wirtschaftliche Profil des Landes bestimmten.
Das Ausgleichsgesetz bestimmte, dass Ungarn in einem Verhältnis von 70:30
zu den gemeinsamen Kosten des Reiches beitragen sollte. Die ungarische
Wirtschaft entwickelte sich derart, dass die Quote, also der Beitrag Ungarns
zu den Kosten, anstieg.

Was unternahm die ungarische Politik, um sich der wirtschaftlichen Atti-
tüde Ungarns anzupassen? In der Anfangsphase des österreichisch-ungarischen Dualismus begann sie jene Industriezweige zu fördern, die mit der
Landwirtschaft und Viehzucht zusammenhingen. Zur Verarbeitung von Ag-
rarprodukten wurde die Lebensmittelindustrie gefördert, zum Transport von
Rohstoffen und Fertigprodukten wurde das Bahnnetz stark ausgebaut, und
zur Verarbeitung des Getreides wurde die Mühlenindustrie unterstützt. Laut
Statistik von 1869 arbeiteten 80 Prozent der ungarischen Bevölkerung in der
Landwirtschaft, während 8,6 Prozent im Industriesektor tätig waren. Diese
Verteilung veränderte sich bis 1910 derart, dass der Anteil der in der Landwirtschaft Beschäftigten auf 66,7 Prozent sank und jener in der Industrie auf
16,2 Prozent anstieg.[11]

Ungarn hatte 1870 13.219.350 Einwohner, davon waren 5.011.310 ungarischer Herkunft. 1890 betrug die Bevölkerungszahl schon 15.261.800, davon
6.009.351 von ungarischer Nationalität. 1900 erreichte die Bevölkerungszahl
16.838.255, davon waren 6.854.415 Ungarn. Das Wachstum des Handels
wurde auch durch die Erweiterung der Verkehrsinfrastruktur gefördert. Der
Ausbau des Eisenbahnnetzes reduzierte die Lieferzeiten und jener des Stra-
ßennetzes trug zum explosionsartigen Anwachsen des internationalen Handels bei.[12]

---

[10]   Heinrich *Rauchberg*: Die Bevölkerung Österreichs auf Grund der Ergebnisse der Volkszäh-
       lung vom 31. Dezember 1890. Dargestellt von –. Mit zehn Kartogrammen und zwei Dia-
       grammen. Wien 1895, 24.
[11]   *Gross* 30.
[12]   László *Katus*: Transport Revolution and Economic Growth in Hungary. In: *Economic deve-
       lopment in the Habsburg Monarchy in the nineteenth century* 192–193.

Frühere Handelsbeziehungen zwischen den beiden Reichen

In der zweiten Hälfte des 19. Jahrhunderts waren mehrere handelspolitische Strömungen für Europa charakteristisch. Die deutsche ökonomische Entwicklung ergab schon 1850 ein dynamisches Bild. Die Grundlagen für dieses intensive wirtschaftliche Wachstum hatten der 1815 gegründete Deutsche Bund beziehungsweise der 1834 ins Leben gerufene Zollverein gesichert. Österreich wurde aus den wirtschaftlichen Integrationsprozessen des deutschen Raumes hinausgedrängt, da es dem Zollverein ferngeblieben war. Aber am 12. Februar 1853 unterschrieben Preußen und Österreich einen Handelsvertrag, aufgrund dessen die deutschen Gebiete Österreichs formell dem Zollverein beitraten.[13] Aus wirtschaftspolitischer Sicht war die Kooperation sehr konstruktiv. Die Vertreter Preußens, Österreichs und Liechtensteins berieten 1856/1857 in Wien und Berlin darüber, im Interesse engerer Handelsbeziehungen gemeinsames Geld prägen zu lassen und es gegenseitig als gesetzliches Zahlungsmittel anzuerkennen.[14] In diesem Sinne beschlossen sie am 24. Januar 1857 die *Wiener Münzkonvention* und begannen die *Vereinsthaler* zu prägen.[15] Im Sinne der wesentlichen Bestimmung dieser Münzkonvention war Silber die Grundlage des Geldsystems; die beteiligten Staaten legten sich somit auf die »reine Silberwährung« fest.[16] Im Vertrag einigten sich die Habsburger und die Mitgliedsstaaten des deutschen Zollvereins auf den Wechselkurs ihrer Währungen.[17] Mit der Wiener Münzkonvention wurde eine einheitliche finanzielle Gemeinschaft gegründet, die mehr als 70 Millionen Einwohner umfasste.[18]

Bis zum Ende der 1850er Jahre entwickelte sich die Idee des Freihandels. Dies zeigte sich auch am *Cobden-Chevalier-Vertrag*, der 1860 zwischen Eng-

---

13   Hans-Werner *Hahn*: Geschichte des Deutschen Zollvereins. Göttingen 1984, 149.

14   Geheimes Staatsarchiv Preußischer Kulturbesitz, Berlin. I. Ha Rep. 151. Finanzministerium IA, Nr. 2109, 2110, 2111; Österreichisches Staatsarchiv, Haus-, Hof- und Staatsarchiv, Wien. Politisches Archiv II: Deutscher Bund. Verhandlungen über eine allgemeine Münzkonvention 1853–1856. Kt. 85.

15   Frank *Otto*: Die Entstehung eines nationalen Geldes. Integrationsprozesse der deutschen Währungen im 19. Jahrhundert. Berlin 2002, 194.

16   Harm-Hinrich *Brandt*: Der Österreichische Neoabsolutismus: Staatsfinanzen und Politik 1848–1860. I-II. Göttingen 1978, hier II, 729.

17   Eduard *März* – Karl *Socher*: Währung und Banken in Cisleithanien. In: Die Habsburgermonarchie 1848–1918. I: Die wirtschaftliche Entwicklung. Hg. Alois Brusatti. Wien 1973, 326.

18   Thomas J. *Hagen*: Wirtschaftspolitische Bestrebungen Österreichs nach 1848: Alternative zum (Klein-) Deutschen Zollverein? In: Der deutsche Zollverein. Ökonomie und Nation im 19. Jahrhundert. Hgg. Hans-Werner Hahn, Marko Kreutzmann. Köln [u. a.]. 2012, 276.

land und Frankreich geschlossen wurde und die Prinzipien des Freihandels in die Praxis umsetzte.[19] Die Vereinbarung beinhaltete zuerst das Prinzip der Meistbegünstigung.[20] Dank der bilateralen Verträge konnten im wechselseitigen Handel vom allgemeinen Zolltarif abweichende Zollsätze angesetzt werden.

Die außenpolitischen Beziehung zwischen dem Deutschen Reich und Österreichisch-Ungarn waren nach 1866 angespannt, bis der Auslöser der Spannungen, Otto von Bismarck, auch den Entspannungsprozess einleitete. So näherten sich die beiden Reiche Ende der 1860er Jahre an und schlossen am 9. März 1868 in Berlin den Zoll- und Handelsvertrag ab, der von der Idee des Freihandels durchdrungen war.[21] Das Abkommen wurde zwischen dem Königreich Preußen und dem Norddeutschen Bund abgeschlossen, trat am 1. Juni 1868 in Kraft und galt bis 31. Dezember 1877. Danach wurde ein einheitlicher Tarif verwendet, wozu die früheren Abkommen als Muster dienten. Zollbefreit waren zum Beispiel Getreide, Holz sowie alle Rohstoffe und Lebensmittel. Der Rinderexport wurde begünstigt. Ab 1875 wurde eine engere Partnerschaft mit der Österreichisch-Ungarischen Monarchie angestrebt, denn nach Bismarcks Plänen sollte diese Beziehung mehr als ein allgemeiner Bund, wenn auch kein wirtschaftlicher Bund sein.[22]

In der zweiten Hälfte des 19. Jahrhunderts versuchte man, trotz der Anwendung von Freihandelsprinzipien die Märkte bestimmter Nationalstaaten mit protektionistischen Zöllen vor den Produkten anderer Staaten zu schützen. Das Deutsche Reich betrieb seit seiner Gründung eine kraftvolle Industrialisierung zur Stärkung der Wirtschaft, wobei es bemüht war, seinem Markt die Produkte der englischen und französischen Schwer- und Leichtindustrie fernzuhalten.[23] So erschien in den Handelsverträgen Deutschlands das Grundprinzip des Protektionismus: Schutzzölle wurden eingeführt. Die

---

[19]   Jacques *Rougerie*: A második császárság. In: Franciaország története. II: Az új idők. 1852-től napjainkig. Hg. Georges Duby. Budapest 2007, 96.

[20]   Das Prinzip der Meistbegünstigung wurde als allgemeines Grundprinzip in den Bestimmungen von Handelsverträgen festgelegt. Es besagt, dass der Staat, der die Meistbegünstigung einem Vertragspartner gewährt, diese Handelsvorteile auch anderen Vertragspartnern zubilligt, um eine Gleichbehandlung zu gewährleisten. Die Gewährung der Meistbegünstigung ist keine Pflicht eines Staates, es ist vielmehr ein Akt der Höflichkeit.

[21]   Johann von *Bazant*: Die Handelspolitik Österreich-Ungarns 1875 bis 1892 in ihrem Verhältnis zum Deutschen Reiche und zu dem westlichen Europa. Leipzig 1894, 10.

[22]   Konrad *Canis*: Bismarcks Außenpolitik 1870–1890. Aufstieg und Gefährdung. Paderborn 2008, 148.

[23]   Karl Erich *Born*: Wirtschafts- und Sozialgeschichte des Deutschen Kaiserreichs (1867/71–1914). Stuttgart 1985, 119.

Monarchie wollte nicht von den europäischen handelspolitischen Trends abweichen. Dementsprechend passte sich auch Ungarn in erster Linie den österreichischen Vorstellungen an und führte 1877 Verhandlungen über den *autonomen Zolltarif*, der ab 1878 eingeführt wurde.[24]

Der Vertrag zwischen Deutschland und Österreich-Ungarn lief Ende 1877 aus, wurde provisorisch verlängert und am 27. Juni 1878 von Kaiser Franz Joseph genehmigt. Die deutsche Regierung stellte sich zuerst auf den autonomen Zolltarif um. Am 16. Dezember 1878 wurde die Vereinbarung erneuert, die mit dem 1. Januar 1879 in Kraft trat und bis Jahresende gültig blieb. Im Sinne des autonomen Zolltarifs wurde das bisher zollfreie Getreide sowie Holz mit Zoll belegt. Die Aufhebung der Zollbefreiung stand im starken Gegensatz zu den ungarischen Interessen, aber die Veterinärbeschränkungen belasteten den ungarischen Export noch mehr.[25]

Später wurde der Vertrag mehrfach erneuert, so zum Beispiel am 30. Juni 1880 provisorisch verlängert und am 11. April 1881 bis 30. Juni 1881 provisorisch befristet. Das Deutsche Reich und die Österreichisch-Ungarische Monarchie unterschrieben am 23. Mai 1881 einen neuen Zoll- und Handelsvertrag, dessen Ordnungsprinzip auf der Meistbegünstigung beruhte. Der Vertrag wurde ursprünglich bis Ende 1887 befristet, später jedoch mehrmals verlängert.

Der Handel Österreich-Ungarns mit Deutschland wies vor dem neuen Zollvertrag im Jahr 1889 einen Import von 13,1 Prozent auf; der Export betrug 10,54 Prozent.[26] So stand die Monarchie in der Statistik des Deutschen Reiches auf dem dritten Platz. In der Handelsstatistik Österreich-Ungarns war das Deutsche Reich der wichtigste Handelspartner: Der Import aus Deutschland betrug 56,1 Prozent, der Export nach Deutschland 62,6 Prozent.[27]

---

[24]   Der autonome Zolltarif ist ein Zolltarif, der von einem Staat bezüglich der Produkte und Erzeugnisse eines anderen Staates verwendet wird, zu dem er in keiner vertraglichen Beziehung hinsichtlich der gegenseitigen Verzollung steht. Jeder unabhängige Staat legt unter dem Gesichtspunkt des eigenen wirtschaftlichen Interesses und der eigenen Handelspolitik die Zollposten der seine Grenzen überschreitenden Waren im autonomen Zolltarif fest.

[25]   Lajos *Láng*: A vámpolitika az utolsó száz évben. Budapest 1904, 279.

[26]   Hans von *Scheel*: Der auswärtige Handel des deutschen Zollgebiets im letzten Jahrzehnt. In: Die Handelspolitik der wichtigeren Kulturstaaten in den letzten Jahrzehnten. I: Die Handelspolitik Nordamerikas, Italiens, Österreichs, Belgiens, der Niederlande, Dänemarks, Schwedens und Norwegens, Rußlands und der Schweiz in den letzten Jahrzehnten sowie die deutsche Handelsstatistik von 1880 bis 1890. Berichte und Gutachten. Leipzig 1892, 545, 547.

[27]   Konrad *Canis*: Die bedrängte Großmacht. Österreich-Ungarn und das europäische Mächtesystem 1866/67–1914. Paderborn 2016, 213.

Handelspolitik unter neuem Kurs

Otto von Bismarck schied am 20. März 1890 aus seinem Amt aus. Neuer Kanzler wurde Leo von Caprivi, den der *Eiserne Kanzler* selbst dem jungen Wilhelm II. empfohlen hatte. Dieser war, was sein Temperament betraf, das Gegenteil seines Vorgängers: still und introvertiert. Caprivi kam aus der Welt des Militärs und hatte keine Erfahrung in diplomatischen und wirtschaftlichen Fragen.[28] Im Außenministerium half ihm Staatssekretär Adolf Marschall von Bieberstein, dem der Protest der Landwirte gegen die Verminderung der Agrarzölle das größte Problem bedeutete.[29] In der preußischen Regierung hatte Hans Hermann von Berlepsch den Posten des Handelsministers inne, auch er war Förderer von Caprivis Handelspolitik.

Caprivi fokussierte sich auf die mitteleuropäischen Handelsbeziehungen, denn er war der Meinung, dass Deutschland seine Beziehungen in erster Linie mit der Österreichisch-Ungarischen Monarchie und in zweiter Linie mit Italien, der Schweiz und Belgien enger gestalten sollte. Der neue Kanzler äußerte sich folgendermaßen über den Zoll- und Handelsvertrag: »Das Bündnis und der Zollkrieg ist mit Österreich unverträglich«. Das »Ziel ist, Mitteleuropa in der deutschen industriellen Exporthandel-Ära wirtschaftlich zu festigen, gegenüber des brutalen Zolltarifs von Russland und Nord-Amerika«.[30]

Die maßgeblichen Akteure sowohl in Berlin als auch in Wien waren jedoch anderer Ansicht darüber, wie der wirtschaftliche Verkehr gestaltet werden sollte. Selbst Caprivi, der mit der Wirtschaftsdiplomatie nicht vertraut war, benutzte die Begriffe *Zollunion* und *Handelsvertrag* synonym. Im Gegensatz zu Bismarck vertrat er die Meinung, dass die politischen und wirtschaftlichen Fragen eng miteinander verbunden seien und das Bündnis bestimmten.[31] Aufgrund dieses Gedankens wollte Deutschland als erstes mit der Monarchie den Zoll- und Handelsvertrag erneuern. Unabhängig davon begannen in Budapest im April 1890 die Verhandlungen zur Handelspolitik zwischen der österreichischen und der ungarischen Regierung.[32] Die Vertre-

---

[28] Lamar *Cecil*: The German Diplomatic Service, 1871–1914. New Jersey 1976, 259.

[29] Gudula *Gutmann*: Das Deutsche Reich und Österreich-Ungarn 1890 bis 1894/95. Der Zweibund im Urteil der führenden Persönlichkeiten beider Staaten. Münster 2003, 305.

[30] Zitiert von John Alden *Nichols*: Germany after Bismarck. The Caprivi era 1890–1894. Cambridge/Mass. 1958, 140.

[31] Holger *Afflerbach*: Der Dreibund. Europäische Großmacht- und Allianzpolitik vor dem Ersten Weltkrieg. Wien [u. a.] 2002, 380.

[32] Rolf *Weitowitz*: Deutsche Politik und Handelspolitik unter Reichskanzler Leo von Caprivi 1890–1894. Düsseldorf 1978, 53.

ter der deutschen Leicht- und Schwerindustrie förderten die Bestrebungen der Reichsregierung, und die deutsche Regierung investierte in die Beeinflussung der österreichischen und ungarischen Presse, um den Abschluss des Zoll- und Handelsvertrages zu unterstützen. Die deutsche Schwerindustrie machte Lobbyarbeit bei der Handelskammer, da die Kammer wusste, dass sie einen Absatzmarkt für die Produkte brauchte.

Die ersten Schritte der ungarischen Regierung

Der ungarische Ministerpräsident Gyula Graf Szapáry war, wie er bei seinem Amtsantritt im März 1890 betonte, ein engagierter Anhänger des Deutschen Zweier- und Dreierbundes.[33] Er war aber auch verpflichtet, den ungarischen Produkten die internationalen Absatzmärkte zu sichern.[34] Bei Amtsantritt kündigte er an, die Anzahl der Handelspartner Ungarns nicht nur erhalten, sondern auch erhöhen zu wollen. Nach der Einsetzung seines Regierungskabinetts lenkte Handelsminister Gábor Baross am 25. März 1890 die Aufmerksamkeit der Regierung auf die im Folgejahr auslaufenden Außenhandelsverträge und bat die Regierung um Ermächtigung, mit dem gemeinsamen Außenminister Gusztáv Graf Kálnoky und der österreichischen Regierung eine gemeinsame Zollbesprechung zu vereinbaren.[35] Die ungarische Regierung hielt es für wichtig, sich mit den wichtigsten Vertretern aus dem Agrarsektor und der Industrie zu besprechen, bevor sie mit anderen Staaten Zoll- und Handelsverträge abschloss. Baross schlug am 12. Februar 1890 die Einrichtung eines Zollrates vor und betonte dies auch am 11. April 1890 im Ministerrat.[36] Der Zollrat bestand aus 22 Mitgliedern, der Handelsminister war von Amts wegen sein Präsident und hatte Vorschlagsrecht für die Berufung des Vizepräsidenten. Der Rat bestand aus je zwei Delegierten aus dem Handels-, Finanz- und Landwirtschaftsministerium. Zudem konnte der Landwirtschaftsminister aus dem Ackerbauernkreis fünf, der Handelsminister aus dem Händler- und Handwerkerkreis zehn Mitglieder ernennen. Auf-

---

[33]   *Graf Julius Szapáry an der Spitze Ungarns. Ein Lebens- und Charakterbild.* Leipzig 1891, 148.

[34]   Ludwig von Plessen an Otto von Bismarck. Budapest, 17. März 1890. Politisches Archiv des Auswärtigen Amts, Berlin [im Folgenden: PAAA]. R 8874. Kaiserliches Deutsches Generalkonsulat für Ungarn. Nr. 9.

[35]   Magyar Nemzeti Levéltár Országos Levéltára, Budapest [im Folgenden: MNL OL]. K 27. Minisztertanácsi jegyzőkönyvek [im Folgenden: MTJK]. 25. März 1890, Punkt 10.

[36]   MNL OL MTJK 11. April 1890, Punkt 5.

gabe und Ziel des Zollrates waren die Beratung über Zollposten und Tariffragen, welche die Minister einvernehmlich vor den Rat brachten. Die Mitglieder des Rates konnten selbstständig Anträge und Vorschläge einreichen, aber diese wurden nur dann in die Generalversammlung eingebracht, wenn der Handelsminister die entsprechende Genehmigung erteilte, und die anderen Minister den Verhandlungen zustimmten. Der Rat konnte zur Untersuchung bestimmter Fragen eine Sonderkommission aufstellen und Expertenmeinungen einholen. Seine Verhandlungen waren geheim, die Mitglieder erhielten keine Entlohnung und waren zum Stillschweigen verpflichtet.

Österreichisch-ungarische Einigung vor Beginn der Verhandlungen mit dem Deutschen Reich

Das Landwirtschaftsministerium hielt am 15. April 1890 fest, wie die ungarische Handelspolitik und die Positionen der österreichischen Regierung in Einklang gebracht werden sollten.[37]

Der erste Punkt besagte, dass die Interessen Österreichs und Ungarns den Abschluss eines Tarifvertrags erforderten. Als zweites erwartete die ungarische Regierung von Caprivi die Überprüfung der Schutzzollpolitik. András Graf Bethlen und sein Ministerium meinten, Deutschland würde die Agrarzölle absenken und im Gegenzug von der Monarchie die Verringerung der Industriezölle erwarten. Der wichtigste Handelspartner der Monarchie sei das Deutsche Reich, und solange sie mit den Deutschen keinen Vertrag abschließe, könne sie keine substantiellen Verhandlungen mit anderen Staaten beginnen. Hier sollte die ungarische Regierung das Interesse Österreichs berücksichtigen und hinsichtlich der österreichischen Industrie die zwei wichtigen Gesichtspunkte beachten: Würde eine Zollverringerung ihre Position gefährden, und würden die östlichen Märkte erhalten bleiben? Da die Interessen Österreichs und Ungarns eng miteinander verbunden seien, müssten jener Partei, die der anderen Vergünstigungen zubilligt, diese kompensiert werden. Drittens sollte im Falle eines Vertrags mit Deutschland und anderen Ländern ein Vertrag mit den östlichen Ländern, insbesondere mit Rumänien, unter Berücksichtigung der Vorschriften des Veterinärwesens auch dann abgeschlossen werden, wenn damit die Gewährung von Ermäßigungen verbunden wäre. Sollte es viertens nicht gelingen, eine Einigung mit Deutschland zu erzielen, dürfe den östlichen Ländern – vor allem Serbien – keine Ermäßi-

---

[37]　MNL OL K 178 FM/118/1891 (Angelegenheiten des Außenhandels).

gung zugestanden werden. Da sich die westeuropäischen Länder dem Import von Tieren aus Ungarn verschlossen hätten, sollten – fünftens – zum Ausgleich die Lebendimporte aus den östlichen Ländern strikter reglementiert werden.

Handelsminister Baross berichtete der ungarischen Regierung, dass am 26. April 1890 eine Zoll- und Handelskonferenz in Budapest abgehalten werden würde. Sie werde sich auf den mit dem Deutschen Reich abzuschließenden Vertrag konzentrieren und neben der Aufrechterhaltung der Zollschranken die politischen Verhältnisse mit den wirtschaftlichen Beziehungen in Einklang bringen.

Die Regierung der Monarchie unterließ es, ihre Meinung und Absicht bezüglich des Handelsvertrages zu veröffentlichen. Anton von Monts, Erster Sekretär Deutschlands in der Wiener Botschaft, meldete nach Berlin, wenn Deutschland mit der Monarchie als Erstes ein Handelsabkommen abschließen würde, könne es bessere östliche Verträge durchsetzen.[38] Monts erwartete von der Monarchie größere Konzessionen. Dieser wichtige Bericht des Botschaftssekretärs wird in der Fachliteratur *Montssche Proposition*[39] genannt.

Die Handelskonferenz fand im Beisein des österreichischen und des ungarischen Handelsministers – Olivier de Bacquehem beziehungsweise Gábor Baross – am 26. April 1890 in Budapest statt.[40] Sie thematisierte die Frage einer Intensivierung der Handelsbeziehungen zu Deutschland. Der Vertrag mit Deutschland sollte abgeschlossen werden, Österreich zögerte jedoch, weil es zuerst mit Serbien und Rumänien einen Vertrag schließen wollte.[41] Bacquehem bemühte sich hauptsächlich um den rumänischen Vertrag, da die österreichischen Industrieprodukte wegen des Zollkrieges vom Markt verdrängt worden waren. Ungarn drang auf die Einführung neuer Zollposten bezüglich des Tierimports. Die Monarchie importierte nämlich im Jahre 1877 Rinder

---

[38] Anton Graf von Monts de Mazin hatte dank seiner jahrelangen Tätigkeit als erster Sekretär in der Wiener Botschaft (1886–1890) viel Erfahrung mit Ungarn. Kaiser Wilhelm II. berief ihn am 29. Oktober 1890 zum Budapester Generalkonsul, dessen Amt er am 11. November 1890 antrat. Monts benachrichtigte den ungarischen Ministerpräsidenten Gyula Szapáry offiziell, dass er sein Amt in Budapest am 20. November 1890 übernommen hatte. Dieses Amt übte er bis zum 1. Juni 1894 aus.

[39] Ernst *Suter*: Die handelspolitische Kooperation des Deutschen Reiches und der Donaumonarchie 1890–94. Marburg 1930, 11.

[40] Ebenda.

[41] Robert *Pahre*: Most-favored-nation clauses and clustered negotiations. In: The Rational Design of International Institutions. Hgg. Barbara Koremenos [u. a.]. Cambridge 2004, 119.

im Wert von 100 Millionen Mark nach Deutschland, bis zum Jahre 1890 aber nur noch im Wert von 39 Millionen Mark.[42]

Schlichtungen auf höherer Ebene

Einige Tage später einigten sich Außenminister Kálnoky und Heinrich VII. Prinz Reuss, deutscher Botschafter in Wien, wobei Kálnoky dem Diplomaten versicherte, dass die Monarchie offen für den deutschen Zollvertrag sei. Aber der Minister konnte wegen des nahen Kanzlerwechsels den genauen Zeitpunkt der Schlichtungen nicht benennen.[43] Mitte Mai trat Agrarminister Bethlen mit Botschafter Reuss in Verbindung und berichtete, dass die ungarische Regierung bereit sei, Ermäßigungen zu gewähren, wenn Deutschland sein Verhältnis zur Monarchie enger gestalte.[44] Bethlen versprach Reuss, seinen ganzen Einfluss geltend zu machen, um die österreichische Regierung zu überzeugen. Er bat um die Beruhigung der deutschen Agrarindustrie und betonte, dass die Österreichisch-Ungarische Monarchie zum erneuerten wirtschaftlichen Aufschwung Märkte bräuchte.

Kálnoky hielt es im Juni für unwahrscheinlich, dass die Verhandlungen zu den Handelsverträgen beginnen könnten. Er sprach auch über die Zollunion, deren Grundprinzipien genau studiert werden sollten. Aber dies war nur die halbe Wahrheit – insgeheim hoffte er, »es würde [Deutschland] doch wohl nichts anders übrig bleiben, als [die] hohen Zölle auf Nahrungsmittel [...] wieder herabzusetzen«.[45] Die Österreichisch-Ungarische Monarchie war auf den Zoll- und Handelsvertrag mit Deutschland angewiesen.

Kálnoky versicherte Monts am 17. Juli 1890, dass er seinen Einfluss einsetzen werde, um die Schlichtungen einzuleiten.[46] Am 20. Juli 1890 informierte er Szapáry, dass er Kontakt zur deutschen Vertretung aufgenommen habe und berichtete über Monts Antwort. Kálnoky akzeptierte die *Montssche Proposition*, deren Grundlage er schon am 26. April 1890 während der Zollbesprechung in Budapest formuliert hatte, und nach der die ungarische Regierung

---

[42]   *Weitowitz* 52.

[43]   Heinrich VII. Prinz Reuss an Leo von Caprivi. Wien, 30. April 1890. Bundesarchiv, Berlin [im Folgenden: BA]. Handelsvertrag zwischen Deutschland und Österreich-Ungarn. Kaiserlich Deutsche Botschaft in Wien. R 901/10057.

[44]   Heinrich VII. Prinz Reuss an Leo von Caprivi. Wien, 16. Mai 1890. PAAA R 8690. Kaiserliche Deutsche Botschaft in Wien. Nr. 168.

[45]   Heinrich VII. Prinz Reuss an Leo von Caprivi. Wien, 14. Juni 1890. BA R 901/10057.

[46]   Anton von Monts an Leo von Caprivi. Wien, 17. Juli 1890. BA R 901/10058.

vor dem Abschluss der Verhandlungen mit Deutschland mit keinem anderen Staat einen Vertrag abschließen werde.

Ende August 1890 versuchte die deutsche Regierung, den Zoll- und Handelsvertrag voranzubringen. Berlepsch sammelte die Zollvorstellungen der Industrievertreter und Industrieverbände ein. Hierfür traf er am 29. August 1890 18 prominente Vertreter des Industriesektors. In dieser Besprechung schlug Christian Mosler, geheimer Oberregierungsrat im preußischen Ministerium für Handel und Gewerbe, vor, die Nachteile des Prinzips der Meistbegünstigung zu vermeiden und mit der Monarchie die Verhandlungen zu beginnen. Deutschland müsse sich im Laufe der Verhandlungen vor allem auf die wirtschaftlichen Zölle konzentrieren.

Bei der darauffolgenden Konferenz in Berlin zwischen dem 4. und 12. sowie dem 2. und 24. September 1890 führte Wilhelm Jordan die Verhandlungen über die Frage, um welche Unterstützung und Ermäßigungen Deutschland Österreich-Ungarn bitten solle.[47] Das Ergebnis, wonach der Vertrag von 1881 die Grundlage der Verhandlung bilden sollte, war bedeutend, weil so auch die Kritik der Agrarvertreter zurückgewiesen und bei den wirtschaftlichen Zöllen bedeutende Ergebnisse erreicht werden konnten. Inmitten der Schlichtungen sprach sich der preußische Landwirtschaftsminister Robert Lucius gegen die Senkung der Agrarzölle aus, erklärte sich aber mit der Senkung der Getreidezölle um 25 Prozent einverstanden.

Zwischenzeitlich trafen sich Wilhelm II. und Franz Joseph am 17. September 1890 während einer gemeinsamen Kriegsübung in Rohnstock; am Treffen nahmen auch die beiden Außenminister Kálnoky und Caprivi teil.[48] Für die Außenwelt schien es, als würden die Staaten des Zweibundes den Grundstock ihrer gemeinsamen Zukunft legen. Die Bedeutung des Treffens wurde jedoch überschätzt.[49] Die Gespräche beruhten auf der gegenseitigen Anerkennung der Montsschen Proposition. Die Politiker einigten sich darauf, die Vorbereitungen zum Zoll- und Handelsvertrag zu intensivieren. Für die deutsche Re-

---

[47] Suter 12; *Biographisches Handbuch des deutschen Auswärtigen Dienstes 1871–1945*. Hgg. Maria Keipert, Peter Grupp. II: G – K. Bearb. Gerhard Keiper, Martin Kröger. Paderborn [u. a.] 2005, 447–448. Wilhelm Jordan war Generalkonsul in London, zu jener Zeit kommissarischer Leiter der Abteilung II. für Handelspolitik im Auswärtigen Amt.

[48] Walther *Lotz*: Die Handelspolitik des Deutschen Reiches unter Graf Caprivi und Fürst Hohenlohe (1890–1900). In: Schriften des Vereins für Sozialpolitik 92. Beiträge zur neuesten Handelspolitik Deutschlands. III. Leipzig 1901, 73; Walter *Rauscher*: Die fragile Großmacht. Die Donaumonarchie und die europäische Staatenwelt 1866–1914. Teil 1. Frankfurt am Main/Wien 2014, 449.

[49] *Suter* 13.

gierung war Eile geboten, da in den Vereinigten Staaten von Amerika der protektionistische Tarif von William McKinley bald eingeführt werden sollte.

Die Vorbereitung der Verhandlungen

Handelsminister Baross berichtete am 10. Oktober 1890 im Ministerrat, dass die deutsche Regierung bereit sei den Handelstarifvertrag abzuschließen, und so gab Kálnoky die Anweisung zur vertraulichen Vorbereitung der Datenerhebung.[50] Der Handelsminister rief den Zollrat ein, welcher im Juli 1890 zusammenkam. Der Landwirtschaftsminister delegierte den Ministerrat István Lipthay und den Sektionsrat Baron Miklós Fiáth, das Finanzministerium den Ministerrat István Andreánszky und den Sektionsrat und Hauptzolldirektor Adolf Turóczy. Für das Handelsministerium kamen Staatssekretär Béla Lukács – der zugleich der Vizepräsident des Rates war – sowie die Ministerräte Hugó Kilényi und János Mihalovic. Die verschiedenen Sektoren vertraten der Präsident der Landesverein der Ungarischen Wirtschaft (*Országos Magyar Gazdasági Egyesület*), Aurél Graf Dessewffy, der Präsident des ländlichen Industrievereins, Soma Mudrony, die Parlamentsabgeordneten Endre György und István Tisza, sowie die Fabrikbesitzer Manfréd Weiss und András Mechwart. Der Rat tagte zuerst am 26. Oktober 1890, wobei die Verhandlungen des mit Deutschland geplanten Vertrags im Mittelpunkt standen. Es folgte die Beratung der Regierungsbevollmächtigten im Reichsamt des Innern zwischen dem 18. und 31. Oktober 1890 in Berlin.[51] Hier waren neben den Vertretern des preußischen Finanz-, Landwirtschafts- und Handelsministeriums auch die Delegierten Bayerns, Sachsens, Württembergs, Badens und Elsass-Lothringens sowie Vertreter des Auswärtigen Amts, des Reichsamts des Innern und des Reichsschatzamts anwesend. Landwirtschaftsminister Lucius äußerte erneut seine Widerstand gegen die Senkung der Agrarzölle.

Von der Konferenz ist überliefert, dass die Delegierten sich abstimmten und mit dem Beginn der Verhandlungen einverstanden waren. Auch beurteilten sie die vorgesehenen Konzessionen als ausreichend, um später die Verhandlungen mit Rumänien und der Schweiz aufnehmen zu können. Die Agrarproduzenten protestierten heftig gegen die Senkung der Getreidezölle, und

---

[50] MNL OL MTJK 10. Oktober 1890, Punkt 3.
[51] Robert *Wuttke*: Der deutsch-österreichische Handelsvertrag vom 6. Dezember 1891. In: Verhandlungen des Vereins für Sozialpolitik über die Wohnungsfrage und die Handelspolitik. Band 98. Hg. Verein für Sozialpolitik. Leipzig 1902, 430.

Lucius trat zurück. Caprivi ernannte Wilhelm von Heyden-Cadow, den reichsten pommerschen Landwirt, zum neuen preußischen Landwirtschafts-minister, was die Agrarvertreter beruhigte, die von der Regierung keine Wende erwartet hatten.[52] Nach langen Diskussionen einigten sich die Dele-gierten schließlich auf die Senkung der Agrarzölle um 30 Prozent und erwar-teten im Gegenzug eine Verringerung der österreichischen Industriezölle auf das Niveau vor 1882. Dies betraf vor allem die Produkte der Textil-, Eisen-, Maschinen-, Papier-, Glas-, Leder- und chemischen Industrie sowie die Wie-dereinführung der Zollbefreiung für den damit verbundenen Veredelungs-verkehr.[53] Karl Heinrich von Boetticher, Staatssekretär im Reichsamt des In-nern, bemerkte nach den Verhandlungen, dass »man mit dem Freunde nur verhandeln, aber nicht handeln wollte«.[54]

Anfang November informierte Botschafter Reuss László Szőgyény-Marich, Sektionschef im österreichisch-ungarischen Außenministerium, dass Deutschland die Agrar-Ermäßigungen gewähren wolle, wenn sie »innerhalb der ohne Schädigung unserer Landwirtschaft zulässigen Grenzen« sei.[55] Caprivi einigte sich am 7. und 8. November 1890 in Mailand mit dem ita-lienischen Ministerpräsidenten Francesco Crispi auf einen Zoll- und Han-delsvertrag.[56] Der deutsche Kanzler, der Italien ermunterte, Portugal in den Interessenkreis des Dreibundes einzubeziehen, stellte den Dreibund in der Besprechung mit dem italienischen Ministerpräsidenten als eine Handels-liga dar, die den Mitgliedstaaten einen gemeinsamen Markt sichere und sich gegen Frankreich richte.[57] Crispi ging einen Schritt weiter: Er schlug vor, dass das bilaterale, ergänzende Abkommen des Dreibundes vereinheitlicht werden und für alle Mitgliedstaaten ähnliche Bedingungen festlegen solle. Caprivi unterstützte dieses Ansinnen.

Um die ungarischen und österreichischen Interessen abzustimmen, wurde eine gemeinsame Zollkonferenz am 15. November 1890 in Wien einberufen.[58] Handelsminister Baross fasste die Fakten zusammen, auf die er die Vereinba-

[52] John C. G. *Röhl*: Deutschland ohne Bismarck. Die Regierungskrise im 2. Kaiserreich 1890–1900. Tübingen 1969, 63.

[53] *Suter* 13.

[54] Zitiert ebenda.

[55] Leo von Caprivi an Heinrich VII. Prinz Reuss. Berlin, 5. November 1890. BA R 901/10059.

[56] Konrad *Canis*: Von Bismarck zur Weltpolitik. Deutsche Außenpolitik 1890 bis 1902. Berlin 1999, 78.

[57] Walter *Rauscher*: Zwischen Berlin und St. Petersburg. Die österreichisch-ungarische Außen-politik unter Gustav Graf Kálnoky 1881–1895. Wien [u. a.]. 1993, 172.

[58] MNL OL MTJK 9. November 1890, Punkt 1.

rung mit der österreichischen Regierung stützen wollte, um in der späteren deutsch-österreichisch-ungarischen Zollkonferenz koordiniert die Interessen gegenüber Deutschland zu vertreten.

Am 1. Oktober 1890 trat in den Vereinigten Staaten von Amerika der vom republikanischen Abgeordneten William McKinley eingebrachte protektionistische Zolltarif in Kraft. Die ungarische Regierung nahm eine abwartende Haltung bis zu einem eventuellen Protest anderer Länder gegen die protektionistischen Zölle ein, dem sich die Österreichisch-Ungarische Monarchie angeschlossen hätte. Baross wollte den Abschnitt der *Montsschen Proposition* mit der deutschen Regierung klären, der besagte, dass die 1892 auslaufenden Verträge nur mit der Einwilligung Deutschlands erneuert werden konnten. Sollten beide Parteien in diesem Punkt keinen einheitlichen Standpunkt erzielen, so würde die ungarische Regierung von Deutschland die Verminderung der Holz-, Getreide-, Mehl- und Tierzölle sowie den Abschluss des Viehseuchenabkommens verlangen. Weiterhin sollten mit der Monarchie spezielle Zollposten bestimmt werden. Die ungarische Regierung würde den Zolltarif für Leder, Eisen, Fette, Chemikalien, Maschinen und Zügen nicht senken. Nur beim Eisen wäre die ungarische Regierung zu einer Senkung bereit, falls Berlin die Zölle für Rohprodukte und insbesondere für lebende Tiere mindern würde. Ungarn wäre bereit, mit Serbien und Rumänien den Zollvertrag abzuschließen und die Elemente des Veterinärwesens beizubehalten, dies aber erst nach einem Vertragsschluss mit Deutschland.

Zollkonferenz in Wien

Die österreichische und die ungarische Regierung besprachen sich zwischen dem 15. und 17. November 1890. Handelsminister Baross berichtete, dass die österreichische Regierung nicht bereit sei, Vergünstigungen beim Zoll für Waren der Textilindustrie zuzugestehen.[59] Besonders wichtig war die Frage der lebenden Tiere, bei denen man sich nicht in erster Linie auf die Senkung der Zölle, sondern eher auf den Abschluss eines Abkommens zum Veterinärwesen konzentrierte. Die ungarische Regierung wollte Italien in die Verhandlungen einbeziehen, was aber aufgrund der *Montsschen Proposition* abgelehnt wurde. Die österreichische Regierung wiederum wollte von den Sanktionen gegenüber Frankreich keinen Gebrauch machen. Schließlich einigte man sich,

---

[59]   MNL OL MTJK 19. November 1890, Punkt 2.

die deutsche Regierung zur Eröffnung der Verhandlungen am 2. Dezember 1890 nach Wien einzuladen.

Die deutsche Regierung erteilte am 23. November 1890 den Unterhändlern Instruktionen, die auf den Beschlüssen gründeten, die in der Berliner Besprechung in der zweiten Oktoberhälfte festgelegt worden waren.[60] Das Ziel der Regierung war es, den Veredelungsverkehr zu rekonstruieren, den Grenzverkehr zu erleichtern sowie die industriellen Zölle auf das Niveau des Jahres 1881 zu vermindern.

Baross informierte den Ministerrat über Bacquehems Wunsch, parallel zu den Verhandlungen mit der deutschen Regierung auch die Schlichtungen mit den östlichen Ländern zu beginnen.[61] Die österreichische Regierung legte den Schwerpunkt vor allem auf die Verhandlungen mit Rumänien. Doch Baross beharrte auf dem Standpunkt der ungarischen Regierung, der sich auch mit den Interessen der Monarchie deckte.

Die Zollverhandlungen zwischen dem Deutschen Reich und der Österreichisch-Ungarischen Monarchie

Die Zollverhandlungen begannen am 2. Dezember 1890 im gemeinsamen österreichisch-ungarischen Außenministerium. Die deutsche Delegation wurde von Wilhelm Jordan geleitet, der Präsident der österreichisch-ungarischen Delegation war László Szőgyény-Marich, Sektionschef im Außenministerium. Der erste Abschnitt der Verhandlungen dauerte bis 22. Dezember. Schon am 3. Dezember kam es zu ernsten Meinungsverschiedenheiten, da die deutsche Delegation auf der Verwendung des *Feinfertigungsverkehrs*[62] zum Tarif des Jahres 1878 bestand. Wegen der österreichischen Ablehnungen wurden die Verhandlungen beinahe unterbrochen. Auf Druck von Handelsminister Baross gab der ungarische Ministerrat den ungarischen Delegierten am 7. Dezember 1890 neue Instruktionen.[63] Es sollte vereinbart werden, dass die Monarchie und das Deutsche Reich gegenüber dritten Staaten eine gemeinsame Zoll- und Handelspolitik betreiben. Im Falle von Verträgen mit östli-

---

[60] BA R 901/10060. Handelsvertrag zwischen Deutschland und Österreich-Ungarn. Instruktion. Berlin, 23. November 1890.

[61] MNL OL MTJK 26. November 1890, Punkt 2.

[62] *Feinfertigungsverkehr* („kikészítési eljárás") bedeutete die Lieferung ins Ausland zum Zwecke der Färbung und Bleiche, mit anschließender Rücklieferung der Waren zu einem bestimmten Zolltarif.

[63] MNL OL MTJK 7. Dezember 1890, Punkt 2.

chen Ländern sicherten die beiden Reiche zu, dass sie dritten Staaten zu Lasten der jeweils anderen Seite keine Vorteile gewähren.

Es stellte sich bald heraus, dass die Interessen Österreichs und Ungarns stark voneinander abwichen. Dieser Umstand schwächte die Verhandlungsposition der Monarchie gegenüber Deutschland. Szőgyény stand unter doppeltem Druck, denn die ungarischen Agrarier zwangen die österreichischen Handwerker, ihre Zölle zu verringern, um Berlin zur Senkung der Agrarzölle zu bewegen. Die Industrie musste nicht nur auf die deutsche Konkurrenz des inländischen Marktes achten, sondern von den Deutschen die Verringerung der Zölle für Textilprodukte fordern, weil sie diese in Deutschland verwerten wollte. Berlin wollte Wien dazu drängen, dass es seine Industriezölle auf den Stand von 1881 absenke. Durch dieses Anliegen wurden die ungarischen Agrarkreise auf die Frage aufmerksam. Die deutschen Unterhändler gerieten wegen der mächtigen preußischen Agrarlobby, die ihre Getreidezölle nicht in der erwarteten Höhe senken wollte, unter Druck. Botschafter Reuss berichtete über die wechselhafte Laune der Delegationen, dass sie »bald hoffnungsvoll, bald skeptisch« sei, »je nach den zu Tage kommenden Anträgen«.[64]

Vor Beginn des zweiten Verhandlungsabschnitts fand zwischen dem 2. und 7. Januar 1891 erneut eine Sitzung im Berliner Reichsamt statt. Die Teilnehmer legten fest, dass die deutschen Unterhändler die österreichisch-ungarischen Zölle akzeptieren sollten, falls es in einigen Fällen Ermäßigungen bei den Industriezöllen auf deutsche Produkte geben sollte. Die Viehseuchenkonvention wurde anerkannt, und in der Konvention der Identitätsnachweis für das Getreide aufgehoben. Differenzierende Zollposten für Agrarprodukte, die im Interesse der Monarchie lagen, hielt Deutschland für unannehmbar. Die deutsche Regierung plante also keine weitere Senkung der Agrarzölle.

Am 3. Januar 1891 trat der ungarische Ministerrat wegen des Handelsvertrags mit Deutschland erneut zusammen.[65] Er beschloss die Forderung nach einem Differenzzoll auf Getreide und Holz beziehungsweise, falls dies nicht umsetzbar sei, eine höhere Zollvergünstigung. Nach einigen Tagen fand in Wien unter dem Vorsitz von Handelsminister Baross eine Anhörung statt, bei der die Vereine ihre Ansprüche an einen Gebührentarif der neuen lokalen Bahn vorlegten.[66]

---

[64]   Heinrich VII. Prinz Reuss an Leo von Caprivi. Wien, 13. Dezember 1890. BA R 901/10061.
[65]   MNL OL MTJK 3. Januar 1891, Punkt 8.
[66]   *Pester Lloyd* 9. Januar 1891.

In der zweiten Phase der Zollkonferenz, die von 12. bis 26. Januar 1891 dauerte, wurden die Besprechungen mit den deutschen Zöllen fortgesetzt. Die österreichischen und die ungarischen Unterhändler versuchten, für die abzuschließenden Verträge mit Serbien und Rumänien einen Vorteil zu gewinnen. Sie verwarfen den deutschen Vorschlag zum Veredelungsverkehr. Während der Verhandlungen zum Vertrag eskalierte ein Streit zwischen der österreichischen und der ungarischen Seite: die Österreicher übten Druck auf die Ungarn aus, da Baross am 1. Januar 1891 einen neuen lokalen Eisenbahntarif eingeführt hatte.

Neuer lokaler Eisenbahntarif

Nach Ansicht von Baross sollte die Tarifpolitik auch im Falle eines gemeinsamen Zollgebiets der Wirtschaftspolitik untergeordnet werden, weshalb im neuen Eisenbahntarif die Posten nach Fernzonen festgelegt wurden.[67] So profitierte der einheimische Verkehr von einer Preissenkung um 10 Prozent, während dem Import aus Österreich oder Deutschland ein solcher Vorteil versagt blieb. Der neue Tarif legte für 78 Industrieartikel einen Richttarif fest und schloss Ermäßigungen für ausländische Fabriken aus. Bei elf Artikeln war die ungarische Herkunft sogar vorgeschrieben. Baross lehnte die Einwände von Bacquehem ab, so dass die Österreicher den früher unterstützten industriellen Zollermäßigungen nun eine Absage erteilten. Berlin drängte Österreich und Ungarn zu einer Einigung in der Frage der industriellen Zölle und Fachtarife.[68] Die Verhandlungen brachten aber nicht das gewünschte Ergebnis, viele Zollposten blieben ungeklärt. Der Konflikt wegen des Eisenbahntarifs zog weitere Komplikationen nach sich. Der österreichische Ministerpräsident Eduard von Taaffe legte dem ungarischen Ministerpräsidenten Gyula Graf Szapáry am 6. Februar 1891 eine Note mit Hinweis auf Bacquehems Einigungsversuch vor.[69] In der Note ging es darum, dass der neue ungarische Tarif nicht im Einklang mit dem Verbot der Ungleichbehandlung stand, wie er im Ausgleichsgesetz 1867 formuliert worden war. Die österreichische Regierung hielt die *Reexpeditionsinitiative*[70] für unhaltbar. Taaffe übte Druck auf Szapáry aus und stellte Sanktionen in Aussicht: Sollte der Gebüh-

---

[67] Sándor *Gyömrei* – Miklós *Vértesy*: Baross Gábor. Budapest 1937, 117–118.
[68] Heinrich VII. Prinz Reuss an Leo von Caprivi. Wien, 2. Februar 1891. BA R 901/10061.
[69] *Gyömrei* – *Vértesy* 122.
[70] *Reexpedition* bedeutete, dass die gemäß Frachtbrief am Bestimmungsort angekommene Sendung mit einem neuen Speditionsvertrag ins Zollausland weitergeleitet wurde.

rentarif nicht geändert werden, würden ähnliche Tarife in den österreichischen Gebührentarif eingeführt. Szőgyény fuhr nach Budapest, um die Gemüter zu beruhigen. Um den Zollkrieg zu vermeiden, schickte Szapáry Baross nach Wien, wo der Handelsminister zwischen dem 8. und 10. Februar 1891 mit dem Vertreter der deutschen Regierung verhandelte. Der Handelsminister, den Monts in einem seiner Berichte als einen »ungarischen Boulanger [Bäcker, Á. K.]« charakterisierte, bemühte sich, die ins Stocken geratenen Verhandlungen wieder anzustoßen und sicherte schließlich für gewisse Gegenleistungen die Aufhebung des einseitigen Gebührentarifes zu.[71] Botschafter Reuss sprach in der Sitzung vom 12. Februar 1891 mit Außenminister Kálnoky über die Gebührenermäßigungen. Kálnoky verlangte nach Handelsminister Baross und bat, die Refaktien[72] mit dem deutsch-österreichisch-ungarischen Vertrag in Einklang zu bringen.[73] Dementsprechend musste sich Baross mit seinem österreichischen Ministerkollegen Bacquehem einigen.

Fortsetzung und Abschluss der Zollverhandlungen

Am 15. Februar 1891 berichtete Verhandlungsführer Wilhelm Jordan dem deutschen Außenministerium, dass die meisten Zollfragen abgearbeitet wurden und man sich auf e einseitige oder gegenseitige Ermäßigungen geeinigt habe.[74] Bei Leder, Zement, Maschinen, Präzisionsgeräten, Garn- und Leinentücher waren Einigungen noch nicht möglich. Um diese offenen Fragen zu klären, wurde zwischen dem 21. und 25. Februar 1891 erneut eine Beratungsrunde im Reichsamt des Innern einberufen. Hier wurde die Einigung erzielt, dass Deutschland seinen Anspruch auf Ermäßigungen bei Leder, Eisen, Eisenwaren, Kupfer, Maschinen und Baumwolle beibehält. Die deutsche Regierung widersetzte sich außerdem bei den Agrarzöllen den Wünschen der Monarchie, so dass für Weizen und Roggen ein Zoll in Höhe von 4 Mark verabredet wurde. Die Verminderung des Zolls für Pferdeimport lehnte der Rat ab.

Im deutschen Reichstag stritten die politischen Kräfte, die für oder gegen Caprivis Handelspolitik waren, sowie die Förderer des Frei- und Schutzzolles und die Unterstützer der Industrie und Landwirtschaft. Dementsprechend

---

[71]   *Weitowitz* 75.
[72]   *Refaktie* war als Teil der Frachtgebühr der Gegenwert der Eisenbahnbeförderungsleistung.
[73]   *Gyömrei – Vértesy* 123.
[74]   *Weitowitz* 75.

befürwortete die Regierung nur eine geringfügige Absenkung der Landwirt-
schaftszölle, falls die Monarchie ihrerseits zu gewissen Ermäßigungen bereit
wäre.[75] Der deutsche Landwirtschaftsminister Heyden-Cadow schrieb dem
Auswärtigen Amt, dass der Zollposten im Wert von vier Mark die letzte
Ermäßigung wäre, die das Deutsche Reich Österreich-Ungarn gewähren
könnte. Der österreichisch-ungarische Außenminister Kálnoky, der eher die
Verhandlungen beenden, als einen unbefriedigenden Handelsvertrag unter-
zeichnen wollte, verwies auf innenpolitische Schwierigkeiten im Vorfeld der
österreichischen Parlamentswahlen sowie auf die Entlassung des Finanz-
ministers Julian von Dunajewski hin. Letzterer war für seine deutschfeind-
lichen Ausfälle bekannt, so dass die besagte Maßnahme für die laufenden
Verhandlungen vorteilhaft war.[76] Aber wenn die deutsche Regierung die in
Aussicht gestellten Agrarermäßigungen zurücknehmen würde, betonte Kálnoky gegenüber Reuss, dann wäre ein Handelsvertrag weniger in Ungarns Interesse.[77] Geheimrat Huber, der den Abbruch der Verhandlungen befürchtete,
überredete Caprivi, die Opposition für die Verminderung der Agrarzölle auf
3,50 Mark zu gewinnen.[78] So legten die deutschen Unterhändler während der
dritten Verhandlungsrunde in Wien die letztendliche Ermäßigung für die Agrarzölle vor: Sie betrug 3,50 Mark für den Fall eines erfolgreichen Abschlusses
der Verhandlungen.

Karl Goering, Chef der Reichskanzlei, unterschrieb am 12. März 1891 eine
Denkschrift, in der er die Entwicklung Deutschlands zu einem Industrieland
hervorhob und daran erinnerte, dass die bestehenden ausländischen Verträge
bald auslaufen würden und für die Industrieprodukte kein Markt gesichert
sei. Er hielt die Zollvorstellungen der deutschen Agrarwirtschaft für unannehmbar.[79] Das war der Punkt, der die Vereinbarung zwischen Deutschland
und der Monarchie ermöglichte.

Am 15. März 1891 meldete Kálnoky Zweifel an der Unterbrechung der
Zollverhandlungen an. Inzwischen könnten, so der österreichisch-ungarische
Außenminister, die Zollansprüche der deutschen Industrie laut Wiener Han-
delskammer erfüllt werden. Die deutschen Unterhändler hielten die Wiener

---

[75]   *Suter* 31.

[76]   Heinrich VII. Prinz Reuss an Leo von Caprivi. Wien, 4. Februar 1891. PAAA R 8782. Kai-
       serliche Deutsche Botschaft in Wien. Nr. 34.

[77]   Ebenda.

[78]   Adolf *Wermuth*: Ein Beamtenleben. Erinnerungen von Adolf Wermuth, früheren Reichs-
       schatzsekretär, dann Oberbürgermeister von Berlin. Berlin 1922, 197.

[79]   *Canis*: Von Bismarck zur Weltpolitik, 80.

Verhandlungen für befriedigend, keineswegs für entmutigend. Trotz der gro-ßen Hindernisse stimmte Österreich-Ungarn am 19. März 1891 weiteren 31 Ermäßigungen zum Beispiel für Öl, Textilien, Zinnplatten und Zinndrähte zu. Bei weiteren Verhandlungen am 24. und 25. März 1891 im Reichsamt des Innern bat die deutsche Seite um weitere Ermäßigungen beim Industriezoll. Am schwersten zu lösen war die Frage der Agrarzölle. Der deutsche Diplomat Friedrich von Holstein schrieb an Botschafter Reuss, dass der preußische Fi-nanzminister Johannes von Miquel nicht unter vier Mark gehen wolle, nach Ansicht der Experten aber dazu gezwungen werde.[80] Am Ende der Verhand-lungen wurden die Unterhändler bevollmächtigt, im Falle von Weizen und Roggen einem Zoll im Wert von 3,50 Mark zuzustimmen.[81]

Das österreichisch-ungarische und das deutsche Außenministerium nah-men die Wiener Verhandlungen am 1. April 1891 in optimistischer Grund-stimmung wieder auf. Den deutschen Unterhändlern gelang es, die Delegier-ten der Monarchie zu weiteren Ermäßigungen zu bewegen. Österreich-Ungarn senkte seine Zölle für Malz, Holz, Möbel und Uhren. Die Wiener Regierung akzeptierte für den Seeimport über die Häfen Triest und Fiume einen Präfe-renzzoll, den eine deutsch-österreichisch-ungarische Kommission festsetzen sollte. Die Ansprüche der deutschen Delegierten zum Veredelungsverkehr lehnte die Monarchie aber nach wie vor ab.

Bis zum 3. Mai 1891 wurde der Entwurf des Handelsvertrages ausgefertigt, den die Vertreter des Deutschen Reiches und der Österreichisch-Ungarischen Monarchie paraphierten.[82] Drei Tage später wurde auch die Verlängerung des Dreibundes in Wien unterzeichnet.[83] Die Ermäßigungen waren nicht sehr hoch, aber für beide Staaten vorteilhaft. Die größten Nutznießer waren auf dem österreichisch-ungarischen Markt die ungarische Agrarindustrie und die deutsche Industrie.

---

[80] Friedrich von Holstein an Heinrich VII. Prinz Reuß. Berlin, 25. März 1891. In: *Heinrich VII. Prinz Reuß. Botschafter unter Bismarck und Caprivi. Briefwechsel 1871–1894.* Hgg. James Stone, Winfried Baumgart. Paderborn 2015, 510–511.

[81] *Weitowitz* 81.

[82] *Gutmann* 305.

[83] Alfred Francis *Přibram*: Die politischen Geheimverträge Österreich-Ungarns 1879–1914. Wien 1920, 224.

Petra Balaton, Budapest

The *Székely Action* (1902–1914)
The Example of Regional Economic Development
in the Austro-Hungarian Monarchy

Transylvania including Székely Land (*Székelyföld, Ținutul Secuiesc*) became part of the Austro-Hungarian Monarchy formulated with the Compromise in 1867 (Act XII). After the Compromise Hungary had an economic and social development that the country had never seen before. However, the general development did not apply to the whole geographic area or the population of the country. Especially the areas on the peripheries with worse natural supplies and more archaic social structure in the north and east – Upper Hungary (*Felvidék, Horná Zem*), Carpatho-Ukraine (*Kárpátalja, Sakarpatia*), Siebenbürgisches Erzgebirge (*Erdélyi Érchegység, Munții Metaliferi*) and Székely Land – had a rate of underdevelopment that required government intervention.

Székely Land with Maros-Torda County (*Maros-Torda vármegye, Comitatul Mureș-Turda*), Udvarhely County (*Udvarhely vármegye, Comitatul Odorhei*), Csík County (*Csík vármegye, Comitatul Ciuc*) and the Háromszék County (*Háromszék vármegye, Comitatul Trei Scaune*) were regarded as some of the peripheral regions with the worst condition: due to the dissolution of the archaic societies, the late urbanisation and economy, the underdevelopment of transportation, the traditional agriculture (simple and self-supplying land cultivation, extensive farming) the population surplus emigrated to find relevant life sources. Besides the lack of financial sources modernisation had to clash with conservative mind-set as well.[1]

The Hungarian public realised the underdevelopment, the economic and value depression of Székely Land around the 1870s. The *Székely Issue* became a frequent topic of public communication. Pamphlets, memories, articles, moreover, cultural and economic societies were fighting for the governmental

---

[1] Ákos *Egyed*: A székelyek rövid története a megtelepedéstől 1989-ig. Csíkszereda 2013, 225–250.

developments of the region.[2] The issue of modernisation of the region got a national significance by the end of 19th century. Since one third of the Hungarian population of Transylvania lived in Székely Land (624,584 People), in addition, absolute Hungarian majority existed only in these areas: Udvarhely County, Csík County, Háromszék County and Maros-Torda County (97.6 per cent; 90.1 per cent; 88.9 per cent; 50.7 per cent).[3]

Due to its disadvantageous status of the Székely Land, which was considered to be the most eastern *fort* of the Hungarians, was unable to create the necessary conditions for its own development. The governmental participation on the one hand supported the gradual integration of the region, the late embourgeoisement, consolidating the different rates of the regions' development, on the other hand it contributed to the depression of the traditional farming and hand crafts, and it caused significant social friction and the impoverishment of wide layers of the society.[4]

Several development options had been proposed to improve the financial and ethical status of the Székelys, but they were rather a chain of superficial measures than parts of a deeply considered long-term strategy. Those social and governmental actions that aimed at the resolution of the Székely Issue, the economic, social and ethical values of Székely Land from the end of the 19th century are summarized under the name of *Székely Action*.[5]

The National Economic Policy

The economic liberalisation that translates into free competition and trade was the main principle of the official Hungarian economic policy. Harmonizing the economic measures of the two parts of the empire intensified in the issues of the necessary rate and possibilities of industrialization, as well as the methods of industrial development during the long period of depression (1873–1896).[6] The development that started in the 1880s was related to the

---

[2]   Petra *Balaton*: A székely társadalom önszerveződése: a székely társaságok. Törekvések Székelyföld felzárkóztatására a XX. század elején [I-II.]. In: Korunk 21 (2010) 1, 78–84; 2, 71–77.

[3]   Nándor *Bárdi*: A két világháború között, 1918–1940. In: Székelyföld története I-III. Eds. Nándor Bárdi, Judit Pál. III: 1867–1990. Székelyudvarhely 2016, 393–528, here 500–501.

[4]   Judit *Pál*: Városfejlődés a Székelyföldön 1750–1914. Csíkszereda 2013, 590.

[5]   Petra *Balaton*: A székely akció története. I/1: Munkaterv és kirendeltségi jelentések. Budapest 2004, 27–31.

[6]   László *Katus*: A modern Magyarország születése. Magyarország története 1711–1914. Pécs 2009, 402–408; György *Kövér*: Iparosodás agrárországban. Magyarország gazdaságtörténete 1848–1914. Budapest 1982, 31–37.

development of railway constructions and wood trade. The period of growth did not last for a long time, and it was even deepened by the Hungarian-Romanian customs war (1886–1891) in the southern areas. 1886 was the turning point.[7] By the end of the 1880s the 20-year-long government deficit was over, and aside from the depression at the turn of the centuries (1897–1905) a permanent growth started.

The difficulties of the development demanded the direct inference of the government in the areas of industry and agriculture development. The wave of industrialisation reached the eastern regions by the end of the 1880s, which was supported by the development of the vocational schools and education, the financial and engine supports, the loans without any interest, zero tax and other allowances.[8]

The foreign capital appeared in Székely Land at the end of the 19th century, investments were realised in the infrastructure (local railways), industry based on the local resources (mainly wood industry), as well as in mining and metallurgy.[9] It must be added that the railway constructions, which demanded huge investments were late and not fully completed in Székely Land. The organized and institutionalized governmental action was not totally executed before the World War I.

The social mirror image of the cereal trade depression in the 1870s and 1890s was the birth of the agricultural movements, whose programme contained the more extensive governmental support, and the introduction of more intensive economy to gain modernisation. After the foundation of the independent Ministry of Agriculture (1889), especially during the 12-year-long ministerial period of Ignác Darányi (1895–1903 and 1906–1910) a series of reforms were introduced in the area of agriculture.

Ignác Darányi and his successors (Béla Tallián, Béla Serényi) provided the economically underdeveloped northern and eastern regions with special support: *support actions* (ministerial sub-offices) were organised in the Ruten

---

[7] József *Sándor*: Az EMKE megalapítása és negyedszázados működése 1885–1910. Kolozsvár 1910, 356–357; Zoltán *Szász*: Gazdaság és társadalom a kapitalista átalakulás korában. In: Erdély története. I–III. Ed. Béla Köpeczi. Budapest 1986, III, 1508–1623, here 1520–1522.

[8] László *Katus*: A tőkés gazdaság fejlődése a kiegyezés után. In: Magyarország története 1848–1890. Eds. Endre Kovács, László Katus. II. Budapest 1979, 913–1039. The lack of sources makes the research of the topic more difficult as the documents of the Ministry of Trade perished except the period of 1889–1899.

[9] Róbert *Nagy*: Külföldi tőkebefektetések a Székelyföldön 1880–1918. In: Areopolisz. Történelmi és társadalomtudományi tanulmányok. VIII. Eds. Mihály Gusztáv Hermann [a. o.]. Székelyudvarhely 2008, 119–132.

counties from 1897, in Székely Land from 1902, in Upper Hungary and Transylvania from 1908, in Banat (*Bánság*) and Partium (*Részek*) from 1913.[10] The public identified the Székely action mainly with the activities of the sub-offices of the Ministry of Agriculture.

During my research of the sources it became clear that the few professional literature research introduce the Székely Action separately on their own creating a false impression, as if the governmental support given on local basis had aimed superficial solution of the greatest local problems. As opposed to the fact that Ignác Darányi in 1899 already considered the action in the mountains as "the starting point of a longer and wider chain of activities that would cover the whole area of the Carpathian Mountains".[11] The development of the regions at the borders from central resources was completed with the same tools and was based on the same office apparatus. The offices contributed to the development of the economy as well as the change of the mind-set with financial aid proposals, and suggestions.[12]

Until the 1910s the governmental actions were carried out mainly in the mountainous areas with minority, Ruten and Slovak population. The management of the office system claimed that via the straightforward propagation of the agricultural principles "they can be included in the community of the Hungarian national development creating the preconditions of economic development, the assurance of their existence."[13] In Transylvania however, the economic action aimed at the economic strengthening of the Székelys (1902) and the Hungarian minorities (1909). Due to the Romanian rapprochement as a consequence of the changes in the minority policy of Prime Minister István Tisza the mountainous areas with Romanian population were also included in the national actions from the 1910s.

Due to the country-wide aid actions after the extreme weather in 1912 and 1913 (heavy rain and floods) the measures lost their special poverty aid feature and became secondary level authorities with regular tasks that organised

---

[10]   *Balaton:* A székely akció története, 39–45.

[11]   *Indoklás a Földmívelésügyi magy. kir. Ministerium 1899. évi költségvetéséhez.* Budapest 1898, 86.

[12]   Imre *Takács:* Magyarország földművelésügyi közigazgatása az Osztrák–Magyar Monarchia korában, 1867–1918. Budapest 1989, 81–83.

[13]   Magyar Nemzeti Levéltár Országos Levéltára, Budapest [furthermore: MNL OL]. K 184 Ministry of Agriculture [furthermore: K 184]. General records 1916, 128. General issues of the sub-offices of the Ministry of Agriculture. Operational report of the sub-office in Temesvár 62713, 27911/1914.

the development of the local economy.[14] Béla Serényi, Minister of Agriculture (1910–1913), issued an organisational and operational regulation concerning the ministerial sub-offices on 28th April 1913. The task of the sub-offices was to support the organisations of agriculture and the agricultural society in their respected area, as well as to prepare proposals, and to check the fulfilment of laws and regulations. They supervised, checked and coordinated the external bodies of the Ministry of Agriculture, except the educational and academic institutes (schools and research institutes), governmental lands, national horse breeding issues, governmental spa baths and holiday resorts, forestry and water authorities, and the authorities supervising handling of national assets, and assured the relationship to the county.[15]

The minister wanted to found a separate organisation to fulfil agricultural management. As the first step on 1st September 1913 he established new ministerial sub-offices with centres in Nagyvárad (Oradea) with authority of Arad County, Bihar (Bihar vármegye, Comitatul Bihor) and Szilágy County, and in Temesvár (Timișoara) with authority of Krassó-Szörény County and Temes County (Temes vármegye, Comitatul Timiș). Serényi planned to expand the system to cover the whole area of the county and then he formulated agricultural directories of them.

The Government of Tisza (1913–1917) starting its work in June did not consider the plan accomplishable. Imre Ghillány, Agricultural Minister, finished the operation of the office in Temesvár on 1st May 1914, and he organised a new ministerial office in Eperjes (Prešov) using the generated surplus financial sources. From the summer of 1913 István Tisza started to evaluate the minority status in Upper Hungary, and planned the introduction of a general economic and social action with governmental support.[16] The general programme was not completed, however, upon the examples in Transylvania the Ruten sub-office in the mountainous area was divided and a new ministerial office was established in Eperjes.[17]

14 Official agricultural reports: Zárszámadás a Földmívelésügyi magy. kir. Ministerium 1912. évi költségvetéséhez. Budapest 1911, 309; Indoklás a Földmívelésügyi magy. kir. Ministerium 1913. évi költségvetéséhez. Budapest 1912, 119.

15 MNL OL K 184 Order of the Minister of Agriculture Nr. 4670 on 28th April 1913, praes. 1913-128-87548.

16 László Szarka: Szlovák nemzeti fejlődés – magyar nemzetiségi politika 1867–1918. Pozsony/Bratislava 1999.

17 MNL OL K 27 Archives of Prime Ministry, Cabinet minutes. Minutes of the meeting on 23rd October 1913.

By the spring of 1914 the sub-office system covered almost the half of Hungary, and first it was increasing, and then stabilized at the rate of 3 per cent (3 million Krona) credit limit. Due to First World War new sub-offices were not established between 1914 and 1918. After the collapse of historical Hungary the activities of the sub-offices ended.

The Economy Development Policy of the Székely Action

The first practical steps to introduce the governmental aid action were made by Ignác Darányi Minister of Agriculture when he defined 38,000 Krona for the development of Székely Land and 70,000 Krona for supporting the economic societies, cooperatives from the annual budget of the ministry in March 1902. According to the reasons of the ministry: "[...] it may not be a great amount, however it can obtain significance in its importance and effect for the future" and "it is a great enough amount that the government uses to support the financial development of the Székely people."[18]

The Council of State decided to establish a *Székely Governmental Bureau*, which was positioned above the council authorities. János Sándor, landowner who had climbed the ladder of the public administration, and was the Lord Lieutenant of Maros-Torda County, Kis-Küküllő County (*Kis-Küküllő vármegye, Comitatul Târnava-Mică*) and Marosvásárhely (*Târgu Mureş*), was appointed as the head of the bureau, and he had three weeks to work out his proposals concerning the guiding principles of the governmental support.[19] The bureau started its operation in Marosvásárhely on 1st June 1902, and it had authority on four administrational units of Székely Land Csík County, Háromszék Counties, Udvarhely County, and Maros-Torda County.

The appointment of the government's people before the Székely Congress planned by the end of August caused public revulsion. János Sándor Government Commissioner made his first roundtrip in Székely Land before the congress, he had discussions with the economic organisations, although he started his real operation after the congress in Tusnád (*Tuşnad*), in September. The decisions made by the Székely Congress in Tusnád served as the global

---

18   *Költségvetés a Magyar Korona Országai részére az 1902. évre.* Budapest 1901; *A Magyar Állam költségvetése az 1902. évre.* Budapest 1902.

19   The memorandum of 1897 by the Székely delegates served as the bases of the operational plan: "Az erdélyrészi képviselők emlékirata Székelyföld közgazdasági és kulturális fejlesztése érdekében Sándor Jánosnak megküldetik". MNL OL K 178 Archives of the Ministry of Agriculture, Presidential records 1902, 4977.

proposal collection for the development of the region, as the documented proof that the Székely Issue is a national issue that requires organisation, national and social alliance. In this sense Minister Darányi issued the decisions of the congress and its minutes in 1902.[20] The work schedule of the sub-office was created upon the decisions of the congress in Tusnád, mainly based on the agriculture related decisions, on 218 pages by the 27th March 1904.[21] 15 key areas were identified, and the decision details of the issues of animal husbandry (cattle, sheep, horse, pigs, and poultry rearing), the land cultivation (grapes, flax and hemp, fruits, and vegetables), forest industry, pasture culture, planting, the employment and emigration, home crafts, loans, transport (railways and roads), water operations, land coordination, mining, hunting, spa baths and other economic issues (economic societies, village small holders' societies, cooperatives, agricultural education, public libraries, example farms, awarding system, agricultural machinery). The operational programme started in autumn 1904, however the planned debate was overwritten by the governmental and political depression in 1905–1906.

Meanwhile János Sándor resigned from his post as Government Commissioner due to disappointment to Political Secretary of State of the Home Office, thus the management of the office was taken over by Mihály Koós Junior Secretary from November 1903.

The sub-office of the Ministry of Agriculture was not only its executive body, but it had its independent right for decisions, it had its own area of operation, making suggestions, had an educational and advisory role in Székely Land. In the autumn of 1904 the operational area was greater than the four counties: it also covered the Aranyos seat (*Aranyosszék, Scaunul Secuiesc al Arieşului*) Székelys in Torda-Aranyos County, the upper part of Kis-Küküllő County that had borders to Székely Land, and the Csangos in Hétfalu (*Şapte Sate*) as well as the three Hungarian settlements in Barcaság (*Ţara Bârsei*) in Brassó County (*Brassó vármegye, Comitatul Braşov*).[22] From spring 1909 the

---

[20] *A Székely Kongresszus szervezete, tagjainak névsora. Tárgyalásai és határozatai.* Ed. Béla Budai. Budapest 1902.

[21] *Jelentés vizeki Tallián Béla v. b. t. t. m. kir. földmívelési miniszter ő méltóságához a tusnádi székely kongresszusnak a földművelésügyi minisztérium ügykörét érintő határozatairól és a székelyföldi földmívelő nép gazdasági felsegítésére irányuló javaslatok. Előterjeszti a m. kir. Földművelésügyi Minisztérium székelyföldi kirendeltség.* Marosvásárhely 1904. MNL OL K 26 Archives of the Prime Minister, Centrally registered and archived records 1904–XXIX–1628.

[22] MNL OL K 178 Order of the Minister of Agriculture Nr. 51710, 22 September 1904, 1903, 2146.

programme called the Transylvania Economic Action had competence in the areas of Transylvania (Erdély, Transilvania) where Hungarians, Székelys and Csangos lived (Kolozs County [*Kolozs vármegye, Comitatul Cluj*] and Szilágy County [*Szilágy vármegye, Comitatul Sălaj*] and the 58 Hungarian villages of Alsó-Fehér County [*Alsó-Fehér vármegye, Comitatul Alba de Jos*]).[23] Some of the settlements with Hungarian population were involved in the programme secretly, as the land owners' society in Héjjasfalva (*Vânători*, Nagyküküllő County [*Nagy-Küküllő vármegye, Comitatul Târnava-Mare*])[24] in 1908, and the five settlements by River Sajó (*Slaná*) in 1911 (Beszterce-Naszód County [*Beszterce-Naszód vármegye, Comitatul Bistrița-Năsăud*]).[25] The Romanian delegates asked for the involvement of Topánfalva (*Câmpeni*, Torda Aranyos County [*Torda-Aranyos vármegye, Comitatul Turda-Arieș*]) in the regional aid actions in 1906. The memorandum of the Romanian National Party (1910) wanted the expansion of the governmental action to the areas populated by Romanians. The inclusion of the Romanians that liked the Hungarian state concept started from 1910s: Hunyad County (*Hunyad vármegye, Comitatul Hunedoara*) was being involved in the economy development programme from 1911, while Szolnok-Doboka County from 1912.

The separation of the sub-office into Marosvásárhely Sub-office (Brassó County, Csík County, Háromszék County, Kis-Küküllő County, Maros-Torda County, Udvarhely County), and Kolozsvár (*Cluj*) Sub-office (Alsó-Fehér County, Hunyad County, Kolozs County, Krassó-Szörény County, Szolnok-Doboka [*Szolnok-Doboka vármegye, Comitatul Solnoc-Dăbâca*] and Torda Aranyos County) in spring 1913 helped the realisation of the development of the different economic, social and geographical regions.[26]

The regional aid action had a control over a continuously increasing credit limit of the Ministry of Agriculture budget that stabilized at a rate of 1 per cent. Thus about half a million Krona was spent on the development of the agriculture of the region via this channel annually.

However, the relation of the sub-office with the authorities of the Ministry of Agriculture (Offices of the Agricultural Engineers, Animal Husbandry Supervisors) had not been clearly defined, thus it was problematic. Later it

---

[23]   MNL OL K 184 Order of the Minister of Agriculture on the spread of Székely Action 1909, 29811.

[24]   *Udvarhelyi Híradó* 11 (1908) 50, December 13th, 5.

[25]   MNL OL K 184 Issue of the involvement of the settlements near Sajó river 1911, 46582.

[26]   MNL OL K 184 Issue of the split of the Transilvanian Branch Office into two 1913–128–87548.

supported their work, and took over the simple tasks with low budget. In the interest of the cooperation with the municipalities and the organisations of the landowners the cooperation of county councils was proposed. The cooperation was not completed due to the manifold tasks of the governmental commission, and the organisation of the so called local agent jobs was decided in 1904 (the job was called economic supervisor from 1911). The agents became key figures having wide range of tasks, obtaining strong relationship with the villages: Pál Benkő Teacher of Economy in Háromszék County and Brassó County, Ernő Kiss Senior Forester and excellent photographer in Csík County, and the extremely spirited Béla Dorner Economic Journalist and Viktor Székelyhidy in Udvarhely County.

The office supported the economic development, relief the area from poverty and the change of the mind-set with financial aid, as well as suggestions, propositions based on the local status. "The real support of the people is the one that teaches the abandoned people who lost their trust due to this abandonment to help themselves."[27] "Delivering financial aid that helps today only was not the aim of the action. Tools and equipment had to be obtained, institutes had to be established, people had to be educated, […] so the cleverness and diligence of the Székely people, thus their own power would change this poor agricultural state."[28]

The support and aid policy of the economic programme always favoured the communities or the institutes serving the communities' interests. In the one hand in the form of low interest (2.5–4 per cent) loans that had to be paid back in 1.5–3 years, and reduced (10–30 per cent) prices in case of payment by cash. The fulfilment of the compulsory contribution (monetary, own power or animal power, land, building) was the condition of the governmental aid. Individual aid was rarely given, only in the years of depression and in extraordinary circumstances (fire, flood, ice).

The target group of the action was mainly the low and middle layer of ploughmen who had family farming, were involved in production, made some improvements in their work, and who amounted to the 30 per cent of ploughmen. The wealthier and cleverer smallholders, about 40-50 people per a village recognised the necessity of improvements by the beginning of the 20th century; they dared to improve, buy pedigree sires and invest in machin-

---

[27] Mihály *Koós*: A székelyföldi gazdasági actio 1905. évi működésének ismertetése. Budapest 1906, 48.

[28] Mihály *Koós*: A székely actio ismertetése. Budapest 1905, 64–65.

ery having both the spirit and the finances. The poverty stricken majority were out of the aid programmes due to the lack of finances, knowledge and trust. First of all the office wanted to captivate the charismatic leaders of the villages; parishioners, teachers, their efforts were awarded financially from 1908. Gaining the opinion leaders became essential in completing the economic action, as well as its local issues. The middle and large-size landowners missed the more significant inclusion of the local elite and the consideration of their interests.

The operational circle of the governmental programme continuously changed due to the lack of practical experience, and permanently occurring new tasks. It is corroborated by the general practice of the overhead budget reasoned by the minister: "due to the short time since the action started we have not been able to gain enough practical experience to define and separate the necessary finances of each issues occurring during the year, on the other hand new and unknown issues occur during the development of the action whose completion results in expenditure, which can only be covered by using the overhead budget."[29]

The moral renewal enhancing action plan of the Ministry of Agriculture based on the organic society model of the agrarians accentuated the importance of establishing the organisation of landowners and cooperative system. They became the basic units of the Hungarian governmental modernisation aid that channelled the state subventions. In the developed villages the so called people's houses or cooperative houses were responsible for the modernisation of the villages and the development of the county.

The sub-office aimed at the development of animal husbandry into key agricultural branch based on the geographical features of the regions at the borders, they cooperated in the definition of the breeding goals, the purchasing of the necessary quality and quantity of breeding animals (bull for service, cow, doe, pig, and sheep) together with renewals and changes in breed. The high death rate of the animals was an unfortunate side effect of the changes in breed in Székely Land, uniform western breed did not evolve due to the forced necessity of interbreeding. Changes in mind-set slowly started to develop due to the prizes in animal keeping and the exhibitions.

The sub-office gained higher success in the field of pasture management. The recovery of the pastures in Hungary resulted in the possibility of better

---

[29] *Indoklás a Földmívelésügyi magy. kir. Ministerium 1904. évi költségvetéséhez.* Budapest 1903, 95.

animal keeping. The water management activities of the sub–office was also significant; providing the poor Székely communities with water supply started with construction of water supply pipes and drilling wells.

The office did everything to spread economic knowledge; the establishment of the public library system, organisation of lectures on economy in the winter, riding the marches, and organising study tours. The model farms established besides the teacher training colleges, and the primary economy school in Torda (*Turda*, 1908) had a great importance in agricultural education.

The governmental development of fruit and vegetable growing, home craft industry, dairy production, poultry rearing, and honey production served the better living conditions as well. The home craft industry was promoted by the agricultural government to assure winter employment and bread earning from the end of the 19th century. However, the development of the home craft industry had a significant nostalgia element in it, and it movement could gain a long-term and weighty result in neither trade nor social area.

The employee service activities of the sub-office were accompanied with several debates; besides finding jobs for non-skilled, servant and day-wage labourers, they also supplied labourer groups to prevent harvest strikes.

The sub-office could not cope with a loads of accepted tasks (infrastructure, rafting, industry, mining, child safety, spa baths, hunting, and fishing), and after the manifold and extremely complex, *unfulfillable* and naïve programme package of the start in 1905 the vernacularization of the intensive agriculture and the animal husbandry based economy became the primary tasks. The Ministry of Agriculture acknowledged that significant and important changes could not be reached solely by agricultural developments. Thus the necessity of the harmonisation of the development programmes of the ministries became a reoccurring topic of the discussions, especially the issue of the development of Székely Land's industry and infrastructure. They emphasized that 'malpractice of several decades cannot be overwritten by the work of a few years'. The big social regret that followed the establishment and operation of the actions gradually changed into disinterest and indifference.

Results and Afterlife

The regional economic actions seemed to be the most effective positive measures in the industry and minority policy of the governments at the era of the Compromise, which aimed at reducing the problems of supply and employment. On the one hand the goal of the aid actions was to strengthen the Hungarian small, middle and great landowners economically, on the other hand to complete positive economic actions among the landowners of the minorities.

The Székely Action did not result in development in the area of social problems (loans, land distribution). The sub-office had to face an unsolvable task due to the lack of re-parcelling and land consolidation, obscure loan situation, legal uncertainty. These tasks were over the limits of the sub-division, their lack of solution could not be blamed on them. At the same time the sub-office had a positive effect on the lives of the small-holders with the favourable distributions they got machinery that they could not have afforded.

The economic programme contributed to the spread of a developed economic culture, overcoming the disinterest and indifference, as well as the change in the mind-set of the people especially in the more developed, open areas.

The success and the image of the programme highly depended on the employees, especially the personality of the leader, and the agents that played a key role in the relationship with the people; positive results could only be obtained there, where the employees of the sub-offices were diligent, devoted and skilful people.[30]

The unforeseeable economic and political events, like the completion of the aid action because of the heavy rains in 1912–1913, World War I and then the military occupation, created extraordinary tasks for the sub-offices.

During World War I the sub-offices played an important role in the areas burdened with military actions, they supplied the people with work, food, seeds during the paralysed operation of trade and traffic routes, in moving the population, supporting the spring and autumn agricultural work, as well as informing the people about the status of the war.[31] The sub-offices completed a significant action concerning real estate issues from autumn 1917; in

---

[30] MNL OL K 184 Order about the organisation of the Ministry of Agriculture's External Offices 1919–128–2233.

[31] *Magyarország földmívelésügye az 1915–1918. évben.* Budapest 1924, 96.

smaller issues they had the right to decide without the permission of the authorities, while in greater issues they had the task of data supply and proposal.[32]

The sub-offices in Kolozsvár and Marosvásárhely operated in an occupied area from 1919 with very small budget. During the Hungarian Soviet Republic they were called *commissar sub-offices*. The operation of the sub-office in Kolozsvár was terminated on 15th October 1919, and then it moved to Marosvásárhely. In the first half of 1920 some employees still worked there, and then the Romanian government confiscated the offices.

The majority of the employees of the sub-offices moved to Hungary, and they were employed by the ministries, agricultural supervisory offices or agricultural educational institutes. In the first half of 1920 the ministry eliminated its sub-office system.[33]

After the First (1938) and Second Vienna Award (1940) the Ministry of Agriculture organized the sub-offices as they had been organized during the Austro-Hungarian Empire, and learning from the earlier experiences they put more emphasis on the direct work relationship with the Transylvanian agricultural society.

To sum it all up, based on my research it can be said, that the importance of the governmental actions lie in the change of the Hungarian economic policy rather than their economic-social effect. It is also linked to the changes in the national public mind-set, moreover, the liberal government realised that the state had to play a greater and more direct role in the development of the economy, thus levelling the regional differences, and supporting the improvement of the underdeveloped regions as it is practiced in the counties that are more developed than Hungary.

---

[32] MNL OL K 184 Branch Office in Eperjes, Order of the Prime Minister Nr. 4000/1917. About the restrictions of the real estate trade 1918–127–18528.

[33] MNL OL K 184 Liquidation of the Branch Office system 128–1922. 60943/1922; 128–1919. 91001/1919.

Norbert Pap – Máté Kitanics, Pécs / Budapest

Die Erforschung der Türbe von Sultan Süleyman des Prächtigen bei Szigetvár (1903–2016)[*]

1. Einführung

Sultan Süleyman I. (1520–1566), der beachtliche Teile Ungarns erobert hatte, starb während der Belagerung der Burg Szigetvár (im südungarischen Komitat Baranya) im eigenen Zelt. Der Tod trat in den frühen Morgenstunden des 7. September 1566 infolge einer nicht genau identifizierbaren Krankheit ein, kurz vor dem Ausbruch der Burgverteidiger. Bei der Einnahme der Burg fiel Burgkapitän Miklós Zrínyi, ein hoher Würdenträger des Königreiches Ungarn und Sohn einer auch für die Etablierung der kroatischen Nation wichtigen Adelsfamilie, und mit ihm beinahe die ganze christliche Verteidigungstruppe von rund 2.300 Mann. Auf osmanischer Seite gab es mindestens 20.000 Tote. Der Fall wurde im 16. und 17. Jahrhundert als wichtiges Ereignis angesehen und von Kardinal Richelieu sogar als Wunder bezeichnet. Er galt als Wendepunkt, der nicht nur das Haus Habsburg rettete, sondern auch für die Entscheidung den Ausschlag gab, ob das Kreuz oder der Halbmond in Europa die Oberhand gewinnen würde.

[*] Erweiterte Fassung von Norbert *Pap* – Máté *Kitanics*: Nagy Szulejmán szultán szigetvári türbéjének kutatása (1903–2015). In: Mediterrán és Balkán Fórum 9 (2015) 2, 2–12. http://old.lib.pte.hu/elektkonyvtar/efolyoiratok/PTEperiodikak/mediterran/mediterran201502.pdf (21. Januar 2018). Die Entstehung des Beitrags wurde im Rahmen des Projekts K 116270 „Die politische, militärische und sakrale Rolle von Szigetvár und Turbék bei der Machtkonkurrenz zwischen Osmanen und Habsburgern sowie in der türkischen Organisation in Ungarn – Tatsachen und Gedenken" des Nationalen Amtes für Forschung, Entwicklung und Innovation (*Nemzeti Kutatási, Fejlesztési és Innovációs Hivatal*, NKFIH), Budapest, gefördert. Weitere Sponsoren waren: Turkish International Cooperation and Development Agency (TIKA), die Gemeindeverwaltung der Stadt Szigetvár, Mecsekérc Zrt., Stiftung Pannon Tálentum und GeoResearch Nkft.

Süleymans Nachfolger Selim II. oder Süleymans Enkel Sultan Murad III. ordnete die Errichtung eines prachtvollen Mausoleums, einer *Türbe*, am Todesort an. 1576 wurden zwei unweit liegende Dörfer (Becefa und Csütörtökhely) zum Dienst an der Gedenkstätte bestellt, und der Beg von Szigetvár sowie die Halveti-Derwische wurden mit der Betreuung und Bewachung der Grabstätte beauftragt. Zum Schutz der Türbe wurde auch ein Plankenzaun errichtet und sogar eine ständige Wache aufgestellt.

Die besondere politische Bedeutung der Türbe belegt auch der Befehl des Großwesirs Mehmed Sokollu, eine würdige Dschami neben dem Grabbau zu errichten. Die von den Zeitgenossen *Turbék* genannte Gebäudegruppe, die um das Mausoleum entstanden war, hob sich auch durch seinen hervorragenden ästhetischen Wert von der ländlichen Umgebung ab. Sie wurde bereits im ausgehenden 17. Jahrhundert als eine Art Kleinstadt betrachtet. Parallelen dazu sind unbekannt; es war ein einzigartiger Ort, der den islamischen Vorstoß in der Region symbolisierte.

Der Untergang der Türbe und der Siedlung ist in die Zeit der von den Habsburgern geführten Befreiungskriege anzusetzen. Während der Blockade Szigetvárs 1688/1689 wurden die Wohnhäuser von Turbék zerstört. Die Dschami und die Türbe wurden 1689 als eine Kirche, eine Kapelle, eingeweiht, aber die sakrale Nutzung wurde schon bald durch ihren Abriss beendet. 1693 untersuchte der Kriegsrat bereits den Verbleib des Erlöses aus dem Verkauf des durch den Abriss gewonnenen Baumaterials.

Bedingt durch die fehlenden Bauten und die anderweitige Nutzung der Fläche verblasste allmählich die Erinnerung an den Ort, und das einstige Turbék des 17. Jahrhunderts *verschwand*. Ende des 19. Jahrhunderts, als das wissenschaftliche Interesse für den Ort erwachte, standen den Forschern nur noch Legenden und einige scheinbar widersprüchliche historische Belege zur Verfügung. Der Standort der Grabstätte konnte in den vergangenen mehr als einhundert Jahren nicht genau identifiziert werden, und die an den Untersuchungen beteiligten Forscher hielten mehrere Standorte für denkbar.

Der Todesort des Sultans wurde auch von der Erinnerungspolitik mehrfach uminterpretiert. Die besondere Aufmerksamkeit verlieh zwar den Forschungen immer wieder neuen Schwung, gleichzeitig beeinflusste sie jedoch in eigenartiger Weise die möglichen Antworten, die Methodenwahl oder eben die Ergebnisse. Die Legenden und mystischen Glaubensvorstellungen, die sich um die Grabstätte rankten, und die aus diesen hervorgegangenen, mitunter phantastischen Vorstellungen beziehungsweise die unterschiedlichen Narrative machten einen komplexen und interdisziplinären Ansatz zur Lokalisierung der Türbe erforderlich.

2. Internationales Vorfeld und Forschungskontext

Unter den Mitgliedern der osmanischen Elite erhielten Angehörige der Herrscherfamilie, führende weltliche Persönlichkeiten und als heilig verehrte Religionsführer ein Mausoleum als Grabstätte – und zwar die erste Gruppe auf Staatskosten, die weltlichen Leiter aus ihrem Privatvermögen, während die Mausoleen der Religionsführer oft aus Spenden ihrer Verehrer errichtet wurden. Auf dem Gebiet des ehemaligen Osmanischen Reiches gibt es mehrere Tausend Türben, allein in Istanbul stehen 487.[1]

Die architektonische Form selbst ist persischen Ursprungs, die Osmanen hatten sie jedoch über die Seldschuken kennengelernt. Mehrere Arten von Grabbauten (Eisengitter-Konstruktionen, Baldachin-Überdachungen, geschlossene Gebäude) werden als Türbe bezeichnet. Sie wurden in der Regel als kegel-, später halbkreisförmige Kuppelbauten mit floraler, geometrischer und kalligrafischer Ornamentik errichtet. Der Grundriss ist am häufigsten sechs-, sieben- oder achteckig, manchmal viereckig, aber es kommen auch polygonale Grundrisse vor. Sie wurden je nach finanziellen Möglichkeiten mit Marmor, Wandfliesen und Malereien verziert. Der Türbe-Stil entwickelte sich in der Frühphase des Reiches in Bursa und Iznik.[2]

Das Bestattungsritual verlief nach klar definierten Regeln im Geiste des Islam.[3] Muslimische Grabstätten durften aus Pietätsgründen nicht geöffnet werden, so dass keine vollständige Erschließung der Sultan-Gräber möglich war. Ihr äußeres und inneres Erscheinungsbild wurde aber einschließlich der verwendeten Textilien untersucht.[4] Die Grabbauten der frühen Sultane des Hauses Osman, dem insgesamt 36 Herrscher angehörten, befinden sich in Bursa; nach der Herrschaft von Mehmed II. (1451–1481) wurden die Sultane in Istanbul beigesetzt. In der neuen Hauptstadt wurden insgesamt 42 Türben für die Herrscher und ihre Angehörigen erbaut. Mit symbolischer politischer Bedeutung konnten jedoch ausnahmsweise Türben oder Denkmäler auch

---

[1]   Serhat *Teksari*: İstanbul Türbeleri. İstanbul 2005.

[2]   Oktay *Aslanapa*: Türk Sanatı. İstanbul 1984; Godfrey *Goodwin*: A History of Ottoman Architecture. London ²2003.

[3]   Mehrdad *Kia*: Daily Life in the Ottoman Empire. The Greenwood Press Daily Life Through History Series. Santa Barbara 2011, 294.

[4]   Özer *Çalışkan*: 16. Yüzyıl Osmanlı Saray İşlemeleri. İstanbul 2004.

außerhalb der Hauptstadt errichtet werden, beispielsweise im Kosovo und in Turbék (bei Szigetvár).

In Ungarn sind aus der Zeit der osmanischen Besetzung 18 Mausoleen belegt. Eines davon war Sultan Süleyman gewidmet, zehn wurden für weltliche Würdenträger und sieben für heilig verehrte Derwische errichtet.[5] Die beiden heute noch erhaltenen Türben in Ungarn – jene des Idris Baba in Fünfkirchen (*Pécs*) und jene des Gül Baba in Budapest – sind sechseckig, tragen eine Kuppel und weisen architektonische Parallelen zu Türben auf dem Balkan auf.[6] Bei der archäologischen Erschließung der Türbe des Idris Baba kam unter dem Grabbau ein mit dem Gesicht nach Mekka ausgerichteter Leichnam ohne Beigaben zum Vorschein.[7]

Für den von uns behandelten Grabkomplex bei Turbék fokussieren die wenigen internationalen Vorfeldforschungen von herausragender Bedeutung vor allem auf die damalige Bestattung von Sultanen und hauptsächlich auf die Türbe von Murad I. im Kosovo. Nicolas Vatin bestreitet in seinem Beitrag zu den Todesumständen Süleymans, dass die inneren Organe des Leichnams in Szigetvár entfernt worden seien.[8] Damit übereinstimmend hält es ein Teil der Experten für wahrscheinlich, dass das Mausoleum in Turbék eine *Makam-Türbe* war, also eine Gedenk-Türbe, in der kein Leichnam beigesetzt wurde.[9] Hingegen argumentiert Feridun Emecen für eine Beerdigung der Eingeweide.[10] Aus dieser Epoche wurden die Bestattungen Bayezids II., Selims I., Sü-

---

[5] Balázs *Sudár*: Dzsámik és mecsetek a hódolt Magyarországon. Budapest 2014, 500–504.

[6] Győző *Gerő*: Az oszmán-török építészet Magyarországon (Dzsámik, türbék, fürdők). Budapest 1980, 180; *Sudár* 500–504; Tamás K. *Pintér* – Balázs *Sudár*: Oszmán-török építészet Magyarországon. Album. Budapest 2014, 75.

[7] Győző *Gerő*: Török építészeti emlékek Magyarországon. Budapest 1976, 40; *Gerő*: Az oszmán-török építészet, 180.

[8] Nicolas *Vatin*: Un türbe sans maître. Note sur la fondation de la destination du türbe de Soliman-le-Magnifique à Szigetvár. In: Turcica 37 (2005) 9–42. Vatin entging in diesem Zusammenhang ein von Sándor Takáts nachgewiesener Archivbeleg, wonach Mustafa, der Pascha von Ofen (*Buda*), im Mai 1577 nach Szigetvár gereist war, um die Grabstätte Sultan Süleymans zu besichtigen, in der die inneren Organe bestattet worden waren. (»Zu Besichtigung der Kirchen, darinnen des Sultan Soliman Ingwaydt begraben.«) Sándor *Takáts*: Nagy Szolimán császár sírja. In: Ders.: Rajzok a török világból. IV. Budapest 1927, 127. Entsprechende Angaben sind somit nicht nur aus späteren Quellen überliefert, sondern es liegt auch aus der Frühphase der Entstehung von Turbék ein Beleg vor, der die Türbe als Bestattungsort der inneren Organe nennt.

[9] Hakkı *Önkal*: ‚Maqam' Tombs and the Tomb of Süleyman the Magnificent in Szigetvar. In: Thirteenth International Congress of Turkish Art. Budapest 2009, 545–554.

[10] Feridun *Emecen*: Gondolatok Törvényhozó Nagy Szülejmán szultán „elveszett" türbéjéről / Kanuni Sultan Süleyman'in „Kayıp" Türbesi Üzerine Notlar. In: *Szülejmán szultán emléke-*

leymans des Prächtigen und Selims II. sowie die Merkmale ihrer Grabstätten von Zeynep Tarım Ertuğ untersucht.[11] Uzunçarşılı schrieb über die Ereignisse im Zusammenhang mit dem Tod Mehmeds II.,[12] zum Tod Bayezids II. liegt eine kurze Abhandlung von Tekindağ vor.[13] Die Baugeschichte der für unsere Forschungen wichtigsten Parallele, des mehrfach umgebauten Mausoleums von Murad I. im Kosovo, wurde von Şenyurt ausführlich und mit besonderem Augenmerk auf die Spätphase behandelt.[14] Um die Gedenk-Türbe im Kosovo herum entstand wie bei der Türbe in Turbék eine mehrere Gebäude umfassende *külliye.* Sie funktionierte auch als Pilgerstätte, war aber durch keine Festung geschützt.[15] Der Überlieferung nach sollen auch die Eingeweide Murads auf dem Schlachtfeld beigesetzt worden sein, während sein Leib im Mausoleum von Bursa ruht – so wie Süleymans Leichnam in der Türbe in Istanbul.

Die Forschungen in Szigetvár stehen zudem in einem besonderen Kontext, da die Grabbauten der 36 osmanischen Herrscher in Bursa beziehungsweise Istanbul restlos erhalten sind, während von den historischen Gedenkgrabstätten nur jene Süleymans I. untergegangen ist und längere Zeit als verschwunden galt. Dass um das Grab herum eine Pilgersiedlung entstand, für die zur Zeit nirgends Parallelen bekannt sind, dürfte mit seiner Lage im Grenzgebiet (mit Verteidigungsbedarf), der politischen Bedeutung und dem durch die Versorgung der Pilger bedingten Dienstleistungsbedarf zusammenhängen.

3. Vorgeschichte der wissenschaftlichen Erforschung der Süleyman-Türbe bei Szigetvár

Die erste mit wissenschaftlichem Anspruch verfasste Publikation zur Erforschung der Süleyman-Grabstätte bei Szigetvár war die 1903 von Béla Németh

---

zete *Szigetváron / Kanuni Sultan Süleyman'ın Sigetvar'daki hatırası.* In: Mediterrán és Balkán Fórum. VIII. Hg. Norbert Pap. Pécs 2014, 129–135.

[11] Zeynep *Tarım Ertuğ:* XVI. yüzyıl Osmanlı devletinde cülûs ve cenaze törenleri. Ankara 1999, 175.

[12] İsmail Hakkı *Uzunçarşili:* Fâtih Sultan Mehmed'in Ölümü. In: Belleten 34 (1970) 134, 231–234.

[13] M. C. *Şehabeddin Tekindağ:* Fâtih'in Ölümü Meselesi. In: Tarih Dergisi / Turkish Journal of History XVI (1970) 21, 95–108.

[14] Oya *Şenyurt:* Kosova'da Murad Hüdavendigar Türbesi ve Ek Yapıları. In: Middle East Technical University, Journal of Faculty of Architecture 29 (2012) 2, 285–311.

[15] Ekrem Hakkı *Ayverdi:* Yugoslavya'da Türk Abideleri ve Vakıfları. In: Vakıflar Dergisi Sayı 3. Ankara 1957, 1–73; Semavi *Eyice:* Bursa'da Osman ve Orhan Gazi Türbeleri. In: Vakıflar Dergisi 5, 131–47; Mehmet Z. *İbrahimgil* – Neval *Konuk:* Osmanlı Mimari Eserleri Cilt. I. Ankara 2006, 438–468.

vorgelegte Monografie „Geschichte Szigetvárs", die teils auf historischen Tatsachen, teils auf Legenden beruhte. Nach Németh sei das *Marmorgrabmal* an der Stelle des Sultan-Zeltes aufgestellt worden – wo heute die Turbéker Kirche steht. Der Verfasser erwähnte die bereits im Werk „Mars Hungaricus" als Irrtum dargestellte Überlieferung, wonach »eine Linde unweit der Burg am Seeufer« gestanden habe, wo Süleyman, von einer Kugel getroffen, gefallen sei. Die Eingeweide des Sultans seien von dort nach Turbék überbracht worden. Németh präsentierte eine von Pál Esterházy angefertigte Abbildung, die während des Winterfeldzugs 1664 entstanden war, als der Ort Turbék das erste Mal in seiner Geschichte zerstört wurde. Er interpretierte sie dahingehend, dass darauf eine auf drei Seiten von einem Wassergraben umgebene Festung zu sehen sei, innerhalb derer die Türbe und andere Gebäude gestanden hätten. Während der Befreiungskriege gelangte Turbék in den Besitz der katholischen Kirche. Németh nannte ferner auch einen »türkischen Friedhof« unweit des Almás-Baches, der auch seinerzeit, zu Beginn des 20. Jahrhunderts, »türkischer Friedhof« hieß. Er meinte, es seien Gebeine aus anderen türkischen Gräbern im Umfeld der Süleyman-Türbe in den Friedhof verbracht und dort bestattet worden, weil an der Stelle der Türbe in Turbék eine Kirche zu Ehren der Heiligen Jungfrau Maria errichtet werden sollte.[16]

Pál Hal, der vor allem die Zeit und Umstände der Rückeroberung Szigetvárs untersuchte, nahm 1939 – wie vor ihm Béla Németh – eine Kontinuität zwischen Türbe und Kapelle an. Bei Németh fanden sich nur Andeutungen, Hal identifizierte dagegen als Erster den von ihm als unregelmäßiges Fünfeck beschriebenen »türkischen Friedhof« mit dem mit einem „F" gekennzeichneten Ort auf der Landkarte des Kriegsingenieurs Leandro Anguissola.[17] Allerdings betrachtete er diesen nicht als Todesort Süleymans, sondern in Übereinstimmung mit Németh als einen Friedhof der Türken, wo die aus dem Umfeld der Turbéker Kirche stammenden türkischen Gebeine ruhen. Hier muss vermerkt werden, dass die Existenz eines solchen Ossariums durch die Forschungen vor Ort bislang in keiner Weise nachgewiesen werden konnte.[18]

---

[16] Béla *Németh*: Szigetvár története. Pécs 1903, 389.

[17] Pál *Hal*: Szigetvár 1688 és 1689-ben: Szigetvár török uralom alól való felszabadulásának 250. évfordulója alkalmából. Szigetvár 1939, 20.

[18] Obwohl Németh auf keine Archivquelle Bezug nahm, scheint es nicht unmöglich, dass ihm tatsächlich ein Dokument vorlag, laut dem der Kriegsrat »um Süleymans Grab herum« Geländearbeiten (die Ausgrabung der türkischen Gebeine) angeordnet und die Errichtung eines neuen, christlichen sakralen Zentrums unterstützt hatte. Im April 1693 erfuhr der Kriegsrat allerdings bereits vom erfolgten Abriss der Grabkapelle Süleymans. Németh brachte diese Ereignisse irrtümlich mit der Turbéker Kirche in Verbindung, weil er nicht

Sándor Takáts lieferte in seinen Aufsätzen einzelne Beiträge zum Bau der Türbe, zur Entstehung einer bedeutenden Siedlung um die Grabstätte sowie zum Untergang der Bauwerke.[19] Er ging auf die bereits erwähnten Volksüberlieferungen ein: Der Sultan sei unter einer Linde beerdigt worden; der Platz sei zu einer Pilgerstätte nicht nur von Moslems, sondern auch von Christen geworden. In seinem 1927 erschienenen Aufsatz hob er hervor, dass der Standort der Turbéker Gnadenkirche mit dem der Türbe Sultan Süleymans nicht identisch sein könne.[20] Anhand dieser Mitteilung verbreitete sich die allgemeine Ansicht, Takáts dürfte gewusst haben, dass die Kirche nicht an der Stelle der Türbe und des Grabkomplexes errichtet worden war. Den Forschern entging jedoch ein Beitrag von Takáts aus dem Jahr 1915, der keine Zweifel daran zulässt, dass Takáts das Grab genauso in der unmittelbaren Umgebung der Kirche vermutete, zumal es darin heißt: »die Kirche [...] war nie Süleymans Grab, sondern ein Tempel der das Grab bewachenden Derwische«.[21] Mit dieser Meinung griff Takáts wahrscheinlich auf Károly Zafféry (P. Angelicus) zurück, der 1889 in einem Artikel in der katholischen Zeitschrift „Religio" erwähnt hatte, dass der Szigetvárer Pfarrer György Kollár 1770 eine Kapelle an der Stelle des alten türkischen Tempels hatte bauen lassen.[22]

József Molnár stellte 1965 anhand der Aufzeichnung Evlia Çelebis aus dem Jahre 1664 fest, dass das aus »weißem Kalkstein« erbaute Mausoleum eine Stunde entfernt östlich von Szigetvár gestanden hatte. Er beschrieb die umliegende Bebauung mit dem Hinweis, dass in den nahe liegenden Weingärten eine von Magyaren bewohnte Siedlung entstanden gewesen sei, welche die Einwohner von Szigetvár zu Unterhaltungszwecken aufsuchten.[23] Da Molnár die vorstehend beschriebene Ansicht von Takáts nicht genau kannte, stellte er ihn als Vorgänger dar, der ebenfalls erkannt haben musste, dass die Türbe nicht im Umfeld der Turbéker Kirche gestanden haben könne. Anhand der während des Winterfeldzugs 1664 entstandenen Grundriss-Zeichnung Pál Esterházys vermutete Molnár den Standort der Grabstätte am Bach Almás,

---

wusste, dass das der Heiligen Jungfrau geweihte Mausoleum in Wirklichkeit auf dem Weinberg gestanden hatte.

[19] Sándor *Takáts*: Nagy Szolimán sírja. In: Vasárnapi Újság 58 (1911) 30, 604–605; Sándor *Takáts*: Vezír Szokolli Musztafa Basa. In: Budapesti Szemle 162 (1915) 460, 41–65; *Takáts*: Nagy Szolimán császár sírja, 123–132.

[20] *Takáts*: Nagy Szolimán császár sírja, 123–132.

[21] *Takáts*: Vezír Szokolli, 46.

[22] P. *Angelicus*: Regnum Marianum. In: Religio 48 (1889) 406–409.

[23] József *Molnár*: Szulejmán szultán síremléke Turbéken. In: Művészettörténeti Értesítő 14 (1965) 1, 64–66.

war doch die Schutzplanke von einem Wassergraben umgeben gewesen. Nach Molnár soll das Mausoleum an der mit »F« gekennzeichneten Stelle auf der 1689 von Anguissola erstellten Landkarte gestanden haben (F: *Orth wo der Türkische Kaiser Solimanus ist gestorben*), also an der Stelle des Rundbaus im fünfeckigen, umzäunten Bereich, östlich nur wenig entfernt vom Ufer des Baches Almás.[24] Seine Meinung glaubte Molnár auch dadurch bestätigt, dass der von Evlia Çelebi an einer Stelle erwähnte Zeltplatz des Sultans – wie es auch in Legenden aus der Zeit überliefert ist – an einem »Teich« stand. Eine Identifizierung mit der Gnadenkirche in Turbék lehnte er mit der Begründung ab, es sei »undenkbar, dass die katholische Kirche über den sterblichen Überresten eines ›heidnischen‹ Sultans ein Denkmal errichtet hätte«.[25]

Nicolas Vatin stellte 2005 bezüglich der Beerdigungsstelle des Leichnams fest, dass es an jenem Ort bis 1574 einen Obstgarten gegeben habe.[26] Anhand osmanischer Quellen ging er davon aus, dass das Grabdenkmal 1575–1576 oder ein bis zwei Jahre davor errichtet worden sei. Im Bau der Türbe erkannte er eine politische und expansionsstrategische Notwendigkeit im Kampf gegen die christlichen Streitkräfte, die vom Burgkapitän in Kanizsa, György Zrínyi, angeführt worden waren. Vatin sprach die Möglichkeit an, dass es sich bei der Bestattung der Eingeweide des Sultans um eine späte Legende aus dem 17. Jahrhundert handeln könnte, und dass das dort stehende Bauwerk nur eine symbolische Gedenk-Türbe (Makam-Türbe) am provisorischen Bestattungsort des Sultans sei. Darauf führte er auch zurück, dass von Zeitgenossen keine Berichte über eine Mumifizierung des Leichnams des Sultans vorliegen.

Der Szigetvárer Lokalhistoriker Imre Molnár beschrieb 2009 eine örtliche Legende, wonach sich der Grundbesitz der Turbéker Derwische bei Domolos, auf einer östlich des Weinbergs Turbék-Zsibót liegenden Puszta, befunden habe.[27] Diese Aussage der Legende konnte bisherlang weder widerlegt noch bestätigt werden.

Über die vorstehend angeführten grundlegenden Aufsätze hinaus trugen zahlreiche Historiker beziehungsweise Osmanisten wichtige Details zu den Erkenntnissen bezüglich Turbék und der Grabstätte bei. Előd Vass kam 1993 anhand der 1579 durchgeführten Sandschak-Konskription zum Ergebnis,

---

[24] József Molnár veröffentlichte die von Anguissola angefertigte Grundzeichnung als eigene Entdeckung und ließ außer Acht, dass diese zuvor von Béla Németh und Pál Hal bereits publiziert worden war.

[25] *Molnár* 66.

[26] *Vatin.*

[27] *Molnár Imre válogatott írásai.* Hg. László Ravazdi. Szigetvár 2009, 207.

dass die Siedlung um die Grabstätte die Ausdehnung von zwei *Mahallen* (türkisch, *Stadtviertel*) hatte; außerdem gab er auch die Namen der Mahallen sowie die Zahl der Familienoberhäupter/Haushalte an.[28] Gábor Ágoston befasste sich in der gleichen Publikation im Zusammenhang mit dem Bildungs- und Glaubensleben während der osmanischen Besetzung Ungarns mit der Grabstätte und dem Leben des ersten Türbenwächters (türkisch: *Türbedar*) Ali Dede aus Mostar.[29] Allem Anschein nach hatte dieser Scheich des nach Gasi Hüsrev benannten Derwisch-Klosters in Sarajevo als erster Türbenwächter von Turbék gedient. Ágoston stellte außerdem fest, dass Turbék ein wichtiges geistiges Zentrum im besetzten Ungarn gewesen war. Der Kirchenhistoriker Máté Gárdonyi bearbeitete 2004 in einem ausgezeichneten Aufsatz die mehrdimensionale, sakrale und politische Bedeutung des aus Passau stammenden und in der katholischen Kirche von Turbék untergebrachten Mariahilf-Gnadenbildes im Kontext der Nachwirkung der suleymanschen Grabstätte.[30] Gárdonyi erkannte im Mariahilf-Gnadenbild eine Reflexion der Symbolfunktion des ursprünglichen Passauer Altarbildes als *Türkenbezwinger*. Gleichzeitig hatte es auch dynastische, gegenreformatorische, deutsche und die katholische Erneuerung betreffende Relevanz. Gárdonyi verwies auf die Widersprüche einer Kontinuität zwischen Türbe und Kirche sowie auf interessante Überlegungen zur Entstehung des Toponyms »Turbék«. Klára Hegyi machte 2007 Angaben zu den zahlenmäßigen Veränderungen der militärischen Belegschaft und zu den von den einzelnen Einwohnern ausgeübten Berufen; sie fand auch Aufzeichnungen über ein Bethaus der Schutzanlage im Kassenbuch.[31] Zoltán Gőzsy erwähnte 2012 die Türbe in seiner Monografie Szigetvárs im 18. Jahrhundert und trat für die Interpretation ein, dass die Grabstätte einst an der Stelle der heutigen Kirche von Turbék gestanden habe.[32] Die spirituelle Verbindung zwischen den beiden Anlagen sei der Kult der helfenden Jungfrau Maria. Unter Gőzsys Feststellungen erweisen sich jene mit erinnerungspolitischen Bezügen als besonders wertvoll. Balázs Sudár

---

[28] Mahalle von Mehmed, Sohn Bayazids, mit 23 Haushalten; Mahalle von Veli, Sohn Alis, mit 28 Haushalten. Előd *Vass*: Szigetvár város és a szigetvári szandzsák jelentősége az Oszmán-Török Birodalomban 1565–1689. In: *Tanulmányok a török hódoltság és a felszabadító háborúk történetéből.* Hg. László Szita. Pécs 1993, 193–217.

[29] Gábor *Ágoston*: Muszlim hitélet és művelődés a Dunántúlon a 16.–17. században. In: *Tanulmányok a török hódoltság és a felszabadító háborúk történetéből* 277–292.

[30] Máté *Gárdonyi*: A passaui „törökverő" Mariahilf-kép Szulejmán szultán szigetvári sírja felett. In: Miscellanea Ecclesiae Strigoniensis. II. Hg. Margit *Beke*. Budapest 2004, 41–49.

[31] Klára *Hegyi*: A török hódoltság várai és várkatonasága. I–III. Budapest 2007, 1631.

[32] Zoltán *Gőzsy*: Szigetvár története a 18. században. Szigetvár 2012, 324.

summierte in seiner 2014 erschienenen Datensammlung die wichtigsten osmanischen Quellen und Informationen zum Ort.[33] Er wies auch auf die Widersprüche bei der Ortung der Türbe hin, die noch zu beseitigen seien. Nach
der örtlichen Überlieferung bestehe eine Verbindung »zur Kirche auf dem
Hügel von Turbék«, was die Grabungen allerdings nicht bestätigt hätten.[34]

Valéria Kováts identifizierte den *türkischen Friedhof* – eine vieleckige An-
höhe, die an den Rändern von einem schanzenartig aufgeschichteten Erdwall
und einem Wassergraben geschützt wird – als Standort des türkischen Haupt-
quartiers, damit als Todesort von Sultan Süleyman. Mangels entsprechender
Gebäudereste vermutete sie jedoch den Grabbau nicht im *türkischen Friedhof*, sondern im Umfeld der Kirche von Turbék. 1971 leitete sie Grabungen
im Kircheninneren und im Kirchenhof. Die Ergebnisse wurden zwar nicht
detailliert veröffentlicht, aber die Grabungsdokumentation ist heute noch
bekannt. Nach der Hypothese von Kováts dürfte im Mittelalter eine gotische
Kapelle an besagter Stelle gestanden haben, welche die Osmanen beim Bau
der Türbe benutzt hätten. In der Kirche beobachtete und beschrieb die Archäologin auch sekundäre Baumaterialen und Zubehöre aus der Türkenzeit.
Aber sie konnte weder ein früheres gotisches Bauwerk noch Überreste des
einstigen Mausoleums, der türkischen Festung, der Grundmauern oder einer
dort ansässigen Bevölkerung identifizieren. Anhand der im Kirchhof aufge-
fundenen und von ihr in die Türkenzeit datierten, von einem abgerissenen
Gebäude stammenden Mauerziegel schlussfolgerte sie trotzdem darauf, dass
die Grabstätte mit der Festung aller Wahrscheinlichkeit nach an der Stelle der
Kirche gestanden habe.[35]

Gleichzeitig betrieb Valéria Kováts 1971 und 1972 Grabungen auch
rund ein Kilometer von der Kirche entfernt, im oberen Teil des Weinberges
Turbék-Zsibót.[36] Dabei wurde ein unter Verwendung von behauenen Steinen
in hervorragender Weise erbautes »öffentliches Gebäude« mit quadratischem
Grundriss aus der Zeit der osmanischen Besetzung Ungarns identifiziert. Sie
führte die Untersuchungen nicht zu Ende und erschloss lediglich eine Ecke

---

[33]   Sudár 500–504.

[34]   Hier muss allerdings hinzugefügt werden, dass die Gnadenkirche von Turbék nicht am
Turbéker Hügel steht, sondern auf einem flachen, feuchten Gelände etwa 400 bis 500 Meter
südwestlich des Hügels, also vom Tor zum Weinberg. Die Türbe, die Dschami und das
Derwisch-Kloster wurden dagegen tatsächlich am Hügel, genauer: oben auf dem Turbéker
Hügel, erbaut.

[35]   Valéria *Kováts:* Turbék ásatási jelentés, 1971. Janus Pannonius Múzeum, Pécs. Régészeti
Adattár 1971, Nr. 1638, 83.

[36]   Valéria *Kováts:* Szigetvár-Turbék szőlőhegy. In: Régészeti füzetek 1 (1973) 26, Nr. 194, 113.

des Gebäudes. Mit der Funktionsbestimmung des Gebäudes wollte sie die Erforschung der Umgebung abwarten, was jedoch ausblieb. Die Dokumentation dieser Grabung ist im Museumsarchiv nicht mehr vollständig vorzufinden. Deshalb gibt es keine detaillierten Informationen zur Forschung, es liegen lediglich einige Fotos aus der Zeit vor, die sich im Besitz eines Szigetvárer Bürgers befinden. 1982 wurde der Ort – zum Teil in Anlehnung an die Volksüberlieferung – in dem Band „Geografische Namen im Komitat Baranya" als »Ruine aus der Türkenzeit«, als türkische Wachstätte bezeichnet[37] und ging als solche in das öffentliche Bewusstsein ein. In dieser Toponymen-Sammlung mit Herkunftsangaben heißt es, die Turbéker Kirche sei an der Stelle der Türbe erbaut worden. Im Buch erscheint auch Valéria Kováts als Erforscherin des Geländes und der Objekte, so ist es vielleicht kein Irrtum anzunehmen, dass sowohl die Kontinuität von Türbe und Kirche als auch die Angaben »Türkische Ruine«, »Wachturm, Wachstätte aus der Türkenzeit« ihren Standpunkt widerspiegelten und unter Mitwirkung von László Szita, der an den Szigetvárer Forschungen sehr interessiert war und beachtenswerte Ortskenntnisse besaß, in das Buch aufgenommen worden sind.

Wegen der Dokumentationsmängel zu Valéria Kováts' Grabungen, und weil Kováts damals noch keine geophysischen Untersuchungen hatte heranziehen können, führten Erika Hancz und Fatih Elcil 2009 Sondiergrabungen im Kirchenhof und südlich davon durch, denen geophysische Untersuchungen im Hof und im Inneren der Kirche beziehungsweise in der unmittelbaren Umgebung des Hofes vorausgingen.[38] Anhand der Untersuchungen wurde festgestellt, dass die Kirche von Turbék mit der Grabstätte des Sultans nicht identisch sein konnte. Es fehlte nicht nur jede Spur von den in zahlreichen Quellen belegten Gebäuden mit beachtlicher Größe – den Schanzen, Planken und Gräben –, sondern es kamen auch keine archäologischen Funde für das Alltagsleben einer länger existenten Siedlung aus jener Zeit zum Vorschein. Die identifizierten Gegenstände stammten aus dem 18. Jahrhundert oder aus späteren Zeiten. Infolge der knappen finanziellen Ressourcen wurde jedoch nicht das gesamte Gelände in die Untersuchung einbezogen. Daher blieb auch eine Klärung des Ursprungs der von Kováts im Kirchenhof freigelegten und auf die Türkenzeit datierten Mauerziegeln aus.

---

[37] János *Pesti*: Baranya megye földrajzi nevei. I. Pécs 1982, 452–473.
[38] Erika *Hancz* – Fatih *Elcil*: Excavations and Field Research in Sigetvar in 2009–2011, focusing on Ottoman-Turkish Remains. In: International Review of Turkish Studies 2 (2012) 4, 74–96.

Letzten Endes konnten die zwischen 1903 und 2012 geführten Forschungen die Frage nicht eindeutig beantworten, wo der Sultan gestorben war, wo seine Türbe gebaut wurde und welche Rolle die Mariahilf-Kirche von Turbék bei der Aufrechterhaltung der Erinnerung an den Ort spielte. Es entstanden verschiedene Hypothesen, die jedoch niemand verifizieren konnte, zumal die knappen Archivquellen nur widersprüchliche Interpretationen ermöglichten (zum Beispiel im Zusammenhang mit dem Gelände am Gewässer oder am Hügel). An den erforschten Orten wurden keine archäologischen Funde zutage gefördert, die eindeutig eine ehemalige Türbe mit umliegenden Bauwerken belegt hätten. Als gravierendes Problem erwies sich die Interpretation von einzelnen Angaben der zeitgenössischen Quellen aus dem 16. und 17. Jahrhundert in der Landschaft des 20. beziehungsweise 21. Jahrhunderts. Die Informationen, die den Experten der verschiedenen Disziplinen zur Verfügung standen, waren viel zu beschränkt und ließen lediglich intuitive Hypothesen zu. Dies alles machte ein Überdenken des Forschungskonzepts, die Erschließung neuer historischer Quellen sowie die Anwendung neuer Methoden und Technologien erforderlich. Aufgrund eines im Herbst 2012 unterzeichneten Fördervertrags wurde ein neues, multidisziplinäres Forschungsteam aufgestellt.

4. Untersuchungsergebnisse des multidisziplinären Forschungsteams

Die 2013 durchgeführten Untersuchungen und ihre Ergebnisse

Dem neuen, von Norbert Pap ausgearbeiteten Forschungskonzept[39] lagen eine geografische Sichtweise, Teamarbeit, Erweiterung der verwendeten Informationen, das Überdenken der Rahmenstrukturen der Forschungsarbeit, ein verstärkter Einsatz naturwissenschaftlicher Methoden, die Verstärkung des multidisziplinären Charakters, Durchsetzung einer integrierten Landschaftsbetrachtung sowie konsequente Anwendung einer strengen Qualitätssicherung zugrunde. Der Forschungsleiter hatte zum Ziel, die wenigen vorhandenen Informationen zu systematisieren, sie aber auch erheblich zu erweitern.

---

[39] Norbert *Pap*: A szigetvári Szülejmán-kutatás kezdetei, a 2013-as év fontosabb eredményei / Sigetvar'da Kanuni Sultan Süleyman Hakkında Yapılan Araştırmaların Ana Noktaları ve 2013 Yılı Sonuçları. In: *Szülejmán szultán emlékezete Szigetváron / Kanuni Sultan Süleyman'ın Sigetvar'daki hatırası* 23–36. Vgl. noch ebenda, 135.

Das neue Konzept wertete die späteren Archivquellen aus dem ausgehenden 17. und dem 18. Jahrhundert sowie die topografischen Quellen aus derselben und der darauffolgenden Zeit auf. Die aus dem Untersuchungszeitraum stammenden Dokumente (Prozessunterlagen, Urbarialverträge, landkartenartige Darstellungen, militärische Vermessungen, Katasterkarten) sind nämlich in großer Zahl vorhanden und erweisen sich auch für die Lokalisierung als brauchbar, da sie mehr Daten enthalten und unter geografischem Gesichtspunkt viel genauer sind. Es war ein wichtiger Ausgangspunkt, dass der untersuchte Zeitraum von der Mitte des 16. bis in die Mitte des 18. Jahrhunderts in die sogenannte *kleine Eiszeit* fällt. Die klimatischen Verhältnisse, die auch in den damaligen Dokumenten belegt sind, unterschieden sich erheblich von den gegenwärtigen. Somit mussten wir uns auch von den Umweltverhältnissen im 16./17. Jahrhundert ein Bild machen.

Die Forschung wurde von der türkischen Regierung im Rahmen eines Fördervertrags der Türkischen Agentur für Internationale Kooperation und Entwicklung (TIKA) entscheidend finanziert.[40] Es wurden neben Geografen auch Experten der Geschichtsforschung, Kunstgeschichtsschreibung, Archäologie, Geomorphologie, Geoinformatik, Geophysik und sogar Pathologie einbezogen. Die Zusammensetzung des Forschungsteams und der breite Kreis von Experten veränderten sich von Zeit zu Zeit. Die Forschung wurde unter Beachtung der allgemeinen Regeln des Faches und entsprechend den vertraglich vorgeschriebenen Bedingungen mit besonderer Sorgfalt dokumentiert.

Zur besseren Auslegung der schriftlichen Quellen und zur Untermauerung der archäologischen Untersuchungen führten Péter Gyenizse und Zita Bognár rauminformatische Forschungen durch, mit denen das einstige Wasser- und Straßennetz sowie die Benutzung der Äcker im 16. und 17. Jahrhundert rekonstruiert werden konnten.[41] Dank des Modells konnten mehrere Gelände ausgeschlossen oder in den Quellen belegte landschaftliche Elemente aus der Zeit rekonstruiert werden. Mehrere frühere Vermutungen mussten insbesondere aufgrund der Erkenntnisse über das Wassernetz überprüft werden. Es stellte sich heraus, dass einer der hypothetischen Türben-Standorte,

---

[40] Der Vertrag wurde dank der verdienstvollen und erfolgreichen Bemühungen des Botschafters Dr. János Hóvári im November 2012 in Ankara unterzeichnet. Die Arbeit begann im Januar 2013.

[41] Péter *Gyenizse* – Zita *Bognár*: Szigetvár és környéke 16–17. századi tájrekonstrukciója kartográfiai és geoinformatikai módszerekkel / Sigetvar ve Çevresinin Haritacılık ve Jeoenformasyon Yöntemleriyle 16–17. Yüzyıl Peyzaj Rekonstrüksiyonu. In: *Szülejmán szultán emlékezete Szigetváron / Kanuni Sultan Süleyman'ın Sigetvar'daki hatırası* 73–90.

das Gelände am Bach Almás, in jener Zeit zeitweilig unter Wasser gestanden hatte, somit für eine Bebauung oder dauerhafte Besiedlung ungeeignet gewesen war. Von der Umgebung der auf einem wasserdurchzogenen Gebiet stehenden Kirche von Turbék aus konnte man die Burg nicht sehen, somit ist es erwiesen, dass sie als Führungswarte ungeeignet war. Damit konnte auch bei der Definierung potentieller oder unwahrscheinlicher Führungswarten ein wesentlicher Fortschritt erzielt werden.

Erika Hancz gelang es, den Kreis der osmanischen Quellen auszudehnen.[42] Máté Kitanics erforschte und analysierte eine breite Palette von christlichen, auf Ungarisch, Deutsch oder Latein verfassten Quellen zum Standort des Sultan-Grabes und der Grabkapelle vom 16. bis 18. Jahrhundert, die sich später als ausschlaggebend erwiesen.[43] Aus diesen teils neuen, teils bereits bekannten, aber erneut überprüften Dokumenten konnten zahlreiche nützliche geografische Informationen für die Lokalisierung gewonnen werden.

Schriftliche Quellen zum Sultan-Grab (zur Türbe, zur »türkischen Schanze«, zu Turbék und zum Todesort). Aufzeichnungen zur geografischen Lokalisierung

	Informationsquelle	*Entfernung, Gehzeit von der Burg bzw. von Szigetvár*	*Geografischer Hinweis*	*Bewirtschaftung*	*Bebauung des Ortes*
1.	Ferenc Cserenkó, 1566[44]	Eine Viertelmeile von der Burg (ca. 4 km)	Szemlő-Berg, »oben am Hügel«	Keine Angabe	Keine Angabe
2.	Sámuel Budina, 1566/1568[45]	Eine Viertelmeile von der Burg (ca. 4 km)	Szemlő-Berg	In der Nähe von Weingärten	Keine Angabe

---

[42]   Erika *Hancz*: Nagy Szülejmán Szultán Szigetvár környéki sátorhelye, halála és síremléke az oszmán írott forrásokban / Osmanlı Kaynaklarına Göre Kanuni Sultan Süleyman'ın Sigetvar'daki Otağ Yeri, Ölümü ve Türbesi. In: *Szülejmán szultán emlékezete Szigetváron / Kanuni Sultan Süleyman'ın Sigetvar'daki hatırası* 55–71.

[43]   Máté *Kitanics*: Szigetvár-Turbék: A szultán temetkezési helye a 17–18. századi magyar, német és latin források tükrében / Sigetvar-Turbék: 17–18. Yüzyıllarına Ait Macarca, Almanca ve Latince Kaynaklar Temelinde Kanuni Sultan Süleyman'ın Mezarının Oluşturulduğu Bölge. In: *Szülejmán szultán emlékezete Szigetváron / Kanuni Sultan Süleyman'ın Sigetvar'daki hatırası* 91–109.

[44]   Lajos *Ruzsás* – Endre *Angyal*: Cserenkó és Budina. In: Századok 105 (1971) 57–69; Magyar Nemzeti Levéltár, Somogy Megyei Levéltár, Kaposvár. Szigetvári Község Levéltára [im Folgenden: SML SzKL]. Contractusok 1789 (1604–1891).

[45]   Imre *Molnár*: Budina Sámuel históriája, magyarul és latinul Szigetvár 1566. évi ostromáról. Szigetvár 1978, 45.

3.	Osmanische Quelle, 1573[46]	Keine Angabe	Keine Angabe	Obstgarten	unbebaut
4.	Osmanische Konskription 1579 in Szigetvár und Umgebung[47]	»in der Nähe von Szigetvár«	Raum im Kloster des Khans Süleyman (Kassaba)	Ein Weingarten, fünf Äcker	Eine Siedlung, zwei Mahallen groß, mit 23 und 28 Haushalten
5.	Evlia Çelebi, 1664[48]	Eine Stunde östlich von der Burg	Oben auf einem großen Berg	An einem Ort mit Gärten und Hügeln	Grabstättenkomplex mit der Größe des Zeltes von Sultan Süleyman Khan
6.	J. Ch. Wagner, 1689/1690[49]	Zwei Stunden außerhalb von Sziget	Am Hügel (Turbe Daghi)	Wein- und Obstgärten	Festung
7.	Konskription, 1692[50]	Ein Stündchen von der Stadt	Weinberg (Turbék)	Wein- und Obstgarten	Aufgelassene türkische Moschee, wo einst Süleyman beerdigt war
8.	Konskription, 1693[51]	Eine Viertelmeile (ca. 4 km)	Der Ort Turbék auf einem Berg	Obst- und Weingarten, Acker	Gemauerte Kirche mit hohem Turm
9.	Hoffinanz Ungarn, 1693[52]	Keine Angabe	Turbék	Keine Angabe	»Kapellen« aus Marmor, Bleidach, Turm an der Stelle, wo sich Süleymans Grab befand
10.	Konskription, 1720[53]	Keine Angabe	Weingarten, Turbék, mit dem früheren Namen Szibod (Zsibót)	Weingarten	Einst gab es hier eine grabförmige »Moschee«

---

[46] *Vatin.*

[47] *Vass* 193–217.

[48] Yücel *Dağlı* – Seyit Ali *Kahraman* – Robert *Dankoff*: Evliyā Çelebi Seyahatnamesi. Topkapı Sarayı Kütüphanesi Bağdat 308 Numaralı Yazmanın Transkripsiyonu – Dizini. 7. Kitap. İstanbul 2003.

[49] Johann Christoph *Wagner*: Wagners Christlich- und Türckischer Städt- und Geschicht-Spiegel […]. Anhang/Oder Continuation Zu dem Christlich- und Türckischen Staedt […]. Gedruckt und Verlegt bey Jakob Koppmayer. Augspurg 1700, 100.

[50] Magyar Nemzeti Levéltár Országos Levéltára, Budapest [im Folgenden: MNL OL]. Urbaria et Conscriptiones 50 : 57, 8.

[51] MNL OL Urbaria et Conscriptiones 136 : 30, 3.

[52] MNL OL Hoffinanz Ungarn W2279.

[53] MNL OL Urbaria et Conscriptiones 66 : 21, 1.

	Informationsquelle	*Entfernung, Gehzeit von der Burg bzw. von Szigetvár*	*Geografischer Hinweis*	*Bewirtschaftung*	*Bebauung des Ortes*
11.	Prothocollum, 1717–1734[54]	Keine Angabe	»Türkische Schanze«	Acker (Maisfeld) und unbewirtschaftetes Grundstück, wo einst die Festung stand	Hier gab es »türkische Mauern«, einst eine Festung oder einen Brunnen
12.	Prothocollum, 1738[55]	Keine Angabe	»Türkische Schanze«	Acker (Maisfeld)	Es gab hier eine *Tekke* (Derwisch-Kloster) eine Schanze
13.	Konskription, 1747[56]	Keine Angabe	»Türkische Schanze«	Acker	Keine Angabe
14.	Visitation, 1756[57]	Keine Angabe	Weingarten, »alte türkische Schanze«	Zwischen Weingärten	Abgerissene türkische Moschee
15.	Contractus, 1789[58]	Keine Angabe	»Türkische Schanze«	Acker	Keine Angabe

Die aufgezählten Quellen weisen auf einen von der Burg Sziget östlich oder nordöstlich gelegenen Standort in einer Entfernung von vier bis viereinhalb Kilometer (eine Stunde Gehzeit) hin, der sich oben auf einem großen Hügel befand. Dementsprechend wurde im Februar und März 2013 4,2 Kilometer von der Burg entfernt, in der Nachbarschaft des Wirtshauses Szilvási, oben auf dem Weinberg ein Standort identifiziert, auf den sich die weiteren Forschungsarbeiten fokussierten.[59]

Der Ort war nicht ganz unbekannt, er wurde ja als »osmanisches öffentliches Gebäude«,[60] als »türkische Ruine« beziehungsweise als eine – nach einer Bürgermitteilung – identifizierte archäologische Fundstelle bereits dokumentiert. Allerdings blieben die genaue Ausdehnung, die innere Struktur

---

[54]   Katolikus Plébánia, Szigetvár. Prothocollum Parochia Magno Szigethana (1717–1734) Nr. 1774.

[55]   Ebenda, (1738) Nr. 1774.

[56]   MNL OL Urbaria et Conscriptiones 94 : 30, 5.

[57]   Zoltán *Gőzsy*: Baranya és Tolna vármegye plébániáinak összeírása 1753–1757. Pécs 2016, 103–104, 106.

[58]   SML SzKL Contractusok 1789 (1604–1891).

[59]   Norbert *Pap* – Máté *Kitanics* – Péter *Gyenizse* – Erika *Hancz* – Zita *Bognár* – Tamás *Tóth* – Zoltán *Hámori*: Finding the tomb of Suleiman the Magnificent in Szigetvár, Hungary: historical, geophysical and archeological investigations. In: Die Erde 146 (2015) 4, 289–303.

[60]   *Kováts*: Szigetvár-Turbék szőlőhegy.

sowie Art und Funktion unbekannt. Die später von Géza Szabó eingeleitete Diskussion darüber, wessen Verdienst die Identifizierung des Standortes sei, ist zum Teil sinnlos.[61] Denn es handelt sich um eine mindestens seit 1971 bekannte und gemeldete archäologische Fundstelle aus der Osmanen-Zeit. Die Idee, dass der Ort mit dem Bestattungsort des Sultans in Zusammenhang gebracht werden könne, stammt von Kitanics. Das ist aus der ausführlichen Forschungsdokumentation unbestreitbar ersichtlich.[62]

Während der Forschungsarbeiten kam es ab 2013 zu ausgedehnten Geländeuntersuchungen, diese aufgrund der an Archäologin Erika Hancz erteilten Genehmigung mit den von ihr aufgesetzten Berichten dokumentiert wurden. Es ist zu unterstreichen, dass die Untersuchungen nicht von einzelnen Forschern, sondern vom Forschungsteam gemeinsam durchgeführt wurden.

Die Ergebnisse der Geländeforschung von 2013 sind problematisch: Sie sind mangelhaft, für Publikationen ungeeignet, und die Interpretation der Daten ist widersprüchlich. Die ersten archäologischen Beobachtungen, geodätischen und geophysischen Untersuchungen führten in mehreren Fällen in eine Sackgasse, die Hypothesen konnten nicht hinreichend bestätigt werden.

Ohne Erfolg blieben auch die damals im Umfeld der Kirche von Turbék vorgenommenen Messungen zur Erfassung der Türbe und ihrer Umgebung sowie die nördlich der Kirche (etwa 750 Meter davon entfernt) durchgeführten Sondiergrabungen zur Bestätigung der Hypothese, dass sich dort eventuell Massengräber des osmanischen Heeres befunden hatten. Es kamen auch methodologische Zweifel an den erhobenen Daten auf. Ein in Ost-West-Richtung verlaufender, während längerer Zeit mit Schlamm aufgefüllter seichter Graben, der im Zuge der Grabungen nordwestlich der Kirche entdeckt wurde, ließ wegen fehlender Daten nur vage Interpretationen zu. Szabós Vermutung, es handele sich um den nördlichen Schanzengraben des osmanischen Feldlagers, somit um einen Teil der in den Quellen belegten »türkischen Schanze«,[63] war nicht durch Funde untermauert.[64] Das Forschungsteam nahm dagegen

---

[61]   Géza *Szabó*: Leletanyag intenzitásvizsgálatok a Szülejmán szultán szigetvári türbéjéhez tartozó kaszaba helyének meghatározásához. In: Archeometriai Műhely 12 (2015) 2, 89–102.

[62]   Zur Begehung des Ortes kam es am 27. Februar 2013. Im Vorfeld legte Kitanics (anhand der Quellen) seinen Antrag auf Untersuchung der Stelle per E-Mail vor. Die Begehung wurde auch im monatlichen Forschungsbericht festgehalten.

[63]   Géza *Szabó* – Árpád *Kovács* – Péter *Barkóczy*: A Szülejmán-kori harcászat és haditechnika a szigetvári ágyú és lövedékek archeometallurgiai vizsgálatának tükrében. In: Gesta 12 (2013) 83–115.

[64]   Erika *Hancz*: Szigetvár külterület, Kápolna melletti dűlő, kutatóárkos régészeti feltárása (2013. augusztus 15–16.). Ásatási jelentés, 2013/2015 [Typoskript].

an, dass es um einen nach der Türkenzeit angelegten Abflussgraben handelte, denn auch seine geringe Tiefe sprach gegen eine Verteidigungsfunktion.

Die 2013 in der oberen Region des Weinberges durchgeführten geophysischen Untersuchungen führten zu keinem positiven Ergebnis. Infolge der wegen großer Mengen von Metallkabeln beschwerlichen Messverhältnisse und der unzureichenden Ausrüstung der mitwirkenden Geophysiker ergaben die Untersuchungen keine verwertbaren Daten, die Forschung stockte. Die im Sommer 2013 fortgesetzten Geländearbeiten zur Erfassung von Ausdehnung und Struktur der Fundstelle auf dem Weinberg blieben in vielerlei Hinsicht erfolglos. Das Sammeln der Funde auf der Oberfläche ermöglichte lediglich eine selektive Untersuchung, denn wegen der großflächigen Bebauung, der Umzäunungen, der Bodennutzung (auf den Rasenflächen) und der Verweigerung der Messungen durch manche Grundstückbesitzer konnte nur eine in ihrer Gesamtheit verzerrte, lediglich in bestimmten Details authentische Untersuchung durchgeführt werden. Szabó veröffentlichte später die gemeinsamen Forschungsergebnisse ohne Genehmigung des Forschungs- und des Grabungsleiters.[65] Die Publikationen enthielten – wie bereits erwähnt – mehrere Irrtümer beziehungsweise Fehler. Unter anderem beschrieb Szabó den Verlauf des Grabens auf der Weinberg-Fundstelle statt genauer Messungen anhand von Schätzungen, und zwar – wie sich später herausstellte – mit wesentlichen Fehlern. Nach Ablauf der Forschungsperiode und des mit ihm abgeschlossenen Vertrags brach das Forschungsteam die Zusammenarbeit mit Szabó ab.

Untersuchungen und Ergebnisse in den Jahren 2014–2016
am Weinberg beziehungsweise im Umfeld der Kirche von Turbék

Nach Szabós Ausscheiden kam es in der Forschungsarbeit zu wesentlichen Veränderungen. Die Arbeitsgruppe wurde sowohl methodologisch als auch personell neu organisiert. Angesichts der Ungenauigkeiten, der unsicheren Ergebnisse und der methodologischen Probleme der Messungen wurde eine Wiederholung der Untersuchungen mit anderen Methoden beschlossen. Hierfür wurden GPS-Navigation (Garmin GPSMAP 60CSx Handheld GPS

---

[65]   *Szabó – Kovács – Barkóczy*; Géza *Szabó* – Imre *Kovács* – Zoltán *Szőkefalvi-Nagy:* Szülejmán szultán szigetvári türbéje körül talált izniki fajansztöredékek összehasonlító vizsgálata és az ahhoz kapcsolódó terepi kutatások eredményei. In: Gesta 13 (2014) 59–78; *Szabó.*

Navigator) und auch eine Drohne eingesetzt, die eine viel genauere und gründlichere Erfassung des untersuchten Weinberggeländes ermöglichten.

Das Forschungsteam konnte die Ausdehnung der Fundstelle und den Verlauf der Gräben im Januar und Februar 2015 mittels mikrotopografischer Modellierung anhand von Luftaufnahmen genau identifizieren.[66] Ab Oktober 2014 wurde eine umfassende neue geophysische Messreihe mit kombinierten Methoden gemeinsam mit den Geophysikern der Geomega Kft., Tamás Tóth und Zoltán Hámori, vorgenommen. Bei den Untersuchungen wurden ein Bodenleitfähigkeitsmesser (EM-38), ein Vertikal-Magnetometer (MagMapper G-858) sowie ein Bodenradar eingesetzt. Bei den Messungen wirkten ein türkischer Experte, ein Geophysiker und ein Archäologe mit. Die Untersuchungen ergaben diesmal brauchbare Daten.[67] In Korrelation zum Ergebnis der 2014 erneut durchgeführten Fundintensitätsuntersuchung konnten mittels Bodenradar drei Gebäude im Mittelpunkt identifiziert werden. Eines davon war ein viereckiges, nach Mekka ausgerichtetes Bauwerk und aller Wahrscheinlichkeit nach dasselbe Gebäude, von dem Valéria Kováts 1972 bereits einen Teil erschlossen und als osmanisches öffentliches Gebäude identifiziert hatte und das als einsamer Wachturm, als *türkische* Ruine ins öffentliche Bewusstsein und in die Fachliteratur eingegangen war. Vor der archäologischen Erschließung nahm das Forschungsteam auch an, es könne sich dabei um eine Moschee handeln, ging aber schon damals davon aus, dass das nordwestlich stehende, ebenfalls nach Südosten ausgerichtete große Bauwerk mit Zellengliederung ein Derwisch-Kloster sein dürfte. Über die Überreste des dritten, damals funktional noch nicht definierten Bauwerkes hinaus kamen

---

[66] Für die Luftbildaufnahmen wurde ein ferngesteuertes Fixflügel-Luftfahrtsystem (*Remotely Piloted Aircraft Systems*, RPAS) eingesetzt. Die Aufnahmen wurden mit einer Fotokamera Canon PowerShot S100 angefertigt. Zur Verarbeitung der Geländeaufnahmen wurde die von der russischen Agisoft LLC entwickelte Software Photoscan verwendet. Mit Hilfe des SfM-Algorithmus berechnet das Programm die Kamerapositionen und baut daraus eine 3D-Punktwolke als Abbildung des tatsächlichen Geländes auf. Die Software arbeitet mit Bilderreihen, die aus verschiedenen Blickwinkeln über das jeweilige Gelände und dessen unmittelbare Umgebung gemacht worden sind. In der ersten Bearbeitungsphase kam es zum Sortieren der zahlreichen Aufnahmen (zum Beispiel Herausfiltern unscharfer Bilder) sowie zum Maskieren (Verdecken überflüssiger Details). Dabei wurden 97 Bilder für die weitere Bearbeitung ausgesucht. Anschließend berechnete die Software anhand der Bilder eine 3D-Punktwolke (*sparse point cloud*). In der nächsten Bearbeitungsphase wurde das Polygonnetz erstellt und die Textur angelegt. In der letzten Phase wurden das Orthofoto und das Geländemodell exportiert.

[67] Tamás *Tóth* – Zoltán *Hámori*: Research in Szigetvár localising the former Ottoman settlement of Turbek, the place where the inner organs of Suleiman the Magnificient were buried. Report of geophysical examinations in Turbék made by Geomega LTD. Budapest 2014.

etwas weiter südlich des Siedlungskerns Spuren zum Vorschein, die auf weitere Gebäude schließen ließen. Diese dürften allerdings kleiner gewesen und aus weniger beständigen Materialen gebaut worden sein als die Bauwerke im Siedlungskern.

Ab September 2015 wurden die Forschungen gemeinsam mit dem Geisteswissenschaftlichen Zentrum der Ungarischen Akademie der Wissenschaften unter der gemeinsamen Leitung von Pál Fodor und Norbert Pap fortgesetzt.[68] Im Herbst jenes Jahres wurde unter der Leitung der Archäologin Erika Hancz zunächst das kleinste Bauwerk des dreiteiligen Komplexes freigelegt.[69] Dabei zeichnete sich ein vom Nordwesten her über eine dreigeteilte Vorhalle zugängliches, mit Steinplatten verlegtes Gebäude mit quadratischem Grundriss ab, dessen zentraler Raum etwa 7,8 x 7,8 Meter groß war. Von einem Mihrab oder Minarett fehlte jede Spur. In der Mitte des Hauptraumes dieses Objekts, das ein- bis eineinhalb Meter dicke Wände aus Steinen und türkischen Ziegeln besaß, wurden an der Stelle, wo auf Pál Esterházys Grundriss-Zeichnung von 1664 das Grab des Sultans Süleyman markiert ist, eine zwei Meter tiefe Raubgrube mit einem Durchmesser von zwei Metern entdeckt.[70] Diese dürfte aller Wahrscheinlichkeit nach von Plünderern gegen Ende des 17. Jahrhunderts auf der Suche nach dem legendären *Goldgefäß* ausgehoben worden sein, das nach dem allgemein verbreiteten Glauben die Eingeweide Süleymans enthielt. Die glücklicherweise erhaltenen und freigelegten Bauelemente wie-

---

[68] Das Forschungsteam beantragte und gewann gemeinsam mit dem Geisteswissenschaftlichen Forschungszentrum der Ungarischen Akademie der Wissenschaften (*Magyar Tudományos Akadémia, Bölcsészettudományi Kutatóközpont*, MTA BTK) einen Förderbetrag beim Nationalen Amt für Forschung, Entwicklung und Innovation (*Nemzeti Kutatási, Fejlesztési és Innovációs Hivatal*, NKFIH). Das Projekt dauert vom 1. September 2015 bis zum 31. August 2018.

[69] Weitere Mitwirkende an den Ausgrabungen waren: Archäologin Dr. Gyöngyi Kovács, Konsulentin (MTA BTK, Institut für Archäologie); Geograf und Historiker Dr. Norbert Pap, Konsulent (Universität Pécs, Lehrstuhl für politische Geografie und regionale Entwicklungsstudien), Institut für Geografie und Geowissenschaft); Geograf und Historiker Dr. Máté Kitanics, Konsulent (MTA BTK); Archäologietechniker Béla Simon (Janus-Pannonius-Museum, Pécs) sowie Studierende des Faches Archäologie aus Pécs und zehn Arbeiter. Von türkischer Seite arbeiteten drei Konsulenten mit: Architekt Prof. Dr. Ali Uzay Peker (Middle East Technical University, Ankara, METU), Kunsthistoriker Abdullah Deveci (Universität Anadolu, Lehrstuhl für Kunstgeschichte) und Architekt Meral Özdengiz Başak (METU).

[70] Ein Teil des zentralen Raumes ist mit marmorartigen Kalksteinfliesen verlegt. Auffallend ist das Fehlen der Fliesen in der Mitte des Raumes in Form eines regelmäßigen Vierecks um die Raubgrube. Wir halten es für denkbar, dass dort ein symbolischer Sarg auf einem Podest stand, so dass man an dieser Stelle keine Bodenverkleidung für nötig hielt.

sen Ähnlichkeiten mit den Ornamenten im Mausoleum Sultan Süleymans in Istanbul auf. Am Ende der Grabung sprachen alle Zeichen dafür, dass das von ungarischen und türkischen Forschern gleichermaßen als öffentliches Gebäude des osmanischen Reiches definierte Bauwerk in Wirklichkeit Süleymans Türbe war. Die nach der Erschließung im Winter 2015 vorgenommene zusätzliche geophysische Erfassung[71] bestätigte das Vorstehende, da nordwestlich der Türbe Details eines etwas größeren Gebäudes nachgewiesen wurden. Dessen Grundriss war dem des Mausoleums sehr ähnlich, wobei die Untersuchungen ein Minarett-Fundaments belegten. Neben der vermutlichen Dschami konnte das dritte Element des Baukomplexes deutlich mit dem bereits erwähnten und bezüglich seiner Funktion schon 2014 definierten, aus Zellen bestehenden Derwisch-Kloster identifiziert werden.

Zur Freilegung der geophysisch erfassten Dschami beziehungsweise des Nordtraktes des Derwisch-Klosters kam es im Mai und Juni 2016. In derselben Zeit wurde der beinahe fünf Meter breite und etwas mehr als 2,6 Meter tiefe Schutzgraben, der den Türbe-Komplex und damit auch die Palisadenburg umgibt, identifiziert und mit einem Querschnitt erschlossen. Die Untersuchungen zeigten, dass die mehrfach erneuerte Plankenwand einst mit der inneren, südlichen Seite des Grabens verbunden war. Die umweltgeschichtlichen Forschungen zum Graben liefen unter der Leitung von Pál Sümegi.[72]

Bei den Geländebegehungen im Jahre 2014 beziehungsweise den Grabungen 2015/2016 kamen in der einstigen Pilgersiedlung Keramik-, Porzellanund Fayencefragmente, Ofenkacheln, christliche und türkische Silbermünzen, Schmuck, Gebrauchsgegenstände, Bleidachplattenstücke, Pistolen-, Büchsenund Kanonenkugeln aus dem 16. und 17. Jahrhundert zum Vorschein.

Für unseren anderen Untersuchungsstandort konnte durch Archivforschungen bereits 2014 geklärt werden, dass der Bau der Kirche später stattfand als der Untergang der Türbe (1692–1693). Er begann 1705 und wurde in mehreren Etappen fortgesetzt. In den Quellen wird das als »türkische Schanze« bezeichnete Gelände, mit dem der einstige Standort der Türbe gemeint ist, gleichzeitig mit der Kirche, aber mehrfach an einem anderen, weiter entfernten Ort erwähnt. Um ein etwaiges türkisches Vorgängerbauwerk der Kirche endgültig auszuschließen, wurden auch empirische Untersuchungen vor Ort vorgenommen.

---

[71] *Ecthelion Bt.*: Jelentés a 2015. december 1–3. között Szigetvár-Zsibót területén végzett talajradaros felmérésről. Pécs 2015, 3.

[72] Die Auswertung der umweltgeschichtlichen Untersuchungen und Ergebnisse dauert an.

Die gleichzeitig mit den Forschungen am Weinberg durchgeführten geophysischen Messungen im Garten und Umfeld der Kirche (auf beiden Seiten
der Straße nach Turbék) zeigten keinerlei Anomalien, aus denen man auf
großflächige Gebäude, Schutzgräben oder die Überreste einer Planke hätte
schließen können.[73] Die beiden kleinflächigen Anomalien (2 x 3 beziehungsweise 4 x 4 Meter), und zwar eine Senke in der südwestlichen Ecke des
Kirchenhofes sowie das Umfeld des Statuen-Sockels vor der Kirche, lassen
menschliche Eingriffe im 18. Jahrhundert oder später vermuten. Bezüglich
des Materials der im Mauerwerk der Kirche vorgefundenen Ziegelsteine, die
Szabó als türkische Ziegel identifiziert hatte,[74] wurde unter Einbeziehung
eines türkischen Experten festgestellt, dass sie nicht aus der Türkenzeit stammen.

Um die Thematik der geophysischen Untersuchungen auch anderweitig
zu bestätigen, setzte Máté Kitanics vom Juli bis November 2016 in mehreren
Etappen einen Metalldetektor des Typs Teknetics Eurotek im Garten der
Turbéker Kirche auf einer Fläche von rund 0,38 Hektar ein. Um möglichst
detaillierte und genaue Ergebnisse zu erzielen, wurde die Untersuchung in
mehreren Schritten so vorgenommen, dass jede Geländestrecke mindestens
dreimal vollständig erfasst wurde. Dabei kamen im Hof der Kirche insgesamt
314 Münzen zum Vorschein. Die Prägungsjahre der Münzfunde bestätigten
in Übereinstimmung mit den früheren geophysischen und archäologischen
Untersuchungen (1971, 2009), dass das Gelände des Kirchenhofes erstmals zu
Beginn des 18. Jahrhunderts benutzt worden war. Die beiden ältesten Münzfunde waren nämlich eine silberne Dreikreuzermünze aus dem Jahr 1720 und
eine silberne Einkreuzermünze aus dem Jahr 1721.

Nachdem ein türkisches Vorgängerbauwerk an der Stelle der Turbéker
Kirche somit ausgeschlossen ist, widmen sich die weiteren Forschungen
hauptsächlich der Gedenkrelevanz des Gnadenortes. Wichtig ist unter anderem die Frage, inwieweit die vielleicht künstlich verbreitete Legende, wonach
die Kirche auf den Überresten des Grabes von Süleyman erbaut worden sei,
die Legitimation des Mariahilf-Bildes als *Türkenbezwinger* und damit die Attraktivität des Wallfahrtsortes verstärkte[75] sowie gleichzeitig die Rückerobe-

---

[73]   *Tóth – Hámori.*

[74]   *Szabó – Kovács – Szőkefalvi-Nagy.*

[75]   Zu den 2013 begonnenen Forschungen nahmen bis 2016 mehrere Forscher Stellung. Nicht
       wenige von ihnen argumentierten trotz der jüngsten Ergebnisse für die Turbéker Kirche,
       so etwa Szabó und seine Mitautoren. Sie waren der Ansicht, dass das Umfeld der Kirche
       anhand der Quellen und der Grabungsdokumentation von 1971 dem gesuchten Ort am

rung des sakralen Raumes beziehungsweise die von der Heiligen Jungfrau und ihrer Darstellung ausgehende Kraft symbolisierte.

5. Zusammenfassung

Seit rund 110 Jahren liefen an mehreren Orten bei Szigetvár Forschungen zur Standortbestimmung der Türbe Süleymans. Im vorliegenden Aufsatz wurden die Argumente, Vorstellungen und Nachweise für die wichtigsten früher angenommenen Standorte (am Ufer des Baches Almás, an der Stelle der Turbéker Gnadenkirche) und für einen neuen Standort am Weinberg Turbék-Zsibót, der durch die 2013 betriebenen Forschungen ins Blickfeld

---

meisten entspreche. Vgl. *Szabó – Kovács – Szőkefalvi-Nagy.* Außer ihnen bestand auch der türkische Architekt Mehmet Yilmaz anhand einer früheren Untersuchung auf seiner Meinung bezüglich der Kontinuität von Turbe und Kirche. Vgl. Mehmet Emin *Yilmaz:* Sigetvarda Türk Mimarisi: Türbe Palankasi: Kanuni Sultan Süleymanin Makam Türbesi. Istanbul Fetih Cemiyeti Iktisadi Isletmesi. Istanbul 2015, 237. Feridun Emecen meinte 2014, dass die Türbe unbedingt an der Stelle des Sultan-Zelts gestanden haben muss und hielt fest: Die Beschreibung des Augenzeugen Evlia Çelebi zur geographischen Umgebung (1664) lässt keine Zweifel daran aufkommen, dass der Komplex (bestehend aus Türbe, Tekke, Burg und Wohngebiet) auf einem Hügel entstanden war. Emecen lehnte zwar eine Lokalisierung am Almás-Bach ab, vertrat jedoch die Ansicht, dass infolge der Nähe des Weinbergs Turbék-Zsibót zur Turbéker Kirche nur durch weitere Untersuchungen, mittels Identifizierung der Grundmauern der in der Umgebung der Türbe liegenden großen Bauten eine Entscheidung bezüglich der Standortbestimmung (Kirche oder Weinberg) erfolgen könne. Vgl. *Emecen* 129–135. Unter den bisherigen Kritiken, die zu den Quellen geäußert wurden, ist ein Aufsatz von Gyöngyi Kovács zum Quellenwert der Esterházyschen Grundzeichnung hervorzuheben. Sie untersuchte mit vergleichenden Methoden, inwieweit die türkischen Schutzplanken in Südtransdanubien (Barcs, Berzencze) anhand der archäologischen Ausgrabungen den Darstellungen Pál Esterházys aus 1664 entsprechen. Kovács stellte fest, dass manche Details dem Stand von 1664 entsprechen, während andere mitunter erheblich abweichen können. Dementsprechend könne auch die Turbék-Abbildung nur mit gebührender Vorsicht bei der konkreten Standortuntersuchung berücksichtigt werden. Für weitere archäologische Forschungen sei außerdem zu beachten, dass der Wiederaufbau 1664 Evlia Çelebis Mitteilungen zufolge eine größere Ausdehnung ergab, so dass der Grundriss oder das Bild der Siedlung vor dem endgültigen Untergang sich sogar deutlich von dem in der Zeit vor 1664 unterscheiden konnte. Vgl. Gyöngyi *Kovács:* Oszmán erődítmények a Dél-Dunántúlon. Gondolatok Szigetvár-Turbék régészeti kutatása előtt. In: Mediterrán és Balkán Fórum 9 (2015) 2, 20–36. Überarbeitete Fassung: *Dies.:* Osmanische Festungen in Südtransdanubien. Zur Erforschung von Szigetvár-Turbék. In diesem Band, 263–281. Schließlich soll Máté Gárdonyis Beitrag genannt werden, der über die Anfänge des Gnadenortes Turbék die Entstehung des neuen sakralen Zentrums an einem vom früheren Türbe-Komplex abweichenden Ort unter Anerkennung und Verwendung der jüngsten Ergebnisse des Forschungsteams sowie anhand bislang unbekannter Quellenbelege aus jener Zeit beschreibt. Máté *Gárdonyi:* A turbéki kegyhely kialakulása. In: Szűz Mária segítségével. A turbéki Mária-kegyhely története. Hg. Szabolcs Varga. Budapest 2016, 15–27.

geriet, dargestellt. Die Forscher haben neben der Untersuchung der neu recherchierten schriftlichen Quellen und kartografischen Abbildungen auch die früher schon erschlossenen Dokumente neu interpretiert und dabei die für eine geografische Identifizierung geeigneten Informationen herausgefiltert. Die Ergebnisse wiesen auf einen hügeligen Ort 4,2 Kilometer nordöstlich der Burg hin. An der auf dem Weinberg Turbék-Zsibót ermittelten Fundstelle wurde durch Einsammeln der Oberflächenfunde, die Untersuchung der Fundstreuung sowie geophysische Untersuchungen die osmanische Siedlung identifiziert, die im Kreise der Christen *Turbék* hieß. Bei den archäologischen Arbeiten 2015/2016 wurde die Funktion der drei zentralen, nach Mekka ausgerichteten Gebäude des Ortes bestimmt: Von Nordwesten nach Südosten sind es ein Derwisch-Kloster (*Tekke*), eine Dschami und die Türbe des Sultans. Im 17. Jahrhundert galt der Ort als Bestattungsort der inneren Organe Sultan Süleymans. Das Städtchen war die einzige Siedlung im besetzten Ungarn, das zwischen der Mitte der 1570er Jahre und 1692 als Symbol für den Vorstoß des »Hauses des Islams« (*Darül Islam*) bestand. Gleichzeitig wiesen die 2014–2016 durchgeführten Untersuchungen des Forschungsteams nicht nur die Unmöglichkeit eines Zusammenhangs zwischen der Mariahilf-Kirche und der Türbe nach, sondern stellten auch fest, dass es im Umfeld der Kirche keine ausgedehnten osmanischen Bauwerke und Festungen gegeben hatte, und der Ort erst ab dem 18. Jahrhundert in Besitz genommen worden war.

Vor 2013 waren für unser Thema disziplinär einseitige Ansätze von einzelnen Forschern typisch, die sich vorwiegend auf die Aussagen der teilweise widersprüchlichen Quellen zur Belagerung Szigetvárs von 1566 stützten. Aus diesem Grund galten den Forschern Begriffe wie *Zeltplatz*, *Todesort*, *Ort am Wasser*, *Kontinuität zwischen Türbe und Kirche* oder *Volksüberlieferung* als die wichtigsten Schlüsselwörter. Der Forschungshorizont war durch Vermutungen bezüglich der vermeintlichen Lage des Feldlagers eingeschränkt, aber zu einer umfassenden Erforschung des Schlachtfeldes kam es nicht, den Meisten dienten lediglich Analogien als Anhaltspunkte. Die Feststellungen waren durch viel zu wenig Tatsachen untermauert und vielfach rein spekulativer Art – so etwa die Annahme, dass die Belagerung eine bestimmte Nähe des Feldlagers/Zeltplatzes des Sultans zur Burg erfordert habe, oder dass diese Entfernung bestimmt nicht mehr als zwei bis drei Kilometer betragen habe, wobei sogar viel näher liegende Standorte für denkbar gehalten wurden. Anhand der Untersuchungen zur Landschaftsrekonstruktion mussten die Vorstellungen bezüglich des möglichen Standortes des osmanischen Feldlagers neu überdacht werden. Die geringe Ausdehnung der Trockenflächen um die Burg herum legte nahe, dass das osmanische Heer auf einem viel größeren, von der Burg viel weiter entfernten Gelände gelagert haben dürfte als früher angenommen. In einem Teil der zeitgenössischen Quellen von 1566 wird das Lager des Sultans ebenfalls »oben am Hügel« verortet, außerdem ist auch eine Volksüberlieferung bekannt, wonach das Zelt des Sultans auf dem Weinberg gestanden habe.

Anhand der vorgefundenen Quellen stellt sich die Frage, ob wir es eventuell mit mehreren unterschiedlichen Orten (Todesort, Zeltplatz, Standort der Türbe) zu tun haben, die in den Quellen belegt sind. Aber nach so langer Zeit und infolge fehlender Quellen konnten bislang nicht alle Orte und Positionen rekonstruiert werden. Nähere Details zur Behausung des Sultans während der Belagerung liegen nicht vor, aber einzelne Quellen lassen darauf schließen, dass sein Zelt mindestens an zwei Stellen aufgestellt wurde. Das erste Lager befand sich am Wasser, während das zweite an dem späteren Standort der Türbe eingerichtet wurde. Allerdings gibt es Forscher, die einen Wechsel des Lagerortes ausschließen und nur den zweiten als authentisch akzeptieren. Die Volksüberlieferungen und späteren Quellen weisen auf diese Lagerplätze hin, woraus sich jedoch auch Missverständnisse ergaben. Der Todesort des Sultans nach der Anguissola-Darstellung aus dem Jahr 1689, der »Standort F«, dürfte eine auf mehrere Generationen zurückgehende Erinnerung an eine »Lagerstätte am Wasser« widerspiegeln. Die ersten Forscher sahen die Wahrscheinlichkeit dieses wassernahen Standortes am Bach Almás auch durch den »Wassergraben« auf der Turbék-Darstellung von 1664 bekräftigt: Zu einem Wassergraben braucht man ja auch Wasser, und für die Forscher des 20. Jahrhunderts kam dabei nur Wasser aus dem Bach Almás in Frage.

Ein weiteres Problem stellte und stellt heute noch die mit dem Ort zusammenhängende Erinnerungspolitik dar. Die Aussagen und Maßnahmen zum Todesort des Sultans sind nicht wertneutral und haben auch die kulturellhistorische Landkarte der Gegend mitgeprägt. Anlässlich der Jahrestage der Belagerung (1566) und der Rückeroberung (1689) wurden mehrere Gedenkinschriften angebracht und Denkmäler errichtet. Bei diesen Anlässen beeinflussten auch die Standortbestimmung, die Formulierung der visuellen Botschaft an sich die Interpretation des Ortes. So kam es dazu, dass die 1913 an der Wand der Mariahilf-Kirche von Turbék angebrachte Gedenktafel mit osmanischem und ungarischem Text über der Grabstätte des Sultans nach einer Zeit als Standortbeweis angesehen wurde. Die Errichtung des Ungarisch-Türkischen Freundschaftsparks 1994, im 500. Geburtsjahr des Sultans, am vermeintlichen Todesort Süleymans, brachte nicht nur die Aufstellung überdimensionaler Statuen mit sich, sondern es wurde auch ein symbolisches Grab des Herrschers mit Grabüberbau (*Türbe*) erbaut.

Bedingt durch die Parkanlage ging das Ufer des Baches Almás als nachweislicher Standort des Sultan-Grabes in das türkische öffentliche Bewusstsein ein. Andere wiederum glaubten in der türkischen Inschrift mit arabischen Buchstaben an der Wand der Turbéker Kirche einen Beweis zu erkennen. Für die Forscher, die die lokalen Geländeverhältnisse nicht kannten, bedeuteten die geografischen Informationen der Quellen im Vergleich mit den stark symbolischen Botschaften und der Volksüberlieferung gar nichts. Die Durchführung präziser wissenschaftlicher Forschungen wurde mitunter durch religiöse und politische Überlegungen beziehungsweise durch deren Konsequenzen gestört und eingeschränkt. Deshalb sind Quellenkritik und mehrfache Überprüfung notwendig.

Süleymans Grab erweckt nicht nur spirituelles oder wissenschaftliches Interesse, sondern auch die Aufmerksamkeit derjenigen, die sich für *Schätze* interessieren. Bei Evlia Çelebi heißt es 1664, die Eingeweide des Sultans seien in einem Goldgefäß bestattet worden. Das Interesse, das dem Grab entgegengebracht wird, ist bestimmt auch von finanzieller Gewinnsucht geprägt. Mittlerweile hat sich der *Schatz* für manche immaterialisiert, während der identifizierte Ort an sich zum materiellen Wert geworden ist. Unter anderem erklärt dies das wachsende und andauernde Interesse von Hobbyforschern. Neben den vermuteten Edelmetallen stellen die erhoffte Finderprämie oder das Interesse der Medien solche immateriellen Schätze dar. Die Schatzsucher von heute, Möchtegern-Medienhelden und Preisjäger, setzen alle möglichen Mittel ein, bombardieren die Forscher, die ungarische und die türkische Regierung, die Gemeindeverwaltung oder die Medien mit mehr oder weniger fantastischen Vorstellungen. Sie versuchen, auf sich aufmerksam zu machen, indem sie ihre Vorstellungen auf Internetplattformen veröffentlichen und damit ein störendes Hintergrundgeräusch für die ernsthafte, tiefgreifende Forschungsarbeit produzieren. Und die Vergangenheit lebt dabei mit ihren Geheimnissen und Wahrheiten wieder auf.

Gyöngyi Kovács, Budapest

Osmanische Festungen in Südtransdanubien
Zur Erforschung von Szigetvár-Turbék[*]

Aus den verschiedenen Beschreibungen der zeithistorischen Belege geht nicht eindeutig hervor, wo genau bei Szigetvár, der Kleinstadt im südungarischen Komitat Baranya, die *Türbe*, die muslimische Grabstätte des 1566 verstorbenen Sultans Süleyman des Prächtigen (1520–1566) errichtet worden war. Den Quellen zufolge sollen um die Türbe herum zunächst eine Palisadenburg, später eine kleinere Stadt entstanden sein; die Identifizierung dieser Bauten kann Anhaltspunkte für die Ermittlung des Standortes der Türbe liefern. Wegen der ziemlichen Komplexität des Themas kommt der Archäologie bei den Untersuchungen im Rahmen eines interdisziplinären Forschungsansatzes eine wichtige Rolle zu.

Der Überlieferung nach soll die Kirche von Turbék (bei Szigetvár) im 18. Jahrhundert an der Stelle der Türbe des Sultans erbaut worden sein.[1] Die bisherigen Ergebnisse der in jüngerer Zeit durchgeführten archäologischen Forschungsprojekte zur Kirche und ihrem Umfeld konnten jedoch nicht nachweisen, dass die Kapelle an der Stelle der Türbe errichtet wurde. Die Ausgrabungen von Valéria Kováts im Jahre 1971 sowie die Sondiergrabungen von Erika Hancz in Zusammenarbeit mit türkischen Partnern und die geophysischen Untersuchungen im Jahre 2009 ergaben keine Hinweise auf Vorgängerbauten aus der Türkenzeit. Im Umfeld der Kirche ließ sich weder eine Festung noch ein intensiveres Leben während der osmanischen Besetzung

---

[*] Überarbeitete Fassung von Gyöngyi *Kovács*: Oszmán erődítmények a Dél-Dunántúlon. Gondolatok Szigetvár-Turbék régészeti kutatása előtt. In: Mediterrán és Balkán Fórum 9 (2015) 2, 20–33. Verfasst wurde der Beitrag im Rahmen des Projekts Nr. K 116270 „Die politische, militärische und sakrale Rolle von Szigetvár und Turbék bei der Machtkonkurrenz zwischen Osmanen und Habsburgern sowie in der türkischen Organisation in Ungarn – Tatsachen und Gedenken" des Nationalen Amtes für Forschung, Entwicklung und Innovation (*Nemzeti Kutatási, Fejlesztési és Innovációs Hivatal*, NKFIH), Budapest.</br>
[1] Die barocke Gnadenkirche wurde zwischen 1730 und 1770 errichtet. Den Quellen und Überlieferungen zufolge soll dort zuvor eine Holzkapelle gestanden haben.

belegen.[2] Der Überlieferung und ihren Wurzeln sollte aber trotz der negativen archäologischen Ergebnisse nachgegangen werden, könnten doch etwa Recherchen in den kirchlichen Dokumenten zum Kirchenbau wichtige Angaben zutage fördern.

In den historischen Quellen der frühen Neuzeit finden sich zahlreiche Aufzeichnungen zur osmanisch-türkischen Festung in Turbék, die Evaluierung bestimmter Daten kann jedoch ab einem bestimmten Punkt nur durch archäologische (und damit verbundene naturwissenschaftliche) Forschungen vorangebracht werden. Die teilweise erst in den letzten Jahren erschlossenen beschreibenden Quellen aus dem 17. und 18. Jahrhundert verorten die Lage der Schutzplanke und der einstigen türkischen Siedlung auf dem Turbéker (Zsibóter) Weinberg, wenige Kilometer nordöstlich von Szigetvár, was die naturwissenschaftlichen Untersuchungen des Geländes bestätigen.[3] Bekräftigt wurden die Aussagen der schriftlichen Quellen dadurch, dass die archäologischen Begehungen beim Wirtshaus Szilvási auf dem Weinberg eine größere Fundstelle aus der Türkenzeit annehmen ließen.[4]

Die archäologische Erforschung der Burgstandorte im Ungarn der Türkenzeit liefert wichtiges Vergleichsmaterial für die Ausgrabungen in Turbék. Die Burgarchitektur während der osmanischen Besetzung weist nämlich Elemente auf, die auch bei der Festung von Turbék vorkommen können, so dass sie zu den Forschungen in Turbék und zur Deutung der zum Vorschein kommenden Objekte beitragen. Über die Festung selbst sowie über das Leben, die Gebäude und Gebrauchsgegenstände ihrer Bewohner sind konkrete Erkenntnisse anhand der archäologischen Arbeiten zu gewinnen.

Mit Pál Esterházys Tagebuch „Mars Hungaricus" aus dem Jahre 1664 über den Winterfeldzug von Miklós Zrínyi (1663–1664) liegt eine wichtige Quelle

---

[2] Erika *Hancz* – Fatih *Elcil*: Excavations and Field Research in Sigetvar in 2009–2011, Focusing on Ottoman-Turkish Remains. In: International Review of Turkish Studies 2 (2012) 4, 83–87.

[3] Norbert *Pap* – Máté *Kitanics* – Péter *Gyenizse* – Erika *Hancz* – Zita *Bognár* – Tamás *Tóth* – Zoltán *Hámori*: Finding the Tomb of Suleiman the Magnificent in Szigetvár, Hungary. Historical, Geophysical and Archeological Investigations. In: Die Erde 146 (2015) 4, 289–303; Pál *Fodor* – Norbert *Pap*: Szulejmán szultán szigetvári sírkápolnája nyomában. Magyar Tudomány 177 (2016) 9, 1057–1066. http://www.matud.iif.hu/2016/09/05.htm (29. Dezember 2017).

[4] Vgl. etwa Máté *Kitanics*: Szigetvár-Turbék: a szultán temetkezési helye a 17–18. századi magyar, német és latin források tükrében / Sigetvar-Turbék: 17–18. Yüzyıllarına Ait Macarca, Almanca ve Latince Kaynaklar Temelinde Kanuni Sultan Süleyman'ın Mezarının Oluşturulduğu Bölge. In: Szülejmán szultán emlékezete Szigetváron / Kanuni Sultan Süleyman'ın Sigetvar'daki Hatırası. Hg. Norbert Pap. Pécs 2014, 92.

vor. Den Text ergänzen stark schematisierte Federzeichnungen über die südtransdanubischen Burgen, die während des Feldzugs durch die christlichen Truppen zurückerobert wurden.[5] Auf diese Grundriss-Zeichnungen wird Bezug genommen, obwohl ihre Authentizität fraglich oder zumindest zu überprüfen ist (siehe *Abbildung 1: 1–5, Abbildung 2: 1*).

Der vorliegende Beitrag umfasst zwei Themen zur Unterstützung der Forschungen in Turbék: Zunächst versuchen wir die historisch-archäologische Erforschung von zwei südtransdanubischen Palisadenfestungen kurz und mit verallgemeinerbaren Erkenntnissen darzustellen. Anschließend untersuchen wir die mit dem Namen Pál Esterházys verbundenen Zeichnungen und deren Auswertung.

1. Die archäologische Untersuchung osmanischer Palisadenbefestigungen in Südtransdanubien (Újpalánk, Barcs)

Die Befestigungsanlage Turbék wurde in den 1570er Jahren zur Überwachung und Pflege der Sultanstürbe erbaut. Sie war gleichzeitig eine der in Ungarn allgemein verbreiteten, kleineren Palisadenburgen aus dem 16. und 17. Jahrhundert und gehörte zum osmanischen System von Grenzburgen entlang der Drau (*Dráva*) in Südtransdanubien. Für Palisadenburgen war es unabhängig von ihrer Größe typisch, dass ihre Befestigungsmauern aus Pfahlreihen bestanden. Bei den *aufgefüllten* Palisadenwänden wurde der Zwischenraum der Pfahlreihen mit gemischter, lehmiger Stampferde gefüllt und anschließend die Außenfläche mit Lehmerde bestrichen.[6] Diese Befestigungsmethode wurde sowohl in der ungarischen (königlichen) als auch in der osmanischen (militärischen) Architektur verwendet. Unter den Burganlagen des königlichen Grenzburgensystems soll hier die 1578 bei Kanizsa mit Unterstützung der steirischen Stände errichtete Burg Weitschawar (*Bajcsavár*) hervorgehoben werden,[7] die zu den archäologisch am besten erforschten Palisadenburgen ganz Ungarns zählt. Dabei kamen und kommen auch bei Aus-

---

[5] Pál *Esterházy*: Mars Hungaricus. Redigiert und übersetzt von Emma Iványi. Hg. Gábor Hausner. Budapest 1989, 138: Berzence, 140: Barcs, 141: Turbék, 145: Dárda, 148: Segesd, 151: Kanizsa. Magyar Nemzeti Levéltár Országos Levéltára, Budapest. T. 2. XXXII, 1044–1046, 1049–1051.

[6] Vidor *Pataki*: A XVI. századi várépítés Magyarországon. In: A Bécsi Magyar Történeti Intézet Évkönyve 1 (1931) 98–132; Sándor *Takáts*: A magyar erősségek. In: Ders.: Rajzok a török világból. II. Budapest 1915, 6–85.

[7] Vgl. *Weitschawar/Bajcsavár. Egy stájer erődítmény Magyarországon a 16. század második felében.* Hg. Gyöngyi Kovács. Zalaegerszeg 2002. Überarbeitete Fassung in deutscher Spra-

grabungen anderer Burganlagen aus jener Zeit, so etwa bei Szigetvár,[8] Überreste von Pfahlreihen und Pfahlstellen als Beweise für die Palisadenbauweise zum Vorschein.

Die zwei nachfolgend beschriebenen osmanischen Palisadenburgen gehören nicht zu den größten oder bedeutendsten; bekannt wurden sie erst durch die archäologischen Ergebnisse. Die Anlage in Turbék wird – aus architektonischer Sicht – aller Wahrscheinlichkeit nach die Merkmale der besagten Burgen besessen haben, während sie infolge ihrer besonderen Funktion auch zahlreiche individuelle Züge aufwies.

Újpalánk

Die Burg Újpalánk bei Szekszárd (türkisch: *Yeni Palanka*) sicherte als eine der an der Donau errichteten osmanischen Burganlagen die Flussüberquerungsstelle bei Sárvíz. Bei den von Attila Gaál durchgeführten archäologischen Grabungen in den 1970er und 1980er Jahren kamen grundlegende Funde zum Bau der kleinen Burg und zum Leben ihrer Einwohner zum Vorschein,[9] die auch die Authentizität einer Zeichnung des kaiserlichen Gesandten und Spions Heinrich Ottendorff aus dem Jahr 1663 bestätigen.[10]

Újpalánk wurde 1596 erbaut und brannte 1686 nieder. Die Burgwache bestand anfangs aus 160 Mann, später wurde die Zahl der Burgverteidiger verringert.[11] Die Überreste der Anlage befinden sich auf einem Ackerfeld, so dass ihr Gelände beinahe vollständig erschlossen werden konnte. Das ermöglichte eine Untersuchung der mit Erdauffüllung errichteten Palisadenstruktur, die Beobachtung zahlreicher innerer Details – wie Gebäude mit gestampften Wänden, Feuerstellen, einer Vielzahl von Abfall- und sonstiger Gruben, Werkstätten – und nicht zuletzt die Rekonstruktion des Alltagslebens der in der Provinz lebenden Burgsoldaten im 17. Jahrhundert. Hierbei tat sich eine

---

che: *Weitschawar / Bajcsa-Vár: Auf Sand gebaut. Eine steirische Festung in Ungarn.* Hg. Dieter Kramer. Graz 2005.

[8] Valéria *Kováts*: Sziget várának kutatástörténetéhez. In: Janus Pannonius Múzeum Évkönyve 1966. Hgg. Imre Dankó, László Mándoki. Pécs 1967, 207–255; *Hancz – Elcil* 90–91, Fig. 5.

[9] Attila *Gaál*: Turkish Palisades on the Tolna-county Stretch of the Buda-to-Eszék Road. In: *Archaeology of the Ottoman Period in Hungary*. Hgg. Ibolya Gerelyes, Gyöngyi Kovács. Budapest 2003, 105–108.

[10] *Budáról Belgrádba 1663-ban. Ottendorff Henrik képes útleírása.* Hg. Egyed Hermann. Pécs 1943, 48.

[11] Klára *Hegyi*: A török hódoltság várai és várkatonasága. I–III. Budapest 2007, hier II, 1162–1166.

reiche, früher in vielerlei Hinsicht unbekannte materielle Kultur balkanischer Tradition auf. Die lediglich 50 mal 60 Meter große Anlage mit viereckigem Grundriss, die Ottendorff »wiewol das Gebeÿ den andern gleich undt von Pallisaden und Leimwanden ausgefürt ist«[12] beschrieb, war durch eine 80 bis 100 Zentimeter dicke Palisadenwand geschützt und hatte, mit Ottendorffs Zeichnung übereinstimmend, je eine runde Bastei an den vier Ecken (siehe *Abbildung 3: 1–2*). Die archäologischen Forschungen ergaben, dass die Basteien alle unterschiedlich waren: So war die nordwestliche etwas runder, die südwestliche eckiger.

Es ist wichtig, anzumerken, dass die osmanischen Palisaden in Heinrich Ottendorffs Reisebeschreibung einen viereckigen, beinahe quadratischen Grundriss mit Rondellen an den Ecken aufweisen. Die Ergebnisse der archäologischen Erschließung von Újpalánk bestätigen auch die Glaubwürdigkeit weiterer Ottendorffscher Zeichnungen. Es kann sogar festgehalten werden, dass die Zeichnungen die typischen Grundriss-Merkmale osmanischer Palisadenfestungen zeigen,[13] die mit großer Wahrscheinlichkeit auch auf andere Standorte – etwa auf Barcs oder auf Turbék – bezogen werden können.

Barcs

Das Städtchen Barcs, das einst enge Kontakte zu Szigetvár pflegte, liegt rund 30 Kilometer südwestlich von Szigetvár. Die Osmanen haben 1567 am Rande des ehemaligen Ortes, unmittelbar am Ufer der Drau, eine Palisadenburg erbaut. Nach dem Bau wurde die zuvor bei Osijek (*Eszék*) stationierte Drau-Flottille der Burg unterstellt, weshalb die Festung als Vorburg und Drau-Hafen für die Burg Sziget und deren Nachbarburg Babócsa diente. Die Burgwache bestand in der Regel aus 150 bis 200 Mann, die Soldaten wurden zum Teil vom Balkan, anfangs aus Burgen in Kroatien angeworben.[14] Die Palisadenburg brannte zum ersten Mal 1595 während des *Langen Krieges* (1593–1606), das zweite Mal 1664 während des Winterfeldzugs des Dichters und Feldherrn Miklós Zrínyi nieder und wurde endgültig zerstört. Bezüglich der Burgwache

---

[12] *Budáról Belgrádba 1663-ban* 89.

[13] Ebenda; Burcu Özgüven: Characteristics of Turkish and Hungarian Palanka-protected Settlements along the River Danube. In: *Archaeology of the Ottoman Period in Hungary* 155–160.

[14] Klára *Hegyi*: A török végvár. In: *Szigetvár története*. Hgg. Sándor Bősze, László Ravazdi, László Szita. Szigetvár 2006, 97.

sind mehrere türkische Soldverzeichnisse,[15] zur Burg selbst einige Aufzeichnungen in den zeitgenössischen Quellen und eine Darstellung bekannt, letztere aus dem bereits erwähnten „Mars Hungaricus" aus dem Jahre 1664 (siehe
Abbildung 1: 2).

Ein Hinweis auf die kleine osmanische Burg Barcs findet sich auch auf
einem Ortsplan aus dem Jahre 1799,[16] auf dem der Standort der im ausgehenden 18. Jahrhunderts schon längst untergegangenen Burg als »Alte Türkische
Schanze« auf dem Gelände des Pfarrhofes Barcs angegeben ist.[17] Dieser Ortsplan und die Beschreibungen aus dem 19. Jahrhundert stellten solide Grundlagen für spätere Forschungen dar. Der Lokalhistoriker Márton Rózsás sammelte auf besagtem Gelände zahlreiche Keramik-Stücke sowie andere Funde
aus der Türkenzeit und identifizierte auf diese Weise den einstigen Burgs-
tandort.

Bei den archäologischen Ausgrabungen zwischen 1989 und 1994 beziehungsweise 2002 und 2003 kamen zahlreiche Details der Palisadenburg Barcs
zum Vorschein, anhand derer wir ihre Größe und Ausrichtung feststellen
sowie uns von den Bauarbeiten und ihrer inneren Struktur ein Bild machen
konnten.[18] Den Grabungsbeobachtungen zufolge war die Burgmauer aus dem
16. Jahrhundert eine etwa zwei Meter breite, *aufgeschüttete* Palisadenwand;
das Gerüst dieser Burgmauer bestand aus zwei Pfahlreihen, die in schmalen
Gräben aufgestellt waren. Die Burgmauer wurde im 17. Jahrhundert renoviert
und bestand damals – zumindest stellenweise – nur noch aus einer Pfahlreihe.
Es konnten die Ausbesserungen und an einigen Stellen an der Außenseite der
Burgmauer auch Spuren der Lehmbeschichtung festgestellt werden. In der
Burg standen einst unterschiedlich große, mitunter auch im Inneren gegliederte, teilweise aneinander gebaute Gebäude mit gestampften Lehmwänden,
die mit Kachelöfen beheizt wurden. Die freigelegten Gebäudereste und die

---

[15] *Hegyi:* A török hódoltság várai, II, 1327–1329; III, 1590–1594.

[16] Erstmals erwähnt in Dénes B. *Jankovich:* Adatok a Rinya-völgy középkori településtörténe-
téhez. In: Somogy Megye Múltjából. Levéltári Évkönyv 7 (1976) 3–29, hier 29.

[17] Das Toponym kommt auch im Zusammenhang mit Turbék vor, in den frühneuzeitlichen
Dokumenten wird die Festung Turbék, genauer das größere, auch die einstige Festung umfassende Gelände ebenfalls als »Türkische Schanze« bezeichnet. *Kitanics* 92–99.

[18] Gyöngyi *Kovács* – Márton *Rózsás:* A barcsi török palánkvár. In: Somogyi Múzeumok Köz-
leményei 12 (1996) 163–182; Gyöngyi *Kovács* – Márton *Rózsás:* A barcsi török vár és kör-
nyéke. Újabb kutatások 1999–2009. In: A középkor és a kora újkor régészete Magyarországon.
I–II. Hgg. Elek Benkő, Gyöngyi Kovács. Budapest 2010, hier II, 621–642; Gyöngyi *Kovács*
– László *Bartosiewicz* – Katalin *Éder* – Erika *Gál* – Zsuzsa *Miklós* – Márton *Rózsás* – János
Attila *Tóth* – Csilla *Zatykó:* Medieval and Ottoman-period (14th–17th c.) Archaeology in the
Drava River Region, Hungary. In: Acta Archaeologica Hungarica 65 (2014) 160–165.

auf die Gebäude hinweisenden Ofenfragmente aus verschiedenen Zeiten lagen, teilweise der Ausrichtung der Burg entsprechend, in einem von Nordwesten nach Südosten verlaufenden Streifen.

Wie in Újpalánk ergaben auch die Grabungen bei Barcs ein reiches, grundsätzlich von den balkanischen Formen der osmanischen Kultur geprägtes Fundmaterial. Auf beiden Burggeländen kamen neben den Massenprodukten zahlreiche besondere und Einzelgegenstände zum Vorschein, etwa Fragmente von Iznik-Gefäßen und chinesischen Porzellantassen. Ein richtiges Kuriosum ist die in Barcs freigelegte, aller Wahrscheinlichkeit nach aus Istanbul stammende Gürtelplatte, die aus dem Stoßzahn eines Walrosses angefertigt worden war.[19] In beiden Burgen fand man auch lokale und westliche Handelsartikel. Anhand des archäologischen Materials zeichnete sich an beiden Fundorten eine befestigte dörfliche Siedlung mit vielen Bezügen zum Balkan ab. Dank der Handelswege entlang der Donau und Drau hatten beide Palisadenburgen intensive Kontakte zu den balkanischen beziehungsweise inneren Gebieten des Osmanischen Reiches.[20]

Bei Barcs versuchten wir, Esterházys Grundriss-Zeichnung von 1664 mit unseren oberirdischen Beobachtungen und den teilweise aus dem 16. Jahrhundert stammenden, freigelegten Überresten zu vergleichen (siehe *Abbildung 4: 1*).[21] Trotz weniger Belege konnten der zeitgenössischen Grundriss-Zeichnung anhand letzterer Größe und Ausrichtung zugeordnet werden. Die Burg dürfte den freigelegten Burgmauerresten zufolge in nordwestlich-südöstlicher Richtung eine Ausdehnung von etwa 90 mal 70 Meter gehabt und, wie auf der Zeichnung dargestellt, am Drau-Ufer gestanden haben. Die auf fünf geschätzte Anzahl der Basteien ist nicht nachgewiesen, und auch ihre Formen und Abmessungen sind umstritten; ihre Standorte erwiesen sich jedoch teilweise als geeignet, mit den Ergebnissen der Geländeforschungen verglichen zu werden. Wegen der in der osmanischen Militärarchitektur typischen halbkreisförmigen Basteien (Rondellen) ist anzunehmen, dass die Burg statt Basteien italienischen Typs wahrscheinlich Rondelle besaß – was durch

---

[19] Erika *Gál* – Gyöngyi *Kovács*: A Walrus-tusk Belt Plaque from an Ottoman-Turkish Castle at Barcs, Hungary. In: Antiquity. A review of world archaeology 85 (329), Project Gallery (September 2011). http://antiquity.ac.uk/projgall/gal329 (21. August 2017).

[20] Die Feldforschungen in Barcs wurden vom Ungarischen Landesförderungsfonds der Wissenschaftlichen Forschung (*Országos Tudományos Kutatási Alapprogramok*, OTKA K 72231) gefördert.

[21] Vgl. *Kovács – Rózsás*: A barcsi török vár és környéke, 631, Abb. 13. Anhand der Überreste gab es zwischen der Ausdehnung der Burg im 16. beziehungsweise im 17. Jahrhundert keinen wesentlichen Unterschied, so dass ein Vergleich möglich war.

einen freigelegten Gebäudeteil auf der Nordseite anscheinend bestätigt wird. Die wenigen konkreten Bauspuren aus dem 17. Jahrhundert, die im Burginneren dokumentiert sind, lassen keine Schlussfolgerungen auf einen Gebäudekomplex zu, wie er auf der Zeichnung dargestellt ist. Beachtenswert ist jedoch die Ähnlichkeit in der Größe zwischen den Darstellungen und einzelnen freigelegten *Räumlichkeiten* (Gebäuden). Der Standort der Dschami auf der Zeichnung – die Angestellten der Gebetstätte sind in den türkischen Soldverzeichnissen von 1619 und 1628 angeführt – ist derzeit nicht identifiziert. Er konnte auch bei den magnetometrischen Messungen, die 2016 im Südteil der Burganlage durchgeführt wurden, nicht ermittelt werden.[22] Zusammenfassend kann festgestellt werden, dass die Zeichnung zwar realistische Elemente aufweist, aber ihre Authentizität im Hinblick auf mehrere Details fragwürdig beziehungsweise nicht überprüfbar ist.

2. Pál Esterházys Zeichnungen aus dem Jahre 1664

Die Mehrheit der Burgzeichnungen in dem 1664 erschienenen „Mars Hungaricus" sind eigenhändige Zeichnungen des Grafen Pál Esterházy, dem späteren Reichsfürsten und königlichen Statthalter.[23] Angesichts der schablonen- und skizzenhaften, einander manchmal schon auf den ersten Blick ähnlichen Darstellungen von Verteidigungswerken (Rondellen und Basteien) sowie Baukomplexen stellt sich die Frage, inwieweit die Zeichnungen authentisch sind oder inwieweit sie ein idealisiertes, der Fantasie entsprungenes Bild von den Burgen vermitteln. Es stimmen nicht nur Größe und Form der dargestellten Basteien und Vorbefestigungen beinahe überein, sondern manchmal auch die Längen der Burgmauern. Diese Beobachtung wurde durch computergestützte graphische Vergleiche bestätigt.[24] Auffallend ist die Ähnlichkeit der drei mit Schutzbau befestigten, in gebrochener Linie verlaufenden Burgmauerabschnitte bei Barcs, Berzence und Turbék, während die gleiche Darstellungsweise der Innenbauten die Frage aufwirft, ob die aneinander gebauten *Räume* im Inneren der einzelnen Burgen eventuell ganze Baukomplexe darstellen sollen. Eine nach italienischem Vorbild erbaute Bastei scheint bei osmanischen Burgen ein hinzugedachtes Element zu sein; es handelt sich um

---

22   Barcs, Nagyhíd utca 7 (*Henézi-Garten*). Vermessung von Gábor Serlegi und Bence Vágvölgyi (Forschungszentrum für Humanwissenschaften der Ungarischen Akademie der Wissenschaften, Institut für Archäologie).
23   Zsigmond *Bubics*: Esterházy Pál Mars Hungaricusa. Budapest 1895, 17.
24   Hier sei dem Computergraphiker Zsolt Réti für seine Mitwirkung gedankt.

eine Projektion einer im 17. Jahrhundert schon weiter verbreiteten, modernen Befestigungsform auf die Zeichnungen. All diese Umstände verstärken unseren Verdacht, dass die Zeichnungen nicht die vollständige Realität widerspiegeln; durch genaue Untersuchungen lassen sich jedoch auch reale Details entdecken.

Berzence

Die Burg Berzence war nach Pál Esterházy »eine türkische Burg, auf allen Seiten von Wäldern und einer Ebene umgeben. Sie liegt auf einem höheren Hügel und hat einen von Natur aus tiefen, aber auch breiten Graben. Nach altem Brauch wurden die aus Holz gebauten runden Basteien mit Erde gestampft, so dass die Anlage auf keinen Fall als Festung bezeichnet werden kann«.[25] Evlia Çelebis Beschreibung stammt aus der Zeit nach dem Winterfeldzug: »[Berzence] brannte mit lodernden Flammen, aber als sie noch unversehrt war, war sie eine siebenfache Burg mit starken Palisaden [kale]. Es sind nur ein Stein-/Backsteingebäude, eine Dschami und ein Dampfbad erhalten. Auf den südöstlichen und westlichen Teilen der zu dieser Burg gehörenden Felder liegt ein großer Sumpf in einer Entfernung von zwei Stunden. […] Die innere Burg – eine Palisade auf einem großen Hügel – brannte auch hier nieder.«[26]

Die Überreste der mittelalterlichen Burg von Berzence (im 15. Jahrhundert: *castellum* und *castrum*), genauer: der inneren Burg, liegen tatsächlich am Hügel im heutigen Ortszentrum.[27] Auf dem Burggelände fanden keine systematischen archäologischen Grabungen statt, aber in den Berichten von Kálmán Magyar, Gyula Nováki, Szilvia Honti und Juan Cabello finden sich mehrere Belege zur Störung des Burggeländes. 1998 führte Juan Cabello klei-

---

[25]   *Esterházy* 137.

[26]   »Bunun dahi âteşi alev ber-alev yanmada idi, ammâ kala amâr iken yedi kat metîn palanka kala imiş. Ancak bir kârgîr binâ bir câmi'i ve bir hammâmı kalmış. Ve bu zemîn i kal'anın kıble ve batı tarafı iki sâat yer batağ-ı azîmdir. […] Bunun dahi iç kalası bir püşte-i âlî üzre palanka imiş, ıhrâk olmuş.« *Evliyâ Çelebi* b. Derviş Mehemmed Zıllî: Evliyâ Çelebi Seyahatnâmesi. Topkapı Sarayı Kütüphanesi Revan 1457 Numaralı Yazmanın Transkripsiyonu – Dizini. 6. Kitap. Hazırlayan S. A. Kahraman, Y. Dağlı. İstanbul 2002, 310. Ins Ungarische übersetzt von Balázs Sudár.

[27]   In der Beschreibung von 1836 heißt es: »[…] Burgruine auf dem Burghügel, Reste eines Bauwerks (Turmes) mit rundem Grundriss, Ziegelschutt. Ehemals mit einem Wassergraben.« Die Beschreibungen werden zitiert und die auf dem Burggelände durchgeführten kleineren archäologischen Arbeiten werden bekannt gegeben in: Kálmán *Magyar* – Gyula *Nováki*: Somogy megye várai a középkortól a kuruc korig. Kaposvár 2005, 39.

nere Forschungen zur Erdaufschüttung am südwestlichen Hügelteil durch. Er
stellte fest, dass an der angegrabenen Südwestecke des Backsteinkastells ein
runder Turm gestanden hatte, und zwar an der Begegnung zweier, zueinander
rechteckig verlaufender Gebäudetrakte, die einen Keller mit Tonnengewölbe
hatten. Unseren vor einigen Jahren durchgeführten Geländebegehungen zufolge war der Untergang dieses südwestlichen Teils des Burghügels weiter
fortgeschritten: Wir beobachteten eingestürzte Backsteinmauern, während
auch die Struktur der Plankenstützwand mit den Stellen der Pfähle und der
gemischten, lehmigen Erdfüllung deutlich zu sehen war.

Der Burghügel hat nach Angaben einer Vermessung aus dem Jahre 1985
eine Ausdehnung von rund 100×60–30/60 Meter – die erodierte nordwestliche Ecke mitgerechnet.[28] Das Gelände ist zu klein für die relativ starke Burgwache von etwa 350 bis 450 Mann,[29] selbst wenn man die Verteidigungswerke
mit berücksichtigt. Es ist offensichtlich, dass ein Teil der Soldaten und die
Reiter in der (befestigten?) Siedlung untergebracht waren. Auf die Vermessung der Burghügel haben wir die 1664 entstandene Zeichnung gelegt (siehe
Abbildung 4: 2). Demnach war der von Cabello erwähnte *Turm* eines der
Verteidigungswerke, der von ihm beschriebene Gebäuderest lässt sich mit
dem auf der Zeichnung dargestellten Bauwerk identifizieren. Der Zeichnung
zufolge wurde auch die Siedlung durch eine Umfriedung (Palisade) geschützt.
In Anbetracht des Ergebnisses und unter Berücksichtigung der weiteren Beschreibungen scheint Esterházys Berzence-Zeichnung – obwohl sie nur
schwer interpretiert werden kann – in mehreren Punkten authentisch zu sein.
Der Hügel, die *innere Burg*, der Graben und die Dschami werden auch in der
ebenfalls aus 1664 stammenden Beschreibung Evlia Çelebis genannt. Die sieben (äußeren) Verteidigungswerke, von denen zwei die Siedlung beschützten
(siehe *Abbildung 1: 3*), dürften früher existiert haben. Evlias Beschreibung,
wonach Berzence eine »siebenfache Burg mit starken Palisaden« war, weist
möglicherweise auf die sieben Verteidigungswerke hin[30] – Beweise dafür liegen allerdings nicht vor.

---

[28] *Magyar – Nováki* 269, Abb. 64. Die verschiedenen Messungen lieferten jeweils unterschiedliche Daten. Im zitierten Werk heißt es zum Beispiel: »Der Hügel ist oben 85 m lang, an der
breitesten Stelle 57 m breit, die Fläche beträgt 0,31 ha.« Ebenda, 38.

[29] *Hegyi*: A török hódoltság várai, II, 1320–1326; III, 1584–1589.

[30] Auf einem Stich aus dem Jahre 1672, der Berzence auf einem flachen Gelände darstellt,
schützt die Umfriedung, ähnlich wie auf der Esterházy-Zeichnung, auch die Siedlung. Der
Stich wurde veröffentlicht von *Béla Szalai*: Magyar várak, városok, falvak metszeteken
(1515–1800). I–III. Budapest 2006, hier I, 53. Vgl. *Balázs Sudár*: Dzsámik és mecsetek a
hódolt Magyarországon. Budapest 2014, 166, Abb. 43.

Barcs

Die Burgzeichnung von Barcs (siehe *Abbildung 1: 2*) zeigt – wie bereits erwähnt – den authentischen Standort, aber die inneren Bauten, die fünf Verteidigungswerke und deren Formen lassen Zweifel aufkommen. Die Palisadenburg Barcs dürfte als neu erbaute osmanische Festung einen viereckigen Grundriss mit halbkreisförmigen Verteidigungswerken an den Ecken gehabt haben. Die Lage direkt am Ufer erklärt gleichzeitig die davon abweichende Grundriss-Zeichnung und lässt auch die Annahme eines fünften Verteidigungswerks zu.

Dárda

Auf der Zeichnung der Palisadenburg von Dárda ist der Standort an der Drau ebenfalls richtig angegeben (siehe *Abbildung 1: 4*). Anhand der Ottendorffschen Zeichnung[31] und der Ausgrabungen bei Újpalánk (und vielleicht Barcs) halten wir die quadratische (viereckige) Grundriss-Zeichnung mit den halbkreisförmigen Eckbasteien für akzeptabel.

Segesd

Die Burg Segesd diente im 13. und 14. Jahrhundert als Standort des ständigen Hofes der Königin; selbst König Béla IV. weilte mehrmals längere Zeit dort. Die im 15. Jahrhundert als *castrum* belegte Festung wurde nach 1541 ins Grenzburgensystem eingegliedert. Die Esterházysche Grundriss-Zeichnung von 1664 (siehe *Abbildung 1: 5*) wurde von Kálmán Magyar – auch unter Berücksichtigung der Ansicht von Marianna H. Takács[32] – als authentisch eingestuft. Er meinte, das mittelalterliche Kastell sei der Kern der osmanischen Burg gewesen, wobei die Zeichnung das Quadrat, die Perioden und Festungen des mittelalterlichen Kastells realistisch darstelle.[33]

Die Überreste der Burg waren im 18. Jahrhundert noch zu sehen. Nach den Beschreibungen Frigyes Pesthys von 1864 und Dezső Csánkis von 1914

---

[31] *Budáról Belgrádba 1663-ban* 58.

[32] Marianna *H. Takács*: Magyarországi udvarházak és kastélyok. Budapest 1970.

[33] Kálmán *Magyar*: A középkori Segesd város és megye története, régészeti kutatása (Egy királynéi központ a X–XVIII. században). In: Somogyi Almanach 45–49. Hg. József Kanyar. Kaposvár 1988, 107–112 und Abb. 12, 14, 16. Vgl. *Magyar – Nováki* 114–117, 260, Abb. 56: Segesd-Vár I–II. Vermessung von Pál Héjas 1982 und S [György Sándorfi] 1984.

dürfte die Burg (die eigentliche Hauptfestung) an der Stelle des im 18. Jahrhundert erbauten Klosters und der Kirche – die gegenwärtig ein Seniorenheim ist – gestanden haben.[34] Die Esterházy-Zeichnung stellt aller Wahrscheinlichkeit nach diese *Hauptfestung* mit dem Kastell als Kern dar, aber die Glaubwürdigkeit der verschiedenen Zeichnungselemente ist fraglich und kann unseres Erachtens heute nicht mehr überprüft werden.

Kanizsa

István Méri untersuchte die bekannten Grundriss-Zeichnungen der Burg Kanizsa im Zusammenhang mit der archäologischen Erforschung des mittelalterlichen Burgschlosses und datierte die Entstehung einiger Burggrundzeichnungen richtig ins 16. Jahrhundert.[35] Manche der von ihm und später auch von László Vándor veröffentlichten und analysierten Grundriss-Zeichnungen aus dem 16. Jahrhundert sowie die Esterházy-Zeichnung lassen, wenn auch etwas erzwungen, gewisse Ähnlichkeiten beziehungsweise ähnliche Komponenten erkennen (siehe *Abbildung 2: 1–2*). Die Burgdarstellungen der von den genannten Forschern veröffentlichten Bildquellen aus dem 17. Jahrhundert – eine Karte der Belagerung von 1664 und eine Skizze von 1687[36] – können tatsächlich schwerlich mit der 1664 entstandenen Grundriss-Zeichnung Esterházys zusammengeführt werden. Wir vermuten, dass Pál Esterházy bei der Anfertigung seiner endgültigen Zeichnung (auch) Burggrundrisse beziehungsweise Burggrundpläne aus der zweiten Hälfte des 16. Jahrhunderts als Hilfsmittel verwendete, die in österreichischen, eventuell Wiener Archiven aufbewahrt worden waren.[37] Diese Möglichkeit ist übrigens auch im Fall der

---

34   Die Beschreibung von Frigyes Pesthy und Dezső Csánki zitiert von *Magyar* 110–111; *Magyar – Nováki* 117.

35   István *Méri*: A kanizsai várásatás. Vázlat a kanizsai vár és város történetének kutatásához. Budapest 1988, 41–60. Vgl. László *Vándor*: Kanizsa története a honfoglalástól a város török alóli felszabadulásáig. In: Nagykanizsa, Városi Monográfia I. Hgg. József Béli [u. a.]. Nagykanizsa 1994, 305–308.

36   *Vándor* 376, Abb. 33, 387, Abb. 42. Siehe *Méri*, Tafel XXXVI–XXXVII.

37   Die Burg Kanizsa ist auf Paolo Angielinis Kriegskarte von 1574 mit dem fünfeckigen Grundriss dargestellt, der 1568–1569 von Pietro Ferabosco entworfen, aber erst nach etwa anderthalb Jahrzehnten, dann auch nur unvollständig aufgebaut wurde. Géza *Pálffy*: A haditérképészet kezdetei a Habsburg Monarchiában. Az Angielini várépítész-família rendszeres térképészeti tevékenysége a horvát-szlavón és a magyarországi határvidéken az 1560–1570-es években / Die Anfänge der Militärkartographie in der Habsburgermonarchie. Die regelmäßige kartographische Tätigkeit der Burgbaumeisterfamilie Angielini an den kroatisch-slawonischen und den ungarischen Grenzen in den Jahren 1560–1570. Budapest 2011,

Burgzeichnung von Segesd denkbar. Die Esterházy-Zeichnung von 1664 weist zwar reale Elemente auf, wie den Weg durch die Burg, das Verhältnis zwischen der Burg und dem einstigen Marktflecken oder der Sumpf, die Details spiegeln jedoch nicht die Realität im 17. Jahrhundert wider.

Anhand der lediglich einige Momente umfassenden Übersicht der genannten Burggrundrisse sind wir der Ansicht, dass die Federzeichnungen Esterházys überraschend viele authentische, aber nicht unbedingt genaue Details aufweisen. Daneben finden sich auch schematische, höchstwahrscheinlich nur angenommene, idealisierte, übernommene Elemente, genauer gewendet: Es sind solche anzunehmen, weil vieles nicht übergeprüft werden kann. Somit wäre es falsch, jedes Detail der Zeichnungen ohne Überprüfung als richtig anzusehen. Das gilt auch für die Zeichnung der Festung von Turbék.

Turbék

Die Türbe des Sultans und die dazu gehörende Schutzplanke werden in mehreren Befehlen des Sultans vom Frühjahr 1576 (der älteste datiert vom 9. März) mit einer später in eine Dschami umgebauten Moschee und einem Derwisch-Kloster (*záviye*) erwähnt.[38] Anhand der Daten kann der Baukomplex durch den Pascha und Großwesir Mehmed Sokollu kurz vor 1576 und nach der Thronbesteigung Sultan Murads III. (1574–1595) errichtet worden sein. Die Einträge der türkischen Soldlisten aus den Jahren 1577 und 1578 belegen, dass in der Festung eine ziemlich kleine Mannschaft diente, die anfangs 21 beziehungsweise 27, später auch nur 40 und im 17. Jahrhundert beinahe 70 Mann zählte[39] – die zum Dienst in Türbe und Dschami bestellten religiösen Amtsträger mitgerechnet. Neben oder im Umfeld der Türbe und

33–36 und Tafel XVII (Kopie des originalen Grundriss-Plans von Pietro Ferabosco, Wien). Vgl. *Vándor* 306, Abb. 15.

[38] Gábor *Ágoston*: Muslim Cultural Enclaves in Hungary under Ottoman Rule. In: Acta Orientalia Academiae Scientiarum Hungaricae 45 (1991) 2–3, 197–198; Gábor *Ágoston*: Muszlim hitélet és művelődés a Dunántúlon a 16–17. században. In: *Tanulmányok a török hódoltság és a felszabadító háborúk történetéből*. A szigetvári történész konferencia előadása a város és a vár felszabadításának 300. évfordulóján. Hg. László Szita. Pécs 1993, 281; Nicolas *Vatin*: Un *türbe* sans maître. Note sur la fondation et la destination du *türbe* de Soliman-le-Magnifique à Szigetvár. In: Turcica 37 (2005) 9–42; Nicolas *Vatin*: Egy *türbe*, amelyben nem nyugszik senki. Megjegyzések Nagy Szülejmán szigetvári sírkápolnájának alapításához és rendeltetéséhez. In: Keletkutatás 2008, Winter-Herbst, 58–60. Vgl. *Fodor – Pap* 1061–1062.

[39] *Hegyi*: A török hódoltság várai, II, 1301, 1303; III, 1568–1576.

der Palisade entstand innerhalb von ein bis zwei Jahren eine Siedlung (*kasaba*) mit städtischem Charakter, die der Sandschak-Erfassung von 1579 zufolge zwei Stadtviertel (*mahalle*) hatte.[40]

Die Palisadenburg wurde im Winterfeldzug 1664 in Brand gesteckt und später wieder aufgebaut. Mit der Rückeroberung Szigetvárs im Jahre 1689 büßte sie ihre Bedeutung ein. Spätestens 1693 wurde selbst die Türbe abgerissen. Die während der osmanischen Besetzung in Turbék und Zsibót ansässigen Christen zogen vor 1715 in einen Außenbezirk von Szigetvár um.[41]

Evlia Çelebi bekam schon die neu umgebaute Festung zu Gesicht. Aus seiner 1664 entstandenen Beschreibung erfährt man wichtige Daten über Turbék, die auch für zukünftige archäologische Ausgrabungen wichtige Informationen liefern. Bei Evlia heißt es: »Beschreibung der Burg der Türbe des Sultan Süleyman Khan – seien ihm Gnade und Vergebung zuteil! Im letzten Drittel des siegreichen Monats Safer des Jahres 974 [6.–15. September 1566] errichtet von Sultan Selim II., dem Sohn Süleyman Khans […].[42] Sie befindet sich eine Stunde von Szigetvár entfernt, oben auf einem großen Hügel, östlich von Szigetvár, an einem Spazierplatz mit Gärten und Weingärten, [in Form eines] langgestreckten Viereck[s]. Die Wiese von Szigetvár ist von dieser Burg aus [deutlich] zu sehen. […] Die Burg ist vollständig eine Palisade. Sie hat ein Tor nach Norden und eine Schlagbrücke über dem Graben. Im Jahre 1074 erschienen die Ungläubigen und brannten die Burg nieder. […] Danach wurde die Burg dieser Türbe im Jahre 1074 [1664] auf Befehl des Sultan Khan Mehmed IV. wieder aufgebaut, und zwar so, dass sie tausendmal stärker, quadratisch und breiter war, der Komplex misst rundherum genau 1500 Schritt. Die Mauern und der Graben der Palisade sind stark und beständig. Anfangs waren die von heruntersteigendem Licht erfüllte Türbe, die Dschami, die Moschee, die Medresse, die Karawanserei, das Dampfbad, das Kloster und jeder Laden die Wohltaten Selim Khans II. In diesem gesegneten Jahr wurde

---

[40]   Előd *Vass*: Szigetvár város és a szigetvári szandzsák jelentősége az Oszmán-Török Birodalomban 1565–1689. In: *Tanulmányok a török hódoltság és a felszabadító háborúk történetéből* 202. Die Bewohner der *kasaba* (»Raum des Klosters des Sultans Süleyman Khan«) betrieben Landwirtschaft; die Heiden der umliegenden Dörfer von Türken wurden ebenso bewirtschaftet. In einer Konskription von 1579 wurden im Ort Mozsgó auch türkische Bauernhaushalte aufgezeichnet. Vgl. *Sudár*: Dzsámik, 501, 503.

[41]   Die Angabe von Béla *Németh*: Szigetvár története (Pécs 1903, 334) wird zitiert von Zsuzsa *Barbarics*: Az oszmán uralom alóli felszabadulás. In: *Szigetvár története* 145.

[42]   Diese Angaben Evlias sind in Anbetracht des Vorstehenden falsch.

der Ort durch die Wohltätigkeit von Sultan Mehmed Khan IV. zu einem [Ort] in ausgezeichneter Ordnung.«[43]

Evlias Beschreibung berichtet von dem Standort (»ein Spazierplatz mit Gärten und Weingärten«[44]), von der ursprünglichen Form der vollständig in Palisadenbauweise errichteten Festung (»ein langgestrecktes Viereck«), der durch Neubau und Erweiterung entstandenen »quadratischen« Form beziehungsweise von anderen Bauwerken, die zum Alltagsleben einer Siedlung gehören (Moschee, Medresse, Karawanserei, Dampfbad, Geschäfte). Den Forschungen zufolge[45] finden sich bei Evlia oft falsche Himmelsrichtungsangaben. Somit kann die Aussage, dass das Burgtor nach Norden ging, vielleicht außer Acht gelassen werden, aber die messbaren Einheiten (Fuß, Schritt) dürften zumindest in der Größenordnung stimmen. Evlia hebt hervor, dass die Festung nach dem Neubau »stärker, quadratisch und breiter geworden« sei; der Beleg – »der Komplex der Türbe misst rund herum genau 1500 Schritte« – weist auf ein ziemlich großes Gelände hin.

Eine ungarischsprachige beschreibende Quelle, eine Zeugenaussage aus dem Jahr 1738 belegt, dass Turbék außerhalb der Schanze (der Burgmauer) von Christen, innerhalb derselben von Türken bewohnt war, während im Burginneren, innerhalb einer »Umfriedung« (eines Zaunes) der türkische Scheich und mehrere türkische Priester in einer »in Form eines Klosters errichteten Behausung« wohnten.[46] Dieser Beleg bekräftigt die Annahme, dass

---

[43] »Evsâf-ı kal'a-i Türbe-i Sultân Süleymân Hân aleyhi'r-rahmetü ve'l-gufrân. Sene 974 târîhinin mâh-ı Saferü'l-muzafferinin evâhirinde Sultân Selîm-i Sânî ibn Süleymân Hân binâsıdır. [...] Seğitvar'a bir sâ'at karîb [...] bir püşte-i âlî üzre Seğitvar'ın şarkında bâğlı ve bâğçeli bir mesîregâh yerde şekl-i murabba'dan tûlânîce vâki' olup cümle sahrâ-yı Seğitvar bu kal'adan nümâyân olup [...] Kal'ası cümle palankadır. Cânib-i şimâle mekşûf bir kapusu ve handakı üzre cisri asmadır. Sene 1074 târîhinde küffâr gelüp bu kal'ayı ihrâk edüp [...] Ba'dehu bu sene 1074 Sultân Mehemmed Hân-ı Râbi'in fermânıyla bu türbe kal'ası müceddeden eyle amâr oldu kim evvelkiden bin kat ziyâde metîn ve şekl-i murabba' ve dahi vâsi' olup dâ'iren-mâdâr cirmi kâmil bin beş yüz adım oldu. Ve palanka dîvârları ve handakı dahi metîn ve müstahkem oldu. Mukaddemâ türbe-i mehbit ı pür envâr ve câmi' ve mescid ve medrese ve hân ve ham-mâm ve tekye ve dekâkîn hayrâtları cümle Selîm Hân-ı Sânî'nin iken bu sene-i mübârekede cümle Sultân Mehemmed Hân-ı Râbi' hayrâtı olup gâyet ma'mûr olmuş.« *Evliyâ Çelebi* b. Derviş Mehemmed *Zıllî*: Evliyâ Çelebi Seyahatnâmesi. Topkapı Sarayı Kütüphanesi Bağdat 308 Numaralı Yazmanın Transkripsiyonu – Dizini. 7. Kitap. Hazırlayan Y. Dağlı, S. A. Kahraman, R. Dankoff. İstanbul 2003, 17–18. Ins Ungarische übersetzt von Balázs Sudár.

[44] Der Standort wird das erste Mal in einem Befehl vom 11. September 1573 als »Obstgarten, der bewacht und beschützt werden muss«, genannt. *Vatin: Egy türbe*, 57–58.

[45] Vgl. etwa Balázs *Sudár*: Pécs 1663-ban. Evlia Cselebi és az első részletes városleírás. Pécs 2012, 40–48.

[46] *Kitanics* 95–96.

die Palisade nach dem Burgbrand von 1664 erweitert und rund um den »Zaun«, der das Umfeld der Türbe beschützte, eine größere Palisade errichtet wurde, die auch die von Osmanen bewohnte Siedlung umgab. Turbék verwandelte sich also anscheinend aus einer kleinen Festung in eine größere befestigte Siedlung, die sich nicht mehr nur anhand der Esterházyschen Zeichnung erforschen lässt.

Zur Türbe und zur benachbarten Dschami schrieb Balázs Sudár 2014, dass ihre Darstellung auf der Zeichnung Pál Esterházys (siehe *Abbildung 1: 1*) »keine verlässliche Quelle zu sein scheint«.[47] Die Frage der Authentizität soll jedoch die komplette Zeichnung betreffend geprüft werden, denn sie kann – wie die übrigen Burgzeichnungen – sowohl authentische Elemente als auch vollständig zu ignorierende Details aufweisen.

Die Gebäude, die auf der Zeichnung mit der jeweiligen Bezeichnung dargestellt – Türbe, Dschami, Derwisch-Kloster – sind, haben ehemals wirklich existiert. Bei den Ausgrabungen am Weinberg Turbék-Zsibót unter der Leitung von Erika Hancz, die im Rahmen des von Pál Fodor und Norbert Pap geleiteten Forschungsprojekts stattfanden, wurden 2015 und 2016 die Fundamente von Steinbauten freigelegt, die als Überreste der Türbe des Sultans, der Dschami und eines Halveti-Derwisch-Klosters identifiziert wurden.[48] Die freigelegten Objekte lassen darauf schließen, dass die Festung der Ausrichtung der Sakralbauten Dschami und Türbe folgte, also wahrscheinlich von Nordwesten nach Südosten verlief.

Legt man die Ergebnisse der Ausgrabung und die Esterházysche Zeichnung nebeneinander, scheint die Position der Objekte zueinander auf den ersten Blick nur annähernd ähnlich. Mit einem computergestützten graphischen Vergleich können jedoch die Längen auf der Zeichnung in etwa erfasst werden. Demnach erscheinen in einer Version – wo die freigelegte Dschami und die auch die Grabstätte umfassende Dschami der Zeichnung einander decken – in gewisser Hinsicht evaluierbare Geländeproportionen.[49] Gleichzeitig stellte sich bei den Grabungen heraus, dass Dschami und Türbe, anders als auf der Zeichnung dargestellt, in Wirklichkeit zwei separate Bauten waren. Die Türbe hatte einen quadratischen Grundriss, so dass die an ein Achteck angelehnte klassische Form auf der Zeichnung lediglich ein Produkt der Fan-

---

[47]   *Sudár*: Dzsámik, 503.

[48]   *Fodor – Pap.* Ein Teil eines Gebäudes wurde bereits 1971 von Valéria Kováts ausgegraben.

[49]   Bei einem Vergleich der als Derwisch-Kloster definierten Gebäudereste mit dem Nordostflügel des Derwisch-Klosters auf der Zeichnung ergeben sich deutliche Abweichungen.

tasie war. In Bezug auf die Verteidigungswerke der Palisade kann festgestellt werden, dass Turbék bis 1664 eine relativ kleine Festung hatte,[50] und dieser Umstand lässt sich mit der auf der Zeichnung dargestellten, gegliederten Burgmauer, die für größere Festungen typisch war, schwerlich vereinbaren.

Die Zeichnung selbst beziehungsweise ein Vergleich der Zeichnung mit der Realität wirft zahlreiche Fragen auf, richtige Antworten können jedoch nur durch weitere Forschungen gefunden werden.[51] Vorerst ist lediglich zu erkennen, dass sich auch auf dieser Zeichnung reale Elemente, die Merkmale einer Skizze (Oberflächlichkeit, Ungenauigkeit) sowie unrealistische, nachträgliche bildliche Darstellungen vermischen; Zeichnungen sind eine wichtige Quelle für die Forschung, sie sind jedoch mit Vorbehalt zu benutzen.

Die Beobachtung der Proportionen der frühen beziehungsweise der später erweiterten Festung, die Abgrenzung der einzelnen Abbauschichten, die Verfolgung von Umbauten, die um die Türbe errichtete Palisadenfestung, die um das ganze Objekt entstandene Siedlung und die Veränderungen des Festungssystems machen die Planung und Organisierung einer ausgedehnte Forschung erforderlich, wobei die Geländeuntersuchungen durch die nach 1664 stattgefundenen Bauarbeiten und Erweiterungen erschwert werden. Betont sei, dass die Ausgrabungen auch darüber Auskunft geben werden, wie sich Turbék zu den anderen osmanischen Palisadenburgen Südtransdanubiens verhält. Das Fundmaterial von Turbék wird mit großer Wahrscheinlichkeit teilweise mit jenem der osmanischen Palisaden im südlichen Transdanubien übereinstimmen. Aber weil Turbék wegen der Türbe des Sultans eine besondere und wichtige Pilgerstätte war, weist sie möglicherweise eine buntere und vielseitigere materielle Kultur auf, als die übrigen osmanischen Burgen in Südtransdanubien. Die Fundstelle in Turbék dürfte nicht nur bezüglich der Türbe, sondern auch der Festung, der Siedlung und des engeren und weiteren Umfeldes des gesamten Komplexes mit zahlreichen aussagekräftigen Details aufwarten. Die entsprechenden Forschungsergebnisse können auf den Foren der internationalen Wissenschaft mit beträchtlichem Interesse rechnen.

---

[50] *Esterházy* 141.

[51] Beachtet sei, dass der Zeichner die 1664 vorhandenen Objekte darzustellen versuchte, während die freigelegten (und später freizulegenden) Fundamente teilweise die erst nach 1664 vollzogenen Baumaßnahmen widerspiegeln.

Abbildungen

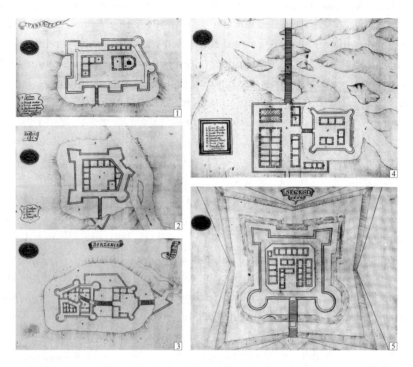

Abbildung 1: Pál Esterházys Federzeichnungen von 1664: 1. Turbék,
2. Barcs, 3. Berzence, 4. Dárda, 5. Segesd. *Esterházy* 138 (Berzence),
140 (Barcs), 141 (Turbék), 145 (Dárda), 148 (Segesd).

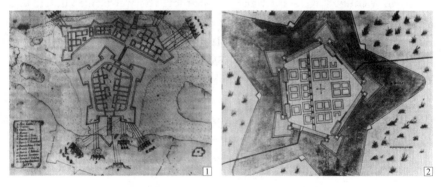

Abbildung 2: Die Burg Kanizsa: 1. Pál Esterházys Federzeichnung von 1664;
2. Kopie des Entwurfs von Pietro Ferabosco aus den Jahren 1568–1569
(Österreichische Nationalbibliothek, Wien. Um 1574?).
Esterházy 151; *Vándor* 306, Abb. 15.

Abbildung 3: Újpalánk, 17. Jahrhundert:
1. Nordwestliche Bastei der Burg nach der Erschließung;
2. Darstellung der Burganlage auf der Ottendorffschen Zeichnung von 1663.
Gaál 107, Abb. 2; *Budáról Belgrádba 1663-ban* 48.

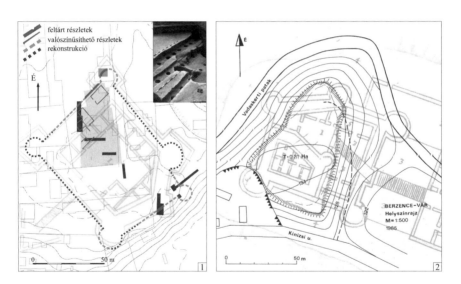

Abbildung 4: 1. Barcs. Vergleich der Zeichnung von 1664 mit den
Grabungsergebnissen. *Kovács – Rózsás* 631, Abb. 13;
2. Berzence. Grundriss-Zeichnung von 1664 im Vergleich
zur Vermessung des Burghügels im Jahre 1985.
Vermessung übernommen aus *Magyar – Nováki* 269, Abb. 64.

László Lukács, Székesfehérvár

Über vergessene Bücher

Während meiner Forschungen in Deutschland war es immer mein Bestreben, Bücher in deutscher, seltener in englischer oder französischer Sprache zu entdecken, die mit bemerkenswerten kulturhistorischen und volkskundlichen Kapiteln, Angaben und Erkenntnissen Ungarn vorstellen. Ich beginne die Aufzählung einiger dieser Bücher mit zwei deutschen Reisebeschreibungen aus den letzten Jahrzehnten der osmanischen Besetzung Ungarns. Deren Autoren behaupten, dass die deutsche Kirche in Stuhlweißenburg (*Székesfehérvár*) mit der Krönungskirche der ungarischen Könige *Unserer Lieben Frau* identisch sei. Martinus Zeiler schreibt in seinem ursprünglich 1664 in Leipzig veröffentlichten Buch „A magyar királyság és a hozzá tartozó tartományok, városok, legjelesebb helyek új leírása" (*Neue Beschreibung des Königreichs Ungarn sowie seiner Provinzen, Städte und berühmtesten Orte*) über Stuhlweißenburg: »In vergangenen Zeiten wurden die Könige hier gekrönt und meistens auch hier beerdigt. Deshalb gab es angeblich in ganz Ungarn keine so prachtvolle Kirche, wie hier [...] Die Krönung und Beerdigung geschah in Unserer Frauen Kirche, die auch deutsche Kirche genannt wird.«[1] Gleiches behauptet der Siebenbürger Sachse Georg Krekwitz in seiner gegen Ende des 17. Jahrhunderts erschienenen deutschsprachigen Landesbeschreibung des Königreichs Ungarn erschienen, in der er die *Unsere Frauen Kirche* mit der *Teutschen Kirche* identifiziert.[2] Beide Reisebeschreibungen sind unmittelbar vor dem Ende der osmanischen Besetzung Ungarns (1688) erschienen, also zu einer Zeit, als keine Deutschen in Stuhlweißenburg leben durften. In der seit 1543 unter osmanischer Herrschaft stehenden alten Krönungsstadt lebten

---

[1]   Martinus *Zeiler*: A magyar királyság leírása. Szekszárd 1997, 193.

[2]   Georg *Krekwitz*: Totius Regni Hungariae superioris & inferioris accurata Descriptio. Das ist richtige Beschreibung deß gantzen Königreichs Hungarn [...] Sambt allen dem jenigen was am Donau-Strom lieget und befindlich ist. Franckfurt/Nürnberg 1685.

neben Ungarn auch Türken und Südslawen (Raizen),[3] Bevölkerungsgruppen, die die Tradition mehrere Generationen lang bewahrt und weitergegeben hatten, wonach die königliche Kirche vor der osmanischen Besetzung auch zum Gottesdienst für die Stuhlweißenburger Deutschen gedient habe. So konnten die Deutschen, die sich Ende des 17. und Anfang des 18. Jahrhunderts in Stuhlweißenburg ansiedelten, den unversehrt gebliebenen Teil der teilweise zerstörten Kirche, die Grabkapelle von König Matthias I. Corvinus, rechtlich beanspruchen. Bis zum Aufbau der Kirche zu St. Johannes von Nepomuk 1751 hielten die Mitglieder der deutschen Pfarrgemeinde hier ihre Messen ab. Erwähnt sei hier, dass die Matthias-Kirche in Ofen (*Buda*) ab der zweiten Hälfte des 14. Jahrhunderts die Kirche der aus Pest umgesiedelten Deutschen war, um sie herum lag der Friedhof der Deutschen.[4] Zwei Jahre später, 1688, erschien die siebenbürgische Version der erwähnten Ungarn-Beschreibung, diesmal unter dem Namen Kre*c*kwitz, in Frankfurt und Nürnberg, herausgegeben von Leonhard Loschge: „Totius Principatus Transylvaniae Accurata Descriptio / Ausführliche Beschreibung des gantzen Fürstenthumbs Siebenbürgen". Mit diesen zwei Büchern konnten die deutschen Reisenden das sich ins Habsburger Reich einreihende Ungarn und Siebenbürgen bereisen. Beide Bücher waren auf der 96. Auktion des Budapester Zentralen Antiquariats 2005 für den Einsatzpreis von 200.000 HUF (umgerechnet rund 800 EUR) zu kaufen.

Die Bibliothek der Ungarischen Akademie der Wissenschaften bewahrt das Buch eines englischen Maler-Ehepaares auf: „Hungary" (Painted by Adrian & Marianne Stokes. Described by Adrian Stokes. London: Adam and Charles Black 1909. 320 Seiten). Der Engländer Adrian Stokes (1854–1935) heiratete 1884 die in Graz geborene Marianne Preindlsberger (1855–1927), die die Malerei in München und Paris erlernt hatte. 1905 und in den darauffolgenden Jahren bereisten sie mehrmals Ungarn. Sie verbrachten mehrere Monate in Siedlungen der Hohen Tatra, in Orschowa (*Orsova, Orşova*), Kalocsa, der Batschka, Agram (*Zágráb, Zagreb*), Fiume (*Rijeka*), Heynod (*Bánffyhunyad, Huedin*), Sathmar (*Szatmár, Satu Mare*), Klausenburg (*Kolozsvár, Cluj*), in der Maramuresch (*Máramaros, Maramureş*), Kronstadt (*Brassó, Braşov*), Gran (*Esztergom*), Budapest, in der Hortobágy, in Debrezin (*Debre-*

---

3   Gyula *Siklósi*: Die ethnischen Verhältnisse im mittelalterlichen Székesfehérvár bis zum Ende der Türkenherrschaft. In: Acta Archaeologica Academiae Scientiarum Hungaricae 47 (1995) 295–303.

4   *Budapest lexikon*. I–II. Hg. László Berza. Budapest 1993, hier II, 169.

cen), am Plattensee und schließlich in Preßburg (*Pozsony, Bratislava*). Ihr Buch ist in der exklusiven Buchreihe des Londoner Black-Verlages erschienen, in der weitere Länder in 120 Büchern vorgestellt wurden. Das Autorenpaar widmete ihr Werk ihrem größten ungarischen Förderer, dem Sathmarer Bischof Dr. Tibor Boromisza (1840–1928). Den Wert des Buches heben vor allem 75 Seiten mit farbigen Illustrationen und Malereien des Ehepaares, die während ihrer Reise in Ungarn zu den Themen Volksarchitektur, Volkstracht, Hirtenleben, Heuarbeit, Ernte und Lasttragen entstanden sind. 32 der Bilder sind in der Hohen Tatra, in Vázsec (*Važec*), Menguszfalva (*Mengusovce*) und Morgenröthe (*Ždiar, Zár*) entstanden.

Das Buch von Adrian und Marianne Stokes wurde 1995/1996 vom slowakischen Ethnografen-Ehepaar Botík auf einer Forschungsreise in den Vereinigten Staaten bei Andrew Beelik entdeckt. Der aus dem Komitat Gömör stammende Beelik hatte das Buch kurz nach seiner Ankunft in Amerika in den 1950er Jahren gekauft und, da es ihn an seine Heimat erinnerte, als ein kostbares Relikt aufbewahrt. Ján Botík machte Fotos von den Bildern, die in den Siedlungen der Hohen Tatra entstanden waren, stellte die Reproduktionen in Menguszfalva und Vázsec, Preßburg und Budapest aus und verfasste auch umfangreiche Kataloge.[5]

In der gemeinsamen Bibliothek der Institute für Geografie, Hydrologie und Völkerkunde der Universität Freiburg entdeckte ich die zweite Ausgabe des deutschsprachigen Albums der Ungarischen Staatsbahnen aus dem Jahre 1911: „Ungarn". Es wurde im Auftrag des Königlichen Handelsministers von der Direktion der Königlichen Ungarischen Staatsbahnen, unter Mitwirkung von Stefan Bársony herausgegeben und von Albert Kain redigiert (Stuttgart: Belser 1911, 400 Seiten). Das mit mehreren Fotos und Landkarten illustrierte Werk folgt den wichtigsten Eisenbahnlinien der Königlich Ungarischen Staatsbahnen und stellt Naturschätze, Städte und kulturgeschichtliche Denkmäler Ungarns vor. Die englischsprachige Ausgabe des Buches[6] wurde 2014 auf der 89. Auktion des Budapester Honterus-Antiquariates angeboten. Der Preis für das Buch betrug 18.000 HUF. Die ungarische und die deutsche Ausgabe des Buches wurde 2016 auf der 93. Auktion des Honterus-Antiquariates

---

[5] Ján *Botík*: Obrazy spod Visokých Tatier. Z tvorby Adriana a Marianny Stokescov. Bratislava 1997.

[6] *Hungary*. Published by order of the Royal Hungarian Minister of Commerce. Edited for the Royal Hungarian State Railways by Albert Kain. Budapest: Franklin 1910, 400 Seiten.

angeboten, beide für 20.000 HUF. Die verschiedenen Ausgaben können auch im Internet unter www.theeuropeanlibrary.org eingesehen werden.

In der selben Freiburger Bibliothek fand ich ein zweites Buch über Ungarn: „Ungarn. Land und Volk, Geschichte, Staatsrechte, Verwaltung und Rechtspflege, Landwirtschaft, Industrie und Handel, Schulwesen, wissenschaftliches Leben, Literatur, bildende Künste" (Leipzig: Verlag von Quell & Meyer 1918, 417 Seiten). Es enthält eine Landkarte Ungarns, jedoch keine Illustrationen. Das Vorwort stammt von Albert Berzeviczy, Präsident der Ungarischen Akademie der Wissenschaften und Mitglied des Oberhauses im ungarischen Parlament. Die Autoren des Buches sind: Jenő Cholnoky (Geografie), Henrik Marczali (Geschichte), Ödön Polner (Staatsrecht), Géza Magyary (Rechtsschutz), Gyula Rubinek (Landwirtschaft), Gusztáv Gratz (Industrie, Handel), Bernát Alexander (Wissenschaft, Literatur, bildende Künste).

1990 entdeckte ich im Ungarischen Institut München das Buch von Joseph Aug. Lux: „Ungarn. Eine mitteleuropäische Entdeckung" (München: C. H. Beck'sche Verlagsbuchhandlung Oskar Beck 1917, 358 Seiten). Das Werk des österreichischen Autors Joseph August Lux (1871–1947), der zwischen 1910 und 1945 in München lebte, stellt von den Ländern Mitteleuropas Ungarn in den Mittelpunkt. Es beginnt die Vorstellung der ungarischen Städte mit Budapest, seinem Stadtbild und der Rolle der Donau und vergleicht es mit dem Wiener Panorama: »Im Falle dieser Stadt ist es nicht vergleichbar, da sie nicht hinter dem Fluss liegt, wie Wien, die mit dem Donau-Kanal nur ein Fenster nach dem Kahlenberg öffnet, sondern der Fluss fließt hier in der Mitte durch. Die Hauptstadt dreht ihre vornehmste Fassade in Richtung der Canale Grande, was laut Széchenyis Vorstellungen und Träumen das Schaufenster der Hafenstadt Budapest ist. Hier stehen die Paläste: Die neugotische Filigrane des Parlaments, welche ein Themse-Bild vor dem Schifffahrer zaubert, das ist die in Stein gemeißelte Magna Charta, der Ausdruck der Volksseele; am anderen Ende der Kettenbrücke steht die Fischerbastei als eine Illustration des tausendjährigen Ungarns, darüber das Spitzgewebe der Matthiaskirche als die Anzeige der Gottesidee, noch weiter darüber auf dem Burgberg der kuppelgekrönte Palast, die Ausstrahlung der königlichen Würde.«[7] Als ich 2001 in Preßburg bei meiner Vorlesung über die Siedlungen an beiden Ufern der Donau diese Beschreibung zitierte, bekam ich offenen Applaus.[8]

---

[7]   Joseph Aug. *Lux*: Ungarn. Eine mitteleuropäische Entdeckung. München 1917, 179.

[8]   L. *Lukács*: Städte an beiden Ufern der Donau in den historischen Komitaten Komárom und Esztergom. Kulturparks Tagungen 2001. Hgg. Eugen Scherer [u. a.]. Sankt Pölten 2001, 41.

Nach der detaillierten Analyse der ungarischen Geschichte stellt Lux von den Gebieten Ungarns die Tatra, die Waldkarpaten, den Plattensee, das Eiserne Tor, die Insel Ada Kaleh sowie die Große Ungarische Tiefebene vor. Nach der Beschreibung Budapests präsentiert er einige Städte, eingeteilt nach den ungarischen Großregionen. Er berichtete auch über die Volkskunst und Volkstracht von Sárköz, Matyóland und Kalotaszeg. In Heynod bewundert er die Brautausstattung der Mädchen und die Kalvinistenkirche mit ihrer bemalten Kassettendecke, in Krieschwej (*Izvoru Crişului, Körösfő*) den Motivschatz der Stickereien. Das Buch zog 2009 von München nach Regensburg um, als das Ungarische Institut mitsamt seiner Bibliothek an die Universität Regensburg angegliedert wurde.[9]

Die Ungarisch-Französische Kulturliga veröffentlichte 1929 in Budapest ein 678seitiges Buch mit dem Titel „Ungarn für die Kultur. Die Ergebnisse der ungarischen Arbeit in der menschlichen Kultur". Das Buch wurde unter Beteiligung von französischen und ungarischen Autoren vom pensionierten Minister und Parlamentsabgeordneten, Geheimrat György Lukács ediert. Im Vorwort schrieb er: »Das Ziel dieses Buches, das wir zur gleichen Zeit in Paris in französischer Sprache veröffentlichen, ist es, ein treues Spiegelbild vom Ungartum, seiner jahrhundertelangen Arbeit und seinen Bestrebungen in der Gegenwart zu geben. Das Ziel ist, Ungarn dem Ausland in seiner eigenen Realität vorzustellen und für uns als Selbsterkenntnis zu dienen.« Die Veröffentlichung des Buches in Ungarn nach dem Friedensvertrag von Trianon 1920 zeigt die Auflösung der Frankophobie an. Die Kapitel für Volkskunde wurden von István Györffy („Volkskunde des Ungartums"), Károly Viski („Ungarische Volkskunst") und László Lajtha („Ungarische Volksmusik") geschrieben. Attila Paládi-Kovács bemerkte in einer Würdigung des Lebenswerkes von Károly Viski folgendes: »Keiner von ihnen sah es als unter seinem Rang an, populärwissenschaftlich zu schreiben und der Vorstellung des Landes zu dienen.«[10] Der Titel der französischen Version des Buches lautet: „La Hongrie et la civilisation, histoire, géographie, ethnographie, constitution et rapports internationaux" (Rédigé avec la collaboration du plusieurs auteurs français et hongrois par Georges Lukács. Paris: Renaissance du Livre 1929,

---

9   Inzwischen kann es auch im Internet gelesen und heruntergeladen werden: Open Library. ID Number OL14046655M.

10   Attila *Paládi-Kovács*: Egy európai etnológus Erdélyből. Viski Károly. In: A Rálátás 8 (2007) 4, 11–22, hier 14; A. *Paládi-Kovács*: A European Ethnologist from Transylvania: Károly Viski. In: Acta Ethnographica Hungarica 52 (2007) 335–350, hier 340.

430 Seiten).[11] Ein Jahrzehnt später veröffentlichte die Zeitung „Pesti Hírlap"
(*Pester Nachrichten*) das Buch „Az ezeréves Magyarország" (*Das tausendjäh-rige Ungarn*) mit 1.200 Seiten, 1.031 Fotos und Bildern, 82 Landkarten und
zwei farbigen Landkarten als Anhang (Budapest 1939). Im Kapitel „Das Volk
des Landes" (S. 115–180) stellt Károly Viski die Völker Ungarns vor 1920 vor:
Ungarn, Deutsche, Slowaken, Serben, Bunjewatzen, Schokatzen, Rumänen,
Ruthenen, Kroaten, Slowenen, Bulgaren, Kraschowaner, Zigeuner und Arme-nier.

In der Bibliothek des Freiburger Instituts für Volkskunde der Deutschen
des östlichen Europa fand ich „Ungarn. Das Antlitz einer Nation", herausge-geben von Zoltán Baranyai (Budapest: Königlich Ungarische Universitätsdru-ckerei 1940, 860 Seiten). Baranyai war Privatdozent der französischen Spra-che an der Universität Szeged und stellvertretender Leiter der Abteilung für
Kultur im Außenministerium. Im Vorwort schrieb Außenminister István
Graf Csáky, dass siebzig ungarische Experten, angeführt vom Ministerpräsi-denten und Geografen Pál Graf Teleki sowie dem Kultusminister und Histo-riker Bálint Hóman, für die deutschen Leser eine Antwort auf die Frage »Was
sind die Ungarn?« suchen. Von den bisher erwähnten Werken für Ausländer
präsentiert dieses Buch die vielseitigsten Informationen aus volkskundlicher
Sicht in folgenden sechs Themenbereichen: „Ethnografie des Ungartums"
(István Györffy), „Ethnografie der Ruthenen" (Béla Gunda), „Die Volkskunst"
(Károly Viski), „Bauernarchitektur" (Virgil Bierbauer), „Die Volksmusik"
(Zoltán Kodály) und „Der Bauerntanz" (László Lajtha). Die Volkskunde der
Ruthenen wurde hervorgehoben und als eigenes Thema präsentiert, weil die
Karpato-Ukraine 1939 von Ungarn annektiert worden war. Der junge Béla
Gunda machte als Museologe des Budapester Museums für Volkskunde meh-rere Forschungsreisen in die Region, deren Ergebnisse er in zahlreichen Stu-dien niederschrieb. Bei seinen Feldforschungen erhielt er Hilfe von seinem
Bruder, der dort als Waldingenieur tätig war. István Györffy (1884–1939) war
es nicht vergönnt, die Herausgabe der deutschen Version seiner bereits 1929
auf Ungarisch und Französisch veröffentlichten Studie zu erleben. Es ist er-wähnenswert, dass sein Werk den Titel für das vierbändige Handbuch „A
magyarság néprajza" (*Volkskunde des Ungartums*) lieferte, das zwischen 1933

---

[11]   Beide Fassungen sind im Internet aufrufbar: die ungarische unter http://mtdaportal.extra.
hu/books/lukacs_gyorgy_magyarok_a_kulturaert.pdf (2. Januar 2018), die französische
unter https://www.worldcat.org/title/hongrie-et-la-civilisation/oclc/475094716/editions?ed
itionsView=true&referer=br (2. Januar 2018).

und 1943 in drei Ausgaben gedruckt wurde. Károly Viski konnte seine Ansichten über die ungarische Volkskunst in deutscher Sprache in einem viel größeren Umfang darlegen, als in seiner weiter obern erwähnten ungarisch- und deutschsprachigen Studie von 1929 und 1939.

In der reichhaltigen Bibliothek des Freiburger Volkskundeinstituts fand ich auch das letzte verloren geglaubte Buch: „Siebenbürgen". Herausgegeben von Joseph Deér. Budapest: Ungarische Historische Gesellschaft 1940, 309 Seiten. Ein Exemplar der ungarischen Version ist in der Bibliothek des König-Sankt Stephan-Museums in Stuhlweißenburg zu finden. Das Buch entstand zur Vorbereitung des Zweiten Wiener Schiedsspruches von 1940, durch den Nordsiebenbürgen und das Széklerland an das Königreich Ungarn angegliedert wurden. Im Vorwort schreibt die Gesellschaft für Ungarische Geschichte am 1. August 1940: »Die folgende Studienreihe ist eine kurze Zusammenfassung der wissenschaftlichen Ergebnisse der Autoren, die nach jahrelanger detaillierter Forschungsarbeit in größeren Werken veröffentlicht wurden. Jede dieser Landkarten ist das Ergebnis detaillierter und gründlicher Studien, professioneller Interpretation von zahlreichen Urkunden, sowie von tiefgreifenden geografischen, geschichtlichen, archäologischen, volkskundlichen, sprachwissenschaftlichen und statistischen Forschungen. Die Autoren haften für jedes Wort, das sie hier veröffentlicht haben, mit ihrer wissenschaftlichen Autorität und sind jederzeit bereit, dies alles mit detaillierten Angaben zu beweisen.« Dies trifft insbesondere auf Károly Viski, dem Volkskundler im Band, und seine Zusammenfassung „Erdélyi népélet" (*Siebenbürgisches Volksleben*, S. 123–137) zu. Sein Nachfolger am einstigen Klausenburger Universitätslehrstuhl für Volkskunde, Béla Gunda, bezeichnete in seinem Nekrolog die Zusammenfassung »des größten siebenbürgischen und europäischen Repräsentanten der ungarischen Volkskunde« als einen Katechismus für die Kenntnis der Volkstraditionen Siebenbürgens.[12] Und Attila Paládi-Kovács betonte in seiner zitierten Würdigung: »Károly Viski hatte nicht nur durch seinen Geburtsort, seine Schulbildung und einige Stationen seines Lehreramtes eine Beziehung zu Siebenbürgen, sondern auch durch seinen lebhaften Geist und durch seine Liebe zu den Völkern und Sprachen Siebenbürgens. Der Großteil seiner wissenschaftlichen Themen, Studien und Zusammenfassungen ist auch an das östliche Gebiet gebunden [...]. Sein Werk „Erdélyi

---

[12] Béla *Gunda*: Viski Károly (1883–1945). In: Erdélyi Múzeum 51 (1946) 105–107, hier 106.

népélet" ist eine genaue Bezeichnung der Geschichte und Charakteristik der dortigen Volkskultur.«[13]

Während meiner Forschungsstipendien habe ich eine Reihe vergessener oder für vergessen gehaltener Bücher in den Bibliotheken der Lehrstühle für Volkskunde an den Universitäten Wien, München und Freiburg gesichtet und ausgewertet. An der Jahrtausendwende wurden einige dieser Werke wiederentdeckt; manche von ihnen können im Internet gelesen, andere in digitalen Katalogen der großen Bibliotheken erschlossen werden. Viele Titel werden auch von Antiquariaten im Internet oder auf Buchauktionen zum Verkauf angeboten. All dies weist darauf hin, dass die beiseitegelegten, oft aus politischen und ideologischen Gründen verschwiegenen Bücher selbst nach jahrzehntelanger Stille etwas von den Bestrebungen, Ideen und Ergebnissen der früheren Gelehrtengenerationen mitteilen können.

---

[13]   *Paládi-Kovács*: Egy európai etnológus, 12; *Paládi-Kovács*: A European Ethnologist, 337.

Ralf Thomas Göllner, Regensburg

Von Visionen zu Taten
István Graf Széchenyi, der Begründer des modernen Ungarn*

Es ist uns eine große Freude, mit der Hilfe und Unterstützung des General-
konsulats von Ungarn in München die hier aufgestellte Wanderausstellung
über das Leben und Wirken von István Graf Széchenyi zeigen zu können. Die
Ausstellung wurde anlässlich des 225. Geburtstages von Széchenyi erstellt und
zeigt diese ungarische Persönlichkeit als nichts weniger als den Begründer des
modernen Ungarn. Es mag auf den ersten Blick vielleicht etwas übertrieben
oder gar pathetisch erscheinen, einer einzelnen Person diese außergewöhnliche Anerkennung zuteilwerden zu lassen. Aber auf den zweiten Blick wird
deutlich, dass er tatsächlich diejenige Schlüsselfigur war, die den Impuls
dazu gab, dass Ungarn als Land und die Magyaren als Volk innerhalb von
etwa zwei Jahrzehnten grundlegend und umfassend in den wichtigsten Le-
bensbereichen umgestaltet und modernisiert wurden. Das zugrundeliegende
sozio-ökonomische, infrastrukturelle und ethnokulturelle, auf die ungarische Nation ausgerichtete Fortschrittsprojekt griff darüber hinaus auch die
administrativ-politische und kulturelle Pendelbewegung der ungarischen
Selbstverortung zwischen Ost und West auf.[1] In diesem Feld positionierte
sich Széchenyi mit seinem Modernisierungskonzept gegenüber Lajos Kossuth
als westorientierter Habsburg-Befürworter, als Proponent einer ungarischen
Westintegration, womit auch die Brücke zu den späteren Diskussionen über
Ungarns europa- und integrationspolitische Ausrichtung geschlagen werden
kann.

Beachtlich ist einerseits, dass Széchenyi praktisch »niemals wirksame
politische Macht besass, kraft welcher er die Verwirklichung seiner Pläne

---

* Um Anmerkungen ergänzter Vortrag, gehalten anlässlich der Eröffnung der Wanderausstellung über Leben und Wirken von István Graf Széchenyi, Ungarisches Institut, Universität
Regensburg, 14. Dezember 2017.

[1] Gabriella *Schubert*: Was ist ein Ungar? Selbstbilder und Selbsteinschätzungen. In: Zeitschrift
für Balkanologie 49 (2013) 1, 129–136.

hätte beschleunigen können«.[2] Er musste sich deshalb anderer – vielleicht sogar nachhaltigerer – Mittel bedienen, um seine Vorstellungen umzusetzen. Andererseits erdete ihn dieser Umstand und brachte ihn aus dem Reich des Übermenschlichen zurück auf den Boden der Realität und zeigte ihn als welterfahrenen und weltoffenen, zugleich jedoch der ungarischen Nation, Sprache und Kultur verbundenen Akteur, der die Zeichen der Zeit erkannt und die richtigen und notwendigen Entscheidungen getroffen hat, um in Ungarn eine eindrucksvolle nachholende Entwicklung anzustoßen.

Anfänglich sah es jedoch nicht danach aus, dass aus István Széchenyi einst der »größte Ungar aller Zeiten« werden sollte, wie ihn Kossuth im November 1840 auf der Pester Komitatsversammlung bezeichnet hat. Der 1791 geborene Adelige meldete sich im Jahr 1808 freiwillig zum Militärdienst, kämpfte gegen Napoleons Truppen und pflegte Umgang mit den maßgeblichen Politikern und Herrschern seiner Zeit. Dabei lernte er zunächst in Deutschland die mobilisierende und einigende Kraft des Nationsgedankens kennen. Das motivierte ihn später, sich seiner zurückgebliebenen Heimat und den Ungarn zuzuwenden um – wie er sagte – »eine Nation regenerieren«[3] zu können.

Einen kaum zu überschätzenden Einfluss auf diese Zielsetzung hatte nicht nur die deutsche Nationalbewegung und eine Orientreise, sondern vor allem der britische Liberalismus. Nachdem er 1815 seinen aktiven Militärdienst beendet hatte, unternahm er bis 1833 vier Reisen nach England, wo er mit liberalen Ideen, unternehmerischem Geist, Eigeninitiative, bürgerlichem Vereinigungs- und Gesellschaftswesen und einem ausgeprägten Pflichtgefühl der herrschenden Elite Bekanntschaft machte. »Die Liebe zu England erwachte [zwar] nicht auf den ersten Blick«,[4] wurde aber dafür schnell sehr intensiv, und er sah sich dem Vorwurf der *Anglomanie*[5] ausgesetzt. Diesem begegnete er: »Heut zu Tage wird man leicht der Angolmanie beschuldigt. Nach meinem Dafürhalten ist es unmöglich, Eines und das Andere in Britannien nicht lieb zu gewinnen. Wer dieses Land durchreitet, und davon nicht so urtheilt, wie

---

2   Andreas *Oplatka*: István Széchenyi (1791–1860). „Der größte Ungar" (Einführung). In: Széchenyi, Kossuth, Batthyány, Deák. Studien zu den ungarischen Reformpolitikern des 19. Jahrhunderts und ihren Beziehungen zu Österreich. Hgg. István Fazekas [u. a.]. Wien 2011, 11–17, hier 14.

3   Zitiert ebenda, 13.

4   Andreas *Oplatka*: Graf Stephan Széchenyi. Der Mann, der Ungarn schuf. Wien 2004, 79.

5   Das Phänomen der *Anglomanie* war insbesondere ab dem zweiten Viertel des 19. Jahrhunderts charakteristisch vor allem für die ungarische Literatur und Gesellschaft. László Ország: „Anglomania" in Hungary 1780–1900. In: Angol Filológiai Tanulmányok / Hungarian Studies in English 12 (1979) 19–36.

ein Kurzsichtiger von einer schönen Gegend, ein Tauber von dem Tone, ein Unverheirateter von dem Ehestand und Einer, der kaum die Grenze seiner Heimath überschritten hat, von der ganzen Welt, der wird da mit einem gewissen unerklärbaren innerlichen süßen Gefühle die Rechtsgleichheit, die durch National- und Gemeingeist, Publicität und Preßfreiheit bewirkte staunenswürdige Entfaltung und Vollkommenheit gewahren.«[6] England war damals der modernste und am meisten industrialisierte europäische Staat. Ungarn hingegen war nicht nur aus seiner Sicht ein zurückgebliebenes und randständiges Land, von dem Széchenyi sagte, »das abgeschlossene Wesen, so zu sagen die Sackform unseres Vaterlandes hindern jene freie Berührung, an welcher viele andere Nationen z. B. die englische, französische, spanische, ja sogar die türkische usw. so leicht Theil nehmen«.[7] Er beurteilte Ungarn auch bezüglich seiner Entwicklung negativ und meinte: »In einem Lande, das in der Aufklärung noch so weit zurück ist, dass es sich nicht nur zur Vollziehung die ganze Nation betreffender Angelegenheiten nicht zu vereinigen weiss, und es nicht wagt, sich selbst zu helfen, sondern – während es entweder gar nicht vorwärts schreiten will, oder jeden Fortschritt von der Vorsehung Gottes oder der Regierung erwartet, – auch nicht einmal ahnt, was Gemeinsinn sei.«[8] Seinen romantischen und religiösen Wurzeln treu, leitete er daraus einen umfassenden Reformbedarf innerhalb einer nahezu unendlichen Vervollkommnungs-Vision ab.

Im Westen des Kontinents hatte er die einigende Kraft von Bürgertum, Kultur und ökonomisch-politischem Fortschritt kennengelernt. Hinzu kamen nun noch persönliche Motivationen, wie ein missionarischer Reformeifer, der sich infolge der zunächst nicht erwiderbaren Liebe zur verheirateten Crescence Zichy entwickelte. Das Jahr 1825 markierte den Beginn seiner kreativen und ruhelosen Schaffens- und Modernisierungsphase, als er – auch um Crescence zu imponieren – ohne große Vorbereitung vor dem Preßburger Reichstag praktisch die ungarische Akademie der Wissenschaften ins Leben rief: »Ich höre hier Vorwürfe gegen unsere Großen, ich zähle mich nicht in die Zahl derselben, doch in die Zahl der besser Begüterten; Um meine Anhäng-

6   Graf Stephan *Széchenyi*: Ueber den Credit. Aus dem Ungarischen übersetzt von Joseph Vojdisek. Leipzig 1830, 104.

7   Graf Stephan *Széchenyi*: Politische Programm-Fragmente 1847. Aus dem Ungarischen mit Anmerkungen eines Oppositionellen. Leipzig 1847, 61.

8   Graf Stephan *Széchenyi*: Licht oder aufhellende Bruchstücke und Berichtigung einiger Irrthümer und Vorurtheile. Aus dem Ungarischen übersetzt von Michael von Paziazi. Pesth 1832, 243.

lichkeit an das Vaterland zu bezeugen, subskribiere ich hier öffentlich für das Aufleben des Nationalgeistes und der Sprache die einjährigen Einkünfte meines ganzen Vermögens, aber ich verlange, damit dieses Geld nicht zwecklos angewendet […] werde, Kenntnis und Einfluß in die Verwendung zu haben.«[9] Andere Hochadlige schlossen sich dieser 60.000 Gulden umfassenden Anstoßfinanzierung an, und so gilt bis heute diese Sitzung als die Geburtsstunde der Akademie. Széchenyi wurde über Nacht berühmt, rückte ins Zentrum des politischen und kulturellen Interesses und hatte endlich jene Berufung gefunden, die er so lange gesucht hatte.

Auf seinen Reisen hatte er die Wichtigkeit eines bürgerlichen Fundaments für die gesellschaftlich-kulturelle Entwicklung erkannt, blieb aber trotz seines nationsbildenden Ansatzes kosmopolitisch. Er maß dem Ungarischen und den Ungarn keinen höheren Wert als anderen zu, sondern sah im Ungarischen einen Wert an sich – wenn auch eher in der Zukunft nach seinem Modernisierungsprogramm. Hierzu meinte er, »im allgemeinen genommen liebe ich die ungarische Nation eher in der Zukunft als in der Gegenwart, das heißt: allgemein genommen liebe ich eher den entwickelten Ungarn und schätze es, wie er mit Gottes Hilfe sein wird, als daß ich den Ungarn liebte und schätzte so wie dessen großer Teil heute noch ist«.[10] Um die Ungarn in diese Richtung weiter entwickeln zu können, bedurfte es aber nicht nur einer bürgerlich-gelehrten und sozialen Entfaltung, sondern vor allem der ökonomischen und infrastrukturellen Grundlagen. Diesem Aspekt widmete sich sein 1830 veröffentlichtes Werk „Über den Kredit" (*„Hitel"*), das großes Aufsehen erregte und in einigen Komitatsversammlungen sogar öffentlich verbrannt wurde.[11] Dem Werk vorangegangen war die Enttäuschung über einen abgelehnten Kreditantrag, den Széchenyi – einer der reichsten Magnaten Ungarns – an das Wiener Bankhaus Arnstein und Eskeles gestellt hatte.[12] Zwar war nicht die Glaubwürdigkeit des Grafen ausschlaggebend für die Absage, sondern die allgemeine Finanzknappheit nach der Londoner Wirtschaftskrise von 1825, aber die Absage hatte Széchenyi auf die drängenden Probleme des ungarischen Kreditwe-

---

[9] Es existiert kein Protokoll dieses Reichstags, diese Auslobung geht vielmehr aus Berichten von Polizeispitzeln hervor. *Oplatka:* Graf Stephan Széchenyi, 133.

[10] Antal *Szerb:* Ungarische Literaturgeschichte. II. Übertragung von Prof. Dr. Josef Gerhard Farkas und Gabriele Farkas. Berlin 1975, 232.

[11] Anton *Radvánszky:* Das ungarische Széchenyi-Bild. In: Der Donauraum 5 (1960) 207–212, hier 207.

[12] Szabolcs *Somorjai:* Kreditkrise im Ungarn vor den Banken? In: Krisen/Geschichten in mitteleuropäischem Kontext. Sozial- und wirtschaftsgeschichtliche Studien zum 19./20. Jahrhundert. Hgg. Márkus Keller [u. a.]. Wien 2015, 27–53, hier 35–38.

sens und der sogenannten *Avitizität*[13] aufmerksam gemacht. Diese bedeutete, dass praktisch alle adligen Güter an die Adelsfamilien gebunden waren und somit nicht als Sicherheit für Kredite eingesetzt werden konnten: »Wenn die Zeit gekommen wäre, ein Gut zurückzulösen, oder ein Familiengut zu erhalten, so können wir, obschon keine Schulden auf unsern Gütern lasten, kein Geld geliehen bekommen, wenn man uns auch, so zu sagen, das Fell über die Ohren ziehen würde. In jedem andern Lande würde das Geld im Fluge herbeigeschafft werden, und nicht etwa, weil die Gesuchenden Grafen […] gute und berühmte Männer sind, sondern weil sie Hypothek leisten können.«[14] Széchenyi hatte erkannt, dass die Modernisierung des nahezu vollständig agrarischen Ungarn nur mit einem entsprechenden Investitionskapital möglich war. Jedoch existierten damals in Ungarn keine Banken, die Kreditvergaben erfolgten auf privater Basis vor allem im Freundes- und Familienkreis zu extrem hohen Zinssätzen. Sozio-familiäre Vertrauensbeziehungen ersetzten die fehlenden Hypothekenmöglichkeiten, was aber angesichts des Aufholbedarfs keinesfalls ausreichend oder gar strukturbildend war und das nötige Investitionskapital nicht in den Wirtschaftskreislauf einspeisen konnte. Mit seinem Buch kritisierte Széchenyi die Adelsprivilegien, vor allem den Frondienst der Bauern, da die Naturalabgaben die realisierbaren Produktivitätssteigerungen verhinderten. Er sprach sich auch für verbesserte Handelsbedingungen und Infrastruktur sowie für Produktveredelung aus und meinte, es sollte statt Getreide lieber Mehl, statt Wolle lieber Textilien exportiert werden. Drei Jahre später präzisierte er in seinem Buch „Stadium" seine Forderungen und legte ein insgesamt ökonomisch liberal geprägtes Werk vor, mit dem er für den Übergang von einer Adels- zu einer bürgerlichen, modernen Gesellschaft, also zu einer moralisch, materiell und politisch erneuerten Nation plädierte.

Es folgten weitere gesellschaftspolitisch-ökonomische Innovationen durch Széchenyi, wie die Einführung von Pferderennen in Ungarn, die zur Gründung des Landwirtschaftlichen Vereins führten. Die Rennen sollten zudem die Attraktivität der noch geteilten Hauptstadt – bestehend aus Ofen und Pest – verbessern, wozu auch die Akademie, das erste ungarischsprachige

---

[13]   Die seit dem 11. Jahrhundert gültige Avitizität sollte den Grundbesitz des Adels im Eigentum der Adelsfamilien erhalten, weshalb Landgüter kaum als Sicherheit für Kredite angeboten werden konnten. Der Kreditgeber musste immer mit langwierigen Klagen der Familie rechnen, und selbst nach einem Besitzwechsel erhielt ein Gläubiger den Grundbesitz lediglich ein Pfand, das der Schuldner auch Jahre später wieder einlösen konnte. *Oplatka*: Graf Stephan Széchenyi, 177.

[14]   *Széchenyi*: Ueber den Credit, 26–27.

Theater in Pest sowie das nach englischem Vorbild gegründete Nationalca-
sino dienten. Das letztere war ein Klub mit Bibliothek für den intellektuellen
Austausch der ungarischen geistigen Elite, die »trotz ihrer extrem exklusiven
Eigenschaften eine wesentliche Rolle dabei spielten, den Glauben an eine absolute Notwendigkeit von Reformen beim Adel populär zu machen«.[15]

Széchenyi war sich dessen bewusst, dass sein gesamtes Modernisierungs-
projekt, die erneuerte Nation einschließlich einer florierenden und zukünftigen geeinten Hauptstadt Buda-Pest einer entsprechenden Infrastruktur
bedurfte, die Ungarns Lage als *Fährenland* zwischen Ost und West gerecht
wurde. So entfaltete er im Verkehrswesen seine wohl nachhaltigsten Un-
ternehmungen, nachdem er festgestellt hatte: »Jetzt reiset man mit weniger
Beschwerde von Wien nach Philadelphia, als von Wien nach Klausenburg.«[16]
So führte ihn 1830 sein Weg über die Donau ins Schwarze Meer und bis
nach Konstantinopel. Er wollte erkunden, wie die Donau beim Eisernen Tor
und bis ins Schwarze Meer schiffbar gemacht werden könnte. 1833 wurde er
Königlicher Kommissar für die Donauregulierung und führte ein Jahr später
die Aufsicht über die Freilegung des Flussbettes durch 1.000 Arbeiter und aus
England importierten Maschinen. In dieses wurde schließlich eine Fahrrinne
gesprengt und am linken Ufer die sogenannte *Széchenyi-Straße* angelegt, auf
der die Waren bei Niedrigwasser weiter transportiert werden konnten.[17] Er
hatte sich zudem früh in der 1829/1830 gegründeten Wiener Donau-Dampf-
schifffahrtsgesellschaft (DDSG) engagiert. Dessen »erste[s] Anlagekapital
bestand aus 200 Aktien à 500 fl., mit welchem ein Dampfschiff angeschafft
wurde, das im Jahr 1830 seine Fahrten zwischen Wien und Pesth begann«.[18]
Die DDSG und Széchenyi bauten 1835 in Altofen (*Óbuda*) bei Budapest eine
Werft auf, den nahtlosen Schiffsverkehr zwischen Wien und dem Schwarzen
Meer behinderten jedoch nicht nur die natürlichen Gegebenheiten, sondern
auch die Pontonbrücken zwischen Ofen und Pest, die ein Hindernis für den
Schiffsverkehr waren. Darüber hinaus widmete sich Széchenyi der Regulie-
rung der Theiss, die oft über die Ufer trat und immense Schäden verursachte.

---

[15] R. W. *Seton-Watson*: The Era of Reform in Hungary. In: The Slavonic and East European
Review. American Series 2 (1943) 2, 145–166, hier 160.

[16] *Széchenyi*: Ueber den Credit, 70.

[17] Paul *Vásárhelyi*: Haupt-Bericht des Dirigirenden Ingenieurs Paul Vásárhelyi an den Königlichen Commissar Graf Stefan Széchényi, 1834. In: Periodica Polytechnica Civil Engineering
28 (1984) 1–4, 124–141. https://pp.bme.hu/ci/article/view/4014 (21. Februar 2018).

[18] A. J. *Gross-Hoffinger*: Die Donau vom Ursprung bis in das Schwarze Meer. Handbuch für
Donaureisende von Ulm, Linz, Wien, Pesth, Galatz über das Schwarze Meer bis Constantinopel. Breslau [u. a.] 1846, 16.

Auch setzte er sich für den Bau einer Eisenbahnlinie Wien-Budapest sowie Budapest-Fiume ein, um den ungarischen Außenhandel zu beleben.

Sein infrastrukturelles und politisches Meisterstück ließ er zwischen den Städten Ofen und Pest bauen: die nach ihm benannte Széchenyi Kettenbrü cke.[19] Inspiriert hatten ihn vor allem seine Reisen nach England und in die Vereinigten Staaten von Amerika, wo er nicht nur die neuesten technischen, werkstofflichen und architektonischen Entwicklungen kennengelernt hatte, sondern auch die Bedeutung moderner Infrastruktur für die politische, ökonomische und gesellschaftliche Entwicklung. Deshalb sah sein Verkehrs- konzept vor, den Warenaustausch in Ungarn zu fördern, Ungarn in die welt- wirtschaftlichen Warenströme einzubinden und so die Modernisierung des Landes voranzutreiben. Er strebte auch nach der Vereinigung von Ofen und Pest, das sich zum Knotenpunkt eines sternförmigen Verkehrsnetzes entwi- ckeln sollte, bestehend aus Wasserwegen, Straßen und Eisenbahnverbindun- gen. Hierfür war eine feste, dauerhaft und dennoch von Schiffen passierbare Brücke in der Hauptstadt zwingend erforderlich. Problematisch waren jedoch zwei Elemente an dieser zweiten festen Überquerung der Donau nach der Regensburger Steinernen Brücke: Das eine war der Widerstand aus Wien, das andere die Frage ihrer Finanzierung. Zum ersten Problem hatte Széchenyi richtig erkannt, »daß ausgerechnet in Ungarn ein feste Brücke über die Donau führen sollte, während in den österreichischen Erblanden nach wie vor jeder auf Pontonbrücken und mit Fähren über den Fluß setzen mußte«.[20] Somit war der Brückenbau eine Prestigefrage, und eine finanzielle Unterstützung war aus Wien nicht zu erwarten. So musste und wollte Széchenyi mit seinem 1832 gegründeten Brückenverein die Brücke als ein privates, somit für jedermann mautpflichtiges Bauwerk konzipieren. Dieser Umstand richtete sich jedoch direkt gegen die Abgabenfreiheit von Adel, Militär sowie Klerus und stärkte zugleich die ungarische Reichshälfte, weshalb sich die Brücke nahtlos in sein Modernisierungskonzept einfügte. Széchenyi und György Graf Andrássy kannten die Scheu vor der Maut, konnten aber auf England und die Verei- nigten Staaten verweisen, wo »freie Menschen wohnen, und selbstbestimmte Mauthen zahlen«. Die beiden Grafen fragten, »ob denn die zeitweilige Ent- richtung des Brückengeldes solchen Widerwillen verdient, dass wir desshalb

---

19   Ralf Thomas *Göllner*: Zur Geschichte der Széchenyi-Kettenbrücke in Budapest. In: Ungarn-Jahrbuch 31 (2011–2013) 203–238.

20   András Antal *Deák* – Amelie *Lanier*: Die Verbindung von Stephan Széchenyi und Georg Sina und das Unternehmen Kettenbrücke. Frankfurt/Main [u. a.] 2002, 42.

auf all den Nutzen verzichten sollten«, den »die Verbindung unserer beiden Hauptstädte auf unser ganzes Land, und unsere National-Existenz verbreiten würde?«[21] Dennoch blieb die Beseitigung der Steuerfreiheit ein äußerst kritischer Punkt, der nur mit der Unterstützung weiterer Adliger sowie des Palatins Erzherzog Joseph möglich war und gesetzlich geregelt werden musste. Den Gesetzesrahmen und die endgültige politische Unterstützung erhielt das Projekt mit dem Gesetz XXVI/1836, mit dem der Bau einer festen Brücke zwischen Ofen und Pest beschlossen wurde. Széchenyi startete die Finanzierung über eine Aktienemission, denen eine akzeptable Rendite prognostiziert wurde. Dies sicherte die Einbeziehung des Adels, da ihm die Chance geboten wurde, die auch für sie verpflichtenden Mautzahlungen durch eine Aktienrendite zu kompensieren und zugleich das Gesamtprojekt in einen patriotischen Kontext stellen zu können. Die Strategie war erfolgreich, und nach langen Vorbereitung und Verhandlungen konnte im Juli 1840 mit den Vorarbeiten am ersten Fangedamm begonnen werden. Nach einer langen und schwierigen Bauzeit, die auch vom Ausbruch der Revolution 1848 überschattet wurde, konnte die Brücke schließlich am 20. November 1849 auch für die Bevölkerung geöffnet werden.

Auch im Brückenprojekt zeigte sich Széchenyis Doppelstrategie: Auf der einen Seite stand die Modernisierung und Förderung Ungarns und der ungarischen Nation, auf der anderen Seite die konzeptionelle sowie politische Einbettung des Landes in einen habsburgischen Entwicklungskontext. Damit positionierte er sich eindeutig bezüglich der pendelnden Orientierung der Ungarn innerhalb eines Ost-West-Kontinuums, das der Dichter Mihály Vörösmarty 1828 folgendermaßen charakterisierte: »Schaut nach Westen, schaut zurück mit trübem Blick nach Osten. Der Ungar…«[22] Széchenyi fokussierte das westliche Wien und stand als Vertreter einer friedlichen, reformerischen und einvernehmlichen Westbindung im Gegensatz zu seinem revolutionären Gegenspieler Kossuth. Dieser verfolgte zwar auch eine Westorientierung, aber noch mehr die nationale und staatliche Unabhängigkeit, weshalb der Konflikt sowohl mit dem Herrscherhaus als auch den Nationalitäten vorprogrammiert war.

---

[21] *Bericht der Grafen Georg Andrássy und Stephan Széchenyi an den Ofner Pesther Brücken-Verein nach ihrer Rückkehr vom Auslande. Aus dem Ungarischen übersetzt von Michael v. Paziazi.* Pressburg 1833, 93–94.

[22] Zitiert von *Schubert* 123.

Die Verschmelzung der beiden Brücken sowie die Donau versinnbildlichen die traditionell engen Beziehungen zwischen Bayern und Ungarn, Regensburg und Budapest. Die Donau verbindet die beiden Städte ebenso, wie die beiden Brücken die Länder an den Ufern der Donau. Die Steinerne Brücke als erste feste Querung der Donau steht symbolhaft für Regensburg, die Széchenyi Kettenbrücke als zweite feste Brücke für Budapest. Diese mehrdimensionalen Verbindungen pflegt das Hungaricum – Ungarische Institut der Universität Regensburg und spiegelt sie in seinem Forschungs- und Lehrkonzept wider.

Idee und Fotos: Ralf Thomas Göllner. Fotobearbeitung: Holger John

Széchenyi warnte 1841 mit seinem Buch „A Kelet Népe" (*Volk des Ostens*) und in seiner berühmten Akademierede ein Jahr später vor einer politischen Radikalisierung und Magyarisierung: »Wo eine andere Nation – gleich einem gesunden Menschen, der weder auf seine Kleidung noch auf seine Nahrung übertrieben besorgt ist – nur für die Güte der Sache bedacht ist, sich nicht besonders kümmernd, von welcher Seite und in welchen Formen sie komme: da will der Ungar Alles, das Grösste so wie das Kleinste, in eine ungarische Tracht kleiden, und was nicht in dieser erscheint, ist vor ihm verdächtig.«[23] Er griff Kossuth direkt an und warf ihm vor, er glaube, »dass das selbstständige, unabhängige, mit unserem Blut erworbene Ungarn mit Oestreich Nichts gemein habe«, und dass sich die ungarische Politik wegen Kossuth »vom Wort zur That, von der That zur Gewalt und von dieser zu einem unzeitigen Fiasco

---

[23] Graf Stephan *Széchenyi*: Ueber die Ungarische Akademie. Uebersetzt und mit Anmerkungen begleitet von Sincerus. Leipzig 1843, 20.

entwickeln könnte«.[24] Damit handelte er sich viel Kritik – und sogar Abneigung – ein, und die Menschen begannen sich von ihm abzuwenden. Kossuth hatte ihn zwar als den »größten Ungarn aller Zeiten« bezeichnet, ihn aber damit auf ein übermenschliches Maß gehoben und paralysiert, um ihn zu einem »immer größeren und größeren Menschen, also als ein außerhalb des täglichen Lebens stehendes, negligierbares Quantum«[25] werden zu lassen – wie es Antal Szerb ausgedrückt hat.

Auch wenn bis 1848 viele von Széchenyis Reformplänen umgesetzt wurden – er hatte nicht mehr den früheren Rückhalt, war der selbstbewussten Nationalbewegung zu vorsichtig und zu Habsburg-treu. Nach dem Ausbruch der Revolution am 15. März 1848 war Széchenyi, inzwischen Minister für Verkehr und öffentliche Arbeiten, davon überzeugt, dass Ungarn im kommenden Krieg vernichtet werden würde. In seinem Tagebuch hielt er fest: »Wie stehen die Probabilitäten? Kann Etwas die vollkommene Auflösung verhüten? Crescence rede ich offen. Unser Ende ist vielleicht nahe! Mache Dich mit diesem Gedanken vertraut [...], bethe zu Gott und sey bis dahin ruhig und heiter!«[26] Er fürchtete, all seine Errungenschaften, sein gesamtes Erneuerungs- und Modernisierungswerk würden zugunsten von Kossuths Weg zerstört werden: »Blut und Blut überall! Der Bruder wird den Bruder, die Volksrasse die Volksrasse metzeln, unversöhnlich und irrsinnig. Kreuze werden aus Blut an die Häuser gemalt, die niederzubrennen sind. Pest ist dahin. Jagende Truppen zerstören alles, was wir bauten. Ach, mein in Rauch aufgegangenes Leben! Am Gewölbe des Himmels zieht mit Flammenbuchstaben Kossuths Name entlang: flagellum Dei!«[27]

Angesichts dieser Gefahren für Ungarn, die Magyaren und sein gesamtes Lebenswerk entwickelte er eine schwere Depression mit einem Schuldwahn und musste in Döbling bei Wien in eine Nervenheilanstalt eingeliefert werden. Hier schrieb er: »Ich bin Ursache, dass Ungarn unterging, dass die so edle, gar nicht gekannte, von vielen so gering geachtete, ja sogar von nicht wenigen verachtete magyarische Nation grade in dem Moment sich selbst den Todesstoss gab, als sie aufblühen und die Welt verherrlichen sollte und dieses gewiss auch getan hätte! Und nun, wer hat die Fundation der ungari-

---

24   *Széchenyi*: Politische Programm-Fragmente, 115.
25   *Szerb* 234.
26   *Gróf Széchenyi István naplói*. VI: 1844–1848. Hg. Gyula Viszota. Budapest 1939, 750–751.
27   Széchenyi gegenüber Zsigmond Baron Kemény am 4. September 1848, zitiert nach Kemény von Károly *Schaffer*: Gróf Széchenyi István idegrendszere szakorvosi megvilágításban. Budapest 1923, 9 (hier in der Übersetzung von *Szerb* 234).

schen Empörung gelegt? Kein Mensch als ich! Ja, ich habe die progressive, aber sich stets entwickelnde Reformation von Ungarn zu einer Berserkerwut angetrieben und alle Begriffe so verwirrt und verdunkelt, dass am Ende eine kleine Fraction, deren unsichtbares Haupt ich war, hinreichte, um auch die besonnensten und überhaupt die grösseren Massen in ein Labyrinth zu verstricken und in Abgrund zu ziehen. [...] Der ungarische Stamm, der nobleste auf unserm Erdball, ist durch mich gemordet, gerade in dem Augenblick als derselbe im herrlichsten, aber lärm- und prunklosen Aufblühen begriffen war. *Ich* allein bin Ursache an der Masse des Elends, das die Magyaren traf.«[28] Széchenyi zog sich zurück und begann erst Ende der 1850er Jahre wieder, aus der Anstalt heraus politisch aktiv zu werden und protestierte mit teils drastischen Worten gegen den Neoabsolutismus Bachscher Prägung: »Der Terrorismus, mit dem Fürst Schwarzenberg und dann Baron Bach ihr Regierungs-System wolweislich begleiten liessen, und wo alle Ungarn das Damocles-Schwert, oder nur es wie es war zu sagen, den Galgenstrick oder ihre respektiven Häupter schweben sahen, machte natürlich die Mutigsten verstummen [...].«[29] Diese Schrift machte ihn verdächtig, und eine polizeiliche Durchsuchung seiner Anstaltswohnung förderte majestätsbeleidigendes Material zu Tage, wie der Justizminister Graf Nádasdy später berichtete: »Diese in London erschienene Druckschrift [das *Gelbe Buch*] begründet nach Inhalt und Tendenz den Tatbestand des Verbrechens des Hochverrates, oder wenigstens jenes der Störung der öffentlichen Ruhe und der Beleidigung von Mitgliedern des k. k. Kaiserhauses; sie ist reich an Entstellungen und offenbaren Unwahrheiten und unter dem Anschein eines glühenden ungarischen Patriotismus durchdrungen von Hass gegen die A. h. Dynastie, gegen die kais. Regierung und gegen die deutsche Nationalität [...].«[30]

Die Aussicht auf die befürchteten Schikanen destabilisierte Széchenyi endgültig, wie seine letzten Tagebucheinträge zeigen: »*17ten. Mein Ende (!?)* nahet! Ein Polizei-Kommissaire überbringt mir 5 Boiten und ein Schreiben

---

[28] Széchenyi an Dr. Görgen. Döbling, 21. April 1850. In: *Gróf Széchenyi István döblingi irodalmi hagyatéka*. Hg. Árpád Károlyi. I. Budapest 1921, 434–436, hier 434–435. Hervorhebung im Original.

[29] Graf Stephan *Széchenyi*: Disharmonie und Blindheit. Eine Diatribe, rhapsodisch und in Eile skizzirt. In: *Gróf Széchenyi István döblingi irodalmi hagyatéka* 553–625, hier 580.

[30] Vortrag des Justizministers. [Wien] 25. Mai 1860. In: *Gróf Széchenyi István döblingi irodalmi hagyatéka* 668–670, hier 668–669. Das *Gelbe Buch* war die anonym von Széchenyi verfasste Schrift „Ein Blick auf den anonymen Rückblick welcher für einen vertrauten Kreis in verhältnissmässig wenigen Exemplaren im Monate October 1857, in Wien, erschien." London 1859.

von Baron Thierry. – Aus diesem, der Allgemeinen Zeitung – Wien 7. März – und aus den Times, 14 March 14, entnehme ich, dass mein Verderben entschlossen ist. ›Es ist Zeit, mich diesen Verfolgungen durch einen verzweifelten Entschluss zu entziehen!‹ […] *30ten*. Verzweifelt. Kann nicht leben und auch nicht sterben. *31ten*. Bin verloren! […] *1ten* April. – – Kann mich nicht retten.«[31] Am 8. April 1860 fanden der Arzt Dr. Goldberg und Bedienstete István Graf Széchenyi in dem Lehnstuhl sitzend, in dem er sich mit einer Pistole das Leben genommen hatte.

Nach seinem Tod verfestigte sich zwar das Bild von Széchenyi als Kultfigur der Modernisierung und des Patriotismus, zugleich bot er sich auch als Projektionsfläche für die unterschiedlichsten politischen Strömungen und Zielsetzungen an. Das gilt bis heute – Széchenyi bleibt eine von fast allen ungarischen Politikern zitierte Referenzfigur, denn »[d]ie im letzten Jahrhundert gesammelten leidvollen Erfahrungen sind maßgebend für den Willen der Ostmitteleuropäer, am europäischen Integrationswerk teilzuhaben. Länder in mehr oder minder ausgeprägter Randlage suchen und erhoffen sich eine organische Bindung an den entwickelten Teil des Kontinents – an etwas, was in Mitteleuropa einmal schon bestand und von allen Beteiligten verspielt wurde. In dieser Rückschau und Perspektive zeichnet sich Széchenyis staatsmännisches Format in seinen vollen, europäischen Umrissen ab – über das Reform- und Aufbauwerk hinaus. […] Sein Ruf nach Abstrichen am nationalen Programm, nach Verzicht, Selbstbescheidung und Kompromiß war weder zu seinen Lebzeiten noch hernach dazu angetan, viel Verständnis zu finden. Daß ihn die Geschichte ein Jahrhundert später auf grausame Weise bestätigte, offenbart seine Größe und seine Tragik.«[32]

---

[31]   Tagebucheinträge März-April 1860 in: Ebenda, 421–423. Hervorhebung im Original.
[32]   *Oplatka*: Graf Stephan Széchenyi, 456.

Mária Rózsa, Budapest

Zur Rezeption der Romane von Miklós Baron Jósika in der deutschsprachigen Presse vor 1848

Dieser Aufsatz erschließt Angaben zur Beurteilung der vor 1848 erschienenen Romane von Miklós Baron Jósika (1797–1865) in zwei deutschsprachigen Presseerzeugnissen aus Pest („Der Ungar. Zeitschriftliches Organ für magyarische Interessen, Kunst, Literatur, Theater und Mode" und „Pesther Tageblatt. Zeitschriftliches Organ für Wissen, Kunst und Leben"), in einigen Wiener Blättern sowie in den Leipziger „Blätter für literarische Unterhaltung". Letztere Zeitschrift bestand unter diesem Titel und in dieser Form von 1826 bis 1898, erschien sechsmal wöchentlich und war ein literarisch-referierendes Publikationsmedium, das Neuerscheinungen besprach und auch der ungarischen Literatur Beachtung schenkte.

Die Veröffentlichung des Romans „Abafi" im Jahre 1836 markierte den Beginn des modernen ungarischen Romans. Sándor Hites, ausgewiesener Kenner der schriftstellerischen Laufbahn Jósikas, unterstreicht die literaturhistorische Bedeutung des „Abafi", der das gelungenste Werk des Autors sei.[1] Der Roman, der im Siebenbürgen des ausgehenden 16. Jahrhunderts spielt, wurde sowohl vom Lesepublikum als auch von der Kritik überaus positiv aufgenommen. Die Gründe dafür sind die künstlerischen Eigenschaften des Romans, der flüssige Erzählstil, die lebensnahen Dialoge, die gelungenen Charakterdarstellungen sowie die stimmungsvollen Naturbeschreibungen. Eine zeitgenössische Würdigung sei hier hervorgehoben, jene des Literaturkritikers und Philosophen Gusztáv Szontágh (1793–1858), der den bleibenden Wert des Romans betonte.[2] Bald erschienen, wie hier noch ausgeführt wird, deutschsprachige Übersetzungen. Jósika bezeichnete im Vorwort seinen Roman als eine Seelendarstellung, als Schilderung des inneren Lebens. Er

---

[1] Sándor *Hites*: Magyarország 1836-ban: A nemzeti regénytörténet kitalálása. In: Irodalomtörténeti Közlemények 109 (2005) 2–3, 139–178, hier 140.

[2] *Tornay* [Gusztáv *Szontágh*]: [Ohne Titel.] In: Figyelmező 1 (1837) 25. April 1837, 127.

habe die Ansprüche sowohl des breiten als auch des gebildeten Lesepublikums beachtet.

Seinem ersten Roman folgten 1837 „Az utolsó Bátori" (*Der letzte Bátori*, 1839 übersetzt von W. Schwarz[3]) und 1839 „A' csehek Magyarországban" (*Die Böhmen in Ungarn*, 1840 übersetzt von Hermann Klein[4]), die aber künstlerisch nicht so vollkommen waren wie das Erstlingswerk. „Zrínyi a' költő" (*Zrínyi, der Dichter*) von 1843 war der sechste Roman Jósikas, der 1844 in der Übersetzung Gustav Steinackers auf Deutsch herauskam.[5]

„Abafi" erfüllte im Jahr seiner Erstveröffentlichung die Erwartungen der Leser, der Roman war nach der literaturhistorischen Bewertung von István Fried sowohl politisch als auch literarisch zeitgemäß.[6] Jósika hielt nicht bloß den historischen Roman von Walter Scott (1771–1832) als Muster vor Augen, Goethes Erziehungsromane waren ihm gleichfalls ein Vorbild. Er beabsichtigte, mit Olivér Abafi der ungarischen adligen Gesellschaft beispielhaft zu zeigen, wie man der Lasterhaftigkeit durch Erziehung beziehungsweise Selbsterziehung entrinnen und zu einer für die Gesellschaft nützlichen Person werden kann.

Die Wiener Blätter informierten ihre Leser bald über die Romane von Jósika. Die ungarische Literatur stieß bei Moritz Gottlieb Saphir (1795–1858), dem Redakteur des „Der Humorist", auf besonderes Interesse. Wer jedoch der Autor der einzelnen Berichte war, kann heute nicht immer festgestellt werden. Beim ersten Beispiel handelt es sich um eine Rezension über ein zeitgenössisches Handbuch zur ungarischen Literaturgeschichte,[7] die den „Abafi" als vorzüglichen Roman vermerkt, der es verdiene, den besten deutschen, ja selbst vielen gediegenen englischen und französischen Werken der neueren romantischen Schule an die Seite gestellt zu werden: »Die Darstellung in edlem Stile gehalten, fußt auf einer reichen objektiven Anschauung und richtiger Sach- und Lokalkenntniß. Die Schilderungen der Charaktere sind aus der Fülle einer subjektiven poetischen Kraft geschöpft, und mit dem Pinsel

---

[3]   Nikolaus *Jósika*: Der letzte Bátori. Historischer Roman. Aus dem Ungarischen übersetzt von V.[!] Schwarz. I-III. Pesth 1839.

[4]   Nikolaus *Jósika*: Die Böhmen in Ungarn. Historisches Gemälde aus dem Zeitalter Matthias des Ersten. Aus dem Ungarischen übersetzt von Hermann Klein. I-IV. Pesth 1840.

[5]   Nic[!]olaus *Jósika*: Zrinyi, der Dichter. Romantische Chronik aus dem XVII. Jahrhundert. Aus dem Ungarischen übersetzt von G. Treumund. I-II. Pesth 1844.

[6]   István *Fried*: Az Abafi Jósikája. In: Új Erdélyi Múzeum 1 (1990) 1-2, 48-56, hier 56.

[7]   Franz [Ferenc] *Toldy*: Handbuch der ungrischen Poesie. Pest/Wien 1828.

einer gesunden und üppigen Fantasie gezeichnet. Die Sprache ist durchaus poetisch und anziehend.«[8]

Die von Ludwig August Frankl (1810–1894) herausgegebenen „Sonntagsblätter" brachten eine ausführliche Kritik des ins Deutsche übersetzten Werkes über den Dichter-Heerführer Miklós Graf Zrínyi (1620–1664).[9] Den Roman hatte *G. Treumund* – alias Gustav Steinacker (1809–1877) – übersetzt, ein in Wien geborener, in Preßburg (*Pozsony, Bratislava*) und Pest aufgewachsener protestantischer Theologe und Übersetzer, der viel zur Verbreitung der ungarischen Literatur beitrug. Der Rezensent rühmte die wohl strukturierte Konstruktion des Romans rühmte und stellte fest, dass die dargestellten Geschehnisse der historischen Wirklichkeit entsprachen. Da er aber das Original nicht kenne, könne er die Genauigkeit der Übersetzung nicht näher beurteilen. Umso sicherer war er sich darüber, dass das Werk das literarische Vermächtnis des Mittelalters, die poetische Emanzipation dieser denkwürdigen Epoche darstelle. Der Verfasser der Besprechung verwies auf den englischen Romantiker Walter Scott, der das Mittelalter nicht als etwas Lebendiges, sondern als eine tote Geliebte besungen habe. Baron Jósika wiederum habe in seinem Vaterland den »Todtenschein des Mittelalters ausgestellt und sich hierdurch in der magyarischen Litteraturgeschichte eine Stelle erkämpft«, deren »soziale Bedeutsamkeit wohl erst die spätere Generazion in ihrem ganzen Umfange begreifen mag«. Sein größter Verdienst sei die Einbürgerung des historischen Romans in Ungarn. Als Mangel hob der Rezensent die Starrheit der nach *gut* oder *böse* eingeteilten Charaktere hervor, die dem Roman eine Monotonie verleihe und eine verfeinerte Seelendarstellung unmöglich mache.[10]

Der weltreisende Schriftsteller Hermann von Pückler-Muskau (1785– 1871) berichtete unter dem Pseudonym *Semilasso* über seine Reise nach Pest in der Augsburger „Allgemeinen Zeitung".[11] Aus seinem Artikel übernahm das „Pesther Tageblatt" Auszüge über das Pester literarische und Theaterleben mit der Bemerkung, dass die Redaktion einige Ansichten des Verfassers nicht

---

8   *Literarischer Salon. Magyarische Literatur (Mittheilungen von Dr. Notus).* In: Der Humorist 1 (1837) 46, 15. April, 182–183; 47, 17. April, 185, hier 182.

9   *Jósika*: Zrinyi, der Dichter.

10 A. R.: Zriny der Dichter. Roman von Baron Jósika. Deutsch von Treumund. In: Sonntagsblätter 3 (1844) 36, 8. September, 847–848, hier 848.

11 *Briefe aus Pesth.* In: Allgemeine Zeitung 1840/54, 23. Februar, 425–426; 55, 24. Februar, 434–436; 56, 25. Februar, 442–444.

teile und einige Unstimmigkeiten in Anmerkungen erläutere.[12] Pückler-Muskau begann seinen Artikel mit der Feststellung, dass die ungarische schöne Literatur begonnen habe, sich zu emanzipieren. Er hob den romantischen Schriftsteller Miklós Jósika hervor, der sich von Walter Scott habe inspirieren lassen: »Herr v. Jósika hat in der romantischen Vorwelt seiner Nation und den eben so originellen als pittoresken Naturscenen seines Vaterlandes, die er oft meisterhaft schildert, ein reiches, neues Feld gefunden, und es mit durchdachter Kunst und dichterischer Phantasie auszubeuten gewußt, ja selbst mitunter ein wenig unbeholfene Naivetät [!] dieser jungen Literatur, deren Zierde er ist, hat etwas Rührendes und Anziehendes, denn es ist nur der Mangel an Uebung und Erfahrung, nicht der des Talentes, den sie verräth, und das ist immer lieblich anzuschauen, wie etwa für die reifere Frau die schüchterne Liebe des Jünglings es sein mag.«[13]

Unter den im „Pesther Tageblatt" veröffentlichten prosaischen Arbeiten sind Jósikas Romane in der Übersetzung von Hermann Klein hervorzuheben. So wurden im November 1839 mehrere Auszüge aus dem Roman „Die Böhmen in Ungarn" veröffentlicht.[14] Am Anfang des folgenden Jahres wurde der im gleichen Jahr in der Übersetzung von W. Schwarz erschienene „Der letzte Bátori" besprochen. Zum Übersetzer sind in den einschlägigen biografischen Nachschlagewerken keine Angaben zu finden. Der Protagonist des Romans, Gábor Báthory (1589–1613), Fürst von Siebenbürgen, wurde trotz seines vorteilhaften Äußeren und seiner ausgezeichneten geistigen Fähigkeiten zum Tyrann; sein Leben endete tragisch. Báthorys Herrschaft prägte eine der stürmischsten Epochen der Geschichte Siebenbürgens. Der Roman ist auch als Erziehungsroman zu charakterisieren, denn der Leser erfährt, wozu jemand fähig ist, dem trotz guter Eigenschaften eine schlechte Erziehung zuteil geworden war. Der Rezensent mit dem Namenskürzel *30* folgerte, dass die Macht der Moral viel größer und siegreicher sei, als körperliche und materielle Kraft. Er lobte die Übersetzung von W. Schwarz und hielt sogar die Übertragungen der Gedichte für gelungen.[15]

---

[12] *Briefe aus Pesth.* In: Pesther Tageblatt 2 (1840) 54, 3. März, 213–214.

[13] *Briefe aus Pesth.* In: Allgemeine Zeitung 1840/55, 24. Februar, 434.

[14] *Die Löwen. Bruchstück aus dem unter der Presse befindlichen, historischen Romane: „Die Böhmen in Ungarn" von Baron v. Jósika. Uebersetzt von H. Klein.* In: Pesther Tageblatt 1 (1839) November („Strena", „Ein Gottesgericht", „Die Tochter des Beduinen").

[15] *30*: Der letzte Bátori, historischer Roman von Nikol. Jósika. Aus dem Ungarischen übersetzt von W. Schwarz. Repertoir für Literatur. In: Pesther Tageblatt 1 (1839) 16, 18. Januar, 140–141.

Eine Besprechung des Rezensenten *103* über die Übersetzung des Romans „Abafi" von Hermann Klein veröffentlichte das „Pesther Tageblatt". Den Held des Buches hielt der Verfasser für einen »ächt nationalen Charakter, alle Mängeln und Vorzüge der Magyaren spiegeln sich in ihm ab«. Am Anfang des Romans lernen wir ihn, so der Rezensent, »im tiefsten Schlamme der Gemeinheit und sittlicher Verderbniß« kennen, und dann »mehr redend als handelnd« habe er sich »zur strahlendsten Tugend« erhoben. Die Reihe der weiblichen Charaktere des Romans sei psychologisch überzeugend, die Gestalt des siebenbürgischen Fürsten Zsigmond Báthory (1572–1613) hingegen mangelhaft, historisch nicht immer authentisch gezeichnet. Der Rezensent sah einen Fehler des Romans in der üppigen Detailfreude – beispielsweise bei der Beschreibung des Zustände im Fürstentum Siebenbürgen –, er erkannte jedoch das wahre Talent des Schriftstellers an. Kleins Übersetzung lobte er als ebenso einfach wie sprachlich gewandt.[16]

Moritz Bloch (Mór Ballagi, 1815–1891) besprach in der Rubrik „Repertoir für Literatur" kurz nach seinem Erscheinen den Roman „Die Böhmen in Ungarn", in dem er »einen bilderreichen Zerfall vielfach verschlungener Begebenheiten« sah. Zum historischen Hintergrund teilte er mit, dass im Jahre 1440, nach dem Tode König Albrechts, die ungarische Königin Elisabeth den böhmisch-mährischen Söldnerführer Jan Jiskra ins Land gerufen habe, um die gerechtfertigten Ansprüche ihres Sohnes Ladislaus V. auf den Thron Ungarns gegen den Polen Wladislaw zu verteidigen. Jósika habe die mittelalterlichen Ritter als Helden seines Romans gewählt; obwohl der Geist der Poesie alle Stände durchdrungen habe, sei der Bürger mit seinem Kampf um geistige und materielle Freiheit beschäftigt, der Bauer an die Scholle gebunden und »bloß im Rittertum konnte der Geist des Zeitalters sich frei entwickeln und zur räumlichen Beschauung gelangen«. Sowohl die historischen als auch die vom Autor erfundenen Gestalten seien schön und natürlich dargestellt, insbesondere ihre Gegensätze. Bloch warf Jósika bloß die Weitschweifigkeit der Beschreibung einiger Episoden vor, unter der Ebenmaß und Harmonie litten. Insgesamt lobte er die trotz komplizierter Handlung spannend dargebotenen Szenen und die stellenweise gut gelungenen Naturbeschreibungen.[17]

---

[16]   *103*: Abafi. Roman von Nikolaus Jósika, übersetzt v. H. Klein. In: Pesther Tageblatt 1 (1839) 75, 28. März, 684–685, hier 684.

[17]   Moritz *Bloch* [Mór Ballagi]: „A' Csehek Magyarországban". Korrajz I. Mátyás idejéből. Írta Jósika Miklós. In: Pesther Tageblatt 1 (1839) 130, 2. Juni, 1251–1253, hier 1252.

Bald wurde auch Hermann Kleins Übersetzung von „Die Böhmen in Ungarn" im „Pesther Tageblatt" rezensiert. Der namentlich unbekannte Rezensent befasste sich in erster Linie mit dem Roman selbst, die Übersetzung erwähnte er nur am Ende lobend. Jósika falle mit seinem Stil oft in Extreme, sein Hauptziel sei es, die Leser in Spannung zu versetzen und ihr Interesse am Text wachzuhalten. Außerdem schildere er mit Vorliebe wahnsinnige Helden. Anders als die weiblichen seien die männlichen Figuren weniger gelungen gezeichnet, da Jósika mit ihnen durch das Außergewöhnliche, das noch nie Dagewesene auf den Leser wirken wolle, weshalb sie an Lebensnähe verlieren würden.[18] Sigmund Saphir (1806–1866), Redakteur des „Pesther Tageblattes",[19] hielt den Roman für so bedeutend, dass er ihn noch einmal besprechen ließ. Der Kritiker erinnerte daran, dass Jósika schon mit seinen früheren Werken populär geworden sei und über ein großes poetisches Talent verfüge. Für dessen Erzählkunst lobte er die Darstellung der Haupt- und Nebengestalten – insbesondere jener weiblichen Geschlechts –, außerdem die gründliche Seelendarstellung. Hermann Kleins Übersetzung fand er »in allen Theilen gelungen«.[20]

Der folgende kurze Abstecher zu deutschsprachigen Blättern außerhalb der Habsburger Monarchie soll das Bild der deutschsprachigen Presse über Jósika aus einem anderen Blickwinkel erhellen. Auf die 1838 erschienene Übersetzung des „Abafi" von *G. Treumund* (G. Steinacker) reagierten die Leipziger „Blätter für literarische Unterhaltung" schon im Juli 1838. Der Rezensent urteilte nicht so vernichtend, wie später über „Die Böhmen in Ungarn". Eingangs stellte er fest, dass sein Interesse für die ungarische Literatur durch das – oben erwähnte – „Handbuch der ungrischen Poesie" Ferenc Toldys, insbesondere durch das Kapitel „Blumenlese aus ungrischen Dichtern", angeregt worden sei. Dieses Buch habe viel zum Abbau des Vorurteils beigetragen, wonach das Ungarische nicht zu den Sprachen der gebildeten europäischen Nationen gehören würde. „Abafi" bezeichnete er als historisch-psychologischen Roman. Jósika habe Psychologie und dichterische Darstel-

---

[18] *Die Böhmen in Ungarn. Historisches Gemälde aus dem Zeitalter Matthias I. Von Nicol. Freiherrn von Jósika. Übersetzt von Herrn Klein.* In: Pesther Tageblatt 2 (1840) 249, 18. Oktober, 995–997.

[19] Sigmund Saphir war ein großer Anhänger Jósikas. Er publizierte über ihn in ausländischen Blättern, zum Beispiel in „Der Humorist", dem Organ seines Onkels, Moritz Gottlieb Saphir. Elemér *Ungár:* A magyarság a hazai német folyóiratok tükrében 1819–1848. Pécs 1937, 77.

[20] E. L.: Die Böhmen in Ungarn. Von Nicolaus Freiherrn von Jósika. In: Pesther Tageblatt 2 (1840) 267, 8. November, 1067–1068, hier 1068.

lung meisterhaft miteinander verbunden. Das zeige sich vor allem in der Schilderung von Gizellas Traum, in welchem das Mädchen das Geheimnis ihrer Liebe zum Helden der Geschichte verrät. Mit der Struktur des Romans war der Rezensent aber unzufrieden. Der Roman sei keine vollkommene Einheit, denn er bestehe aus zwei Teilen, der Liebesgeschichte und der Geschichte des politischen Lebens, die bloß nebeneinander stehen, einander nicht beeinflussen. Die Charakterisierung der Nebenpersonen empfand er nicht gelungen. Seine Meinung über die Hauptfigur war ebenfalls wenig schmeichelhaft: Die Gestalt von Abafi sei verfehlt: »In der Anlage, weil Abafi im Beginn der Erzählung als ein so geistig Todter, sogar des Mitgefühls Beraubter auftritt, daß auch nicht eine Saite seines Wesens den Leser freundlich anspricht. Selbst die Art und Weise wie Abafi sich aus dem wilden Wuste seines tollen Lebens herausreißt, und wie er dazu kommt, das Niedrige und Gemeine von sich zu thun, ist eines Helden nicht würdig.« Gegensatze zu den Haupthelden bildeten erstens Markó Deli, der mehrmals in wahrhaft antiker Haltung auftrete, und zweitens Dandár, eine plastische Figur, die ins Kolossale hineinrage. Die drei Frauen im Roman, Cristierna, Margit und Gizella, seien von ähnlichem Charakter, sie alle lieben Abafi. Im Gegensatz zu ihnen sei Izidóra eine interessante Persönlichkeit und der gelungenste Charakter des Romans. Die Buchbesprechung schloss mit folgendem Befund: »Demnach dürfen wir es als ein Resultat der obigen Untersuchungen feststellen, daß dieser Roman zwar nicht ein Werk aus einem Gusse ist, daß aber psychologischer Takt und poetisches Talent dem Autor nicht abgesprochen werden kann.«[21]

Während die deutschsprachigen Pester sowie die Wiener Blätter Jósikas frühe Romane im Grunde positiv bewerteten, warteten die Leipziger „Blätter für literarische Unterhaltung" in der Rezension des Buches „Die Böhmen in Ungarn" mit überaus kritischen Bemerkungen auf. Solche kamen auch in ungarischen Stellungnahmen vor, sie bildeten dort aber keinen Schwerpunkt. Die Leipziger Zeitschrift hielt Jósika für einen Nachahmer Walter Scotts und für ein mittelmäßiges Talent.[22] Die günstige Meinung der Pester und Wiener Blätter wurzelte womöglich in der besseren Kenntnis der Bestrebungen der ungarischen Nationalbewegung im Vormärz. Den deutschen Lesern hingegen

---

[21] 75: Abafi, von Nikolaus Jósika. Aus dem Ungarischen übersetzt und mit Anmerkungen versehen von G. Treumund. Zwei Theile. Leipzig, Scheld und Comp. 1838. In: Blätter für literarische Unterhaltung 13 (1838) 193, 12. Juli, 786–787, hier 787.

[22] 16: Die Böhmen in Ungarn. Historisches Gemälde aus dem Zeitalter Matthias I. Von Nikolaus Jósika. Aus dem Ungarischen übersetzt von Hermann Klein. Vier Bände. Pesth, Heckenast 1840. In: Blätter für literarische Unterhaltung 16 (1841) 9, 9. Januar, 35–36.

fehlte die patriotische Verbundenheit und die Wohlinformiertheit des ungarischen beziehungsweise des geografisch benachbarten Wiener Publikums, insgesamt das profunde Wissen über die historischen Gegebenheiten in Ungarn. Die historischen Romane Jósikas kamen ihren Erwartungen nicht nach, weil sie Botschaften enthielten, die ihnen weniger oder überhaupt nicht zugänglich waren.[23]

In den „Blättern für literarische Unterhaltung" wurden Besprechungen über Romane Jósikas neben solchen über Werke von Autoren wie George Sand, Edward Bulwer-Lytton, Charles Dickens und Alfred de Musset veröffentlicht. Diese Zeitschrift publizierte eine Rezension über die ersten vier Bände von Jósikas 1839 auf Deutsch erschienenen gesammelten Werken.[24] Der Verfasser stellte darin einen Entwicklungsrückstand der slawischen und osteuropäischen Literaturen im Vergleich zu den germanischen und romanischen Literaturen fest. Sein Urteil fasste er wie folgt zusammen: »Jósika ist unzweifelhaft ein reichbegabtes, mit vieler Phantasie und lebendiger Anschauung ausgestattetes Talent; dennoch müßten wir die Literatur der Ungarn bedauern, wenn sie durch ihn als ihren Hauptvertreter vor der deutschen Nation, ja vor Europa repräsentiert werden sollte. [...] Hierzu reichen Jósika's Schöpfungen nicht aus.« Über den Roman „Der letzte Bátori" schrieb der Kritiker hinter dem Namenskürzel *23*, dass er ein vollständiges Panorama vom romantischen Siebenbürgen in der Zeit der verhängnisvollen Wirren unter dem Fürsten Gábor Báthory sowie lebendige Ortsbeschreibungen biete. Sprachlich bewege er sich in den breiten Fahrgleisen des zu Mode und Brauch gewordenen Unterhaltungsstils.[25]

Bemerkenswert ist an dieser Stelle, dass auf deutschem Sprachgebiet keine – den englischen oder französischen vergleichbaren – romantischen Historienromane von bleibendem Wert entstanden, und erfolgreiche Titel dieser Gattung die deutschen Leser durch Übersetzungen erreichten.[26] Die Prosa etwa der produktiven und populären Autorin Louise Mühlbach (eigentlich

---

[23]   Siehe hierzu Enikő *Molnár Bodrogi*: Jósika Miklós műveinek fogadtatástörténete. Kolozsvár 2003, 51–52.

[24]   *Nikolaus Josika's Sämmtliche Werke.* I-IV. Pest 1839.

[25]   *23*: Nicolaus Jósika's sämmtliche Werke. Erster bis vierter Band. Der letzte Bátori, historischer Roman aus dem Ungarischen übersetzt von V. [!] Schwarz. Drei Bände. Novellen und Erzählungen, aus dem Ungarischen übersetzt von Hermann Klein. Pesth, Heckenast, 1839. In: Blätter für literarische Unterhaltung 14 (1839) 143, 23. Mai, 580.

[26]   Norbert *Bachleitner*: „Übersetzungsfabriken". Das deutsche Übersetzungswesen in der ersten Hälfte des 19. Jahrhunderts. In: Internationales Archiv für Sozialgeschichte der deutschen Literatur 14 (1989) 1, 1–49, hier 2.

Clara Mundt, geb. Müller, 1814–1873) und ihres Zeitgenossen Friedrich Ger-
stäcker (1816–1872) geriet, da an ihre Zeit gebunden, später in Vergessenheit.

Besonders kritisch beurteilte der oben schon erwähnte Rezensent *16* der
„Blätter für literarische Unterhaltung" Jósikas „Die Böhmen in Ungarn". Zu
Beginn bestätigte er, dass der Autor als »einziger oder vorzüglichster Reprä-
sentant« der ungarischen Literatur in Deutschland bekannt sei. Er sei »nicht
ohne Talent, aber dieses sei ein »rein äußerliches«. Jósika »gehört zu denjeni-
gen erzählenden Talenten, welche ohne das Muster Walter Scott's gar nicht
produciren würden und deren ganze literarische Existenz in der Nachah-
mung Walter Scott's beruht.« Der vorliegende Roman erinnerte in einzelnen
Abschnitten »erstaunlich an Scotts „Ivanhoe", dies allerdings »in einer so
derben Manier, dass man ebenso oft an die deutschen Faustritter- und Räu-
berromane erinnert« werde. „Die Böhmen in Ungarn" seien »jene böhmischen Freibeuterscharen«, die unter König Matthias I. Corvinus, dem Sohn
von Johannes Hunyadi, »in Wäldern und fast unzugänglichen Burgen ihr
schändliches Wesen« getrieben hätten, bis man sie »gedemütigt und ausgerot-
tet« habe. Nach dem Übersetzer würde sich in diesem Roman des Mittelalters
der ritterliche Geist »in seiner lasterhaften Entartung und Extravaganz« durch
Komoróczi, in seiner »edel exaltierten Schwärmerei« durch Elemér und in
»seiner Vollkommenheit« durch König Matthias offenbaren. Die Charaktere
seien entweder gut oder extrem böse: »Der Verf. gibt sich auch unglaubliche
Mühe, diese Repräsentanten recht markant hervorzuheben, sodaß Elemér
überall exaltirt, Komoróczi überall grundböse, König Matthias überall grund-
gut erscheint. Diese Grundsuppenmanier in der Charakteristik, um so zu
sagen, hat uns den Geschmack an diesem Roman hauptsächlich verleidet.«
Sogar der Poetik von Aristoteles widerspreche die Schilderung der Charaktere, deren Ursache in der Mittelmäßigkeit des Autors liege: »Aristoteles behauptet, daß weder der rein Gute, noch der rein Schlechte, sondern nur der
zwischen Beiden in der Mitte stehende Charakter Held einer Tragödie sein
könne. Sollte diese Regel nicht auch für den Roman gelten? Möglich, daß ein
Genie, welches aus der Tiefe schöpft, über diese Aristotelische Regel kühn
hinwegspringen darf, wie Shakspeare [!] auch vielfach gethan hat; aber das
mittelmäßige Talent sollte auch immer nur mittlere Sujets und Charaktere
behandeln.« Schwere Kritik übte der Verfasser der Besprechung an der psychologischen Darstellung der Helden: »In der Psychologie überall mangelhaft, weil zu einseitig, ist dieser Roman doch nicht arm an Erfindung und
lebendiger Malerei, wo es eben darauf ankommt, nur das Äußerliche, das in

die Sinne Fallende zu schildern […]. Auch die edlen Jungfrauen, […] sind auf einer idealen schwindsüchtigen Höhe gehalten, auf der alle Natürlichkeit erlischt, und diese Idealistik paart sich wieder mit einer gewissen derben Körperlichkeit, durch deren Hinzutritt das Ganze noch jämmerlicher sich darstellt.«[27]

Der Literaturwissenschaftler István Fried hingegen ist der Meinung, dass bei Jósika die meisten an Walter Scott erinnernden schriftstellerischen Lösungen im Verhalten des epischen Erzählers zu finden seien. Wie Scott in seinem ersten Roman „Waverley" (1814), so habe auch Jósika im „Abafi" nach historischer Authentizität gestrebt und hierfür seinem Roman ebenfalls ein Vor- und ein Nachwort mit Erläuterungen beigefügt. Für Fried stand Jósika Scott auch insofern nahe, als sie beide die herausragenden historischen Figuren in ihren Romanen als Nebengestalten auftreten ließen, während sie ihr Hauptaugenmerk auf die seelische Entwicklung der Haupthelden richteten.[28]

1843 wurde in der Rubrik „Magyarische Literatur" des in Pest erschienenen „Der Ungar. Zeitschriftliches Organ für magyarische Interessen, Kunst, Literatur, Theater und Mode" Jósikas Roman „Zrínyi, der Dichter" besprochen. Der Artikel begann mit folgendem Satz: »Der Geist einer Nation offenbart sich durch ihre Literatur.« Jósika habe »durch seine historischen Romane zur Erkenntniß und Fortbildung des Nationalcharakters vielleicht mehr beigetragen […], als hundert Andere, die in direkter Weise zu demselben großen Ziele mitwirkten; der rasche Eingang, den seine Romane fanden, gibt den schlagendsten Beweis, daß die Idee und Form, nach welcher dieser Dichter auf Herz und Gemüth zu wirken sinnt, eine wahre und richtige sei – und erfreulich ist es, denselben, entbrannt von heißer Liebe zum Vaterlande, anspruchlos und in stiller Bescheidenheit eine Bahn, die zum Ruhme des Vaterlandes und der Nation führt, verfolgen zu sehen.«[29] Der Rezensent, Titusz Kárffy (bis 1845 Karpf, 1825–1895), war Rechtsanwalt und Ministerialrat, schrieb und übersetzte Gedichte für „Iris" und „Der Ungar". Er war der Ansicht, Jósika bearbeite den historischen Stoff nicht wie andere romantische Schriftsteller durch die ausführliche Schilderung der Liebesabenteuer und von schrecklichen Taten, sondern auf spannende, eigene Darstellungsweise. Den Hintergrund dieses Romans, in dem Jósika historische Treue bezeuge

---

[27] *16: Die Böhmen in Ungarn*, 35.

[28] *Fried* 50.

[29] Titus *Karpf*: Magyarische Literatur. Zrínyi a' költő. In: Der Ungar 2 (1843) 209, 9. September, 952; 210, 11. September, 957, hier 952.

und lobenswerte Naturbeschreibungen liefere, bilde die Dreiteilung Ungarns während der Türkenzeit im 17. Jahrhundert.[30]

Die vom mehrfach erwähnten Übersetzer Hermann Klein redigierte und herausgegebene Zeitschrift „Der Ungar" veröffentlichte im September 1843 noch Jósikas Novelle „A falusi lelkész" (*Der Dorfpfarrer*). Die Übersetzung übernahm die Redaktion laut eigener Notiz aus den von Adolf Frankenburg herausgegebenen „Magyar Életképek" (*Ungarische Lebensbilder*), den Namen des Übersetzers gab sie aber nicht an.[31]

Stellen wir abschließend der grundsätzlich positiven Beurteilung der Werke Jósikas in den untersuchten Pester und Wiener Blättern die negative Kritik aus den Leipziger „Blätter für literarische Unterhaltung" gegenüber, so scheint die Meinung gerechtfertigt, dass letztere mit Vorbehalt behandelt, jedenfalls nicht verallgemeinert werden sollte, wenngleich auch die wohlmeinenden Bewertungen auf Mängel in der Kunst des Schriftstellers hinwiesen. Die ersten Übersetzungen von Jósikas Romanen ins Deutsche trugen dazu bei, dass die Texte eines führenden ungarischen Prosaisten noch zu seinen Lebzeiten in einer Weltsprache zugänglich wurden.

---

[30] Ebenda.

[31] *Der Dorfpfarrer. Aus dem Ungarischen des Freiherrn Niklas von Jósika.* In: Der Ungar 2 (1843) 209, 9. September, 949–950 (mit dem Hinweis auf „Magyar Életképek" in Fußnote 949); 12. September, 211, 961–963; 13. September, 212, 965–966; 14. September, 213, 969–970; 15. September, 214, 973–974; 16. September, 215, 977–978; 18. September, 982. Das Original: Miklós *Jósika:* A' falusi lelkész. In: Magyar Életképek. Hg. Adolf Frankenburg. II. Pest 1843, 1–27.

Balázs Ablonczy, Budapest

Skizze über den ungarischen Turanismus[*]

Der ungarische Turanismus ist eine der vernachlässigten geistigen Strömungen in der Geschichte der vergangenen zwei Jahrhunderte. Es wäre richtiger, den Turanismus als Schlussfolgerung der politischen und kulturellen Konsequenzen des Denkens über den Osten zu bezeichnen, eine derartige Bezeichnung wäre aber wohl zu kompliziert. Der Turanismus als intellektuell-öffentliche Auffassung hat das ungarische Denken immer wieder durchdrungen, fand aber in der Forschung bisher wenig Aufmerksamkeit. Die Monografien zum Turanismus blieben entweder unveröffentlicht oder waren aufgrund ihrer Annäherungsweise ungeeignet, das gesamte Phänomen zu erfassen.[1]

Die ungarische Öffentlichkeit wurde beim Blick nach Osten immer in angespannte Nervosität versetzt. Als sich im 19. Jahrhundert die ungarische Nationsbildung entfaltete und die Sprachwissenschaft, Archäologie und Volkskunde methodisch Gestalt annahmen, wurde es immer offensichtlicher, dass die ungarische Sprache einzigartig war: Weder in der Nachbarschaft noch in der Ferne lebten größere verwandte Völker, auf die sich die Ungarn hätten stützen und mit ihnen den Rang einer Großmacht anstreben können. Im Kontext des Sozialdarwinismus in der zweiten Hälfte des 19. Jahrhunderts bedeutete dies zugleich, dass die Ungarn im *Kampf der Rassen* auf verlorenem Posten standen, folglich Verwandte finden und eine Abstammungspolitik betreiben mussten. Sie mussten auf dem Balkan, im Nahen Osten, in Kleinasien und gar in Innerasien Brüder finden, sie an sich binden, mit ihnen Geschäfte treiben und sie dann »mit Liebe kolonisieren« – wie es eine der führenden

---

[*] Die Hauptthesen der vorliegenden Studie beruhen auf Balázs *Ablonczy*: Keletre, magyar! A magyar turanizmus története. Budapest 2016.

[1] Ildikó *Farkas*: A turanizmus. Budapest 2001 [Dissertation ELTE BTK]; Joseph A. *Kessler*: Turanism and Pan-turanism in Hungary 1890–1945. University of California Berkeley 1967 [PhD-Thesen]; László *Szendrei*: A turanizmus. Definíciók és értelmezések 1910-től a II. világháborúig. Máriabesnyő/Gödöllő 2010.

Gestalten des *rasseschützlerischen* Turanismus nach dem Ersten Weltkrieg formulierte.[2]

Der ungarische Turanismus erlebte in der zweiten Hälfte des Ersten Weltkrieges seine Glanzzeit. Seinen außergewöhnlichen Erfolg und seine besondere Anziehungskraft verdankte er der Tatsache, dass die Akteure des öffentlichen Lebens jeweils etwas Anderes darunter verstanden, und dass diese Widersprüche während des Krieges nicht immer ans Licht traten. Dabei ging es im Wesentlichen um folgende Aspekte:

1. die Suche nach der ungarischen Urheimat im Osten;
2. die wissenschaftliche Suche nach den Verwandten des ungarischen Volkes und die Offenlegung der Beziehungen mit dem Osten;
3. die daraus zu ziehenden politischen Schlussfolgerungen, das heißt, die Frage, mit wem sich Ungarn verbünden solle und mit wem nicht;
4. die Gewinnung kulturellen und wirtschaftlichen Einflusses, eine Art ungarischer Imperialismus a) auf dem Balkan, b) im Nahen Osten und in Kleinasien beziehungsweise Südrussland und der Ukraine sowie c) in ganz Asien;
5. die Neuformulierung der politischen Rolle Ungarns, a) wenn Ungarn die Werte des Ostens dem Westen vermittelt, b) wenn es dieselbe Rolle in entgegengesetzte Richtung wahrnimmt und c) wenn es neue Verbündete gewinnt, neue Machtkonstellationen schafft und sich an deren Spitze stellt;
6. die Vermittlung wissenschaftlicher Kenntnisse bezüglich Asien – als Rezipient und schöpferische Kraft;
7. den Versuch, mit Hilfe des *turanischen* Motivschatzes der verwandten Völker einen nationalen Stil in der Bildenden Kunst und im Kunstgewerbe zu schaffen;
8. die ungarische Adaption des europäischen und transatlantischen Orientalismus in Kunst und Literatur;
9. die Lobbytätigkeit für den Osten in Ungarn;
10. die Reform der gesamten ungarischen Gesellschaft auf *turanischen Grundlagen*, beispielsweise die Befreiung von der Vormundschaft der historischen Kirchen, Einführung eines neuen Heidentums und Aufnahme des östlichen Erbes der Ungarn in die Lehrpläne der Schulen.

---

[2]   *Előterjesztés a Kettőskereszt Vérszövetség Elnöki Tanácsához a turanizmus tárgyában.* 19. Juli 1923. Magyar Nemzeti Levéltár Országos Levéltára, Budapest. P 2256, Persönliche Fondfragmente, Kt. 6/36, Akten von Árpád Gálocsy, 1–5.

Damit der Turanismus als eine bis heute wirksame, moderne politische Idee im öffentlichen Leben Ungarns in Erscheinung treten konnte, waren bestimmte Rahmenbedingungen notwendig. Mit der Institutionalisierung der ungarischen Wissenschaft durch Gründung von Universitäten, der Akademie, wissenschaftlichen Gesellschaften und Fachzeitschriften sowie der Verfestigung des linguistischen Standpunkts bezüglich der ungarischen Urgeschichte traten zwangsläufig Anschauungen zu Tage, die sich gegen die sprachwissenschaftliche Auffassung richteten oder skeptisch gegenüber der vergleichenden Finnougristik waren.[3] Den Rahmen dieser Ortsbestimmung bildete die wissenschaftliche Diskussion, die als *ugrisch-türkischer Krieg* bekannt wurde und sich beinahe über die gesamten 1880er Jahre erstreckte. Ármin Vámbéry und seine Anhänger sowie das vor allem aus Sprachwissenschaftlern bestehende, von József Budenz und Pál Hunfalvy geführte Lager attackierten einander ziemlich emotional. Im Mittelpunkt der Diskussion stand die Frage nach der Verwandtschaft der ungarischen Sprache mit dem Finnougrischen beziehungsweise dem Türkischen. Während die Polemik immer mit einer Niederlage Vámbérys endete, erfüllte das eigentliche Ergebnis viele Zeitgenossen mit Unzufriedenheit, weil sie in der Verwandtschaft zu den als bedeutungslos empfundenen nördlichen Völkern eine Untergrabung des nationalen Selbstbewusstseins sahen. Die finnougrische Option erfuhr in den 1880er und 1890er Jahren zwar eine Stärkung und spielte im Kreis der Sprachwissenschaftler eine führende Rolle. Zugleich war es ein unausgesprochenes Ziel der ungarischen Ostexpeditionen dieser Zeit (vor allem der Russland- und Chinareisen von Jenő Zichy von 1895 bis 1898), die entgegengesetzten Anschauungen populär zu machen.

Damit der Turanismus als Denken über den Osten und das Unterfangen, daraus Schlüsse für die Kultur und das öffentliche Leben zu ziehen, klarere Konturen erhalten konnte, mussten mehrere Voraussetzungen erfüllt werden. Es war ein wissenschaftliches Paradigma notwendig, das den alternativen Erklärungen der ungarischen Völkerverwandtschaft zumindest zeitweilig den Anschein der Achtbarkeit verlieh. Benötigt wurden auch ein organisatorischer Rahmen sowie die Unterstützung von Regierung und Intelligenz.

Die theoretische Grundannahme entwickelte der deutschstämmige britische Sprachwissenschaftler und Indologe Max Müller, der in den 1850er Jahren nicht nur die arischen und semitischen Sprachen, sondern auch die Gruppe der turanischen Sprachen benannt hatte. Er rechnete diese zu den Idi-

---

3   János *Pusztay*: Az „ugor-török háború" után. Budapest 1977.

omen von Nomadenvölkern, die nicht in die Gruppe der beiden erstgenann-
ten Sprachen fielen und – mit Ausnahme des chinesischen Volkes – jenen
Gruppen eigen waren, die keine eigenen Staaten bildeten. Müllers Theorie rief
damals ein großes Echo hervor, auch wenn Kritik laut wurde. Müller besuchte
Ungarn, wo drei seiner Arbeiten in den 1870er Jahren publiziert wurden, und
er 1874 zum Ehrenmitglied der Ungarischen Akademie der Wissenschaften
(*Magyar Tudományos Akadémia*, MTA) gewählt wurde. In seiner Theorie
vertrug sich die ungarisch-finnougrische Sprachverwandtschaft mit der turanischen Herkunft. In diese Sprachfamilie reihte er sogar das Sumerische ein,
was dann neuerliche Sprachverwandtschaften möglich machte. Seine Thesen wurden aber bereits Ende des 19. Jahrhunderts von der vergleichenden
Sprachwissenschaft widerlegt, die statt *turanisch* den Ausdruck *ural-altaisch*
zu verwenden begann. Unabhängig davon war damit der begriffliche Rahmen geschaffen, obwohl ein Teil der ungarischen Wissenschaft weiterhin das
Attribut *turanisch* als Synonym für *steppenhaft* oder *nomadisch* verwendete.
Der Archäologe Géza Nagy, eine der zentralen Gestalten des ungarischen östlichen Denkens, legte beispielsweise bei seiner Antrittsrede in der Akademie
im Jahre 1905 dar, dass er das Attribut *turanisch* – nicht im Sinne Müllers
– weiterhin für nützlich hielt, um die Zugehörigkeit zu den *ural-altaischen*
Völkern zu benennen.[4] Diese innerasiatische Verwandtschaft deckte sich
mit dem ungarischen Selbstbild, das sich Ende des Jahrhunderts zu entfalten
begann: Das zu den zeitgenössisch wirkmächtigsten Literaturgeschichten
zählende Werk von Zsolt Beöthy „Kleiner Spiegel der ungarischen Literatur"
machte den *Wolgareiter*, den stolzen, freien und wachsamen Kämpfer der
Steppe, zu einer Gestalt, die auch die Ungarn einschloss. »In uns allen fließt
ein Tropfen Blut des Wolgareiters«, unterstrich der Literaturhistoriker und
schuf damit die Kontinuität zur Gegenwart.[5] Von Adolf Ágaid bis Zsigmond
Justh verwendeten die Intellektuellen der Epoche immer wieder dieses Bild,
um den Charakter der Ungarn zu beschreiben. In ungarischen Zeitungen
und der ungarischen Publizistik trat Anfang des Jahrhunderts das Attribut
turanisch fast überall in Erscheinung. Auf dieselbe Zeit kann auch die attri-
butive Formulierung *turanischer Fluch* datiert werden, welche die ungarische
Öffentlichkeit als ironische Selbstidentifizierung zu verwenden begann.[6]

---

4   Géza *Nagy*: A skythák. Székfoglaló értekezés. Budapest 1909, 109.

5   Zsolt *Beöthy*: A magyar irodalom kis-tükre. Budapest 1896, 180.

6   Gemeint war damit die Zwietracht unter den Ungarn als Folge eines Fluches aus turani-
     schen Zeiten – erstmals in den öffentlichen Äußerungen von Ferenc *Herczeg*: A pécskai
     választás. In: Pesti Napló 25. August 1904, 3.

Die Schaffung des organisatorischen Rahmens erfolgte schließlich mit der Gründung der Turanischen Gesellschaft (*Turáni Társaság*) Ende 1910. Diese Organisation spielte bis zu ihrer Auflösung im Jahr 1944 eine zentrale Rolle bei der Popularisierung des turanischen Gedankens. Unter den Gründerpersönlichkeiten können drei bis vier Gruppen unterschieden werden. Neben den aus Prestigegründen involvierten Führungspersönlichkeiten des öffentlichen Lebens wie István Tisza, Mihály Graf Károlyi und Albert Graf Apponyi waren Vertreter der ungarischen Großindustrie und des ungarischen Großkapitals zu finden, beispielsweise Ferenc Chorin oder Leo Lánczy. Zur zweiten Gruppe zählten Orientalisten wie Ignác Goldziher oder der zum Ehrenvorsitzenden gewählte Vámbéry, am Osten interessierte Kunstsammler wie Ferenc Hopp, Péter Vay und Rafael Zichy, Reisende wie Béla Graf Széchenyi oder György Graf Almásy. Hinzu kam fast die gesamte Gemeinschaft der ungarischen Geografen, einige Ethnografen, außerdem Historiker, so zum Beispiel der in Klausenburg (*Cluj, Kolozsvár*) lehrende Sándor Márki. Zur dritten Gruppe gehörten turanische Aktivisten mit einem niedrigeren gesellschaftlichen Status, beispielsweise Lehrer, Ärzte und Beamte sowie Personen, die durch Reisen, Lektüre oder persönliche Überzeugung zum Turanismus gestoßen waren. Hierzu gehörten beispielsweise der Volksschullehrer Benedek Balogh Baráthosi oder der Wirtschaftsjournalist Alajos Paikert, Gründer des Budapester Landwirtschaftsmuseums.

Hinsichtlich ihrer Aktivitäten unterschied sich die Turanische Gesellschaft bis zum Ausbruch des Ersten Weltkrieges nicht von den anderen gesellschaftlichen Vereinigungen jener Zeit: Sie organisierte Vorträge und Sprachkurse, unterstützte mit bescheidenen Beträgen wissenschaftliche Forschungsreisen in den Osten und nach Russland und publizierte seit 1913 die Zeitschrift „Turán", die jedoch 1914 bei Kriegsausbruch eingestellt wurde. Ein beträchtlicher Teil der aktiven Mitglieder, darunter auch der Vorsitzende Pál Graf Teleki, wurde zum Militär eingezogen. Obwohl die Vortragsreihe und Sprachkurse fortgesetzt wurden, war der frühere Schwung doch gebrochen. Einen entscheidenden Wandel bewirkte die veränderte Einstellung der Regierung sowie der Kriegseintritt Bulgariens und der Türkei. Zum einen sah die Regierung von István Tisza eine Chance in der Ausarbeitung einer selbstständigen ungarischen Balkan- und Nahost-Politik – zumindest in wirtschaftlicher und kultureller Hinsicht. Zum anderen dienten die sich zwangsläufig intensivierenden Beziehungen zwischen den neuen Verbündeten auch als Vorwand für den Aufbau weiterer Kontakte.

Die Regierung rief den Ostbund (*Keleti Szövetség*) mit zwei Zentren ins Leben: Mit der Umbenennung der bereits bestehenden Ungarisch-Bosnischen und Herzegowinischen Wirtschaftszentrale (*Magyar-Bosnyák és Hercegovinai Gazdasági Központ*) wurde das Ungarische Ost-Wirtschaftszentrum (*Magyar Keleti Gazdasági Központ*) gegründet, und die Turanische Gesellschaft wurde in Ungarisches Ost-Kulturzentrum (*Magyar Keleti Kultúrközpont*) umbenannt. Die Turanische Gesellschaft erhielt weitaus bedeutendere Subventionen – mehrere Hunderttausend Kronen – von der Regierung, und ihre Büros zogen ins Parlamentsgebäude um, wo sie bis 1944 blieben. Zudem wurden ihr Aufgaben übertragen, die eigentlich der staatlichen Verwaltung oblagen. Die Turanische Gesellschaft vergab die sogenannten turanischen Stipendien, mit deren Hilfe von 1916 bis 1918 400 junge Türken, Bosniaken, Bulgaren, Albaner und sogar Tataren in Ungarn studierten. Sie schickte Expeditionen ins südliche Russland, auf den Balkan sowie nach Kleinasien und führte sogar in den Kriegsgefangenenlagern unter *turanischen* Gefangenen anthropologische, linguistische und ethnografische Forschungen durch. Die Gesellschaft veröffentlichte erneut die Zeitschrift „Turán", jetzt sogar zehnmal jährlich. Sie organisierte mit neuem Elan Sprachkurse und Vorträge und stand hinter allen Initiativen, die mit dem Osten verbunden waren – sei es die Erklärung des Islams zu einer anerkannten Religion, die Rekonstruktion des Budapester Gül-Baba-Grabmals oder die Eröffnung des ersten ungarischen Auslandsinstituts in Konstantinopel im Jahr 1917. Auch infolge anderer, nicht mit der Turanischen Gesellschaft verbundener Initiativen, beispielsweise durch die Umbenennung des Budapester Museum-Rings in Sultan-Mehmed-Straße oder die Kriegsausstellung auf der Margarethen-Insel, trat der Gedanke des Ostens intensiver als jemals zuvor im ungarischen Alltagsleben in Erscheinung. Und da während des Krieges das Vordringen nach Osten und eine Art ungarischer Imperialismus besonderes Gewicht erhielten, wurde die Klärung der Völkerverwandtschaft oder der ungarischen Urheimat nachrangig. Das war nicht unbedingt ein Traum der Rechten. 1915 schrieb Oszkár Jászi in einer Studie: »Mitteleuropa unter deutscher Hegemonie und der Balkan unter ungarischer Führung: Das ist die Perspektive der zwielichtigen neuen Zeiten.«[7] Zu gleicher Zeit verfasste Ervin Szabó Artikel für die Zeitschrift „Turán" und

---

[7]   Oszkár *Jászi*: A középeurópai gazdasági közeledés és a magyarság jövője. In: Huszadik Század 16 (1915) 8, 126–131, hier 130.

arbeitete an der Vereinigung der östlichen Sammlung der Hauptstädtischen Bibliothek mit der Bibliothek des Kulturzentrums.[8]

Das Kriegsende begrub allerdings diese umfangreichen Initiativen. Eine Reihe bedeutender Persönlichkeiten der Gesellschaft, so der Vorsitzende Béla Széchenyi und auch Ferenc Hopp selbst, waren mittlerweile verstorben, andere, etwa Péter Vay, gingen ins Ausland. Die Turanische Gesellschaft zerfiel in mindestens drei Teile. Fast das gesamte Gremium der ungarischen Orientalisten trat aus und gründete 1920 die Csoma-Kőrösi-Gesellschaft (*Kőrösi Csoma Társaság*), die bald selbst in der Ostkommission der Ungarischen Akademie der Wissenschaften (*MTA Keleti Bizottsága*) aufging. Auch das Großkapital betrachtete nun den Ostgedanken als nutzlos, so dass seine Vertreter verschwanden aus der Umgebung des offiziellen Turanismus – dies nicht zuletzt deshalb, weil der virulente Antisemitismus der beginnenden 1920er Jahre in den turanischen Organisationen ein Echo fand, was wiederum bei den oftmals jüdischen Wissenschaftlern und Großbürgern verständlicherweise keine Sympathien hervorrief. Die Turanische Gesellschaft als Repräsentantin des offiziellen Turanismus bewahrte sich zwar die Sympathien der Regierung, ihre Subventionen waren aber nicht mehr mit denen des goldenen Zeitalters 1916–1918 vergleichbar; es gab weder den Willen noch die Möglichkeit zu erneuten umfangreichen Aktionen im öffentlichen Leben.

Die radikalen Anhänger des Turanismus riefen den Turanischen Bund in Ungarn (*Magyarországi Turán Szövetség*) ins Leben. In diesem breitete sich der Ostgedanke mit einer turanischen Gesellschaftsorganisation, einem entsprechenden Lehrplan und einem ungarischen Völkerverwandtschafts-Kultus zu einem Programm des öffentlichen Lebens aus. Nachdem das Bündnis 1924 aufgrund innerer Gegensätze zerfallen war, konnten auch die Neugründungen von 1931 und 1938 den früheren Einfluss nicht wiederherstellen. Jene Persönlichkeiten, die im radikalen Turanismus eine Rolle gespielt hatten, verteilten sich in den 1920er Jahren auf verschiedene Stellvertreter-Organisationen, von der Gesellschaft der Ungarn (*Magyarok Társasága*) über das Lager der Kuruzzen (*Kurucok Tábora*) bis hin zur Ungarisch-Indischen Gesellschaft (*Magyar-Indiai Társaság*). Auf die selbe Zeit kann auch die Verbreitung des Adjektivs *turanisch* im öffentlichen Diskurs und an den öffentlichen Orten als eine Art Synonym für *ureigen ungarisch* angesetzt werden. Vom Sonderzug

---

[8] Ervin *Szabó*: A Városi Nyilvános Könyvtár Igazgatósága: Keleti könyvtárak ügye Budapesten. In: Turán 3 (1918) 3, 162–164. Zum Kontext: Sándor *Katsányi*: Szabó Ervin és Teleki Pál. In: Magyar Könyvszemle 117 (2001) 3, 363–366.

der Regierung über einen Kinonamen bis hin zu Stahlstiften und einer Tep-
pichhandlung betonten nun eine Reihe von Produkten, Fabrikaten und Ein-
richtungen mit dieser Bezeichnung ihre Authentizität. Im politischen Diskurs
verwendeten vor allem ein Teil der Vertreter der Regierungspartei sowie die
Rasseschützler von Gyula Gömbös den Begriff, der sich aber seit der zweiten
Hälfte der 1920er Jahre abgenutzt hatte und im Abgeordnetenhaus zumeist in
ironischen Textzusammenhängen erschien.

In der zweiten Hälfte der 1930er Jahre erhielt der Begriff erneut eine
markante Bedeutung, vor allem in den Reden von Abgeordneten der extremen Rechten und des rechten Flügels der Regierungspartei. Die ungarischen
Regierungen der Zwischenkriegszeit, vor allem die Kultusminister Kunó Graf
Klebelsberg und Bálint Hóman sowie Ministerpräsident Pál Graf Teleki nahmen sich aus dem Turanismus das heraus, was ihnen auf politisch-kulturellem
Gebiet brauchbar erschien: Daraus entwickelte sich die Pflege des Gedankens
der Völkerverwandtschaft, der Beziehungen zum finnischen und estnischen
Volk. Die Regierungen der Horthy-Epoche gaben beträchtliche Summen aus,
um an *finnougrischen Kongressen* teilzunehmen, Stipendiaten zu entsenden
und aufzunehmen, den Studentenaustausch zu fördern sowie um ungarische
Lehrstühle an den Universitäten in Helsinki und Tartu einzurichten. Kultusminister Klebelsberg führte Anfang der 1930er Jahre in den Schulen den Tag
der finnougrischen Völkerverwandtschaft ein, und die Regierung schloss in
der zweiten Hälfte des Jahrzehnts eine Reihe von Kulturabkommen mit Völkern, die als verwandt betrachtet wurden, so mit Finnland, Estland, Bulgarien
und sogar mit Japan. Neben der intensiven Volksaufklärungsarbeit gehörte zu
dieser Idee der Völkerverwandtschaft auch die offizielle ungarische Sympathie für die finnische Seite während des finnisch-sowjetischen Winterkriegs
von 1939/1940, die Ministerpräsident Teleki mit der Unterstützung der Fin-
nen durch eine illegal organisierte ungarische Legion untermauerte.

Die Zeit zwischen den beiden Weltkriegen unterschied sich insofern vom
goldenen *turanischen Zeitalter* vor und während des Ersten Weltkrieges, als
die turanische Bewegung nun nicht mehr von sich behaupten konnte, die Idee
eines siegreichen ungarischen Imperialismus zu verkörpern. Nach der Niederlage im Ersten Weltkrieg, den Revolutionen und der Demütigung durch
den Friedensvertrag von Trianon konnte hiervon nicht mehr die Rede sein.
Der Turanismus wurde nun zur Ideologie der Abwendung vom Westen und
seinen Institutionen, zur Ideologie der Frustration. Im Allgemeinen traten bei
zahlreichen Organisationen auf der rechten Seite des politischen Spektrums

turanistische Anschauungen in Erscheinung. Beispielsweise ist der neu entstandene Szekler-Kult in Ungarn von dieser Gedankenwelt nicht zu trennen;
er zeigte sich in der Szekler-Hymne, in der Organisation von Zeremonien
durch den Verein der Szeklerischen Universitäts- und Hochschulstudenten,
in der Verbreitung der Runenschrift und der Presse der geflüchteten Szekler
in Ungarn. Ebenfalls diesem Gedankenkreis zuzuordnen sind die verschiedenen ungarisch-japanischen, ungarisch-bulgarischen, ungarisch-türkischen
und ungarisch-finnischen Vereine sowie der Landesverein der Turanischen
Schützen (*Turáni Vadászok Országos Egyesülete*), den Gyula Gömbös und
seine ideologischen Gefährten gegründet hatten. Er erstand als legitimistische
Organisation wieder und wurde während des Zweiten Weltkrieges zu einer
antideutschen paramilitärischen Organisation. Auch in der Provinz gab es an
zahlreichen Orten turanische Vereinigungen, beispielsweise in Nyíregyháza
und Balassagyarmat, oder Intellektuellenzirkel, die für gewisse Ideen des Turanismus empfänglich waren, so in Debrecen und Miskolc.

Diese *zweite Blüte* unterschied sich von den Aktivitäten vor 1918 auch
dadurch, dass sie über ein breiteres und reiferes künstlerisch-schöpferisches
Hinterland verfügte. Während 1910 unter den Gründern der Turanischen Gesellschaft nur der Maler Pál Vágó die Künste repräsentiert hatte, wandten sich
nach 1920 zahlreiche Meister – in erster Linie bildende Künstler und Archi-
tekten – östlichen Motiven zu. Andere Künstler hofften auf eine Erneuerung
der Kunst durch die szeklerische, vielleicht sogar innerasiatische Ornamentik.
In den Arbeiten der Meister der Künstlerkolonie von Gödöllő hatten sich
schon vor 1920 turanische Elemente offenbart – zum Beispiel der Kulturpa-
last von Neumarkt (*Târgu Mureş, Marosvásárhely*), auf dessen Glasfenstern
die Sagenwelt der Szekler dargestellt ist –, die im Œuvre jener Künstler, die
am Leben und an Ort und Stelle geblieben waren, nun noch kraftvoller zutage
traten.[9] Aus asiatischen Motiven schöpften zahlreiche Grafiken und Illustrationen von Sándor Nagy, der zur Mitte der 1920er Jahre seine Ansichten in
dieser Richtung, wie folgt zum Ausdruck brachte: »›Die westliche Kultur hat
ein Leck bekommen‹ – sagte einer unserer großen Bischöfe. Das Sinken kann
seitdem jedermann spüren. Europa ist kein Kultur-Schöpfer mehr, sondern
ein Kultur-Liquidator: Es versteigert alles, was es hat. Zugleich kann es noch

---

[9] Zur Künstlersiedlung von Gödöllő: Katalin *Gellér* – Katalin *Keserü*: A gödöllői művésztelep.
Budapest 1994.

gut leben, besonders die Liquidatoren! Ungarn! Haltet Euch, solange es noch geht, an den sieben Pflaumenbäumen fest.«[10]

Der Architekt István Medgyaszay und der Innenarchitekt Wigand Ede Toroczkai waren vor dem Krieg ebenfalls nach Gödöllő gekommen. Nach 1920 experimentierten beide mit der Erneuerung beziehungsweise Weiterentwicklung ihrer Kunst durch szeklerische und asiatische Motive und waren aktive Mitglieder verschiedener turanischer Organisationen. Medgyaszay unternahm Anfang der 1930er Jahre sogar eine Reise nach Indien. Tibor Boromisza hatte seine Karriere als Kunstmaler im Kreis der Künstler von Frauenbach (*Baia Mare, Nagybánya*) begonnen und wandte sich in dieser Zeit den östlichen Lehren, der ungarischen Urgeschichte und der Puszta als Motiv zu. Dieser außerordentlich begabte Meister war der erste Künstler, der seine Bilder in Runenschrift signierte. Ende der 1920er Jahre zog er für drei Jahre in die Puszta von Hortobágy und malte dort fast 60 große Porträts von Pferdehirten. Später trat auch er turanischen Organisationen bei. Dezső Mokry-Mészáros wandte sich in den 1930er Jahren ebenfalls solchen Themen zu: Er schuf nicht nur ein eigenes Runenschriftsystem, sondern versuchte sich Ende der 1930er Jahre auch mit der Gründung einer turanischen Partei. Allerdings waren es lediglich diese zwei herausragenden Meister, die sich in der Menge weniger begabter Künstler turanischer Motive bedienten.

Die radikaleren turanischen Organisationen hofften, dass man den Zweiten Weltkrieg und den Feldzug gegen die Sowjetunion in eine Art *turanischen Kreuzzug* umgestalten könne, der mit der Befreiung der verwandten kleineren Völker und der Stärkung der zivilisatorischen Rolle Ungarns einhergehen würde. Die besonders verwegenen Vertreter dieser Richtung träumten von einer zukünftigen Neuorganisation Nord-Russlands unter finnougrischer Führung, von einem »Waldreich«, das am Ural an die ebenfalls als verwandt betrachtete »Provincia Japonica« grenzen sollte.[11] Die nationalsozialistische Besatzungspolitik ließ derartigen Initiativen allerdings keinerlei Raum.

Das Kriegende führte zu einer weitgehenden Schwächung der Bewegung. Zahlreiche Führer starben während der oder nach den Kampfhandlungen, viele der auch rechtsradikalen Aktivisten flohen ins Ausland. Trotzdem versuchte die Turanische Gesellschaft, sich unter dem Namen Ungarische Gesellschaft der Völkerverwandtschaft (*Magyar Néprokonsági Társaság*) neu

---

[10] *Napkönyv. Turáni képes naptár és évkönyv*. Hg. Balás Béla Szépvizi. Gödöllő 1 (1925) 41.
[11] Vgl. Enikő *Szíj*: Pánfinnugor és antifinnugor elméletek, mozgalmak. In: 125 éves a budapesti finnugor tanszék. Hgg. Péter Domokos, Márta Csepregi. Budapest 1998, 145–152.

zu gründen. Nach einigem Hin und Her lehnte jedoch das kommunistisch geführte Innenministerium dieses Anliegen ab, obwohl sich die Vereinigung als
rein wissenschaftliche Gesellschaft ausgab und sogar einige kommunistische
Intellektuelle in ihre Führung kooptiert hatte. Die Akten und das Vermögen
der Turanischen Gesellschaft wurden beschlagnahmt.

Ein Blick in die Verfahrensakten des ungarischen Staatssicherheitsdienstes
1945–1948 zeigt, dass es erstaunlicherweise keine Prozesse gegen Turanisten
gab. Der Turanismus hatte bereits seit den 1930er Jahren, insbesondere als
eine Strömung der extremen Turanisten, der *turanischen Ein-Gott-Gläubigen*
mit ihren neuheidnischen Lehren, die die Antipathie der katholischen und
evangelischen Kirche erregt und eine außerordentlich schlechte Presse erhalten. Dieses negative Bild änderte sich auch unter der kommunistischen Führung nicht. Zugleich lebten aber die turanistischen Ideen oder zumindest eine
Art von Empfänglichkeit für den Osten in illegaler Form weiter: Vor allem
nach 1956/1957 begannen die einstigen Turanisten und ihre neuen Anhänger
sich in Freundesgesellschaften zu organisieren und in Buchtausch-Zirkeln
ihre Ideen unter den Bedingungen der staatssozialistischen Diktatur zu pfle-
gen. Hilfe erhielten sie dabei auch von einigen Intellektuellen, wie zum Beispiel dem Ethnografen Gábor Lükő, dem Geologen László Bendefy oder dem
Turkologen István Mándoky Kongur, die diese Gefühlswelt an der Peripherie
des Wissenschaftslebens über den Systemwechsel 1990 hinüber retteten.

Die turanistische Idee wurde in dieser Phase um ein neues Element erweitert. Da sich die in erster Linie auf linguistischen Forschungen basierende
Urgeschichtsschreibung und die finnougrische Sprachwissenschaft in der
akademischen Öffentlichkeit auch nach der kommunistischen Machtüber-
nahme hatten halten können, war es später ziemlich leicht, sie des mangeln-
den Patriotismus und der Freundschaft zu den Kommunisten zu bezichtigen.
Jede sich gegen diese Brandmarkung stemmende wissenschaftliche oder
scheinwissenschaftliche Meinungsäußerung galt gleichzeitig als politische
Stellungnahme. Und dies war auch der Augenblick, als der ins Ausland und
teilweise in die Illegalität abgedrängte Turanismus für sich die sumerisch-
ungarische Völkerverwandtschaft entdeckte. Die Herstellung einer auf turanischen Grundlagen aufbauenden Verwandtschaft zwischen dem ungarischen
und dem sumerischen Volk war auch in früheren Zeiten nicht unbekannt, die
Turanische Gesellschaft war jedoch mit Ausnahme einzelner Mitglieder für
derartige Ideen nicht aufgeschlossen. Nach 1945 änderte sich die Situation
allerdings. Die Historikerin Ida Bobula, Mediävistin und vor 1945 Direkto-

rin eines Mädchenkollegiums in Ungarn, wanderte später in die Vereinigten Staaten von Amerika aus, wo sie sich der sumerisch-ungarischen Verwandtschaft zuwandte. 1948 sandte sie dem bereits schwer erkrankten Alajos Paikert, einem der Gründer der Turanischen Gesellschaft und ehemaligen geschäftsführenden Vorsitzenden, einen Brief. Darin signalisierte sie ihm, dass sie ihre wissenschaftlichen Forschungen zum Thema der sumerischen Verwandtschaft auf den Spuren der Turanisten verfolge: »Bald wird sich herausstellen, dass sie [die Turanisten] mit diesem turanischen Phantastikum völlig und perfekt Recht hatten«, schrieb sie ihrem Briefpartner.[12] Nach dem Tod Paikerts fand Bobula im reformierten Theologen und Religionshistoriker Zsigmond Varga aus Debrecen einen neuen Partner, mit dem sie in der ersten Hälfte der 1950er Jahre rege korrespondierte. Die Historikerin bemühte sich auch darum, die früheren sumerischen Forschungen von Varga, der sich an der Peripherie der turanistischen Kreise bewegt hatte, fortzuführen.

Die Person Bobula ist wichtig, weil sie die Gründerin jener Schule war, die im Exil die Kontinuität der sumerisch-ungarischen Völkerverwandtschaft propagierte. Zu ihren Akteuren zählten Viktor Padányi, Ferenc Badiny-Jós und auch Tibor Baráth.[13] Ihre Ansichten haben in der jüngsten Phase der Geschichte des Turanismus große Popularität erlangt.

Der Turanismus ist eine ungarische Illusion zwischen einem gescheiterten Imperialismus und einem politisch motivierten Orientalismus, eine Reaktion auf die Spannung zwischen östlicher Herkunft und westlicher Ausrichtung der Ungarn. Auch ist er keineswegs beispiellos in Osteuropa: Auf einige seiner Elemente trifft man auch im polnischen Sarmatismus und im russischen Eurasianismus oder im Panturkismus. Vor 1918 war der Turanismus die Ideologie des siegreichen ungarischen Imperialismus, also der Ideologie einer kulturell, politisch und wirtschaftlich führenden Rolle Ungarns unter den Nationen des Balkan, Osteuropas und vielleicht sogar des Nahen Ostens. Nach dem Ersten Weltkrieg wurde er die Ideologie der Niederlage und Frustration; die Bewegung wurde auch durch ihre inneren Gegensätze zerstört. In der Zwischenkriegszeit ließen die Aktivitäten und das Gewicht der Vertreter des Turanismus nach, aber das östliche Denken hat die Zeit des Staatssozialismus überlebt, so dass seine heutige Auferstehung nicht ohne Vorgeschichte ist.

---

[12] Géza Paikert an Alajos Paikert [in der Anlage der Brief von Ida Bobula]. New York, 21. Juni 1948. Magyar Mezőgazdasági Múzeum, Budapest. Nachlass Alajos Paikert 2012.21.1–30.1.

[13] Michael *Knüppel:* Zur ungarischen Rezeption der sumerisch-turanischen Hypothese in der zweiten Hälfte des 20. Jahrhunderts. In: Zeitschrift für Balkanologie 42 (2006) 1–2, 93–107.

Font, Márta: *Völker – Kultur – Beziehungen. Zur Entstehung der Regionen in der Mitte des mittelalterlichen Europa*. Hamburg: Dr. Kovač 2013. 367 S., zahlr. sch/w Abb. ISBN 978-3-8300-7073-3 = Studien zur Geschichtsforschung des Mittelalters 29.

Der Band vereint, geordnet in vier thematische Gruppen, 18 seit 1988 in deutscher Sprache weit gestreut publizierte Beiträge, dazu einen bisher nicht veröffentlichten Vortrag. Es handelt sich dabei allerdings nicht, wie die Inhaberin des Lehrstuhls für mittelalterliche und frühneuzeitliche Geschichte an der Universität Fünfkirchen (*Pécs*) im Vorwort (S. 5) meint, um einen »Band vom Typ *Variorum reprint*«, also eine Kumulation von Originalaufsätzen mit Originalpaginierung, sondern um den einheitlich redigierten Neusatz früherer Aufsätze, ohne inhaltliche Eingriffe (Schreibweisen wie »Mohatsch« [S. 41] hätte man dabei aber korrigieren sollen). Eine sprachliche Redaktion wäre insbesondere bei den außerhalb Deutschlands publizierten Texten vielfach nützlich gewesen, ebenso die Nutzung eines Rechtschreibprogramms (nur drei Beispiele: S. 158: Krakkau; S. 255: Odera-Warta; S. 274: Gniez[n]o; S. 283: Auf[s]tellung). Ein geografisches Register hätte das „Personennamenverzeichnis" sinnvoll ergänzt.

Der erste Themenblock „Das mittelalterliche Königreich Ungarn und seine Völker" umfasst sieben Beiträge zu sehr verschiedenen Themen: eine Darstellung der Christianisierung in Ungarn durch Brun von Querfurt (der ungedruckte Vortrag), einen Forschungsbericht „Die Slawen in Ungarn [!] der Arpadenzeit", einen Überblick über „Ansiedlung, Integration und Toleranz im mittelalterlichen Ungarn", einen ähnlich kurzen Beitrag über „Lateiner und Orthodoxe", eine Übersicht der „Städte im Königreich Ungarn vor 1526", eine Darstellung der „Pilger, Kreuzfahrer und Händler entlang der Donau im 11.–13. Jh." sowie eine Untersuchung über Ede Petrovich als „Forscher der mittelalterlichen Universität von Pécs/Fünfkirchen". Es handelt sich offensichtlich überwiegend um Tagungsbeiträge, die Forschungen zusammenfassen. Bei der thematischen Breite lassen sich an vielen Stellen Fragen stellen. Blieben zum Beispiel die »Vlachen« wirklich »im 15. Jahrhundert außer der Union der drei Nationen Siebenbürgens«, weil die Grundherren sie auf ihrem Besitz angesiedelt hatten – oder offenbart die Formulierung eine etwas eigenwillige Sicht auf die Anfänge der frühmodernen Ständeverfassung Siebenbürgens? Warum benutzt die Verfasserin für Städte im mittelalterlichen Ungarn, die heute außerhalb des Staatsgebiets liegen, nur die ungarischen (und bestenfalls noch die deutschen) Ortsnamen wie »Zágráb in Slawonien« (S. 70, was nur nach der mittelalterlichen Territorialbezeichnung stimmt), warum ignoriert sie bezüglich der Stadtgeschichte die kroatische und – für Oberungarn und die Zips – die slowakische Forschung? Die Kartenskizzen zum Städtebeitrag (zum Beispiel S. 80 und S. 245) können nur mit einer Leselupe genutzt werden.

Der zweite Abschnitt enthält vier Beiträge zu den Beziehungen des Königreiches Ungarn zur Kiever Rus' und zum Fürstentum Halič-Wolhynien im 12. und 13. Jahrhundert unter besonderer Berücksichtigung der Eliten. Im dritten Teil „Kiever Rus' aus der Perspektive verschiedener Quellen" findet man einen kurzen Text „Grundriss der osteuropäischen [altrussischen, W. K.] Städte im Frühmittelalter" sowie Skizzen über Ungarn im Spiegel der altrussischen Chroniken und zum „Fortleben der Gesetzgebung der Kiever Rus' auf dem Gebiet der Ostslawen".

Der vierte Textblock rekurriert auf den Untertitel der Aufsatzsammlung: „Regionen in der Mitte Europas". Zu „Mitteleuropa – Osteuropa – Ostmitteleuropa?" bietet Font „Bemerkungen zur Entstehung einer europäische Region im Mittelalter" aus der mittelalterlichen Perspektive an, übersieht dabei aber die Prägung der Regionsbezeichnungen seit der Frühen Neuzeit. Unter „Krone und Schwert" untersucht sie die Ausbildung von Herrschaft vom 10. bis zum 12. Jahrhundert, dann die Ausbildung von Grenzen im 11. und 12. Jahrhundert. Die Verfasserin schließt die Aufsatzsammlung mit einer Betrachtung über „Ungarn und die Kiever Rus' um 1000" sowie einer Studie über „Ungarn, Bulgarien und das Papsttum um die Wende vom 12. zum 13. Jahrhundert".

Font arbeitet weitgehend quellennah und bietet in einem weiten Spektrum vielfach interessante neue Perspektiven, aber auch – geschuldet möglicherweise der Kürze der Beiträge – kritikwürdige Interpretationen. Ein ergänzender Forschungsbericht über die Fortschritte nach der Erstveröffentlichung hätte sicherlich nicht geschadet. Die erneute Veröffentlichung von Aufsätzen in einem Sammelband ist durchaus sinnvoll, doch hätte Font den thematischen Zusammenhang der Einzelstudien in der Einleitung vielleicht herausarbeiten sollen. Zur Entstehung der Regionen erfährt man sehr wenig, der Zusammenhang besteht eher im Zufall der Tagungsbeiträge. Eingedenk der leichten Reproduzierbarkeit von solchen Texten wäre eine Sammlung ihrer ungarischsprachigen Aufsätze in Übersetzung wesentlich interessanter gewesen.

Wolfgang Kessler   Viersen

Pénz, posztó, piac, Gazdaságtörténeti tanulmányok a magyar középkorról [Geld, Tuch, Markt. Wirtschaftshistorische Studien über das ungarische Mittelalter]. Szerkesztette WEISZ, BOGLÁRKA. Budapest: Magyar Tudományos Akadémia, Bölcsészettudományi Kutatóközpont, Történettudományi Intézet 2016. 572 S., zahlr. sch/w und farb. Abb., Kt., Tab. ISBN 978-963-416-028-1 = Magyar Történelmi Emlékek. Értekezések.

Boglárka Weisz leitet seit einigen Jahren eine gut dotierte wissenschaftliche Arbeitsgruppe, die die Wirtschaftsgeschichte Ungarns im Mittelalter erforscht. Das Buch präsentiert die ersten Ergebnisse dieser Arbeit. Die Forschungsgruppe setzte mehrere Schwerpunkte in der interdisziplinären Annäherung zum wiederbelebten Thema „Wirtschaftsgeschichte Ungarns im Mittelalter". Ein Schwerpunkt liegt auf der Rolle der königlichen Macht im Wirtschaftsleben, so insbesondere auf den königlichen Einnahmen, der Finanzverwaltung, der Münzprägung und den regulativen Eingriffen. Ein anderer Schwerpunkt liegt auf den Städten, die durch ihre Politik einerseits die wirtschaftliche Situation des Landes bestimmten, andererseits Ungarn ins europäische Wirtschaftsleben einbanden. Zur chronologischen Spannbreite des Bandes sei angemerkt, dass das Mittelalter im Verständnis der ungarischen Geschichtsforschung bis zur Schlacht bei Mohatsch (*Mohács*) 1526 dauerte. Demgemäß kommen hier auch Themen aus dem frühen 16. Jahrhundert vor, während die Mehrheit der Beiträge das 14. und 15. Jahrhundert thematisiert. Diese Epoche mag die Wirtschaftshistoriker besonders interessieren, vor allem mit Blick auf die Umwälzungen nach dem *Schwarzen Tod*, den Pestepidemien, wie auch bezüglich der Diskussion über die Anfänge des Kapitalismus. Diese Themen werden allerdings im Buch direkt nicht berührt, wie auch andere kurrente Fragestellungen der Wirtschaftsgeschichte, etwa die Umwelt, die Demografie, Fragen des Lebensstandards oder der Kommunikation nicht in den Vordergrund treten. Die meisten Beiträge präsentieren eher traditionelle Themen der Rechts-, Münz- und Finanzgeschichte.

Positiv hervorzuheben ist aber die Interdisziplinarität der Studien. Vor allem durch die Archäologie und die Kunstgeschichte gewähren im Band neue Einsichten zur Wirtschaftsgeschichte, wie etwa in den Studien von Csaba *Tóth* und György V. *Székely* über die in Ungarn zwischen 1000 und 1440 zirkulierten Münzen, von Tamás *Körmendi* über die heraldische Repräsentation des Königs Sigismund von Luxemburg, von Zsolt *Nyárádi* über den Marktplatz von Oderhellen (*Székelyudvarhely, Odorheiu Secuiesc*), von Maxim *Mordovin* über schlesische Tücher, von Bence *Péterfi* über Keramikfunde in Altofen (*Óbuda*). Das Ergebnis einer fruchtbaren Zusammenarbeit von Archontologie und Kunstgeschichte ist der Katalog der Wirtschafts- und Finanzbeamten, zusammengestellt von Boglárka *Weisz* und Pál *Lővei*. Außerdem wird von Boglárka *Weisz* auch der Wirkungskreis des höchsten Wirtschaftsbeamten, des Schatzmeisters (*tárnokmester, magister tavernicorum* oder auch *tavernicalis magister*) im 14. Jahrhundert ausführlich dargelegt. Die Studie von József *Csermelyi* über die Pfandschaft der Gespans- und Kapitänsämter von Ödenburg (*Sopron*) leitet von der Archontologie zur Geschichte der königlichen Finanzen über, wozu István *Kádas* mit der Edition der Steuerliste des Komitats Nógrád aus dem Jahre 1457 und Norbert C. *Tóth* mit der Rekonstruierung der königlichen Einnahmen aus dem Jahre 1522 beträchtlich beitragen. Die regulative und administrative Rolle der königlichen Macht wird von István *Draskóczy* am Beispiel des System der Salzämter ausführlicher erörtert. Die Privilegien der Städte, der rechtshistorische Rahmen und die Normenwandlung werden von Attila *Zsoldos* und Katalin *Szende* über König Karl I., von Viktória *Kovács* über Preßburg (*Pozsony, Bratislava*) sowie von Renáta *Skorka* besonders ausführlich über das Depotrecht von Ofen (*Buda*) dargestellt. Zwei sehr interessante und gründliche Beiträge runden den Studienband ab, nämlich der von Judit *Benda* über den Ochsenhandel und die Metzgerei in Ofen, Altofen und Pest sowie der von Krisztina *Arany* über Ungarnstämmige (*d'Ungheria* oder *Unghero*) im florentinischen *Catasto* vom Jahre 1427, wodurch auch mehr Licht auf die Auslandsbeziehungen geworfen wird. Der Band enthält zahlreiche Illustrationen und Karten, die englische Zusammenfassung der Beiträge sowie ein Namensverzeichnis.

Das durch diese Aufsatzsammlung bezeugte wichtige Verdienst der von Boglárka *Weisz* geleiteten Forschungsgruppe ist die Wiederbelebung der Forschung in Bezug auf die Wirtschaftsgeschichte Ungarns im Mittelalter. Es handelt sich um detailreiche Studien aus einem breiten Spektrum, die über die Wirtschaftsgeschichte hinaus Disziplinen wie Archäologie, Kunstgeschichte, Rechtsgeschichte, Verwaltungsgeschichte und Sozialgeschichte berühren und dank dieser Interdisziplinarität neue Erkenntnisse hervorbringen. Von der Fortsetzung der Tätigkeit dieser Forschungsgruppe sind neben weiteren Detailstudien die Zusammenführung der neuen Ergebnisse in einem Entwurf über die Wirtschaftsgeschichte Ungarns im Mittelalter zu erhoffen.

Antal Szántay   Budapest

„zu urkundt in das Stadbuch lassen einschreiben". *Die ältesten Protokolle von Hermannstadt und der Sächsischen Nationsuniversität (1522–1565).* Edition und Einleitung von PAKUCS-WILLCOCKS, MÁRIA. Hermannstadt/Bonn: Schiller 2016. 368 S., 3 sch/w Abb. ISBN 978-3-944529-74-5 = Quellen zur Geschichte der Stadt Hermannstadt 5.

Die Edition macht die 362 Eintragungen des ersten erhaltenen Stadtbuchs von Hermannstadt (*Szeben, Sibiu*) der Forschung zugänglich, gegebenenfalls unter Nennung früherer Veröffentlichungen. Bis 1556 wurde das Stadtbuch überwiegend (ausgenommen Nr. 24, 76, deutscher Text inseriert in Nr. 163, 173) in lateinischer, dann ausschließlich (ab Nr. 303) in deutscher Sprache geführt. Ein großer Teil der Einträge betrifft Fragen der Stadt Hermannstadt und ihrer Jurisdiktion unterstellten Dörfer, dazu 27 Beschlüsse der Sächsischen Nationsuniversität. Einen weiten Raum nehmen zivilrechtliche Fragen (Erbschaften, Scheidungen, Beurkundungen von Verträgen) ein, bei denen der Rat als Notar fungierte.

Die Ordnung der Texte folgt seitengetreu dem Stadtbuch, ist also weitgehend chronologisch. Die Herausgeberin hat auf die diplomatische Wiedergabe der Texte (ausgenommen Eigennamen) verzichtet und die Orthografie vereinheitlicht, was die Lesbarkeit der Texte erleichtert. Jedem Eintrag hat Mária *Pakucs-Willcocks* ein deutschsprachiges Regest vorangestellt. Diese Regesten hat sie am Ende des Bandes (S. 328–365) ins Rumänische übersetzt. Die Texte erschließt sie durch ein ausführliches Personen- und Ortsregister mit Ortsnamenkonkordanz (allerdings ohne Rückverweisung von den fremdsprachigen Ortsnamen [S. 268–300]), das ein Sachregister (S. 301–327) wesentlich ergänzt, zumal die deutschsprachigen Schlagworte durch die im Stadtbuch gebrauchten Bezeichnungen annotiert werden.

Man vermisst allerdings den Sachkommentar zum Text mit Hinweisen auf weiterführende Fachliteratur zum Sachverhalt. Die Personennamen im Register ergänzt die Herausgeberin leider nicht um biografische Daten. *Pakucs-Willcocks* selbst weist im Vorwort (S. 5) darauf hin, dass in den Eintragungen der Jahre 1530 bis 1536 die lange Belagerung durch Johann I. Szapolyai nur einmal (in Nr. 121) beiläufig angedeutet wird. Ihre Einleitung (S. 7–15) reicht unter dem Aspekt der Edition aus, eine kurze stadtgeschichtliche Orientierung hätte aber sicherlich nicht geschadet. Für die Edition dieser wichtigen Quelle zur Geschichte und Sozialgeschichte Hermannstadts und der Siebenbürger Sachsen bleibt zu danken.

Wolfgang Kessler   Viersen

MALCHER, GUDRUN J.: *Die Oxen-Connection. Die internationale Vermarktung von Ochsen – ein unbekannter Wirtschaftszweig in Regensburg vom Mittelalter bis in die Neuzeit.* Regensburg: Dr. Peter Morsbach 2016. 176 S., zahlr. sch/w und farb. Abb. ISBN 978-3-96018-020-3.

Das Buch wirft erneut Licht auf den mitteleuropäischen Ochsenhandel zwischen 1300 und 1850. Das Thema ist bedeutsam für die Wirtschafts- und Sozialgeschichte, wozu umfassendere Untersuchungen, wie zum Beispiel in den Sammelbänden von Ingomar Bog (1971) und Ekkehard Westermann (1979), sowie zahlreiche Detailstudien vorliegen. Das Thema wurde auch für das breitere Publikum vorgestellt, zum Beispiel zwischen 2012 und 2015 durch europäische LEADER-Aktionsgruppen mit einer Webseite (http://www.oxenweg.net/index.php [14. Januar 2018]). Die Arbeit von Gudrun J. Malcher, »Archäologin, Handwerkerin und Kauffrau« (S. 11), lässt sich zwischen Fachstudie und Populärdarstellung einreihen. Sie konzentriert sich auf die Stadt Regensburg, einen durchaus bedeutenden Konsumenten von Ochsen, die in vorzüglicher Qualität aus Ungarn importiert wurden. Leider ist das reiche Material, das auch Regensburger Archivmaterialien einschließt, nicht annotiert; die Quellen sind jeweils am Ende der einzelnen Kapitel aufgelistet.

Unter der Überschrift „Ochsen als Motor von Wirtschaft und Wohlstand" (S. 13–22) erfolgt die Darstellung der Bedeutung von Ochsen für das städtische Gewerbe, vor allem natürlich für das Metzger- und Fleischergewerbe, aber auch für zahlreiche weitere Handwerker, die tierische Rohmaterialien wie Fell, Horn und Knochen bearbeiteten. Darauf folgt ein chronologischer Überblick (S. 25–55) der sozio-ökonomischen und politischen Rahmenbedingungen des Ochsenhandels, darunter als ganz besonders wichtiger Faktor die Konflikte zwischen dem Fürstentum und der Freistadt. Ein kürzeres Kapitel (S. 57–64) stellt eher illustrativ anhand größerer Festlichkeiten sowie von Spitalregelungen den auffallend hohen Fleischkonsum der Stadt dar. Zwei Kapitel sind den Ochsenhändlern und Ochsenhandelswegen gewidmet (S. 67–102, 105–124). Ein kurzer Überblick der Geschichte des Regensburger Metzgergewerbes von 800 bis 1800 (S. 127–154) sowie ein Ausblick mit der Überschrift „Der Oxe lebt!" (S. 157–163) beschließen den Band, der reichlich illustriert ist und im Anhang weitere nützliche Informationen enthält.

Das Buch überspannt etwa fünfhundert bis tausend Jahre Geschichte, vom Mittelalter bis in die Neuzeit. Durch die thematische Struktur der Darstellung fällt es dem Leser schwer, das Gesamtbild in den einzelnen Epochen zu erfassen und seine Wandlungen nachzuvollziehen. Vielleicht hat die Verfasserin auch nicht versucht, die einzelnen Puzzleteile in ein komplexes Bild einzufügen. Produktion,

Handel und Verbrauch sowie das sozio-politische Umfeld sind nicht voneinander zu trennen. In der vorliegenden Darstellung bekommt man aber Bruchstücke des Bildes, allerdings nicht immer die Bruchstücke desselben Bildes. So finden wir auf den städtischen Weiden Zugtiere und Milchkühe unter Fleischochsen. Diese unvorsichtige Art der Forschung mag auch die Rekonstruktion der Viehtriebrouten beeinflusst haben. Viele Details wurden nicht geklärt, zum Beispiel der Umfang und die Art des Viehtriebes: Wie groß waren die Herden, die Ungarn verließen? Wurden die Herden von Ungarn direkt nach Regensburg getrieben? Oder war es eher ein ständiger Fluss von Viehherden, die auch die süddeutschen Märkte erreichten und nach Bedarf an verschiedenen Orten verkauft werden konnten? Und wie verhielt es sich eigentlich mit dem Fleischkonsum? Einzelne Merkmale der Nachfrage und ihrer Wandlungen werden im Band nur spärlich erarbeitet beziehungsweise mitunter durch widersprüchliche, zerstreute Aussagen charakterisiert. Nach dem »fleischfressenden Europa des Mittelalters« (Fernand Braudel) verschwand das Fleisch im 16. Jahrhundert vom Tisch der Ärmeren, um erst gegen Mitte des 19. Jahrhunderts wiederzukehren. In der Tat: Die relative Nähe der Viehproduktion in Ungarn und die überproportionale Präsenz der Reichselite in Regensburg ermöglichten einen weiterhin hohen Fleischkonsum. Ähnlich lagen die Dinge übrigens in Wien, wo aus ungarischem Fleisch und Mehl mit italienischer kulinarischer Fertigkeit das Wiener Schnitzel geschaffen wurde.

Das Buch wirft also Fragen auf und regt das Interesse für das ebenso wichtige wie komplexe Thema an. Die Verfasserin selbst weist mehrmals auf die Notwendigkeit von weiteren Forschungen über das Thema hin. Es wäre ein einladender Untersuchungsgegenstand für eine Promotion oder eine Habilitation. Denn eine tiefgreifende Monografie über den frühneuzeitlichen Ochsenhandel in Mitteleuropa steht noch aus.

Antal Szántay   Budapest

BAHLCKE, JOACHIM: *Gegenkräfte. Studien zur politischen Kultur und Gesellschaftsstruktur Ostmitteleuropas in der Frühen Neuzeit.* Marburg: Herder-Institut 2015. XVIII, 481 S., 56 Abb. ISBN 978-3-87969-396-2. = Studien zur Ostmitteleuropaforschung 31.

Es gibt Menschen, die nicht vorgestellt werden müssen. Im Kontext der Forschung über Ostmitteleuropa der Frühen Neuzeit ist Joachim Bahlcke einer dieser Menschen. Seit mehr als zwanzig Jahren inspiriert der heutige Stuttgarter Professor die Forschungsgemeinschaft mit seinen zahlreichen Publikationen, die sich mit ihrer Relevanz der Themenwahl, der Gründlichkeit der Analyse und dem sicheren Griff nach den Quellen auszeichnen. Für Spezialisten in Themenkreisen einzelner Länder, wie den Schreiber dieser Zeilen, ist das am meisten beeindruckende Merkmal des Œuvres die geografische Vielfalt und Breite der Untersuchungen. Das vorliegende Werk, eine Auswahl der zwischen 1993 und 2013 veröffentlichten Arbeiten Bahlckes, imponiert schon aus diesem Grunde. Neben der politischen Kultur und der Gesellschaftsstruktur gewidmeten Studien finden sich Aufsätze über die böhmischen Länder (unter besonderer Berücksichtigung Schlesiens). Ungarn (mit Kroatien) steht gleichermaßen im Fokus, während Polen eher am Rande einen wichtigen Bezugspunkt für Vergleiche bildet. Ein Beitrag befasst sich sogar mit dem Fürstentum Siebenbürgen. Der Band enthält neben Länderstudien auch Abhandlungen aus der Gattung der historiografischen Komparatistik.

Der erste Teil „Politische Ordnung und politisches Denken" ist den politischen Strukturen und dem politischen Denken gewidmet. Das System der Regierung und der Ständerepräsentation wird hier anhand recht komplizierter Beispiele, etwa der schlesischen Landesordnung, vorgestellt, während andere Aufsätze die Unionsstrukturen auf einer höheren Ebene der böhmischen Länder besprechen. Ein weiterer Beitrag beleuchtet die Versuche vom Beginn des 17. Jahrhunderts, einen *composite state* auf einer noch höheren geografischen Ebene einzurichten: Die kurzlebige Idee der Konföderation der habsburgischen Ländergruppe zeigt die Grenzen der von den Ständen der einzelnen Länder initiierten Kooperationsversuche auf. Ein anderes Hauptthema umreißen Schlüsselbegriffe im politischen Denken, wie *Libertas* in Polen, Böhmen und Ungarn. Den letzten Schwerpunkt dieses Teils bilden die Auffassung des ungarischen Klerus über Religionsfreiheit und Verfassungsordnung sowie deren Legitimierungsstrategien.

Das letztere Thema leitet zu dem eher methodisch definierten zweiten Teil „Strukturen und Strukturvergleiche" über. Die stellenweise offen, in anderen Fällen implizit komparativen Aufsätze zeigen aber klar auch einen thematischen Schwerpunkt auf: Die Rolle der Konfession in der Politik und dem gesellschaftlichen Leben der Region. Natürlich sind hier Kongruenzen zum ersten Teil zu finden: Die Studien über die Bedeutung des Calvinismus für die ständischen Freiheitsbewegungen in Böhmen und Ungarn bieten wichtige Einblicke in die erwähnten *Libertas*-Vorstellungen. Die geografische Vielfalt ist wohl in diesem Kapitel am größten: Die Probleme der Staatsbildung in der Oberlausitz werden ebenso behandelt wie die politischen Gruppenbildungsversuche des siebenbürgischen Katholizismus oder die Zusammenhänge zwischen Konfession und Außenpolitik in Innerösterreich und Kroatien.

Am weitesten entfernt sich von der politischen Sphäre der dritte Teil „Gesellschaftliche Formierungs- und Austauschprozesse". Hier bietet der Verfasser eine Vielzahl von Beispielen dafür, wie einzelne Gruppen der traditionell starken ostmitteleuropäischen Stände ihre Positionen zu bewahren oder sogar zu verbessern vermochten. Die Konflikte zwischen ständischen Strukturen und monarchischer Autorität werden am nachhaltigsten am Beispiel Ungarns und Böhmens geschildert, während die Erinnerungskultur und die Instrumentalisierung der Vergangenheit im Zusammenhang mit den Piasten-Herzögen in Schlesien in den Fokus geraten. Als ein weiterer Schwerpunkt erweisen sich die Strategien des ungarischen Klerus, behandelt wird aber auch die katholische Elite in Mähren.

Bahlcke weist in der Einführung darauf hin, dass die Studien Merkmale ihrer Entstehungszeit tragen, so dass sie um neuere Forschungsergebnisse ergänzt werden könnten. Dennoch wirkt der Sammelband mit seiner thematischen wie geografischen Vielfalt äußerst inspirativ und motiviert zu weiteren Forschungen über die faszinierende Welt der ostmitteleuropäischen Ständegesellschaften.

Gábor Kármán   Budapest

Geschichte der ungarischen Literatur. Eine historisch-poetologische Darstellung. Herausgegeben von Kulcsár Szabó, Ernő. Berlin/Boston: Walter de Gruyter 2013. XVIII, 742 S., 50 sch/w Abb. ISBN 978-3-11-018422-8.

Es ist sehr erfreulich, dass nach der letzten, noch von der marxistischen Ideologie geprägten ungarischen Literaturgeschichte in deutscher Sprache aus den 1970er Jahren endlich eine moderne Literaturgeschichte erschienen ist, die sich dezidiert an nichtungarische Leser richtet, „dichtungsgeschichtliche Vorgänge" in den Vordergrund stellt und die aktuelle Forschung berücksichtigt.

Der Herausgeber dieser neuen Literaturgeschichte will das 1977 beim Budapester Corvina Verlag unter der Herausgeberschaft von Tibor Klaniczay (1923–1992) erschienene „Handbuch der ungarischen Literatur" trotzdem nicht als überholt beiseiteschieben, da jede literaturgeschichtliche Darstellung lebendiger Abdruck einer Verständnisart bleibe. So fokussiert die frühere Darstellung auf ideologische und thematische Leistungen der Literatur, wie dies Ernő Kulcsár Szabó in einem Interview erläuterte. Außerdem war das Vorgängerwerk eben nicht primär für ausländische Leser konzipiert worden, sondern stellte eine bloße Übersetzung dar: Die ungarischsprachige Vorlage wurde damals nicht nur ins Deutsche, sondern auch ins Englische, Russische, Französische übersetzt.

Unter den Vorläuferwerken muss auch ein zur Mitte der 1980er Jahre veröffentlichtes Werk erwähnt werden, das keine Übersetzung war und sich gezielt an englischsprachige Leser, in erster Linie an Studierende wandte: „The Oxford History of Hungarian Literature" von Lóránt Czigány (1935–2008). Diese Literaturgeschichte entstand zwar nicht unter ideologischen Zwängen, wurde aber von einem einzelnen Literaturhistoriker verfasst und war in seiner Fragestellung weniger stringent, als man es sich gewünscht hätte.

Fast drei Jahrzehnte nach dem Werk von Czigány und beinahe 25 Jahre nach der politischen Wende ist die vorliegende Darstellung erschienen, die wirkungsgeschichtliche Prozesse in den Fokus stellt und keine klassischen Autorenporträts bietet, sondern die Autorinnen und Autoren an der Stelle behandelt, an der sie jeweils Bedeutendes schufen (S. XV). Diese auf Deutsch verfasste neue ungarische Literaturgeschichte ist das Gemeinschaftswerk von zehn Verfassern, die jeweils ein Kapitel verantworten. Die Gewichtung der Beschreibungen der unterschiedlichen Epochen gleicht der bisherigen Herangehensweise einbändiger Literaturgeschichten. Die ersten 600 Jahre werden auf rund 100 Seiten behandelt, die Vorgänge des 19. Jahrhunderts erhalten an die 150 Seiten, die Periode ab Ende des 19. Jahrhunderts bis heute, die letzten 120 Jahre füllen die restlichen rund 350 Seiten, also über die Hälfte des Buches. Die Verfasser sind auch mit der deutschen Literaturgeschichte vertraut. Sie verwenden die deutschsprachige Terminologie souverän und bieten fachwissenschaftlich anspruchsvolle, mit wenigen Ausnahmen gut lesbare Texte.

Das Werk verfügt über ein detailliertes sechsseitiges Inhaltsverzeichnis, das entsprechend der textfokussierten Herangehensweise des Bandes nicht durchgängig nach Autorennamen gegliedert ist; zum Kapitel über die klassische Moderne (um 1895–1932), das mit Endre Ady, Mihály Babits, Dezső Kosztolányi gewichtige Lebenswerke behandelt, führt es eben diese Namen nicht auf, so dass diese Schriftsteller nur anhand des Namensverzeichnisses zu erschließen sind. Dem verständlichen Wunsch des Lesers nach einordnenden Autoreninformationen kommen die kurzen Biogramme am Ende des Buches nach, allerdings fallen diese unausgeglichen aus: So bleibt schwer erklärlich, warum die Texte über den Romanfürsten Mór Jókai fünfmal so lang sind wie diejenigen über literarische Größen, die in ihrer Zeit eine ebenso zentrale Rolle im Kanon einnahmen wie Endre Ady, Mihály Babits, Dezső Kosztolányi und Attila József.

Eine Zeittafel mit den wichtigsten Daten und Ereignissen der politischen Geschichte und der Kulturgeschichte Ungarns hilft, die dichtungsgeschichtlichen Vorgänge einzuordnen, auch wenn die Einträge an manchen Stellen noch besser mit dem Textkorpus hätten verzahnt werden können. Die Erwähnung der Schlacht bei Mohács 1526 mit der vernichtenden Niederlage der ungarischen Truppen ist wegen ihrer bis heute nachwirkenden symbolischen Bedeutung und der verheerenden Wirkung auf die politische Zukunft Ungarns im Mittelalter obligat, allerdings kommt die fehlerhafte Eintragung aus ungarischer Sicht als späte Genugtuung daher: die Zeittafel verkündet nämlich zu 1526 »29. August: Schlacht bei Mohács, schwere Niederlage der Türken [!]« (S. 646). Das Jahr 1999, als Ungarn Gastland bei der Frankfurter Buchmesse war und deshalb bei zahlreichen Übersetzungen in der Auswahlbibliografie als Erscheinungsjahr vorkommt, sucht man vergeblich in der Zeittafel, die mit dem Beitritt Ungarns zur Europäischen Union 2004 endet.

Eine nützliche Auswahlbibliografie deutscher Übersetzungen ungarischer Werke bietet die Möglichkeit, sich über die Präsenz der im Buch vorgestellten Autorinnen und Autoren auf dem deutschsprachigen Buchmarkt zu informieren. Die meisten Einträge konzentrieren sich auf die zweite Hälfte des 20. Jahrhunderts und ermöglichen eine erste Orientierung darüber, welche ungarischen Werke, wann und wo (zum Beispiel in der Bundesrepublik Deutschland oder der DDR) auf Deutsch veröffentlicht worden sind. Wer hier auf bibliografische Vollständigkeit aus ist oder nach Autorinnen und Autoren sucht, die im Band nicht erwähnt werden (zum Beispiel Magda Szabó, Gergely Péterfy, Iván Sándor), der bleibt jedoch weiterhin darauf angewiesen, die umfassenden Bibliografien von Tiborc Fazekas und Christine Schlosser zu konsultieren.

Es ist zu begrüßen, dass durch die Berücksichtigung der Forschungsergebnisse der letzten Jahrzehnte weitreichende Entwicklungen in der ungarischen Literaturgeschichtsschreibung nun auch auf Deutsch nachvollzogen werden können, etwa die Neuperiodisierung der ungarischen Moderne, als deren Ausgangspunkt bislang die Gründung der Zeitschrift „Nyugat" (*Westen*) 1908 galt, der aber durch die Neubewertung bestimmter Prosatexte aus dem letzten Drittel des 19. Jahrhunderts von Géza Csáth, Viktor Cholnoky und János Asbóth inzwischen schon mit dem Tod János Aranys im Jahre 1882 markiert wird. Die ebenfalls in den 1990er Jahren einsetzende Welle des »Neulesens« (*újraolvasás*) führte dazu, dass heute auch Werke von kanonisierten Schriftstellern wie Kálmán Mikszáth in Bezug auf ihre poetische Innovationskraft neu eingeordnet werden. Betont sei allerdings, dass gerade die Neuentdeckung von Mikszáth schon viel früher durch das Interesse belletristischer Autoren einsetzte, etwa Péter Esterházys, der sich in seinem „Produktionsroman" (*Termelési regény*, 1979) intensiv mit Mikszáth auseinandersetzte. Zweifellos kann diese neue Literaturgeschichte zur Auseinandersetzung mit den Vorbildern der heute auch in Deutschland bekannten und gerne gelesenen Autoren wie Géza Ottlik, Miklós Mészöly und Dezső Kosztolányi beitragen. Es bleibt zu hoffen, dass sich hieraus Impulse für weitere Übersetzungen aus dem Ungarischen ergeben.

Krisztina Busa   Regensburg

Kultur und Literatur der Frühen Neuzeit im Donau-Karpatenraum. Transregionale Bedeutung und eigene Identität. Herausgegeben von KATONA, TÜNDE – HABERLAND, DETLEF. Szeged: Grimm 2014. 525 S., 15 farb. Abb. ISBN 978-963-9954-81-6 = Acta Germanica. Schriftenreihe des Instituts für Germanistik der Universität Szeged 14.

Der Band dokumentiert die Beiträge einer Tagung an der Universität Szeged im Jahre 2008, deren Beiträge für die – verzögerte – Drucklegung überarbeitet worden sind. Die in sechs Themenblöcke geordneten 23 Beiträge von Autor(inn)en aus den deutschsprachigen Ländern, Ungarn, Polen und Rumänien ergeben ein breites Bild kultureller und wissenschaftlicher Beziehungen in der Frühen Neuzeit zwischen Ungarn, Siebenbürgen, Mähren und Schlesien. Ins Spätmittelalter zurück führt nur Peter *Wörster* mit „Großwardein als humanistisches Zentrum vor der Reformation". Der erste Abschnitt „Theologie, Geschichtsschreibung und Identität" spannt den weiten Bogen zwischen den Antitrinitariern des 16. und 17. Jahrhunderts in Siebenbürgen (Mihály *Balázs*), zwei Beispiele katholischer und protestantischer deutscher Siedler in Ungarn zur Regierungszeit Kaiser Josephs II. (Márta *Fata*) und der evangelischen Führungsschicht in Pest in der ersten Hälfte des 19. Jahrhunderts (Mátyás *Kéthelyi*). Zu internationalen Bezügen und Rezeption werden ein historischer Überblick zu den „Beziehungen zwischen Schlesien und der Zips" vom 15. bis 17. Jahrhundert (Anna Maria *Kozok*), ein Beitrag zur frühen Rezeption des Werkes von Andreas Dudith (1533–1589) insbesondere durch Martin Opitz (Detlef *Haberland*), zwei Aufsätze zu den Verbindungen des ebenfalls reformierten Albert Szenci Molnár (1574–1634) mit dem deutschsprachigen Raum und einmal die Gottsched-Rezeption in Ungarn (Anita *Fajt*) angeboten. Ähnlich zufällig, jeder für sich aber auch ebenso gehaltvoll, sind die vier Beiträge zur Buchkultur mit dem Schwerpunkt auf dem historischen Ungarn. Unter „Literarische Repräsentation der Interkulturalität" findet man die Darstellung der Belagerung von Gran (*Eger*) in der siebenbürgisch-sächsischen und Zipser deutschen Literatur des 16. und 17. Jahrhunderts (Péter *Lőkös*), die Verwandlung des Topos von Ungarn als *Antemurale Christianitatis* zwischen Daniel und Martin Opitz (ohne einen Hinweis darauf, dass auch Polen und Kroaten sich gerne als *Bollwerk der Christenheit* gesehen haben, Péter *Ötvös*) sowie Tradition und Innovation in ungarischen Stammbucheinträgen des 16. bis 18. Jahrhunderts (Tünde *Katona*). Es folgen „Pressewesen" und „Architektur und Musik" zwischen „Formenwanderung der Kleinarchitektur" (Kinga *German*) und „Musiker-Migration" (Klaus-Peter *Koch*).

In der Summe bietet der Band eine Fülle von fundierten und anregenden Beiträgen, die eigentlich nur durch den Raum des historischen Ungarn und seine schlesisch-mährische Nachbarschaft sowie die zeitliche Eingrenzung verbunden sind. Dass die Herausgeber im Vorwort nicht versucht haben, eine weitergehende thematische Kohärenz zu konstruieren, ehrt sie.

Wolfgang Kessler Viersen

BALÁZS, ÉVA H.: *L'Europe des Lumières. Œuvres choisies / Europa der Aufklärung. Ausgewählte Schriften von Éva H. Balázs.* Sous la direction de / Herausgegeben von KRÁSZ, LILLA – FRANK, TIBOR. Budapest: Académie Hongroise des Sciences, Centre de Recherche en Sciences Humaines et Sociales; Corvina 2015. 424 S., 1 sch/w Abb. ISBN 978-963-13-6344-9.

Wer sich mit Fragen der Geistes-, Kultur-, Ideen- und Gesellschaftsgeschichte Ungarns im 18. Jahrhundert beschäftigt, der wird schon nach kurzer Zeit auf die Studien von Éva H. Balázs (1915–2006) aufmerksam werden. Die im siebenbürgisch-szeklerischen Oderhellen (*Odorheiu Secuiesc, Székelyudvarhely*) gebürtige Historikerin prägte über lange Jahrzehnte hinweg die ungarische Aufklärungsforschung und war für Vertreter der westeuropäischen Historiografien in der Regel die erste Ansprechpartnerin, wenn es um die Organisation gemeinsamer Forschungsvorhaben und die Gewinnung einschlägiger Fachleute ging. Die aus einer Künstler- und Schriftstellerfamilie stammende, sprachbegabte und vielseitig interessierte Intellektuelle machte sich als Schülerin von Elemér Mályusz (1898–1989) an der Universität Budapest bald einen Namen. Es hing auch mit der politischen Entwicklung in den 1950er Jahren zusammen, dass sie ihr Interesse für das Mittelalter allmählich aufgab und sich der neuzeitlichen Geschichte zuwandte. Als es in den 1960er Jahren möglich wurde, über die Archive in Ungarn, der Tschechoslowakei und Polen hinaus auch entsprechende Sammlungen im Westen aufzusuchen, wandte sie sich zuerst nach Wien und später nach Paris. Schon bald stand sie mit den führenden Autoritäten der Aufklärungsforschung, die ihr eigentliches wissenschaftliches Lebensthema blieb, in persönlichem Kontakt. Die größte Aufmerksamkeit außerhalb Ungarns fand ihr 1997 in englischer Übersetzung erschienenes Werk „Hungary and the Habsburgs 1765–1800. An Experiment in Enlightened Absolutism", gleichsam eine Summe ihrer langjährigen Forschungs- und Arbeitsschwerpunkte.

Die vorliegende, von Lilla *Krász* und Tibor *Frank* knapp ein Jahrzehnt nach dem Tod der Verfasserin vorgelegte Aufsatzsammlung enthält einleitend eine ausführliche Skizze dieses akademischen Werdegangs, der sich naturgemäß nicht unabhängig von den größeren politischen und wissenschaftspolitischen Entwicklungen Ungarns in der zweiten Hälfte des 20. Jahrhunderts vollzog. Bedauerlich, ja ärgerlich an dieser Einleitung ist, dass ihr kein Schriftenverzeichnis von Balázs beigefügt wurde, zumal ihre in vielen Sprachen publizierten Studien bibliografisch oft nur schwer zu ermitteln sind. Nicht nachvollziehbar ist ferner, warum die zu dieser Auswahl herangezogenen Beiträge (sowie einige wenige bisher nicht veröffentliche Manuskripte) ausschließlich nach der Sprache des Ausgangstextes und nicht nach systematischen oder zeitlichen Aspekten geordnet und strukturiert wurden. So gibt es nebeneinander einen Block verschiedener Texte, jeweils überschrieben mit „Ausgewählte Schriften von Éva H. Balázs", einmal in französischer, einmal in deutscher Sprache. Im Personenregister hat dies dann zur Folge, dass Begriffserläuterungen (freilich auch nicht konsequent) in beiden Sprachen angegeben werden. Zur Form des Wiederabdrucks fehlen die bei solchen Verfahren üblichen Informationen.

Eine gewisse Binnenstruktur der Aufsatzsammlung hätte dem Leser einen Hinweis darauf geben können, nach welchen Kriterien die einzelnen Beiträge eigentlich ausgewählt wurden. Solche Auswahlkriterien aber werden nicht genannt, und entsprechend allgemein fiel auch der Buchtitel der ganzen Sammlung aus: Unter „Europa der Aufklärung" lässt sich nahezu alles einordnen, was irgendwie die Geschichte des 18. Jahrhunderts berührt. Wer die Arbeiten von Éva H. Balázs nur in groben Umrissen kennt, weiß, dass er dabei auf Studien zu Gergely Berzeviczy und Gerard van Swieten, Maria Theresia und Joseph II., zu Aspekten der ungarisch-österreichischen und ungarisch-französischen Beziehungen, Formierungsprozessen von Freimauern, Reformpolitikern und Girondisten und zu anderen Einzelfragen stoßen wird. Die Genese bestimmter Auffassungen oder die Neubewertung eben dieser Auffassungen lässt sich aus einer solchen Anordnung nicht erkennen. Die eigentliche intellektuelle Entwicklung und Weiterentwicklung dieser bedeutenden Historikerin Ungarns, deren Leben von zahlreichen Brüchen und Umbrüchen gekennzeichnet war, ist für den außenstehenden Beobachter und Leser ihrer Schriften bedauerlicherweise nicht nachzuvollziehen.

Joachim Bahlcke   Stuttgart

OROSZ, ISTVÁN: *A főnix és a bárány városa. Tanulmányok Debrecen múltjából* [Die Stadt des Phönix und des Lammes. Studien aus der Vergangenheit von Debrecen]. Debrecen: Debreceni Egyetem Történelmi Intézete 2015. 240 S. ISBN 978-963-473-836-7 = Speculum Historiae Debreceniense 21.

Im Mittelpunkt der Forschungen des in Debrecen wohnhaften, über achtzig Jahre alten, noch aktiven Historikers und Universitätslehrers István Orosz, ist die ungarische und universale Agrargeschichte der Neuzeit. Er entwickelte aber gleichzeitig auch als Stadthistoriker ein bedeutendes Werk. In mehreren Studien verarbeitete er die Geschichte der ungarischen Agrargesellschaft, der Marktflecken mit

Weinanbau vom Tokajer Weinanbaugebiet und der *Heiducken-Städte* mit Groß-tierhaltung in der Tiefebene beziehungsweise von Debrecen. Eine bedeutende Leistung seiner Tätigkeit als Historiker ist die Zusammenführung der Forschun-gen zur Landes- und Ortsgeschichte. Er hielt es immer für wichtig, dass das überregionale Bild der Agrarwelt aus den regionalen Unterschieden zustande kommt. Deshalb schrieb er auch zahlreiche Studien über regionale Fragen.

Der *Phönix* und das *Lamm* im Titel seines vorliegenden Studienbandes sind im Wappen von Debrecen sichtbar, sie sind seit Jahrhunderten die Wahrzeichen der Stadt. Der erste Artikel des Verfassers über Debrecen erschien 1971. Darin stellt Orosz fest, dass die Umwandlung der Stadt Debrecen zur Agrarstadt – die vor dem 18. Jahrhundert noch als Handwerker- und Handelsstadt betrachtet wurde –, nicht die Herausbildung der modernen Bürgerschaft, sondern die Auf-rechterhaltung der feudalen Ständeordnung förderte. Orosz hält dies für sein wichtigstes, heute noch gültiges Ergebnis seiner Debrecen-Forschungen. Die Geschichte der Tiefebene und von Debrecen spielte in den nächsten Jahren eine immer größere Rolle in seinem Werk. Er forschte jahrelang im Stadtarchiv von Debrecen und lernte das Quellenmaterial kennen, das eine Basis seiner Schriften nicht nur über Debrecen, sondern über die Region *Hajdúság* (im Osten des heu-tigen Ungarn) und andere Siedlungen in der Tiefebene bedeutete. Debrecen stellte den Gegenstand seiner Dissertation zum Doktor der Ungarischen Akade-mie der Wissenschaften dar. Er unternahm in dieser Arbeit die Analyse der Ge-schichte des Bodenbesitzes, der Landwirtschaft und der Agrargesellschaft in der Stadt im Zeitraum zwischen der Niederschlagung der Revolution und des Frei-heitskampfes von 1848/1849 und dem Ende des Ersten Weltkrieges.

Die Debrecen-Studien dieses Bandes bilden eine besondere Einheit. Orosz interessiert sich weniger für die Politik, als für die tiefgreifenden Veränderungen in Gesellschaft und Wirtschaft. Die Mehrheit seiner vorliegenden Schriften han-delt von Wirtschaft- und Gesellschaftsgeschichte. In dieser Hinsicht hält er Lajos Zoltai (1861–1939) für seinen Vorgänger. Der Heimatforscher, Museologe und Volkskundler schrieb zahlreiche Studien über die Geschichte Debrecens und führte in der Nähe der Stadt mehrere archäologische Grabungen durch. Neben ihm war der Agrarhistoriker István Szabó (1898–1969) Lehrer und Meister von Orosz. Szabó beschäftigte sich mit schicksalhaften Fragen der ungarischen Agrar-gesellschaft und verfasste grundlegende Studien über die Agrargeschichte, Sied-lungsgeschichte und geschichtliche Demografie. Einer seiner Verdienste ist die Begründung und Einleitung der umfassenden Erforschung der Geschichte des Bauerntums in der Frühzeit des Kapitalismus. Wichtige wissenschaftliche Be-zugsperson für den Verfasser war noch István Balogh (1912–2007), der als Histo-riker und Archivar die Kultur der bäuerlichen Wirtschaftsführung und des Bauernhof-Systems in der Region *Hajdúság* und von Debrecen behandelte. Zu erwähnen ist schließlich der Kirchenhistoriker Imre Révész (1889 1967), Kenner der protestantischen Kirchengeschichte mitsamt Fragen der ungarischen Gesellschafts- und Kulturgeschichte.

Von den 13 Studien des vorliegenden Bandes beschäftigen sich nur zwei nicht mit Gesellschafts- und Wirtschaftsgeschichte beschäftigen. Orosz stellt sich in einer dieser beiden die Frage: Kann der Widerstand der Stadt gegenüber allen äußeren Einwirkungen, das Misstrauen gegenüber dem Fremden und Unbekannten ausschließlich mit den eigenartigen Eigenschaften der Geschichte Debrecens erklärt werden? War die Entwicklung Debrecens im Ungarn des Spätmittelalters und am Anfang der Neuzeit tatsächlich beispiellos? Steht Debrecen mit der ungarischen Stadtentwicklung in einer engen Beziehung? Der Verfasser stellt fest, dass die Umwandlung der Stadt zur Agrarstadt nicht die Herausbildung der modernen Bürgerschaft, sondern die Aufrechterhaltung der feudalen Ständeordnung förderte. Der Kapitalismus drang von außen nach Debrecen vor und begann mit der Auflösung der eigengesetzlichen Wirtschaftsgesellschaft, die sich im 18. Jahrhundert herausgebildet hatte, erst in der zweiten Hälfte des 19. Jahrhundertes. Dann zersetzte sich auch die gesellschaftliche Grundlage, die Gemeinschaft, deren Existenz in der größten Stadt jenseits der Theiß die Dauerhaftigkeit mehrere Jahrzehnte lang sicherte. Die andere Studie stellt den Prozess der Umwandlung von Debrecen aus einem Marktflecken in eine königliche Freistadt vor. Die Studie weist darauf hin, dass Debrecen auch als Markflecken über zahlreiche Rechte verfügt hatte, ebenso wie die königlichen Freistädte. Ab Ende des 17. Jahrhundertes war aber ihre privilegierte Stellung bedroht gewesen. In einem anderen Beitrag befasst sich Orosz mit dieser Rechtsstellung und betont, dass deren wichtigste Bedingung – die Akzeptierung der katholischen Bewohnerschaft – in Debrecen erst nach langen Jahrzehnten sichergestellt war. Danach berichtet er über die Wirtschaftsführung Debrecens nach der Umwandlung zur königlichen Freistadt, über den Prozess der Veränderung wieder hin zur Agrarstadt, der im 18. Jahrhundert begann und am Anfang des 19. Jahrhundertes fortlief. Darin liegt wohl seiner Meinung nach eine Erklärung dafür, dass die Entwicklung Debrecens nach dem Erwerb des Titels der königlichen Freistadt langsamer wurde. Im Weiteren wird die Verwendung der *inneren Weide* im 18. und 19. Jahrhundert in der Landwirtschaft beleuchtet. Orosz beschreibt diese Verwendung als eine operative Störung, weil sich die Bevölkerung im mittleren Drittel des 19. Jahrhundertes zunehmend an den landwirtschaftlichen Bau wandte und sie sich bemühte, die Methode der traditionellen Tierhaltung zu bewahren. Einen Ausweg hätte die Schaffung der modernen Landwirtschaft bieten können. Die begüterten Landwirte, die von der sich kapitalisierenden ungarischen Welt immer mehr zurückblieben, wurden aber dazu nicht angespornt.

Zwei eigenständige Studien handeln vom Alltag Debrecens während der Revolution und des Freiheitskampfes 1848/1849 beziehungsweise der Lage der protestantischen Bevölkerung in den 1860er Jahren. Sie betonen, dass die Stadt einerseits als wichtigste Siedlung der heimischen Protestanten, begleitet durch die Sympathie der heimischen Katholiken, ihre Kraft in die Waagschale warf und ihre Kirche sowie ihre Schulen schützte, andererseits aber keine örtlichen, sondern nationalen Interessen vertrat. Der Autor diskutiert gesondert die Rolle der *Puszta* von Hortobágy in der Wirtschaftsführung Debrecens und die Bedeutung des Grundeigentums in der Auffassung der vermögenden Bürger Debrecens beziehungsweise die Schaffung des bürgerlichen Grundeigentums. Über Letzteres kommt er zum Ergebnis, dass sich das freie bürgerliche Grundeigentum in der Stadt Debrecen zwischen 1774 und 1897 äußerst schleppend herausbildete, jedenfalls viel langsamer, als bei den ehemaligen Adligen und den Leibeigenen mit Bodenbesitz. Die Folgeerscheinungen zeigen sich in der Gestaltung des Bodenbesitzes an der Grenze der Stadt als Privateigentum und Gemeinschaftseigentum (oder Stadteigentum).

Weitere zwei Studien beschreiben den Zusammenhang zwischen der Wirtschaftsführung und der Mentalität der Bürger von Debrecen und das Weiterleben der traditionellen Eigenschaften, da auch um 1880 noch die beweidende Tierhaltung im Außengebiet der Stadt das Wirtschaftsideal war. Von den begüterten Landwirten, die an der städtischen Politik mitwirkten, wurde die immer enger werdende Basis dieser archaischen Wirtschaftsführung eigensinnig geschützt. Der letzte Aufsatz stellt die Strömung der *Dorfforschung* in Debrecen und Sárospatak in den 1930er Jahren dar – dies in Verbindung mit den Studentenbewegungen, die der schreienden Widersprüche der ungarischen Wirklichkeit gewahr wurden, und den kirchlichen Organisationen, die sich bemühten, ihre Mitglieder zur Kenntnis der Wirklichkeit zu erziehen.

Im Vorwort des Bandes spricht István Orosz seine Hoffnung aus, dass die Vergangenheit Debrecens zahlreiche spannende Untersuchungsfragen zur Wirtschafts- und Gesellschaftsgeschichte aufzuwerfen und auch zu beantworten vermag. Der Rezensent ist sicher, dass er in seiner Hoffnung nicht enttäuscht wird.

István Szabadi   Debrecen

Trencsényi, Balázs: *A nép lelke. Nemzetkarakterológiai viták Kelet-Európában*
[Die Seele des Volkes. Nationalcharakterologische Diskussionen in Osteuropa].
Budapest: Argumentum; Bibó István Szellemi Műhely 2011. 760 S. ISBN 978-963-
446-597-3 = Eszmetörténeti könyvtár 14.

Der Verfasser untersucht in seiner Monografie ein geistesgeschichtliches Phänomen, das vor allem im 19. und 20. Jahrhundert blühte: die Diskurse über Nationalcharaktere in Osteuropa. Gelten auch heute Überlegungen und Annahmen
über nationale Eigenschaften als klischeebeladen und wissenschaftlich kaum
nachweisbar, so war dies mitnichten immer der Fall. Bereits in der Frühen Neuzeit wurden *Völkertafeln* verbreitet, welche die vermeintlichen Nationalcharaktere
europäischer Völker zu erklären suchten. Im Zeitalter des Nationalismus, also seit
dem frühen 19. Jahrhundert, beschäftigten solche Themen weite Teile der west-
und zunehmend auch der osteuropäischen Gesellschaften. Unzählige Literaten,
Völkerkundler, Historiker und Publizisten, um nur einige Berufsfelder zu nennen, machten sich auf, um die Sonderstellung und nationalen Charakteristika des
eigenen Volkes (zumeist in Abgrenzung von jenen der Nachbarvölker) zu erforschen und zu definieren. Bis zum Ende des Zweiten Weltkrieges wurden Unmen-
gen an Papier, Druckerschwärze und Scharfsinn auf solche Fragen verwendet,
wobei einer der zeitlichen Höhepunkte in die Zwischenkriegszeit fiel.

Trencsényi konzentriert auf die einschlägigen Diskurse in Ungarn, Rumänien
und Bulgarien. Der dreifache Untersuchungsgegenstand ermöglicht es, die drei
Fälle in einer Synopse zu betrachten und aus dieser Fragen abzuleiten, die für die
Region als Ganzes belangvoll sind. Nach Trencsényis interpretatorischer Grund-
these sind Konzepte zur Bestimmung und Erörterung von Nationalcharakteris-
tika als ethnische Identitätsdiskurse aufzufassen, die Antworten auf die Krise der
Moderne und Modernität zu geben versuchten. Hervorzuheben ist, dass der
Verfasser sowohl die osteuropäische Übernahme bestimmter Ideen aus Westeuropa nachweist als auch die autochthonen Wurzeln bestimmter Vorstellungen
gewichtet.

Eine geistesgeschichtliche Arbeit mit solchen Dimensionen wie die vorliegende mit rund 710 Textseiten auf dem knappen Raum, der für eine Rezension
zur Verfügung steht, detailliert vorzustellen, ist unmöglich. Daher soll im Folgenden nur auf das Kapitel zu Ungarn und das Fazit eingegangen werden, welches
alleine bereits fünfzig Seiten umfasst und nicht nur eine Zusammenschau der
Ergebnisse, sondern auch Anhaltspunkte zu deren Weiterdenken bietet. Das Kapitel über die ungarischen Identitätskonstruktionen zeichnet auf über 160 Seiten
Überlegungen über das *Ungarisch-Sein*, die Wechselwirkungen zwischen geografischen Gegebenheiten und der Ethnie sowie Deutungen über die Rolle und das

Schicksal der Ungarn im Donaubecken nach. Dabei spannt Trencsényi einen Bogen von der Zeit des nationalen (Wieder-)Erwachens (Ferenc Kazinczy, József Kármán um 1790) bis hin zu den kritischen und selbstreflexiven Ausführungen des Politologen István Bibó nach der Katastrophe des Zweiten Weltkrieges. Das dazwischen liegende Panorama reiht ziemlich alle wichtigen ungarischen Politiker, Historiker, Schriftsteller, Ethnologen und Denker auf: Lajos Kossuth, István Széchenyi, Lajos Mocsáry, Győző Concha, Dezső Szabó, Gyula Szekfű, László Németh, Sándor Karácsonyi, Ferenc Erdei, Gábor Lükő, Lajos Prohászka und Elemér Mályusz, um nur die wichtigsten zu nennen. Es wäre verführerisch, vor dieser Denkergalerie eine Linie zu konstruieren, die von einem überethnischen politischen *Hungarus*-Bewusstsein über eine ethnisch-nationalistische Phase am Ende des 19. und zu Beginn des 20. Jahrhunderts zu einer selbstkritischen Sicht eben dieser Phase durch Bibó nach 1945 führte. Der Verfasser begeht diesen Fehler nicht, sondern verweist sowohl auf die berühmte Aufsatzsammlung „Was ist der Ungar?" aus dem Jahre 1939 als auch auf die Unterschiede und Verschränkungen zwischen den urbanen und popularen/populistischen Diskursen. Zudem stellt er nicht nur inhaltliche Bezüge zu west- und südosteuropäischen Themen und Denkern her (so den Konzepten *Kleindeutsch* und *Großdeutsch* und den Schriften Ortega y Gassets), sondern auch zu vergleichbaren Denkmustern etwa im rumänischen Kontext. Seine stupende Belesenheit und die Weite seines geistigen Horizonts belegt schließlich auch die Einbeziehung von Denkern aus dem Kreise der ungarischen Minderheiten (László Szabédi, György Bartók), was in der einschlägigen Forschung im heutigen Ungarn ansonsten leider keine Selbstverständlichkeit darstellt.

Das ausführliche Fazit des Buchs ist eigentlich eher eine Zusammenführung der drei vorangegangenen Kapitel auf hohem Abstraktionsniveau. Dabei geht Trencsényi auf die Entwicklung *völkerpsychologischer* Ansichten in der kommunistischen Zeit ein. Er weist nach, dass trotz der im Namen des *kommunistischen Internationalismus* erfolgten Ablehnung nationaler Themen Hinweise auf die ethnische Eigenart und Erklärungsmuster für rumänische, ungarische und bulgarische geschichtliche Entwicklungen in allen drei Ländern (stärker oder schwächer) präsent waren. Nach 1989 erfuhren sie in manchen Kreisen und hinsichtlich bestimmter Aspekte sogar einen Aufschwung und vermehrte Beliebtheit.

Abschließend bleibt dem Rezensenten nur, Respekt zu bekunden vor der immensen Leistung des Verfassers, der auf dem Gebiet der Geistesgeschichtsschreibung kaum Vergleichbares an die Seite zu stellen ist. Das Buch ist 2013 in englischer Sprache erschienen, so dass seine Ergebnisse auch international rezipiert werden können, was Trencsényi auch verdient hat.

Franz Sz. Horváth   Rüsselsheim

Krisen/Geschichten in mitteleuropäischem Kontext. Sozial- und wirtschaftsgeschichtliche Studien zum 19./20. Jahrhundert / Válság/történetek közép-európai összefüggésben. Társadalom- és gazdaságtörténeti tanulmányok a 19–20. századról. Herausgegeben von KELLER, MÁRKUS – KÖVÉR, GYÖRGY – SASFI, CSABA. Wien: Institut für Ungarische Geschichtsforschung; Balassi Institut; Collegium Hungaricum; Ungarische Archivdelegation beim Haus-, Hof- und Staatsarchiv 2015. 362 S. ISBN 978-615-5389-45-0 = Publikationen der ungarischen Geschichtsforschung in Wien 12.

Der Aufsatzband enthält 14 Beiträge der 2012 gebildeten Forschungsgruppe für Krisengeschichte der Ungarischen Akademie der Wissenschaften und der Eötvös-Lóránd-Universität in Budapest über unterschiedliche Erscheinungsformen von *Krisen* zwischen den 1830er und den 1950er Jahren aus unterschiedlichen Perspektiven. György *Kövér* („Krisengeschichte als Disziplin?") weist eingangs auf die Konjunkturen historischer Krisenforschung seit der Finanzkrise 2008 und in der Geschichte seit den Krisen des 19. Jahrhunderts hin. Die Terminologie führt auf die medizinische Fachsprache zurück. Man muss wohl die Frage negativ beantworten, doch erweist sich die Krisengeschichte in diesem Band als weiterführendes Forschungsthema unterschiedlicher Wissenschaftsdisziplinen.

Sehr gut statistisch dokumentiert Szabolcs *Somorjai* die Kreditkrise im ungarischen Reformzeitalter – damit vor der Gründung großer Banken – und zeigt die Auswirkungen der 1825 von London ausgehenden Finanzkrise auf Getreidepreise und Kredite in Ungarn auf. Csaba *Sasfi* untersucht am Beispiel des am Donauufer gelegenen Pester Piaristengymnasiums die Auswirkungen der Choleraepidemie 1831 und des Eishochwassers der Donau 1838 auf den „Schulbesuch in der von Katastrophen heimgesuchten Großstadt": Die Cholera (während der Schulferien) hatte weit weniger Auswirkungen auf den Rückgang der Schülerzahl als das Hochwasser, das die Negativtendenz nach den 1820er Jahren noch beschleunigte. Károly *Halmos* und György *Kövér* rekonstruieren die Statistik der Krida, des Konkurses, in Budapest zwischen 1854 und 1884, vergleichen sie mit der internationalen Konkursstatistik und erhellen die zum Teil parallelen institutionellen Regelungen des Konkursverfahrens. Éva *Bodovics* zeigt die Rolle der Presse bei der „Konstruktion der Katastrophe" während der Hochwasser in Miskolc 1878 und Szeged 1876. Zsuzsanna *Kiss* analysiert „Gesellschaftshistorische Aspekte der Getreidekrise gegen Ende des 19. Jahrhunderts" in Ungarn, die wesentlich eine Exportkrise war, am Beispiel zweier Gutswirtschaften. Die Auswirkungen derselben Krise auf die in der Exportkonjunktur technisch fortschrittliche Budapester Mühlenindustrie arbeitet Judit *Klement* heraus.

Bei den hier analysierten Krisen der Zwischenkriegszeit tritt die Ökonomie in den Hintergrund. Beáta *Kulcsár* zeigt die Widerspiegelungen des „Imperiumwechsels" beim Übergang Siebenbürgens von Ungarn an Rumänien in der Folge des Friedensvertrages von Trianon 1920 in unveröffentlichten autobiografischen Texten: im „Gondolatnapló" (*Gedankentagebuch*, 1919–1925) des Vizegespans des Komitats Oderhellen (*Odorhei, Udvarhely*), Árpád Paál, in den Erinnerungen des ehemaligen Parlamentsabgeordneten Elemér Jakabffy „Lugostól Hátszegig" (*Von Lugoj nach Haţeg*, 1949) sowie des siebenbürgischen reformierten Pfarrers, Politikers und späteren (1936) Bischofs János Vásárhelyi „Emlékeim" (*Meine Erinnerungen*). Die Autoren der Geburtsjahrgänge 1880 bis 1889 standen aktiv im politischen und sozialen Leben und engagierten sich in der durch die Grenzziehung gebildeten Minderheit. *Kulcsár* resümiert die Einsichten in die persönlichen und sozialen Veränderungen durch den Wechsel von der Staatsnation zur Minderheit: »Der Imperiumwechsel entfaltete also nicht nur eine destruierende Kraft, sondern übte auch eine integrierende Wirkung auf die ungarische Minderheitsgesellschaft aus« (S. 223).

Ágnes *Pogány* greift den wirtschaftsgeschichtlichen Ansatz auf und zeigt, dass und wie die 1931 einsetzenden, in vielen Aspekten ähnlichen Banken- und Finanzkrisen in Österreich und in Ungarn »multiple Finanzkrisen« waren. Gyöngyi *Heltai* führt aus, wie das 1897 in Budapest gegründete, Komödie und Boulevardtheater gewidmete Vígszínház (*Lustspielhaus*), anders als sehr viele Theater international wie in Ungarn, durch seine Beziehungen zur ausländischen Filmindustrie die Wirtschafts- und Finanzkrise zu Beginn der 1930er Jahre überlebte. Mit Rückblicken bis ins 17. Jahrhundert geht Gábor *Koloh* einer ganz anderen Form von Krise nach, nämlich der demografischen Krise der ungarischen reformierten Gemeinde im mehrheitlich deutschsprachigen Hidas (Komitat Baranya), die zu deren *Verschwinden* 1934 führte. Kindersterblichkeit, Abwanderung und Geburrtenbeschränkung arbeitet er als wesentliche Ursachen heraus.

Eine ganz anders geartete Krise untersucht Ágnes *Nagy* mit dem Wohnungsmangel in Budapest in den Jahren des Zweiten Weltkrieges. Sie zeigt, wie die staatliche Wohnungsbewirtschaftung seit 1943 die »Entmietung« »jüdischer Wohnungen« betrieb, und die rechtliche Differenzierung zwischen »christlich« und »jüdisch« das gesellschaftliche Wertsystem durchaus als Vorstufe zur Vernichtungspolitik unter dem Pfeilkreuzler-Regime 1944/1945 verschob. Zwei experimentelle Lösungsversuche der Wohnungskrise nach 1945 vergleicht abschließend Márkus *Keller*, das Hansaviertel in Westberlin und die experimentelle Wohnsiedlung Altofen (*Óbuda*) und verweist auf Unterschiede in den baubegleitenden Diskursen und der Wohnungsnutzung, aber auch auf die Gemeinsamkeit, dass die Mieter ihre Wohnungen akzeptierten, ja mochten.

Krise und Katastrophe erscheinen als vielfältige historische Phänomene, die unterschiedliche Disziplinen von der *reinen* Wirtschafts- bis zur Mentalitätsgeschichte unterschiedlich angehen. Der Band, der ungarische Forschungen dankenswerterweise dem deutschsprachigen Wissenschaftspublikum erschließt, bietet neue Erkenntnisse und Einsichten. Der übergreifende Begriff der *Krise* erscheint in der Summe eher als Popularbegriff, der sich auf viele Ereignisverläufe und Empfindungen beziehen kann und immer wieder Interesse weckt.

Wolfgang Kessler   Viersen

Textfronten. Perspektiven auf den Ersten Weltkrieg im südöstlichen Europa. Herausgegeben von SPIRIDON, OLIVIA. Stuttgart: Franz Steiner 2015. 375 S., 17 sch/w Abb. ISBN 978-3-515-11194-2 = Schriftenreihe des Instituts für donauschwäbische Geschichte und Landeskunde 2.

Der Sammelband weicht in zwei Aspekten wohltuend vom Gros der Bücher ab, die anlässlich des 100. Jahrestages des Ersten Weltkrieges erschienen sind. Diese thematisieren überwiegend den Kriegsausbruch und Verlauf, die Militärgeschichte oder auch das Kriegsende. Dabei stehen gewöhnlich Mittel- und Westeuropa sowie die Politik-, Diplomatie- und auch (selten genug) die Alltagsgeschichte im Fokus der Untersuchungen. Olivia *Spiridon* ist es dagegen gelungen, einen Band herauszugeben, der die Aufmerksamkeit auf das südöstliche Europa und die dortige literarische Auseinandersetzung mit dem Weltkrieg lenkt. Die geografische Eingrenzung umfasst weitestgehend den Balkan mit Grenzgebieten wie dem Banat und Siebenbürgen. Doch finden sich auch Beiträge mit Bezug auf Ungarn.

Der Begriff *Textfronten* im Titel bezieht sich auf literarische Erzeugnisse unterschiedlicher Themen und aus einer Vielzahl von Regionen. Es handelt sich um aufgeschriebene, zumeist publizierte Auseinandersetzungen mit dem Weltkrieg, mit verschiedenen Kriegssituationen und Erlebnissen, wobei die entsprechenden Texte Aussagen nicht nur über die jeweilige Situation oder den Gegner, sondern indirekt auch über den jeweiligen Autor treffen. Die 17 Beiträge des Bandes sind zwei Abschnitten zugeordnet. In dem mit „Außenperspektiven" überschriebenen ersten Teil wird das Thema unter theoretischen Aspekten analysiert, im zweiten zu den „Innenperspektiven" folgt eine Reihe von Fallstudien. Den Blick von Außenstehenden nimmt Bernd *Hüppauf* ein, wenn er den „kulturellen[n] Diskurs zum Ersten Weltkrieg auf dem Balkan" aus westlicher Perspektive beschreibt. Er führt aus, in welchem Maße der Balkan den Westeuropäern als eine Region der Differenzen und Antagonismen erschien, worauf bereits die häufig benutzten Metaphern *Brücke* und *Pulverfass* hinwiesen. Reinhard *Johler* beschreibt deutsche und österreichisch-ungarische Versuche, im Krieg die »Soldatensprache« anhand etwa von Feldpostbriefen zu sammeln, um so der »Volksseele« und dem Umgang des Volkes mit dem Krieg auf die Spur zu kommen.

Im zweiten Teil untersucht Filip *Krčmar* die Darstellung des Krieges in serbischen Schulbüchern. Bemerkenswert ist hierbei die enge Verflechtung patriotischer Lyrik mit Sachtexten in Geschichtsbüchern, was eine eindeutig appellative und erzieherische Funktion besitzt. Romanița *Constantinescu* analysiert die Novelle „Itzig Struhl, Deserteur" des rumänischen Schriftstellers Liviu Rebreanu. Dieser thematisierte darin 1920 den Antisemitismus in der rumänischen Armee. Die Verfasserin zeichnet auch die gegen die Rechten gerichteten politischen Stellungnahmen Rebreanus und deren Reaktionen nach. Zsolt K. *Lengyel* geht dem transsilvanistischen Gedanken im ungarischen Kulturleben Siebenbürgens nach. Zwar legt er den Schwerpunkt seiner Ausführungen auf die Zwischenkriegszeit, dennoch stellt er sowohl die Ursprünge als auch das Ende des Gedankens dar und zieht ein ernuchterndes Resümee: „Je gründlicher die Transsilvanismus-Forschung vorgeht, umso eindringlicher wird ihr vor Augen geführt, dass sie sich mit einer Idee auseinandersetzt, die doppelt gescheitert war."

Dem Krieg in den Medien ist ein nächster Abschnitt des zweiten Teils gewidmet. Dabei fokussieren die Beiträge von Mária *Rózsa*, Zsuzsa *Bognár*, Franz *Heinz* und Walter *Engel* nach einem einführenden Beitrag von *Rózsa* über die ungarische Zeitungslandschaft zwischen 1914 und 1920 auf drei unterschiedliche Presseerzeugnisse. *Bognár* untersucht die (durchweg positive) Kriegswahrnehmung im Feuilleton des „Pester Lloyd", die nicht zuletzt durch Beiträge von Persönlichkeiten wie Bernhard Alexander oder Ludwig (Lajos) Hatvany geformt wurde. *Heinz* stellt die zwischen 1915–1918 erschienene deutsche Besatzerzeitung „Belgrader Nachrichten" vor, die den Spagat unternahm, keine ausschließliche Soldatenzeitung, sondern zugleich auch ein Blatt für die Bewohner des besetzten Landes zu sein. *Engel* analysiert „Literarische Beiträge in den Kriegsjahrgängen der Temeswarer Zeitschrift *Von der Heide*". Er betont, dass zwar die im Blatt abgedruckten Kriegsgedichte heute in den meisten Fällen als epigonal anzusehen seien, die Erzählungen eines Franz Xaver Kappus oder Otto Alscher ihren literarischen Rang beibehalten hätten.

Die Kriegswahrnehmung in Tagebüchern steht im Mittelpunkt des vorletzten Abschnitts. Péter *Varga* stellt interessante Aspekte aus dem Kriegstagebuch von Robert Jánosi-Engel, einem jüdischen Offizier der k. u. k. Monarchie vor. Engel wurde 1883 in einer assimilierten großbürgerlichen Familie geboren. Sein Tagebuch vermittelt das Bild eines ungarisch-jüdischen Patrioten, der an seinen *zivilen* Werten und Gewohnheiten auch in Kriegszeiten festhielt. Der Aufsatz von Horst *Schuller* beschäftigt sich mit den Kriegsaufzeichnungen des jungen siebenbürgisch-sächsischen Schriftstellers Otto Folberth. Der Verfasser zeigt durch spannende Zitate die Versuche Folberths auf, seine Erlebnisse künstlerisch-philosophisch zu verarbeiten.

Den Band beschließen zwei Beiträge über den Krieg als Reflexionsgegenstand zeitgenössischer Schriftsteller. Zuerst berichtet der österreichische Autor Walter *Klier* über den Entstehungsprozess seines 2009 erschienenen Romans „Leutnant Pepi zieht in den Krieg", in dem er Briefe seines Großvaters über einen Aufenthalt in Siebenbürgen verwertete. Alida *Bremer* stellt als Herausgeberin der Zeitschrift „Beton International" eine Umfrage aus dem Jahre 2014 unter Autorinnen und Autoren aus dem ehemaligen Jugoslawien über das Attentat von Sarajewo 1914 vor. Bestechend in den Antworten der Befragten ist der kritisch-nüchterne Blick, mit dem sie das Attentat aus heutiger Sicht und vor dem Hintergrund der Balkankriege der 1990er Jahre beurteilen.

Es lässt sich somit festhalten, dass „Textfronten" ein inhaltlich vielfältiger und spannender Sammelband ist, der dank seiner Themensetzung rege Aufmerksamkeit verdient.

Franz Sz. Horváth   Rüsselsheim

UNGVÁRY, KRISZTIÁN: *Tettesek vagy áldozatok? Feltáratlan fejezetek a XX. század történetéből* [Täter oder Opfer? Unerschlossene Kapitel aus der Geschichte des 20. Jahrhunderts]. Budapest: Jaffa 2014. 332 S. ISBN 978-615-5418-52-5.

Der Verfasser gehört zu den produktivsten, begabtesten und umstrittensten Historikern seiner Generation in Ungarn. Zu seinen Forschungsschwerpunkten zählen der Zweite Weltkrieg, die Militärgeschichte und die Geschichte des ungarischen Geheimdienstes vor 1989. Regelmäßig bezieht er Stellung in geschichtspolitischen Debatten, was in den letzten Jahren zu seiner Bekanntheit ebenso beigetragen hat wie zu seiner Kontroversität.

Der vorliegende Sammelband vereint zwölf Aufsätze, wovon elf bereits in Zeitschriften erschienen waren. Sie kreisen thematisch um die erwähnten Schwerpunkte, wobei manche Aufsätze (etwa „Hitlers Generäle") gleich zweien zuzuordnen sind, der Militärgeschichte wie der Geschichte des Zweiten Weltkrieges. Personen und Personengruppen, Institutionen und Formen kulturellen Gedächtnisses stehen im Zentrum der übrigen Beiträge, die weitgehend chronologisch geordnet sind. So beginnt der Band mit einem Aufsatz über den Untergang der (österreich-ungarischen) Reiterei im Ersten Weltkrieg. Deren frühes Scheitern gegenüber den russischen Truppen führt Ungváry nicht nur auf die militärtechnische Unterlegenheit (Reiter gegen Maschinengewehre) zurück. Die Aufklärungsarbeit der kaiserlich-königlichen Armee erwies sich angesichts der immensen Frontausdehnung auch als unzureichend.

Warum sprach Ferenc Szálasi (1897–1946), der Führer der ungarischen Pfeil-
kreuzler, so wenig über seine militärische Vergangenheit als Offizier im Ersten
Weltkrieg? Welche Gründe hatte er dafür, dass er seine damaligen Orden so selten
trug? Die Antworten auf diese Fragen liegen wohl darin, führt Ungváry im zweiten Aufsatz des Bandes aus, dass Szálasi seinen Frontaufenthalt gerne als viel
länger darstellte als er eigentlich gedauert hatte. Auch habe er nicht das Vertrauen
seiner Vorgesetzten besessen, denn diese hätten ihm kaum verantwortliche Aufgaben übertragen. Daher mied Szálasi das Thema. Szálasis Ehefrau, einer von der
Historiografie bislang eher vernachlässigten Person, widmet Ungváry seinen
nächsten Aufsatz. Darin erklärt er das Schweigen der Historiker über Frau Szálasi
letztlich mit deren politischem Desinteresse. Ungváry verweist zudem darauf,
dass Szálasi seiner Gemahlin, die er 1927 kennengelernt hatte, aber erst 1945
heiratete, jede politische Betätigung verbot. Es sei jedoch anzunehmen, dass sie
die Ideologie ihres Mannes unterstützte. Nach dem Weltkrieg verbrachte Frau
Szálasi über elf Jahre im Gefängnis, arbeitete anschließend als Putzfrau und ver-
starb erst 1992. Es war ihr verboten worden, den Namen ihres Mannes zu tragen.
    Ein Abschnitt von drei Aufsätzen ist Personen und ihrem Umgang mit dem
ungarischen Geheimdienst gewidmet. Schillernd ist dabei die Biografie des
Zeichners György Szennik (1923–2007). Im Zweiten Weltkrieg stand er den Pfeil-
kreuzlern nahe und stellte sein Talent in den Dienst antisemitischer Propaganda.
Nachdem er hierfür zu mehrjähriger Gefängnisstrafe verurteilt worden war, ließ
er sich vom ungarischen Geheimdienst für Spitzeltätigkeiten anwerben. Nach
dem Aufstand von 1956 versuchte der Geheimdienst, ihn in den Kreis ungarischer Exilanten in Wien einzuschleusen. Diese Unterfangen scheiterte allerdings
an seiner Unzuverlässigkeit, weshalb man ihn nach Ungarn zurückbeorderte.
Dass Szennik seinen Lebensunterhalt zuletzt mit dem Malen von Rabbiner-Por-
träts verdiente, kann nur als eine bittere Ironie der Geschichte bezeichnet werden.
Dem Generalmajor András Zákó (1898–1968) ist der zweite Beitrag dieses Abschnitts gewidmet. Ungváry zeigt dabei vor allem die Paranoia des ungarischen
Geheimdienstes auf, der den Anführer eines in den Westen emigrierten Vetera-
nenverbandes als gefährlichen Feind der Ungarischen Volksrepublik betrachtete.
Dabei bestand Zákós Organisation weitgehend nur auf dem Papier. Sie besaß
weder finanzielle noch strukturelle Möglichkeiten, um in Ungarn ernsthaft aktiv
zu werden. Dennoch erblickte der ungarische Geheimdienst in ihr eine der Organisationen, die zum Aufstand von 1956 beigetragen hätten. Im letzten Aufsatz
dieses Abschnitts werden die Grenzen des Umgangs mit Geheimdienstakten
beispielhaft aufgezeigt. Die Studie stellt nämlich einen Besuch des jungen Historikers Martin Gilbert 1961 in Ungarn anhand von ungarischen Geheimdienstakten vor. Gilbert war damals ein vielversprechender englischer Wissenschaftler mit

Kontakten zu höheren politischen Kreisen in seiner Heimat. Nachdem der ungarische Geheimdienst ihn in Großbritannien durch einen Agenten angesprochen und seine kommunistischen Sympathien entdeckt hatte, besuchte Gilbert Ungarn. Während seines Aufenthaltes schien er dem Geheimdienst sehr kooperativ zu sein, und er willigte auch ein, nach seiner Rückkehr Informationen unterschiedlicher Art zu liefern. Wollte Gilbert tatsächlich für den ungarischen Geheimdienst arbeiten? Verließ ihn später der Mut oder spielte er lediglich im Auftrag des britischen Geheimdienstes ein Spiel? Ungváry ist ein guter Historiker und kennt die Grenzen seiner Quellen nur zu gut. Daher hütet er sich vor endgültigen Aussagen, weil einschlägige Akten des englischen Geheimdienstes nicht zugänglich sind. Vielsagend ist das Schweigen Gilberts, der Ungvárys Anfragen nicht beantwortet hat.

Die letzte thematische Einheit des Sammelbandes vereint drei Beiträge zum aktuellen Umgang mit der ungarischen Zeitgeschichte. Zunächst unterzieht Ungváry das 2002 eingeweihte Budapester Haus des Terrors einem vernichtenden Urteil. Dabei wiederholt er nicht nur seine – in anderen Aufsätzen bereits mehrfach – vorgebrachte Kritik an der Einseitigkeit der Darstellung, an dem – seiner Meinung nach – geschichtsverfälschenden Narrativ und der Missachtung des Forschungsstandes durch Mária Schmidt, die Leiterin des Museums. Er wirft ihr letztlich fachliche Inkompetenz und bewusste ideologische Verzerrungen in der Darstellung vor, die umso schwerer wiegen, als Schmidt sich über zwölf Jahre lang geweigert hatte, sachliche Fehler zu korrigieren. Brisanter als seine Kritik an einem ideologisch einseitig ausgerichteten Museum ist Ungvárys Stellungnahme zum neuen Grundgesetz Ungarns, das 2012 in Kraft getreten ist. Die Präambel postulierte den Verlust staatlicher Souveränität am 19. März 1944 beim Einmarsch der deutschen Truppen in Ungarn. Sie sei erst 1990 wieder erlangt worden. Ungváry bestreitet diese Aussage mit Hinweis auf die auch nach dem Einmarsch bestandene Handlungsfähigkeit des Budapester Parlaments und des Reichsverwesers Miklós Horthy. Eine weitere offizielle Geschichtsdeutung, die Ungváry dezidiert ablehnt, betrifft das 2014 eingeweihte Denkmal zur Erinnerung an die Besetzung Ungarns durch das Dritte Reich 1944. Dieses stelle die Ungarn als Opfer der Geschichte dar, so die gängige Kritik, der sich der Verfasser mit mehreren Argumenten anschließt.

Damit schließt sich der Kreis: Die Frage „Täter oder Opfer?" ist nicht nur Bestandteil des Titels, sondern zieht sich als Leitaspekt wie ein roter Faden durch mehrere Beiträge des Bandes. Ungváry weiß, dass dabei häufig keine eindeutigen Grenzen zu ziehen sind. Der sachliche Ton, der seinen Stil kennzeichnet, führt bei ihm nicht zu einem trockenen Fachjargon. Die Aufsätze sind vielmehr spannend geschrieben. Der Band ist den an der Zeitgeschichte Ungarns interessierten Lesern uneingeschränkt zu empfehlen.

Franz Sz. Horváth   Rüsselsheim

CSERHÁTI, FERENC: *Magyarok a bajor fővárosban* [Magyaren in der bayerischen Hauptstadt]. Budapest: Magyar Egyháztörténeti Enciklopédia Munkaközösség; Historia Ecclesiastica Hungarica Alapítvány 2016. 446 S., zahlr. sch/w und farb. Abb. ISBN 978-963-9662-92-6.

Der Verfasser ist Weihbischof der Erzdiözese Esztergom-Budapest und Beauftragter der Ungarischen Bischofskonferenz für die Seelsorge der ungarischen Katholiken im Ausland. Er wurde 1947 in Turterebesch (*Turulung, Túrterebes*, Diözese Sathmar, *Satu Mare, Szatmár*, Rumänien) geboren und studierte Theologie im siebenbürgischen Weißenburg (*Alba Julia, Gyulafehérvár*), wo er 1971 zum Priester geweiht wurde. Von 1971 bis 1977 war er Kaplan in seiner Diözese Sathmar. Danach kam er als donauschwäbischer Spätaussiedler in die Bundesrepublik Deutschland, wo er bei den Jesuiten in Frankfurt am Main (an der Hochschule St. Georgen) und in Innsbruck (an der Leopold-Franzens-Universität) weiter studierte. In Innsbruck schloss er 1982 seine Studien mit dem theologischen Doktorat ab. 1982–1984 war er Kaplan in München; hier übernahm er 1984 als Pfarrer die Leitung der ungarischen katholischen Seelsorge selbst. 1996 ernannte ihn der mit der Seelsorge der ungarischen Katholiken im Ausland betraute Titularbischof Attila Miklósházy zu seinem europäischen Delegat. Am 1. Januar 2002 wurde Cserháti von der deutschen Bischofskonferenz zum Delegat für die Seelsorge der ungarischen Katholiken in der Bundesrepublik Deutschland bestellt, 2006 von der Ungarischen Bischofskonferenz mit der Koordinierung der ausländischen katholischen Seelsorge betraut. Anschließend erfolgte am 15. Juni 2007 seine Ernennung zum Weihbischof von Esztergom-Budapest mit der anfangs genannten Aufgabe.

Wie Bischof Cserháti dazu kam, sein fundamentales Werk zu schreiben, erzählt er in der Einleitung selbst (S. 9–11). Als er die ungarische Seelsorge in München übernahm, war er neugierig, wie diese dort entstanden war, wer Seelsorger vor ihm gewesen waren, wie sie gewirkt hatten, wie sich das Gemeindeleben der Gläubigen gestaltet hatte. Aus seinen Recherchen und Befragungen von Zeitzeugen entstand bereits 1988 eine umfangreiche Studie. Doch zeigte sich, dass die Erinnerungen oft lückenhaft, unzureichend und fehlerhaft waren. Dies trieb ihn an, weitere Forschungen durchzuführen, unzählige Akten durchzustöbern und die Ergebnisse zu ordnen. Bis 2000 konnte er darüber 18 Veröffentlichungen vorlegen (verzeichnet auf S. 10). Auch sammelte und stellte er den von ihm als Pfarrer herausgegebenen „Mitteilungen über das Leben der ungarischen Katholischen Mission" (*Értesítő a magyar Katolikus Misszió életéről*) von 1984 bis 2012 zusammen, die er sowohl dem Primatialarchiv zu Gran (*Esztergom*) als auch der Budapester Nationalbibliothek Széchényi übereignete. Mit anderen Worten: Wenn jemand in der Lage war und ist, die Geschichte der ungarischen katholischen Seelsorge in München und im Umland korrekt, umfangreich und wissenschaftlich darzustellen, so ist diese Person Bischof Cserháti.

Das drucktechnisch vorzüglich erstellte Werk besteht aus fünf großen Teilen und folgt den vatikanischen Direktiven hinsichtlich der Seelsorge der Flüchtlinge beziehungsweise der Migranten von 1945 bis 1952 („Vatikanische Mission III. in Deutschland und Österreich", von 1952 bis 1969 „Exul familia", seit 1969 „Pastoralis migratorum cura" mit der Instruktion „Nemo est" bis heute). Die ersten zwei Teile der Arbeit stellen die außerordentlich mühseligen Anfänge der Ungarn-Seelsorge in München, teilweise in ganz Deutschland, dar. In München hatte es schon im 19. Jahrhundert eine ungarische Kolonie gegeben, zumeist Künstler und Intellektuelle (S. 13–14), doch das Ende des Zweiten Weltkrieges änderte die Situation vollständig. Mit dem ungarischen Heer kamen auch Flüchtlinge in den Westen, etwa 1,5 Millionen an der Zahl, unter ihnen auch der ungarische Feldbischof István Hász. Dieser erteilte den mit den Soldaten geflohenen Priestern, vor allem 74 Feldseelsorgern, den Auftrag, die ungarischen Flüchtlinge seelsorgerisch zu betreuen. Hász förderte insbesondere den Piaristenpater Ferenc Rozsály, der unter schwierigsten materiellen und organisatorischen Verhältnissen den ungarischen katholischen Gläubigen in München und Umgebung die erste seelsorgerische Hilfe gab. Die einheimische deutsche Bevölkerung, die selbst Not litt, konnte und wollte sie nicht mit ernähren, während die amerikanischen Hilfsorganisationen, wie die Nothilfe- und Wiederaufbauverwaltung der Vereinten Nationen (*United Nations Relief and Rehabilitation Administration*, UNRRA), in den Ungarn den militärischen Feind sahen, denen die Hilfeleistung zu untersagen war.

Papst Pius XII. errichtete für Deutschland und Österreich im Herbst 1945 die Vatikanische Mission III. unter Leitung des Titularerzbischofs Carlo Chiarlo in Kronberg, der für die einzelnen Flüchtlingsnationen eigene Delegierte bestellte. So wurde der frühere Feldgeistliche Zoltán Koltai am 18. Januar 1946 zum Delegat für die Ungarn ernannt, der bis zu seiner Auswanderung nach Argentinien 1949 seine Aufgabe als eigentlicher apostolischer Administrator erfüllte. Im Sommer 1946 betrug die Zahl der Ungarn in München etwa 1.500, in der Diözese Freising-München etwa 6.000–7.000.

Trotz großer Schwierigkeiten konnte die Organisation der ungarischen Seelsorge in der Folgezeit ausgebaut werden. Ein Meilenstein war am 21. April 1947 die Gründung und Anerkennung des ungarischen Caritas-Dienstes *Magyar Caritas Szolgálat* und, noch mehr, am 29. Juni 1947 die Gründung der ungarischen

Pfarrei Patrona Hungariae (ausführlich mit Satzungen S. 32–44), die mit Zustimmung und Unterstützung des Kardinalerzbischofs Michael von Faulhaber erfolgte. Der Verfasser schildert das Leben der Caritas und der Pfarrei in sechs Abschnitten, in denen aber nicht nur die Höhepunkte und die Glanzzeiten der Seelsorgearbeit, sondern auch ihre Schattenseiten und Probleme sichtbar werden. Die Einführung der neuen Währung *Deutsche Mark* sowie die einsetzende massenhafte Auswanderung nach Amerika erschütterte auch das Leben der ungarischen Gläubigen.

Der dritte Teil der Arbeit umfasst den Zeitabschnitt, der bis 1969 im Zeichen der von Papst Pius XII. 1952 herausgegebenen Apostolischen Konstitution „Exul familia" stand. Die Konstitution schuf die Leitlinien und Regeln der Seelsorge der Flüchtlinge. Sie ließ die Jurisdiktion der örtlichen kirchlichen Behörden (Diözesen) unberührt, vereinheitlichte die bisherigen vatikanischen kanonischen Vorschriften, stellte die Seelsorge der Flüchtlinge direkt unter Aufsicht des Heiligen Stuhles und regelte ihre Aktivitäten. Schon im September 1950 hatte Pius XII. den aus Raab (*Győr*) geflüchteten Domherren und Kanzleidirektoren József Zágon zum Apostolischen Visitator aller ungarischen katholischen Flüchtlinge ernannt. Prälat Zágon bestellte am 1. Dezember 1950 György Ádám zum Delegaten, also Oberseelsorger der ungarischen Katholiken in der Bundesrepublik Deutschland.

Der Verfasser beschreibt diese Zeitspanne in vier – weiter untergliederten – Abschnitten. Der erste Abschnitt ist dem Neuanfang nach der massenhaften Auswanderung gewidmet, nämlich der Schilderung des Lebens der Pfarrei Patrona Hungariae mit ihren namentlich aufgeführten Gläubigen, ihren alten und neuen Seelsorgern. Das Deutsche Statistische Bundesamt zählte 1954 in der Bundesrepublik Deutschland 13.455 Ungarn, von ihnen 9.615 Flüchtlinge, deren 73 Prozent katholisch war. In Bayern lebten 6.601 Ungarn.

Der zweite Abschnitt zählt – jeweils mit Biografie – jene Priester auf, die zwischen 1950 und 1956 im Bereich der Erzdiözese Freising-München wirkten. Der dritte Abschnitt über die „Eingliederung in die örtliche Kirche" befasst sich mit den Feierlichkeiten anlässlich des 500jährigen Sieges der Ungarn über die Türken bei Belgrad 1456, den 1956 anströmenden Flüchtlingen, dem für ungarische Jugendliche errichteten Münchener Heim Paulinum, den jugendlichen Flüchtlingen sowie der Rolle der Kirche bei der Eingliederung der ungarischen Jugendlichen in die bundesdeutsche Gesellschaft. Dieser Zielsetzung kam es zugute, dass die Deutsche Bischofskonferenz Anfang 1956 ein katholisches Auslandssekretariat in Bonn gründete, das die Leitung der fremdsprachigen Seelsorge übernahm. Wichtig war 1957 auch die Entscheidung der Bischofskonferenz, nach der jede deutsche Diözese für die Versorgung der Auslandsseelsorger zuständig war.

Es ist verständlich, dass der ungarische Flüchtlingsstrom nach der Niederschlagung der ungarischen Revolution 1956 auch die Erzdiözese Freising-Mün
chen und die dortige katholische Gemeinde wesentlich berührte. Die Zahl der
Flüchtlinge in München betrug im Jahre 1957 genau 1.256, und jene der Ungarn
in der Diözese stieg auf 3.167, während die Zahl der ungarischen Flüchtlinge in
der Bundesrepublik 1959 mit rund 13.500 beziffert wurde (S. 94). Zur seelsorgerischen Betreuung der ungarischen Jugendlichen, die zwar den Kommunismus
ablehnten, jedoch aufgrund ihrer vormaligen atheistisch-kommunistischen In-
doktrination der katholischen Kirche reserviert gegenüberstanden, kam es zur
Gründung des Studienheimes Paulinum in München (S. 88–92, 98–99) und zur
Gründung des ungarischen katholischen Gymnasiums in Bauschlott, später in
Fürstenried, dann in Kastl in der Oberpfalz (S. 95–97).

Der Verfasser schildert einprägsam die bedeutende Aktivität des Oberseelsor-
gers György Ádám, der von engagierten Priestern und Laien kräftig unterstützt
wurde. Das entsprechende Kapitel über die Münchener Pfarrei Patrona Hungariae von 1959 bis 1969 (S. 104–139) informiert ausführlich über die Tätigkeit der
Seelsorger und der helfenden Pfarrschwestern, die neue Unterbringung des Pfarr-
büros, die Zahl der Gläubigen in München (2.666, davon 1.256 neue Flüchtlinge),
die in München und an weiteren sieben Orten gefeierten Gottesdienste, die
wichtigsten kirchlichen Feiern und Veranstaltungen, die sakramentalen und litur-
gischen Handlungen, die Hausbesuche, die Sitzungen des Pfarrgemeinderates,
das Vereinsleben, die Arbeit mit Jugendlichen, Arbeitern und Studierenden, die
karitativen und sozialen Aufgaben sowie die Pressemitteilungen der Pfarrei.

Der vierte Teil der Arbeit stellt die Erneuerung und den Alltag der Pfarrei
Patrona Hungariae zwischen 1969 und 1997, bis zum Ausschneiden des Verfassers als Pfarrer aus der Pfarrseelsorge dar. Diese Zeitspanne ist gekennzeichnet
durch das Motu proprio „Pastoralis migratorum cura" von Paul VI. vom 15. August 1969 und durch die dazugehörige Instruktion „Nemo est" vom 22. August
1969. Diese vatikanischen Dokumente aktualisierten die Vorschriften für die
Migranten, deren Seelsorge sie den jeweiligen Bischofskonferenzen beziehungsweise den Diözesanbischöfen unterstellten.

Das erste Kapitel dieses vierten Teiles beschäftigt sich anhand reichhaltiger
Dokumente mit der Tätigkeit der Pfarrei selbst unter den wohlwollenden und
fördernden Oberhirten, der Kardinäle Julius Döpfner und Joseph Ratzinger. Es
stellt dar, wie aus der Pfarrei kirchenrechtlich die Münchener Ungarische Katholische Mission (*Müncheni Magyar Katolikus Misszió*) entstand, die in der bayerischen Landeshauptstadt ein neues Pfarrgemeindehaus in der Oberföhringer
Straße 40 erhielt. Hier wird auch das Verhältnis zwischen dem Kardinalerzbischof
József Mindszenty und der Gemeinde in München Dokumenten erörtert. Doku-

mentiert wird auch die offene und mutige Reaktion der Seelsorger, der kirchlichen Vorstände und der Gläubigen anlässlich der unverdienten Amtsenthebung Erzbischof Mindszentys durch Papst Paul VI. im Jahre 1974 (S. 152–164).

Kapitel zwei des vierten Teiles über das Leben der Münchener Ungarischen Katholischen Mission ist außerordentlich facettenreich (S. 173–402). Zuerst schildert es die neuen Anfänge, die Verabschiedung des alten und die Einführung des neuen Pfarrers, die alten und die neuen geistlichen Mitbrüder, die neuen Mitarbeiter, die neue Pfarrstruktur, den neuen Kirchenvorstand, die seelsorgerischen Aktivitäten. Im Jahre 1999 erfasste die Mission 4.750 ungarische katholische Familien, von ihnen 4.017 in München (S. 201). Die „Auszüge aus dem Leben der Mission" ist nicht minder differenziert und themenreich (S. 208–402). Folgende Themen werden dargestellt und dokumentiert: Das Jubiläum der Erzdiözese seit 1250, Dienst an Ungarn im Westen, ungarische Chöre in München 1947–1994, Chronik der Senioren, Bibelzirkel, Rosenkranzvereine, Schultätigkeit, Pfadfinderbewegung und katholische Presse in München. Das letzte Dokument des Kapitels ist der Brief des Verfassers, mit dem er sich als Pfarrer der Gemeinde am 1. Juni 2002 verabschiedet hatte.

Der Anhang der Arbeit beinhaltet eine Erklärung von Begriffen und Fremdwörtern (S. 403–408), teils farbige Fotografien (S. 409–424) sowie ein alphabetisches Namensverzeichnis (S. 425–446), wohl mit mehr als 2.720 Namen.

Das Buch von Bischof Cserháti kann in seiner Bedeutung und Tragweite in einer Rezension kaum adäquat erfasst und gewürdigt werden. Es ist wesentlich mehr als nur die Darstellung des bewegten Lebens einer Pfarrgemeinde in einem halben Jahrhundert. Es belegt auch die nationale und christliche Grundeinstellung vieler in München lebenden Ungarn, die bemüht waren und sind, ihr kulturelles Erbe zu bewahren.

Gabriel Adriányi   Königswinter

A magyar püspökkari tanácskozások története és jegyzőkönyvei 1945–1948 között [Die Geschichte und Protokolle der Beratungen der ungarischen katholischen Bischofskonferenz von 1945 bis 1948]. Válogatta, bevezette és sajtó alá rendezte BEKE, MARGIT. Budapest: Magyar Tudományos Akadémia, Bölcsészettudományi Kutatóközpont, Történettudományi Intézet 2015. 608 S. ISBN 978-963-9627-94-9 = Magyar történelmi emlékek. Okmánytárak. Egyháztörténeti források 1.

Die Protokolle der Ungarischen Bischofskonferenz zwischen den Jahren 1949 und 1965 sind 2008 in einer zweibändigen Publikation erschienen. Dieses monumentale Werk, das trotz aller Beschränkungen und Beeinträchtigungen seitens des damaligen Staatssicherheitsdienstes in seinen 57 Protokollen doch ein authentisches Bild zeichnen lässt, ist eine unentbehrliche Quelle der kirchenhistorischen Forschung.[1] Nun liegt der Band zu den Vorjahren 1945–1948, zur Amtszeit des Kardinalprimas József Mindszenty, vor. Die mit umfangreichem wissenschaftlichen Apparat versehene vorliegende Edition besorgte die Präsidentin der Historischen Kommission der Erzdiözese Esztergom-Budapest, Margit Beke.

Das Buch beginnt nach einer kurzen Widmung des Kardinalprimas Péter Erdő und einem Vorwort des Schreibers dieser Zeilen mit einer Einleitung der Redakteurin (S. 11–49), die zuerst über die Bischofsberatungen im Allgemeinen (S. 11), dann insbesondere hinsichtlich des Episkopats und der Charakterzüge der Konferenzen (S. 11–13) berichtet. Anschließend stellt sie die Geschichte der ungarischen Bischofskonferenzen (S. 19–41) dar und beschreibt deren Dokumente (S. 41–49). Die Einleitung schließt mit redaktionellen Hinweisen (S. 49).

Für alle Benützer der Dokumente der Bischofskonferenzen ist die Beschreibung ihrer Charakterzüge einschließlich ihrer Eigenheiten höchst aufschlussreich. Denn im Laufe der Zeiten divergieren nicht nur ihre lateinischen Bezeichnungen, sondern auch ihre Teilnehmer (neben Bischöfen auch Domherren, Prälaten, sogar Laien). Vorsitzender war stets der Primas, die Vorbereitung der Konferenzen versah bis zum 20. Jahrhundert eine Kommission unter seiner Leitung. Die Beschlüsse der Konferenzen waren rechtsbindend, sie konnten vollzählige, eingeschränkte und vertrauliche sein. Dieser Abschnitt beschreibt auch die Rangordnung der Bischöfe in den Konferenzen sowie die Kommissionen mit ihren Vorsitzenden Diözesanbischöfen, von denen es im Jahre 1947 elf gab.

Die ausführliche Darstellung der Geschichte der ungarischen Bischofskonferenzen besteht aus sieben Abschnitten. Der erste befasst sich mit dem Zeitalter der türkischen Herrschaft in Zentralungarn (1541–1636). Die ersten nachweislichen Beratungen der Bischöfe, die ihre eigentlichen Diözesen in türkischen Gebieten nicht einmal betreten durften, fanden schon im l6. Jahrhundert statt. Die erste protokollarisch festgehaltene Konferenz fand am 28. April 1608 in Preßburg (*Bratislava, Pozsony*) unter Primas Ferenc Forgách und Mitwirkung von 24 Bischöfen und Prälaten statt. Ähnliche Konferenzen fanden auch in den Jahren 1622 und 1639 statt.

Von der Befreiung Ungarns von der Türkenherrschaft bis zum Ende der Napoleonischen Kriege, im zweiten Abschnitt 1686–1815, entfalteten sich die Konferenzen schon fast modern: Sie erfolgten regelmäßig, wurden vorzüglich protokolliert (*diarium sessionum*) und begleiteten oft die Diskussionen auf den Reichstagen. Aus diesem Grunde nahmen daran auch weltliche Mitglieder des Oberhauses teil (so im Jahre 1790 vier Grafen). Im Zeitalter der Reform sowie der

---

[1]   Siehe die Besprechung des Autors in: Ungarn-Jahrbuch 29 (2008) 563–564.

Revolution und des Freiheitskampfes 1848/1849, im dritten Abschnitt, waren die Konferenzen sowohl kirchenpolitisch als auch kirchenorganisatorisch höchst bedeutend. Der Neoabsolutismus 1849–1867 im vierten Abschnitt war in der alten kirchlichen Struktur, die Kroatien und Slawonien mit einbezog, von der Bischofskonferenz im Jahre 1850 gekennzeichnet. Sie trug in 13 Denkschriften die Aufgaben und Bedürfnisse der Kirche dem Monarchen Franz Joseph I. vor; diese blieben bis 1896 aktuell. Im Zeitalter des österreichisch-ungarischen Dualismus 1867–1918, das den fünften Abschnitt abdeckt, traten die Bischofskonferenzen durchschnittlich zwei bis dreimal im Jahr zusammen. Die Erstellung detaillierter Protokolle und die Aufstellung von Vorbereitungskommissionen wurden vorgeschrieben. Die politisch äußerst komplizierte Situation der Kirche und die pastoralen Fragen nach dem Ersten Weltkrieg und dem Friedensvertrag von Trianon erörtert der sechste Abschnitt. Die Protokolle der entsprechenden Konferenzen aus dem Zeitraum 1919–1944 wurden bereits veröffentlicht.[2] Die Geschichte der Bischofskonferenzen zur Zeit der kommunistischen Diktatur und der Kirchenverfolgung 1949–1989 beschreibt der letzte, siebente Abschnitt ausführlich. Da die Staatssicherheit Abhörgeräte in den Konferenzräumen installierte und sogar Spitzel und Agenten in die Bischofskonferenz einschleuste, wurden Protokolle nur notdürftig – wenn überhaupt – erstellt. 1945 hieß es, die Bischöfe sollten über die Beratungen selber Aufzeichnungen erstellen.

Der vierte Teil der Einleitung befasst sich mit der Charakteristik der Dokumente der Konferenzen. Die Protokolle waren bis 1874 in lateinischer Sprache, danach ungarisch verfasst. Sie wurden gedruckt, ab 1945 nur vervielfältigt. Oft erstellten die Konferenzen auch Memoranden, Pastoralbriefe und – sofern zugelassen – Pressemitteilungen. Der fünfte Teil der Einleitung enthält neben den redaktionellen Hinweisen wichtige Angaben zu Druckfehlern und Falschschreibungen in den Originaltexten, außerdem ein Verzeichnis der Abkürzungen sowie der lateinischen Worte und Begriffe.

Im Buch folgen im Weiteren die Protokolle jener 24. Bischofskonferenz, die zwischen dem 24. Mai 1945 und dem 3. November 1948 abgehalten wurde (S. 51–495). Vorsitzender dieser war mit Ausnahme der ersten Sitzung, als der primatiale Stuhl noch nicht besetzt war, József Mindszenty. Die Protokolle sind mit 527 erläuternden und ergänzenden Fußnoten versehen. Somit können auch Leser, die im Kirchenrecht oder in Fragen der Religion weniger oder überhaupt nicht kundig sind, sich ein anschauliches Bild von den verhandelten Angelegenheiten und Problemen machen. Die präzise Texttreue der Edition ehrt den Verlag.

---

[2] *A magyar katolikus püspöki tanácskozások története és jegyzőkönyvei 1919–1944 között.* I–II. Hg. Margit Beke. München/Budapest 1992.

Den 24 Protokollen schließt sich ein Anhang an (S. 537–551). Er beinhaltet eine Denkschrift der am 7. September 1947 abgehaltenen Bischofskonferenz unter anderem hinsichtlich der Vertreibung („Aussiedlung") der Deutschen aus Ungarn, der Gründung einer katholischen Zeitung und des Unterrichtes der lateinischen Sprache in den Schulen. Im zweiten Teil des Anhangs sind drei geheime Berichte des Staatssicherheitsdienstes über die Bischofskonferenzen vom 20. November, 11. Dezember und 16. Dezember 1948 zu lesen. Der erste und dritte Bericht sind so präzise, dass sie unter Verwendung von Abhörgeräten angefertigt worden sein müssen, während der zweite fehlerhafte, auf Äußerlichkeiten bezogene Mitteilungen eines Agenten enthält.

Dem Band sind sechs Beilagen beigefügt: l. Der Termin, der Ort und der Vorsitzende der Konferenzen; 2. Die Ordinarien der Diözesen; 3. Gedenkschriften (Memoranden) der Konferenzen; 4. Die Pastoralbriefe des Episkopats; 5. Kundgebungen der Konferenzen; 6. Kurzbiografie der Ordinarien (S. 553–567). Bei den 34 Ordinarien sind freilich nicht nur die Erzbischöfe und Bischöfe der Diözesen erfasst, sondern auch diejenigen, die diese zeitweise leiteten (zum Beispiel Kapitelsvikare und apostolische Administratoren). Bei den neun Kundgebungen handelt es sich unter anderem um Solidaritätserklärungen und Protest wegen der Vertreibung der Ungarn aus der Slowakei. Ein Verzeichnis der Abkürzungen (S. 568–572), der Fremdwörter und Fachausdrücke (S. 573–578), der Ortsnamen (S. 578–582), der Personennamen (S. 583–590) sowie ein sehr detailliertes Sachregister (S. 591–605) beschließen den Band.

Das wissenschaftlich vorbildlich gestaltete Werk stellt eine wahre Fundgrube an Dokumenten zur Untersuchung der jüngeren, folgenschweren Zeitspanne der katholischen Kirchengeschichte Ungarns dar und wird der Komplexität der Problematik im zeitgenössischen Kontext uneingeschränkt gerecht.

Gabriel Adriányi   Königswinter

SZÉKELY, TIBOR: *Vatikán, püspökök, kispapok. Tiltás, tűrés, lázadás. I: A levert forradalomtól a kispaplázadásig 1956–1959; II: A titkos szemináriumtól a II. Vatikáni zsinatig 1959–1962. BM és ÁEH dokumentumokban* [Der Vatikan, die Bischöfe und die Priesteramtskandidaten. Verbot, Duldung, Revolte. I: Vom niedergeschlagenen Aufstand bis zur Revolte der Priesteramtskandidaten 1956–1959; II: Vom geheimen Priesterseminar bis zum II. Vaticanum 1959–1962. Anhand von Dokumenten des Innenministeriums und des Staatskirchenamtes]. Budapest: Argumentum 2016. 588, 533 S. ISBN 978-963-446-774-8.

Am 23. Januar 1959 hielten das von *Friedenspriestern*, Kollaborateuren der kommunistischen Partei geleitete Opus Pacis, und vom katholischen Komitee des

Landesfriedensrates, einer ebenfalls von der Partei mit geleiteten Organisation, anlässlich des zehnjährigen Jubiläums des Friedensweltrates, einer von Moskau gegründeten Bewegung, eine groß angelegte Versammlung in Budapest ab. Als Redner waren auch Priester vorgesehen, die vom Heiligen Stuhl namentlich exkommuniziert worden waren. Obwohl zwischen dem Episkopat und den staatlichen Behörden vereinbart und auch von den genannten Organisationen in ihren Satzungen verankert war, dass Seminaristen, Priesteramtskandidaten, die Versammlungen der Friedenspriester nicht besuchen sollen, gaben die tags zuvor anwesenden Mitglieder der Bischofskonferenz, die Vorsteher des Zentralpriesterseminars zu Budapest, sowie die der Theologischen Akademie (früher Theologische Fakultät der Universität) auf staatlichen Druck den Seminaristen Anordnung, die politische Versammlung zu besuchen. Zum Entsetzen der Bischöfe und der Seminar- und Akademieangehörigen gingen jedoch nur drei Seminaristen zur Versammlung, während 69 zuhause blieben.

Als Folge hiervon wurden nach eingehenden Beratungen durch das Staatskirchenamt, dem Seminar und der Akademie 14 Seminaristen, drei von ihnen schon geweihte Priester, acht schon geweihte Diakonen – wie der Verfasser dieses Buches und der Schreiber dieser Zeilen – sofort des Seminares verwiesen und von allen theologischen Lehranstalten des Landes ausgeschlossen, während die anderen nach einer Zwangspause am 3. März 1959 ihr Studium an der Akademie und ihre Ausbildung im Seminar fortsetzen durften. Die Zurückgekehrten stellten fest, dass 14 ihrer Mitbrüder ungerechterweise, da sie nicht für das Fernbleiben geworben hatten und jeder seine Entscheidung frei traf, aus dem Seminar ausgeschlossen worden waren. Sie erklärten sich solidarisch mit diesen und erklärten am 10. März in einem Schreiben an den Vorsitzenden der Bischofskonferenz, Erzbischof József Grősz, die Revision der Maßnahme, andernfalls sähen sie sich gezwungen, aus Solidarität mit den anderen das Priesterseminar zu verlassen. Der Brief wurde mit 60 Stimmen und neun Gegenstimmen bewilligt und von den zwölf Vertretern der Diözesen unterschrieben. Nachdem er eine Rücknahme des Briefes und einen von ihm verfassten Gehorsamseid von den Seminaristen vergeblich gefordert hatte, entließ Erzbischof Grősz im Namen der Bischofskonferenz am 19. März 56 Seminaristen: Die Akademie und das Seminar begannen ihre Arbeit am 1. April mit 13, unter ihnen zwölf neuen Alumnen.

Dieser unerhörte Vorgang – der Aufstand der jungen Priester und Priesteramtskandidaten –, wirkte in der Folgezeit wie eine Wasserscheide in der Geschichte der Friedenspriesterbewegung. Man konnte nicht mehr neutral bleiben: Jeder Kleriker musste sich für oder gegen die Bewegung entscheiden.

Tibor Székely (1936–2013) wollte, wie auf dem Rückdeckblatt des ersten Bandes zu lesen steht, klären, »was, warum und wie« dies alles geschah. Er war wichtiger Zeitzeuge, hatte von 1954–1959 im Zentralpriesterseminar gelebt. Nach seiner geheimen Priesterweihe und dem päpstlichen Dispens von den priesterlichen Verpflichtungen erwarb er das Diplom eines Ingenieurs und war an mehreren Forschungsstätten tätig. Schon 2000 begann er die Geschichte zu erforschen und darzustellen. Zunächst verfasste er drei lediglich elektronisch gespeicherte Manuskripte. Als er nach seiner Emeritierung 2007 Zugang zum Archiv der Staatssicherheit und des Staatskirchenamtes erhielt, setzte er sich daran, seine bisherigen Arbeiten zu ergänzen und zusammenzufassen. So entstand das vorliegende Werk, das neben einer Darstellung von rund 300 Seiten 358 Originaldokumente auf insgesamt 1121 Seiten enthält.

Székely stellt seine Forschungsweise und Arbeitsmethode in der Einleitung ausführlich dar (S. IX–X). Da er die Drucklegung nicht mehr betreuen konnte, wurden die notwendigen drucktechnischen Korrekturen, so die Vereinheitlichung der Anmerkungen, der Briefköpfe, der Titel und die Beseitigung der Schreibfehler vom Verleger András Láng durchgeführt. Die vorzügliche Drucklegung und die Buchausstattung ehren den Verlag. Bei der Aufarbeitung des Themas stellte sich heraus, dass die Vorkommnisse im Budapester Zentralpriesterseminar im Jahre 1959 ohne Kenntnisse der Vor- und Nachgeschichte unverständlich sind. Deswegen hatte sich der Verfasser entschlossen, seine Darstellung bereits im Jahre 1950 zu beginnen und mit dem letzten Bericht über das Priesterseminar aus dem Jahre 1962 zu beenden.

Von den elf Abschnitten stellt der erste dar, wie der Episkopat mit der Vereinbarung zwischen Kirche und Staat im Jahre 1950 vollständig unter Kontrolle des kommunistischen Staates geriet (S. 1–2, Dokumente S. 122–128). Der zweite Abschnitt behandelt in 15 Kapiteln die Ereignisse des Aufstandes von 1956 hinsichtlich des Priesterseminars, der damaligen pastoralen Tätigkeit der Priester und Seminaristen sowie der Retorsionen, einschließlich der Hausdurchsuchungen, Verhaftungen und Verurteilungen. Geschildert werden auch Vorkommnisse wie vor- und nachträgliche staatliche operative Maßnahmen, Forcierung der Friedenspriesterbewegung und die vatikanischen Dekrete (S. 4–40, Dokumente S. 129–346). Der dritte Abschnitt befasst sich in neun Kapiteln mit den Fakten, wie sich die Friedenspriesterbewegung auf staatlichen Druck, eigentlich durch die Staatssicherheit, sowie bei der Hierarchie wie beim Klerus durchsetzte und entfaltete (S. 41–76, Dokumente S. 346–428). Dabei werden staatliche Manipulationen, das Einschleusen von kirchlichen Agenten in die Leitungsämter des Seminars und der Akademie sowie der erste Widerstand der Seminaristen erörtert, vor allem, dass die Friedenspriester die Dekrete des Heiligen Stuhles, darunter namentliche Exkommunikationen, missachteten. Zugleich entwarf das Staatskirchenamt schon damals präzise und detaillierte Pläne, wie der Priesternachwuchs und die Priestererziehung durch die kommunistische Partei in die Hand genommen und geleitet werden sollte. Das diesbezügliche streng geheime, vertrauliche, sechsseitige Referat des – dem Bischof von Steinamanger (*Szombathely*) beigestellten – Regierungsdelegaten Mihály Prazsák vom 25. November 1958 spricht Bände (S. 413–418). Der vierte Abschnitt stellt in zwölf Kapiteln die eigentliche Tragödie dar: Die Zerschlagung des Zentralpriesterseminars im Frühjahr 1959 (S. 77–120, Dokumente S. 429–588).

Nachdem die ersten staatlichen Maßnahmen, die Seminaristen für die Friedenspriesterbewegung zu gewinnen, nicht gefruchtet hatten, war die Macht entschlossen, durchzugreifen. Dies tat sie durch Druckausübung auf die schwach gewordenen Ordinarien (zwei Bischöfe waren schon aus dem Amt entfernt und in Verbannung unter Hausarrest gestellt worden, einige waren bereits Agenten des Apparates) sowie auf die Vertreter des Seminars und der Akademie. Auch wurden das Seminar und die Akademie neu organisiert, fast alle Vorgesetzten und Lehrer durch Agenten des Staatssicherheitsdienstes ersetzt. Bei der Neuordnung der Akademie wurde ein Lehrstuhl für Gesellschaftslehre errichtet. Der Lehrstoff lautete mit je zwei Semesterwochenstunden „Ideologie des Marxismus", „Politische Ökonomie" und „Staatslehre des Sozialismus" und war einem führenden Friedenspriester ohne geeignete Qualifikation anvertraut (vgl. die Dokumente S. 469–475). Der Geheimbericht vom 22. April 1959 fasste wie folgt zusammen: »Die Erledigung der Angelegenheit hinsichtlich der Zersetzung [!] der Kirche war sehr erfolgreich, ohne dass dabei die Behörden des Inneren oder das Staatskirchenamt in der vordersten Linie hätten wirken müssen« (S. 519). Wahr ist hingegen: Am 29. Januar 1959 bestellte der Präsident des Staatskirchenamtes die Vertreter der Bischofskonferenz, die Vorsteher des Seminars und der Akademie ein und überreichte ihnen die Schrift „Notwendige Maßnahmen hinsichtlich des Priesterseminars und der Akademie", die auch den Ausschluss der namentlich aufgeführten 14 Seminaristen enthält (II, S. VII).

Der fünfte Abschnitt schildert in sechs Kapiteln die weitere Entwicklung des Seminars und das Schicksal der entfernten Alumnen (II, S. 1–16, Dokumente S. 119–203). Ein wichtiger Vorgang war die geheime Versammlung von 40 ehemaligen *Zentralisten* (Bewohner des Zentralpriesterseminars) am 7. Juni 1959, auf der beschlossen wurde, zusammenzuhalten und für die weitere theologische Ausbildung zu sorgen. Zugleich versuchten einige Bischöfe, die meisten Entlassenen wieder aufzunehmen und ins Seminar zu schicken, was jedoch das Staatskirchenamt strikt verbot. Der sechste Abschnitt befasst sich ebenso in sechs Kapiteln mit den weiteren erfolglosen Bemühungen des Episkopats, wenigstens einen Teil der Entlassenen wieder einzustellen, mit der Entstehung des *Geheimseminars* und den *illegalen* (da ohne staatliche Genehmigung vorgenommenen) Priesterweihen von 18 Personen. Das Schicksal, die Betreuung und die Weihen der betroffenen Personen wurde von Weihbischof Mihály Endrey, bis 1958 *delegatus specialis* der Erzdiözese Esztergom, unter Zustimmung des Heiligen Stuhls in die Hand genommen (II, S. 16–65, Dokumente S. 295–404).

Der siebente Abschnitt beschreibt in fünf Kapiteln die staatliche Liquidierung des *Geheimseminars* (II, S. 56–90, Dokumente S. 295–404). Diese begann mit der Observierung der Betroffenen, der Sammlung der Berichte kirchlicher Agenten und der Auswertung abgehörter Gespräche. Diesem Vorgang folgte eine genaue Analyse der gesamten Angelegenheit: der Errichtung des *Geheimseminars*, der *illegalen* Priesterweihen, der Tätigkeiten der Mitglieder der *Untergrundorganisation* und der anderen *illegalen* Vereinigungen und Personen, sowie ihrer Verbindung zur Hierarchie. Ausführlich werden die Vorstände, die Mitglieder des *Geheimseminars*, die Verbindungen zum Heiligen Stuhl sowie die Pläne zur Vorbereitung und Durchführung von Hausdurchsuchungen und Observationen der betroffenen geschildert. In der Nacht vom 6. auf den 7. Januar 1961 wurden bei 14 Personen der *Ausgeschlossenen*, wie die aus dem Zentralpriesterseminar Entlassenen von der Staatssicherheit bezeichnet wurden, Hausdurchsuchungen durchgeführt; drei von ihnen wurden gleich verhaftet. Die Operation nahm 55 operative Offiziere der Staatssicherheit mit 16 Personenwagen in Anspruch (II, S. 87–90, Dokumente S. 398–408). Observiert wurden ferner von 5 bis 23 Uhr 19 Personen, unter diesen auch der Schreiber dieser Zeilen, zweimal über je zwei Wochen (II, S. 87–90, Dokumente S. 90). Außerdem wurden 31 Personen von den *Ausgeschlossenen* in Evidenz genommen (II, S. 520). Die Anklage lautete schon damals: »Verschwörung gegen den Staat«.

Der achte Abschnitt ist in nur zwei Kapiteln folgenschweren Ereignissen gewidmet: der Verhaftung, dem Verhör und der Verurteilung des Vorstandes des *Geheimseminars* sowie der Druckausübung auf den Episkopat. Der stellvertretende Ministerpräsident bestellte den Episkopat ins Parlament ein und teilte ihm mit, die Staatssicherheitsbehörde habe eine komplette Verschwörung unter den Klerikern und ihren Kontaktpersonen aufgedeckt. Tatsächlich wurden in der genannten Nacht auf den 7. Januar 1961 zahlreiche Priester und Laien verhaftet. Man zog die Bischöfe zur Verantwortung. Bischof Endrey wurde in einem entlegenen Dorf bis 1964 unter Hausarrest gestellt, der eigentliche Organisator des Seminars und der Priesterweihen, der Priester István Tabódy, erhielt 12 Jahre Gefängnis, weitere drei Personen erhielten Gefängnisstrafen zwischen drei und zwei Jahren (II, S. 91–99, Dokumente S. 409–501).

Der neunte Abschnitt befasst sich in drei Kapiteln mit der weiteren Entwicklung im Zentralpriesterseminar und der neuen Situation nach dem Tod von Erzbischof Grősz am 3. Oktober 1961 (II, S. 100–106, Dokumente S. 502–516). Abschnitt zehn beinhaltet in drei kurzen Kapiteln den abschließenden Bericht der Staatssicherheit über die *Ausgeschlossenen*, gegen die man mit weiteren Maßnahmen – Überwachung mit Hilfe von alten und neuen kirchlichen Agenten, Anbringung von Abhörgeräten und sonstigen Kontrollen – vorging (II, S. 107–113, Dokumente S. 531–533). Der ebenfalls in drei knappe Kapitel gegliederte elfte Abschnitt stellt die konspirative staatliche Vorbereitung und Durchführung der Überwachung der ersten Session des Zweiten Vatikanischen Konzils 1962 dar (von den 13 Mitgliedern der ungarischen Delegation waren neuen Agenten). Das letzte Dokument ist ein Bericht über die erbärmliche Situation des Zentralpriesterseminars (II, S. 114–116, Dokumente S. 531–533).

Das zweibändige Werk fußt nicht nur auf der bisherigen Fachliteratur, sondern vor allem auf heute in Ungarn erreichbaren Archivbeständen. Deren hier vorgelegte Auswertung und Publikation erschüttert sogar noch lebende Zeitzeugen, die viele Hintergrunde einst nicht einmal erahnten. Die Dokumente entlarven auch die furchterregende Einrichtung des Staatssicherheitsdienstes und das von der kommunistischen Partei aufgebaute Kontrollsystem durch Agenten und technische Vorrichtungen. Die Geschichte der katholischen Kirche in Ungarn zwischen 1956 und 1961 kann ohne gehörige Berücksichtigung des Werkes von Tibor Székely nicht geschrieben werden.

Gabriel Adriányi   Königswinter

SCHUBERT, GABRIELLA: *Was ist ein Ungar? Selbstverortung im Wandel der Zeiten.* Wiesbaden: Harrassowitz 2017. 319 S., 112 Abb., 3 Kt., 2 Diagr., 2 Tab., 1 Schema. ISBN 978-3-447-10818-8.

Um es vorweg zu nehmen: Das vorliegende Werk ist – mit all seinen Vor- und Nachteilen – eine intellektuelle Erfrischung in der Debatte um die ungarische Identität. Erfrischend, weil die Verfasserin um eine differenzierte Betrachtung und fachlich zurückhaltende Vorgehensweise bemüht ist, die sie mit den entsprechenden Quellen zu untermauern weiß. Ferner besticht das Werk durch eine transparente Struktur sowie eine gute Visualisierung dank des umfangreichen Bildmaterials. Schließlich integriert Gabriella Schubert in ihre Ausführungen Ereignisse, die das Lesepublikum in die Gegenwart versetzen und von einer verstaubten historischen Perspektive erlösen.

Der erste Schwerpunkt führt zur aktuellen Debatte in Ungarn um das Fremd- und Selbstbild sowie um die Definitionshoheit bezüglich des Ungarischen *per se*, die nach der politischen Wende 1989/1990 wieder offen ausgetragen wird. Hier werden die verschiedenen wissenschaftlichen (und weniger wissenschaftlichen)

Positionen zur Herkunft der ungarischen Sprache sowie des ungarischen Volkes vorgetragen und dabei die unterschiedlichen Standpunkte akzentuiert.

In diesen Erläuterungen, die als Voraussetzung für das Verständnis der Debatte unabdingbar sind, fehlen allerdings wichtige Themenkomplexe. In Ungarn ist die Beschäftigung mit dem Thema auch ein Mittel, von anderen Problemen abzulenken. So wird von verschiedenen Seiten versucht, die Armutsfrage, das Problem der Abwanderung von Fachkräften, den Rassismus, den Antisemitismus und die Politikverdrossenheit aus den öffentlichen Debatten zu verdrängen. Ferner fehlt eine Auseinandersetzung mit den Perspektiven, welche die aktuellen Fragen der Kulturwissenschaft beschäftigen, so unter dem Aspekt des *Essentialismus* und des *Konstruktivismus*. Wenn man definieren möchte, was der Titel des vorliegenden Werkes suggeriert, dann muss man sich auch mit der Frage auseinandersetzen, *wer* definiert, und *welche* Ziele mit dieser Definition verfolgt werden. Anders formuliert: Welche Machtverhältnisse dominieren den von der Verfasserin behandelten Diskurs? Die Debatte in Ungarn tendiert weg von den konstruktivistischen Ergebnissen der Kulturwissenschaften der letzten Jahre und kehrt zurück zu einem essentialistischen Pathos des Nationalen, der für manchen Politiker im heutigen Ungarn wohl sehr opportun zu sein scheint.

Der zweite Schwerpunkt des Werkes liegt im sprachlichen Bereich, was nicht verwundert, ist doch die Verfasserin Sprachwissenschaftlerin. Sie bietet einen umfangreichen, detaillierten und sachlichen Abriss über die Etymologie der ungarischen Sprache sowie deren Kontakte mit anderen Sprachen. Dieser sprachhistorische Teil macht neugierig und regt zur weiteren Nachforschung an. Kleinere Unklarheiten, etwa ob das Wort »konyha« (*Küche*) deutscher oder slawischer Herkunft ist, oder die Unstimmigkeiten in der rumänischen Rechtschreibung, kann man diskret übergehen.

Im vorletzten Abschnitt widmet sich Schubert der soziologischen Komponente ihrer Frage „Was ist ein Ungar?" Dabei greift sie auf die Ergebnisse einer Untersuchung von 1997 zurück, die tiefe Einblicke in die damalige ungarische Gesellschaft und in die Debatte um das Ungarische im öffentlichen Raum gewährt. Es sind Schlüsselpassagen des Bandes über den einschlägigen Diskurs sowie seiner Entwicklung im Laufe der vergangenen zwei Jahrzehnte. Leider fehlen hier neueste Daten, denn die ungarische Gesellschaft hat sich in den zwanzig Jahren seit jener Untersuchung grundlegend geändert. Hier wären nähere Antworten auf die Kernfrage möglich gewesen, die im genannten Zeitraum etwa durch das *Statusgesetz* und die doppelte Staatsangehörigkeit von Magyaren außerhalb Ungarns zumindest politisch beantwortet wurde. Eine Antwort wäre wichtig gewesen, weil eine Frage dieser Art nicht nur eine Definition dessen bieten würde, *was ein Ungar ist*, sondern auch, *was ein Ungar nicht ist*, somit den Problemkreis der gesellschaftlichen Exklusionsmechanismen vergegenwärtigen würde.

Zum Schluss entwirft und beschreibt die Verfasserin einen Katalog nationaler Symbole und Narrative, bekannter Persönlichkeiten und kulinarischer Spezialitäten, die als *ungarisch* gelten. Dieser Abschnitt mag für Kenner der Materie wenig Neues enthalten, dem Laien bietet er aber einen kompakten und wertvollen Einblick in die ungarische Kultur und Geschichte.

Das vorliegende Werk ist eine gelungene Einführung *in* die und ein hilfreicher Überblick *über* die Debatte um die ungarische Identität. Es animiert zur Vertiefung der behandelten Aspekte.

Mihai Márton   Regensburg

Vier Jahre ungarisches Grundgesetz. Herausgegeben von Küpper, Herbert – Csehi, Zoltán – Láng, Csaba. Frankfurt am Main [u. a.]: Peter Lang 2016. 136 S. ISBN 978-3-631-67166-5 = Studien des Instituts für Ostrecht München 80.

Seit Inkrafttreten des am 25. April 2011 verabschiedeten ungarischen Grundgesetzes am 1. Januar 2012 sind einige Jahre vergangen. Das europaweit von heftiger Kritik und kontroversen Diskussionen begleitete Werk ist etwas aus dem Fokus geraten, die Gemüter konnten sich beruhigen. Anfangs war demgegenüber vom Ende der Demokratie, vom Ende des Rechtsstaats die Rede. Gerade die deutschsprachigen Medien taten sich mit teilweise heftigen, bisweilen sogar die notwendige Sachlichkeit vermissenden Anwürfen hervor. Bereits mit Band 70 der Studien des Instituts für Ostrecht München war es dessen Geschäftsführer, der als hervorragender Kenner der ungarischen Rechtsmaterie bekannte Herbert Küpper, der unter dem Titel „Ungarns Verfassung vom 25. April 2011. Einführung – Übersetzung – Materialien" ein Werk vorlegte, das die oft ideologische Debatte um eine fundierte juristische Analyse bereicherte.[1] Im Jahr 2016, also vier Jahre nach Inkrafttreten des Grundgesetzes und Erscheinen von Küppers Werk, war Zeit für eine erste Zwischenbilanz. Schließlich gilt es, das Grundgesetz im Rechtsalltag mit Leben zu füllen.

Das vom Umfang her mit 136 Seite recht übersichtliche Buch knüpft an eine im Jahre 2015 in Regensburg durchgeführte Tagung zum ungarischen Grundgesetz an und will die dortigen Eindrücke den Lesern weitergeben. Es enthält Beiträge von Herbert *Küpper* (Institut für Ostrecht München), Balázs *Schanda* (Pázmány-Péter-Katholische-Universität, Budapest), Sonja *Priebus* (Otto-von-Guericke-Universität, Magdeburg), Zsolt *Szabó* (Károli-Gáspár-Reformierte-Uni-

---

1   Siehe die Besprechung des Autors in: Ungarn-Jahrbuch 32 (2014/2015) 384–386.

versität, Budapest), Tamás *Sulyok* (Präsident des ungarischen Verfassungsgerichts) mit Mónika *Tóth* sowie Péter *Darák* (Präsident der Kurie).

Den Auftakt bildet *Küpper* mit einer lesenswerten Analyse der am ungarischen Grundgesetz geübten unterschiedlichen Kritikpunkte („Das ungarische Grundgesetz im Spiegel der deutschsprachigen Medien".) In vier Unterkapiteln geht er auf das mit Inkrafttreten des Grundgesetzes angeblich bevorstehende „Ende der Republik", das „Ende der Demokratie", das „Ende des Rechtsstaates" und das „Ende der Grundrechte und des Grundrechtsschutzes" ein. Hier sollen zwei Themenbereiche herausgegriffen werden: Küpper arbeitet unter dem Stichwort „Ende der Republik" heraus, dass sich an der Staatsform Ungarns – das Land ist und bleibt eine Republik – durch die Verfassung nichts geändert hat, also im Ergebnis lediglich die Nennung der Staatsform im Landesnamen gestrichen wurde. Letzterer Aspekt ist juristisch unverdächtig, beinhaltet aber eine gewisse (sich bei rein juristischer Betrachtung nicht erschließende) historische Brisanz, weil die in Präambel erfolgende Bezugnahme auf die »Heilige Krone« Raum für Spekulationen über eine revisionistische Haltung des Regelwerkes gibt: Immerhin reichten die Länder der »Heiligen Krone« weit über das heutige Ungarn hinaus und umfassten unter anderem Teile des heutigen Rumänien und der Slowakei. Der Anspruch der Fidesz-Regierung, auch die Auslandsungarn zu vertreten, wurde auf einfachgesetzlicher Ebene durch das Staatsangehörigkeitsrecht durchaus bestätigt – der Vorwurf des staatlichen Revisionismus mit Gebietsansprüchen hat sich aber nach Ansicht des Rezensenten hierdurch nicht bewahrheitet.

Was die vermeintliche Schwächung der Grundrechte und Defizite bei ihrer prozessualen Durchsetzbarkeit anbetrifft, zeigt Küpper auf, dass das neue Grundgesetz tatsächlich einen erweiterten Grundrechtskatalog und verbesserten Individualrechtsschutz beinhaltet. Gleichwohl seien in den Bereichen *Medienfreiheit* und *Ehe und Familie* kritisch zu würdigende Aspekte zu finden, auf die Küpper dezidiert eingeht. Ferner befasst sich der Verfasser unter anderem mit der Beschränkung der Parlamentshoheit im Steuerrecht – einer aus Sicht des Rezensenten ganz erhebliche, weil in die Funktionsfähigkeit des Staates eingreifende und mit keinerlei nachvollziehbarem Sachargument gerechtfertigte Neuerung.

Der Beitrag von Balázs *Schanda* „Christlich oder neutral? Die Identität des neuen ungarischen Grundgesetzes" kommt zum Ergebnis, dass die neue Verfassung die weltanschauliche Neutralität wahrt, die Bezugnahmen auf das Christentum weniger religiös als kulturell zu verstehen seien. Dem dürfte im Ergebnis zu folgen sein, bedenkt man etwa, dass das über den Verdacht weltanschaulicher Rückständigkeit erhabene bundesdeutsche Grundgesetz bereits im ersten Satz seiner Präambel die Bezugnahme auf eine »Verantwortung vor Gott und den Menschen« enthält. Die Empörung vieler Kritiker über die Bezugnahme auf christliche Wurzeln hatte bisweilen etwas Befremdliches, ganz so, als entspreche nur eine laizistische Verfassung dem Gebot der Stunde.

Auch die folgenden Beiträge von Sonja *Priebus* („Das ungarische Wahlsystem im Zentrum eines strategischen Institutionendesigns") sowie Zsolt *Szabó* („Ausgewählte Fragen des Parlamentsrechts und der Parlamentspraxis in Deutschland und Ungarn") und Tamás *Sulyok* mit Mónika *Tóth* und Péter *Darák* („Die Beziehung zwischen Verfassungsgericht und der Kurie im Spiegel der echten Verfassungsbeschwerde") thematisieren interessante Einzelaspekte des neuen Rechts. Geht man allerdings vom Buchtitel und dem Anspruch der Herausgeber aus, so werden die Beiträge von *Küpper* und *Schanda* am ehesten dem Postulat gerecht, eine erste Bilanz zu ziehen. Hier geht es um Grundsätzliches im Lichte der (internationalen) Kritik, ja: auch um ideologische Differenzen zwischen dem Verfassungsgeber und den Beobachtern. Die weiteren Aufsätze leisten zwar wertvolle Beiträge zum juristischen Diskurs, verlaufen sich nach Auffassung des Rezensenten aber zu sehr in Teilaspekten und Details.

Schon als logische Fortsetzung des Bandes 70 erscheint dem Rezensenten der Erwerb des Büchleins, somit eine diesbezügliche Vervollständigung der eigenen Fachbibliothek sinnvoll.

Michael Pießkalla   München

Der unterbrochene Sieg einer Unabhängigkeitsbewegung
Zum 60. Jahrestag des ungarischen Volksaufstands 1956*

Von den drei Nationalfeiertagen Ungarns – 15. März, 20. August und 23. Oktober – erinnern zwei an epochale Reformbewegungen, die zunächst gescheitert sind. Am 15. März 1848 begann in Pest die Revolution im Völkerfrühling bürgerlich-demokratischer und nationaler Erhebungen, am 23. Oktober 1956 brach der Aufstand gegen die sowjetische Fremdherrschaft aus. Nach der Niederschlagung des antihabsburgischen Freiheitskampfes 1849 verlor das Königreich Ungarn für anderthalb Jahrzehnte, bis zum österreichisch-ungarischen Ausgleich 1867 seine Unabhängigkeit. Nach der kommunistischen Gleichschaltung 1948 dauerte dieser Verlust vier Jahrzehnte an. Diese beiden Phasen unterbrochener politischer und nationaler Selbstbestimmung wurden von einer Idee überlagert, die in den letzten Wochen des Freiheitskampfes 1849 aufgekeimt war und im nachfolgenden Jahrhundert, in den Endphasen der beiden Weltkriege, rechtliche Gestalt annahm – allerdings jeweils nur vorübergehend. Deshalb musste sie 1956 erneut eingefordert werden: es war die Idee der *unabhängigen* und *freiheitlichen* Republik.

Der ungarische Volksaufstand 1956 war eine besondere Schöpfung der antikommunistischen Oppositionsbewegungen. Die Unzufriedenheit mit dem Kommunismus stalinistischer Prägung war in der Bevölkerung aller Ostblockstaaten mehr oder minder verbreitet. Das Zusammenwirken mehrerer Faktoren hatte ihr in Ungarn aber eine nationale Eigenart verliehen. Aus dieser Originalität wuchsen dem Aufstand Merkmale zu, die ihm in der historischen Reihe der verwandten Strömungen einen schillernden Stellenwert verleihen.

---

* Der Text geht auf Vorträge zurück, die der Autor bei Gedenkveranstaltungen zum 60. Jahrestag des Ungarn-Aufstands in Ulm (22. September 2016, Donauschwäbisches Zentralmuseum), in Innsbruck (22. Oktober 2016, Landhaus Innsbruck) und in Regensburg (8. November 2016, Universität Regensburg) gehalten hat.

1.

Ungarn musste im sowjetischen Satellitensystem mit der politischen auch eine mentale Erniedrigung hinnehmen. Die verordnete Moskauhörigkeit beraubte seine Bevölkerung nicht nur der elementaren Menschenrechte, sondern rief ihr die Niederschlagung des antihabsburgischen Freiheitskampfes von 1849 durch Truppen des zaristischen Russland in Erinnerung. Außerdem ging sie mit der Doktrin der kulturellen Slawisierung einher, die das Trauma der Magyaren, zu den Verlierernationen des Zweiten Weltkrieges zu gehören, nur verstärkte.

Gerade deshalb taten sich im Ungarn des ersten Nachkriegsjahrzehnts gewisse Spielräume für eine Entschärfung des Unrechtsregimes auf. Die Auswüchse der kommunistischen Diktatur beunruhigten zeitweise selbst die Moskauer Vormacht. In Budapest gab es – anders als in den übrigen Satellitenstaaten – Ansätze zu einem Kurswechsel, die allerdings durch Rückfälle in die Diktatur abgelöst wurden. Doch gerade weil sich Altstalinisten und Reformkommunisten in den Führungspositionen ablösten, wurden letztere zu Trägern der Hoffnung auf eine Vermenschlichung des Systems. An ihrer Spitze stand Imre Nagy (1896–1958), ein hochrangiger Parteifunktionär, der in den frühen fünfziger Jahren mal als amtierender, mal als geschasster Ministerpräsident das patriotische Interesse an einer linksorientierten Überwindung des Totalitarismus verkörperte.

So war es möglich, dass die Revolution während der ihr vergönnten knapp zwei Wochen nicht die Umgestaltung der Gesellschaft, sondern die politisch-rechtliche Demokratisierung auf ihre Fahnen schrieb. Wie schon die allerersten fachlichen Analysen – so jene von Hannah Arendt (1906–1975) aus dem Jahre 1958[1] – feststellten, verband sie die Forderung nach einem Mehrparteiensystem mit dem Wunsch nach einem basisdemokratisch legitimierten Regierungssystem, das die sozialistischen Eigentums- und Produktionsverhältnisse etwa in Großunternehmen nach den Erfordernissen der ungarischen Volkswirtschaft beibehält, sie aber in rechtsstaatliche Strukturen überführt.

2.

Das Besondere an diesem konzeptionellen Zukunftsbild war, dass es in einer Erhebung aufschien, die bei allen materiellen Versorgungsproblemen, mit denen Ungarn infolge seiner unmäßigen Industrialisierung zu kämpfen hatte, keine Brotrevolte war. Sie spielte sich nicht zwischen Unterschicht und Oberschicht ab, sondern war im engen Sinne des Wortes ein Volksaufstand gegen einen gemeinsa-

---

[1] Hannah *Arendt*: Die Ungarische Revolution und der totalitäre Imperialismus. München 1958.

men Gegner, getragen von Intellektuellen, Arbeitern und Bauern. Die Folge war eine praktische Zielstrebigkeit, wie sie sich nur aus der Kraft gesellschaftlicher Solidarität herauszubilden und zu offenbaren vermag. Sie wird zu den wichtigsten psychologischen Antriebsmomenten des Aufstands gezählt, so in einem zum 50. Jahrestag von der „Süddeutschen Zeitung" abgedruckten autobiografischen Essay eines im deutschen Sprachraum wohlbekannten ungarischen Schriftstellers. Péter Nádas, damals 14 Jahre alt und bereits mit einer außerordentlichen Beobachtungsgabe gesegnet, erlebte im militärisch aufgewühlten Budapest Tage, »an denen man verstehen konnte, warum die Menschen taten, was sie taten«.[2]

Von den Beweisen hierfür beeindruckt das „Unbewachte Geld auf der Straße" (*„Őrizetlen pénz az utcán"*) an vorderster Stelle. Es trug eine Botschaft in die Öffentlichkeit, wie sie zuweilen nur Künstler zu formulieren imstande sind. Am 2. November 1956 rief der ungarische Schriftstellerverband zu Spenden für die Angehörigen der in den Straßenkämpfen gefallenen Personen auf. Der Architekt und Poet Miklós Erdély (1928–1986) stellte umgehend als Mitglied des Schriftstellerverbandes mit einigen Mitstreitern an mehreren verkehrsreichen Straßenzügen der Hauptstadt Munitionskisten mit folgender Mitteilung in Druckschrift und einem aufgeklebten 100-Forint-Geldschein auf: »Die Unbescholtenheit unserer Revolution erlaubt es, für die Familien unserer Märtyrer auf diese Weise zu sammeln. Ungarischer Schriftstellerverband.« (»*Forradalmunk tisztasága megengedi, hogy így gyűjtsünk mártírjaink családjának. Magyar Írók Szövetsége.*«)[3] Augenzeugen und Beteiligte, so auch Erdély, berichteten später über diese auch in zeitgenössischen Pressemeldungen und Fotoreportagen verewigte Solidaritätsaktion, dass sich die Behältnisse rasch mit 100-Forint-Banknoten füllten, ohne von ungebetenen Händen behelligt zu werden. Sie wurden mit einem Dienstwagen des Schriftstellerverbandes an den Verbandssitz in der Budapester Bajza Straße verbracht und für gezielte Verwendung geleert. Innerhalb von drei Tagen kamen rund 260.000 Forint zusammen, und die Auszahlung von Soforthilfen von jeweils 500 Forint lief bereits an – dies wohlgemerkt auch an Hinterbliebene der Opfer unter den verhassten Geheimdienstagenten der ungarischen Staatspartei. Der Rest der gesammelten Summe wurde nach dem 4. November, dem zweiten Ein-

---

[2] Péter *Nádas*: Alles zerfällt in Trümmer. Als die Margit-Brücke zu beben begann: die Schlangen, die Panzer und das Brot in Budapest im Herbst 1956. In: Süddeutsche Zeitung 25. Oktober 2006, 16.

[3] Dóra *Palatinus*: A köztéri művészet szerepváltozásai. A társadalmi térként definiált köztér művészeti megközelítése. „Doctor of Liberal Arts"-Abhandlung. Universität Pécs 2014, 43–44. http://pea.lib.pte.hu/bitstream/handle/pea/14662/palatinus-dora-dla-2016.pdf (17. Februar 2018).

marsch der sowjetischen Armee, von den Behörden beschlagnahmt.[4] Im kunsthistorischen Rückblick brachte dieses »proto-happening« als »erste ungarische Performance« überhaupt eine unzertrennliche Einheit von »gesellschaftlichem Bewusstsein und Kunst« hervor.[5] Erdély nahm diese »public art«-Manifestation aus den Tagen des Ungarn-Aufstands 1980 in sein Werkverzeichnis auf.[6]

3.

Zielstrebige Denk- und Handlungsabläufe waren es, die dem Aufstand nach einem brüchigen Sieg eine befristete Niederlage bescherten. Sein Höhepunkt war der Austritt Ungarns aus dem Warschauer Pakt, den Imre Nagy am 1. November 1956 verkündete, als die kurz zuvor aus Budapest abgezogenen sowjetischen Truppen durch neue Kampfeinheiten ersetzt wurden. Bemerkenswerterweise erklärte der Ministerpräsident nicht den Beitritt zur NATO, sondern die Neutralität des Landes, um die Gegenseite zu einer einvernehmlichen Konfliktlösung zu ermuntern. Der bildhafte Ausdruck der neutralen Unabhängigkeit Ungarns war die „Fahne mit dem Loch" („*Lyukas zászló*"): Es war die rot-weiß-grüne Trikolore, aus der die Aufständischen das seit 1949 eingenähte stalinistische Staatswappen mit Hammer, Ähre und rotem Stern herausschnitten.[7] Dem Land schufen sie damit ein nationales Symbol, das in Reinheit und Tadellosigkeit seinesgleichen sucht. In grenzüberschreitender Solidarität wurde diese ungarische Gefühlslage von deutschen Studierenden der Münchener Ludwig-Maximilians-Universität einfühlsam rezipiert. Sie gründeten Anfang 1957 den Verein „Ungarn-Patenschaft der freien Welt e. V.", der einige Monate lang soziale Hilfe bei der Betreuung von politischen Flüchtlingen aus Ungarn leistete. Um die »Verbundenheit auch nach außen zu zeigen«, ließ der Vorstand bronzene Ansteckmadeln anfertigen, auf der neben dem Tag des Ausbruchs des Ungarn-Aufstands die *Fahne mit dem Loch* eingraviert wurde (siehe *Abbildung*).[8]

---

[4] Géza *Boros*: Őrizetlen pénz. Jövőkötvény. Két 1956-os konceptualista akció. In: Kritika 25 (1996) 10, 26–27; Félix *Márton*: Spontán történet a becsületről. Őrizetlenül hagyott pénzek 1956-ban. In: Mindennapi.hu. A közéleti portál. 23. Oktober 2011. http://mindennapi.hu/cikk/kultura/-rizetlenul- hagyott-penzek-1956-ban/2011-10-23/8604 (17. Februar 2018).

[5] Péter *Kőhalmi*: Testet öltött gondolatok. Erdély Miklós, konceptuális művészet, pop art. Szeged 2016, 173.

[6] *Márton; Palatinus* 44.

[7] Gabriella *Schubert*: Nationale Symbole der Ungarn und deren Narrative. In: Zeitschrift für Balkanologie 49 (2013) 2, 234–262, hier 238.

[8] Ein Bündel einst übrig gebliebener Abzeichen erhielt das Ungarische Institut München zum 50. Jahrestag, im Herbst 2006, von einem der Initiatoren, dem Mitglied Nr. 78, Herrn Horst Kandar (München), der außerdem seine einstige Mitgliedskarte und eine knappe, hier zi tierte Darstellung der Vereinsaktivitäten übergab: Horst *Kandar*: Betr. Ungarn-Patenschaft

Anstecknadel des Vereins „Ungarn-Patenschaft der freien Welt e. V." 1957.
Ungarisches Institut München, Regensburg. Bibliothek, Sondersammlungen
Foto: Katalin Gordos

Es war gleichsam eine rundherum gedachte Unabhängigkeit, welche die ungarische Regierung bei den Verhandlungen über einen vollständigen Abzug der sowjetischen Besatzungskräfte sowie eine Neuausrichtung der bilateralen Beziehungen anstrebte. Am 3. November 1956, einem Samstag, liefen die Gespräche im Budapester Parlamentsgebäude und im sowjetischen Hauptquartier unweit der Hauptstadt. Bis dahin hatten sich Trauer und Wut über Tod und Zerstörung infolge des ersten sowjetischen Einmarsches am 24. Oktober aufgestaut. Dennoch herrschte unter den Aufständischen und unbeteiligten Sympathisanten auch eine verhaltene Zuversicht, sogar Freude über das Wagnis des Widerstands gegenüber einer Weltmacht. Diese Stimmung veranlasste später Hannah Arendt zur Bemerkung, dass »nie zuvor eine Revolution ihre Ziele so schnell, so gründlich und mit so wenig Blutvergießen erreicht hat«.[9] Die Ernte dieses Erfolgs durfte sie aber nicht sogleich einfahren. Die ungarischen Unterhändler im sowjetischen Hauptquartier wurden inmitten der Gespräche verhaftet, und ihre im Budapester Parlamentsgebäude versammelten Auftraggeber, die auf ihre Rückkehr warteten, wurden nur noch der neuen Wirklichkeit gewahr. In diesen frühen Morgenstunden des 4. November setzte sich die zweite und verhängnisvolle sowjetische Offensive in Gang, die den Aufstand in einen Freiheitskampf, in den »ersten Krieg zwischen sozialistische Staaten« münden ließ.[10]

---

der freien Welt e. V. München, 13. November 2006. Typoskript. Ungarisches Institut München, Regensburg. Bibliothek, Sondersammlungen: Vermischtes 1.

9   *Arendt* 37.

10   *The First War Between Socialist States. The Hungarian Revolution of 1956 and Its Impact.* Eds. Béla K. Király [u. a.]. Columbia University Press 1984.

4.

Viele von denen, die gerade erst in die Atmosphäre eines gefühlten oder zumindest vorgefühlten Sieges eingetaucht waren, hofften eine Zeitlang auf diplomatische oder gar militärische Hilfe des Westens, vor allem der Vereinigten Staaten von Amerika. Ihr erster Sieg war aber nicht zu retten, sondern musste in einer neuen weltpolitischen Lage ein zweites Mal errungen werden. Der Hoffnung auf eine zweite Chance schien sich einer der revolutionären Rundfunksender hinzugeben. Am 7. November 1956, 14:53 Uhr, gab Radio Rákóczi in Dunapentele (heute Dunaújváros, 67 Kilometer südlich von Budapest) die *Unterbrechung* seiner Sendungen bekannt: »Achtung! Die sowjetischen Panzer und Luftstreitkräfte greifen Dunapentele an! Der Kampf dauert mit unveränderter Heftigkeit weiterhin an! Wir unterbrechen unsere Sendung für eine unbestimmte Zeit.« (»*Figyelem! A szovjet tankok és légierők támadják Dunapentelét! A harc változatlan hevességben továbbra is folyik! Adásunkat bizonytalan időre megszakítjuk!«*).[11]

Der Ungarn-Aufstand war seiner Zeit vorausgeeilt. Mit seiner Neutralitätserklärung gegen die politische Zweiteilung der Welt auf. Allerdings rüttelte am Grundsatz der Bipolarität der Einflusssphären damals auch der Westen nicht. Erst rund drei Jahrzehnte später lieferte der Zusammenbruch des sowjetischen Hegemonialsystems eine äußere Grundvoraussetzung für den Aufbruch der Ostblockstaaten in die Unabhängigkeit. Die Volksrepublik Ungarn benannte sich ausgerechnet am Jahrestag des Aufstands, am 23. Oktober 1989, in eine unabhängige Republik mit freiheitlich-demokratischer Ordnung um. Das jahrzehntelange Gedenken an 1956 trug so spät, aber wohl nicht verspätet Früchte, die der heiße Herbst im einstigen kalten Krieg als unreif erwiesen hatte, deren Geschmack aber nicht mehr auszulöschen war. Auf diesen Geschmack sollten bis zu den politischen Umbrüchen in Ost-, Ostmittel- und Südosteuropa gegen Ende der 1980er Jahre eine Reihe von Widerstandsbewegungen kommen, die sich am Ungarn-Aufstand erklärterweise oder sinngemäß ein Beispiel nahmen.

Zsolt K. Lengyel   Regensburg

---

[11] Originalausschnitt aus der letzten Meldung von Radio Rákóczi vom 7. November 1956 unter http://secure.mtva.hu/index.php?option=com_content&task=view&id=374&Itemid=131&mode=1&date=1956.11.07. (17. Februar 2018).

János Arany 1817–1882
Eine deutsche Würdigung zum 200. Geburtstag[*]

Wer war dieser János Arany, der große ungarische Nationaldichter, dessen 200. Geburtstag wir 2017 feiern, und von dem ich anfangs nur ein schmales Gedichtbändchen mit einer Kurzbiografie zur Verfügung hatte? Wer war dieser Dichter, zu dessen Andenken eine Rose[1] getauft wurde, aus dessen Epen und Balladen Opern, eine Kantate und Lieder komponiert wurden? Wer war János Arany, der, ohne dass er sich danach gedrängt hätte – ganz im Gegenteil –, mit höchsten Würden und Ämtern bedacht wurde – und der dennoch so bescheiden blieb? Wer war der Dichter, der Generationen als Vorbild und Leitfigur diente, den seine Zeitgenossen so sehr verehrten, dass sie ihm bereits zehn Jahre nach seinem Tod ein Denkmal weihten? Wer war der Dichter und hervorragende Literaturkritiker, auf den die ganze ungarische literarische Welt damals hörte? Wer war der Zeitgenosse, dessen Werke im 19. und beginnenden 20. Jahrhundert auch zahlreich ins Deutsche übersetzt wurden – und der heute in Deutschland so gut wie unbekannt ist? Dies obwohl seine Verserzählung „Toldi" sogar in Esperanto[2] übersetzt wurde.

János Arany hat *nur* gedichtet, keine Romane geschrieben, weshalb er, wie Antal Szerb 1934 in seiner „Ungarischen Literaturgeschichte" (*Magyar irodalomtörténet*) bemerkte, auch kaum auf Dauer über die Landesgrenzen hinaus bekannt wurde.[3] Dabei lesen sich seine Epen und Balladen spannend wie Abenteuer- und Ritterromane, was von seinen Zeitgenossen auch so empfunden wurde.

Für diesen Beitrag habe ich eine umfangreiche Literaturrecherche gestartet, alte und neue Literaturgeschichten verglichen und einen Ordner voll mit Dokumenten, weiteren Gedichten, Balladen und Teilen seiner Epen gefunden. Dazu eine Menge zeitgenössischer Dokumente über ihn und weiterführende Artikel. Es war eine richtige Schatzsuche, die mir gezeigt hat, dass es sich wirklich lohnt, Arany und seine Zeit zu entdecken. Ich biete einen Blick *von außen*.

Sándor Márai schwärmte 1942 in „Himmel und Erde" von Arany: »Wir sprechen seinen Namen aus, und sogleich stürmen großartige Bilder auf unser Bewusstsein ein. Wir sehen eine Landschaft, darin Eichen, die Ebene, Schilf und

---

[*] Redigierte und gekürzte Fassung eines Vortrags gehalten am 7. April 2017 im Ungarischen Kulturinstitut Stuttgart.

[1] „Das Andenken von János Arany" (*Arany János emléke*). Polyantha, rot duftend, gezüchtet 1991 von Gergely Márk (1923–1912). http://szoregirozsa.hu/rozsa/arany-janos-emleke/ (2. Januar 2018).

[2] János *Arany*: Toldi. Epika poemo. Übersetzt von Márton Fejes. New York 2007.

[3] Antal *Szerb*: Ungarische Literaturgeschichte. I-II. Übersetzt von Josef Gerhard & Gabriele Farkas. Youngstown 1975, hier II, 294.

Moor, weiße Städte inmitten der Ebene, mohnbetupfte Weizenfelder, Ziehbrunnen, [...]. Wir hören Wörter, die so frisch, wild, sanft, duftend, würzig, glänzend, tief, stark, genau und funkelnd sind, als ob das Universum und das Leben in diesen Wörtern jetzt zum ersten Mal ihren Sinn bekämen. Vollkommenheit spüren wir in jedem seiner Wörter. [...] Als ob jemand mit Gold, mit purem Gold hantieren würde. Ja, Arany – also Gold.«[4]

Antal Szerb schrieb in seiner „Ungarischen Literaturgeschichte": »Wenn die Dschinne [...] vom Tausendundeiner Nacht eines Tages Ungarn emporhöben und davontrügen in entfernere Himmel, so daß an seiner Stelle nichts andres übrigbliebe als János Aranys zwölf Bände, könnte man aus diesen magischen Büchern restlos den ungarischen Eidos herauslesen.«[5]

Auch seine Zeitgenossen erkannten ihn als großen Dichterfürsten an, der bescheiden lebte und auftrat, ständig an sich und seinem Talent zweifelte, so dass er seine Dichterkollegen immer wieder erstaunte: Ungarns bedeutendster ästhetischer Kritiker jener Zeit, Pál Gyulai (1826–1909), sagte in seiner Gedenkrede über Arany am 28. Oktober 1883 unter anderem: »Wer hätte gedacht, dass in dem trübsinnigen, bleichen Knaben dort in der verwitterten Hütte ein Genie schlummere? Wer hätte ahnen sollen, dass der zaghafte, schweigsame Student dereinst in unserer Dichtkunst eine neue Welt erschliessen und der Dolmetsch kaum gekannter Herrlichkeiten unserer Sprache werden würde? [...] Wer hätte glauben wollen, dass der Jüngling, der nicht einmal seine Schulen durchgemacht hatte, in seiner Abgeschiedenheit mehr lernen würde, als seine Lehrer selber wussten? [...] Er war bis an sein Ende der anspruchsloseste Mann in Ungarn, aber in gewisser Hinsicht zugleich auch die empfindlichste, die stolzeste Seele im Lande. [...] Mit puritanischer Strenge erfüllte er alle seine Pflichten und ängstlich wahrte er seine moralische und schriftstellerische Würde.«[6]

Ungarische Spracherneuerung und Dichtung in ungarischer Sprache

Das 19. Jahrhundert war ein spannendes Jahrhundert, das nicht nur in die Geschichte Ungarns tief eingriff. Die Vorläufer der großen Umwälzungen vor allem der Sprache begannen bereits am Ende des 18. Jahrhunderts mit Johann Gottfried

---

[4]   Sándor *Márai*: Himmel und Erde. Betrachtungen. Übersetzt von Ernő Zeltner. München 2001. Original: Ég és föld. Budapest 1942, 175. *Arany* bedeutet im Ungarischen *gold*.

[5]   *Szerb* 288.

[6]   Paul *Gyulai*: Denkrede auf Johann Arany. Gelesen in der feierlichen Versammlung der Kisfaludy-Gesellschaft am 28. Oktober 1883. In: Ungarische Revue 4 (1884) 2, 89–110, 3, 173–195, hier 89–90.

Herders „Prophezeiung" von 1788, nach der die Ungarn mitsamt ihrer Sprache aussterben würden. Sie »hat eine tatsächlich alarmierende Wirkung in Ungarn ausgelöst und ist zum faktischen Ausgangspunkt der ungarischen Reformbestrebungen geworden«.[7] Dabei hatte Herder eigentlich nur in einem Nebensatz gemeint: »Da sind sie [die Magyaren, G. B.] jetzt unter Slawen, Deutschen, Wlachen und anderen Völkern der geringere Teil der Landeseinwohner, und nach Jahrhunderten wird man vielleicht ihre Sprache kaum finden.« Herder hatte damals Volksdichtung und Volkslieder gesammelt und unter dem Titel „Die Stimmen der Völker in Liedern" herausgegeben.[8] Aus Ungarn konnte er kein einziges Volkslied einfügen, sie waren seinen Ansprechpartnern einfach nicht bekannt. Und er war überzeugt, dass nur ein Volk, welches seine Lieder und Traditionen pflegt, überleben könne.

Ungarn brauchte nach den Türkenkriegen, die erst 1718 mit einem Friedensschluss endgültig beendet worden waren, Siedler, so dass die ungarischen Stände Kaiser Karl VI. 1722/1723 aufforderten, „freie Personen jeder Art" ins Land zu rufen und überall darum zu werben. Da kann man sich vorstellen, dass in diesen wüsten Zeiten Mythen und Volkslieder der ungarischen Bevölkerung vorübergehend in den Hintergrund getreten waren. Neben anderen Bevölkerungsgruppen waren viele Deutsche ins Land gekommen, später als „Donauschwaben" bezeichnet, so dass mit Hilfe des Wiener Hofes deutsches Fachwissen, deutsches Gelehrtentum, deutsche Kultur sich in Ungarn verbreiteten. Man sprach – wenn nicht lateinisch –Deutsch in den gebildeten Kreisen, im Adel. Von da her ist Herders *Prophezeiung* zu verstehen.

Dazu kommt das Dekret Kaiser Josephs II. von 1784,[9] das die lateinische Sprache durch das Deutsche als Amtssprache ablöste. Das verunsicherte die Magyaren, rief unter ihnen Empörung und Trotz hervor. 1838 schrieben die Leipziger „Blätter für die literarische Unterhaltung": »Die meisten deutschen Schriftsteller über Ungarn haben bis auf die neueste Zeit herab die Meinung verbreitet, daß dort die lateinische Sprache, die sie ein Küchenlatein nennen, gewissermaßen

---

[7]   *Nation und Nationalismus in wissenschaftlichen Standardwerken Österreich-Ungarns, ca. 1867–1918.* Hgg. Endre Kiss [u. a.]. Wien [u. a.] 1997, 45. Vgl. István *Gombocz:* Eine Voraussage und ihre jahrhundertelange Nachwirkung: Zu Herders Rezeption in Ungarn. In: Ungarn-Jahrbuch 23 (1997) 105–118.

[8]   Johann Gottfried *Herder:* Stimmen der Völker in Liedern. Stuttgart 1975. Herder ging bereits 1775 an die Veröffentlichung einer Sammlung „Alter Volkslieder". Die Sammlung erschien 1778 und 1779 in einer überarbeiteten Fassung unter dem Titel „Volkslieder" bei Weygand in Leipzig. Den Titel „Stimmen der Völker in Liedern", unter dem sie bekannt wurde, bekam sie erst in der erweiterten Fassung, die Karoline Herder und Johannes von Müller 1807 nach Herders Tod herausgaben.

[9]   Franz *Krones:* Ungarn unter Maria Theresia und Joseph II. Graz 1871, 23–33.

eine Universalsprache für die vielen dieses Land bewohnenden Nationen, die Sprache der Gelehrten und der Conversation sei. […] Namentlich unter Maria Teresia war die lateinische Sprache allgemein verbreitet, sodaß auch die niedern Stände ihr Kuchellatein sprachen, ja selbst Frauen in Menge sich fanden, die nicht nur Lateinisch verstanden, sondern auch redeten. […] Hätte übrigens Joseph hinsichtlich der Sprache im Sinne seiner Mutter gehandelt – die ungarische Sprache würde jetzt kaum noch unter den Bauern an der Theiß gesprochen; Deutsch wäre die Landessprache geworden, und die lateinische hätte sich nur für bestimmte Geschäfte erhalten. Doch der sonst so hellsehende Joseph hatte sich verrechnet, als er die ungarische und die lateinische Sprache mit einem Schlage vernichten und an deren Stelle die deutsche setzen wollte. Grade die strengen Gebote Joseph's erweckten die ungarische Sprache aus ihrer dem Absterben nicht mehr fernen Lethargie, sodaß von diesem Zeitpunkte an ihre Wiedergeburt datirt [sic!].«[10]

In den folgenden Jahrzehnten besannen sich die Magyaren auf ihr Land und ihren Ursprung mit Mythen und Liedern. Das Ungarische wurde gefördert, es entstand ein *Sprachenstreit* unter den Befürwortern der Maßnahme und den hauptsächlich oppositionellen Gegnern. Mit ihrer neu erwachten Sprachpflege fanden sie den Anschluss an die europäische Entwicklung. Maßgebend war noch immer die deutsche Literatur, welche die ungarische nach wie vor beeinflusste und ihr auch die Tür ins weitere europäische Ausland öffnete. Junge Adlige besuchten vermehrt ausländische Universitäten, und auch die französische Aufklärung zeigte ihre Wirkung. Der Dichter und Spracherneuerer Ferenc Kazinczy (1759–1831) war anfänglich ein Befürworter der deutschen Sprache, die das große Habsburgerreich gleichsam einigen sollte. Er kommt in Gergely Péterfys neuerem Roman „Der ausgestopfte Barbar" vor.[11] Kazinczy versuchte in einer umfangreichen Korrespondenz, die nationale Literatur am Leben zu erhalten, sie neu zu verankern und die ungarische Adelsgesellschaft nicht nur mit den Übersetzungen aus der Antike, aus England, Frankreich und Deutschland bekannt zu machen, sondern der ungarischen Sprache auch viele neue Ausdrücke zu schenken. Ebenso eifrig war er in seinen Briefen bemüht, der westlichen literarischen Welt zu zeigen, dass auch Ungarn in diesem europäischen Reigen etwas an schriftstellerischen Talenten und Schöpfungen vorzuweisen hatte.

Erste namhafte Dichter taten sich hervor: die Brüder Sándor (1772–1844) und Károly Kisfaludy (1788–1830), die auf die ruhmreiche Vergangenheit Ungarns

---

[10] *Die lateinische Sprache in Ungarn.* In: Blätter für literarische Unterhaltung 13 (1838) 88, 29. März, 359–360, hier 359.

[11] Gergely *Péterfy*: Der ausgestopfte Barbar. Aus dem Ungarischen von György Buda. Wien 2016.

zurückgriffen, aber noch Fiktion und Realität mischten. Mihály Vörösmarty (1800–1855), der Vertreter der klassizistisch Konservativen, der mit seiner bereits realeren Dichtung, dem Heldenepos „Zaláns Flucht" (*Zalán futása*, 1825), ein nationales Thema aufgriff. Inzwischen hatte nämlich die historische Forschung eingesetzt, so dass Dichter und Schriftsteller begannen, sich um die Historie ihres Vaterlandes zu kümmern. Vörösmartys Gedicht „Aufruf" (*Szózat*, 1836) wurde im ganzen Land bekannt und galt bereits 1848 als *ungarische Marseillaise*, als inoffizielle, zweite ungarische Nationalhymne. Auch die ungarische „Hymne" (*Himnusz*) entstand in dieser patriotischen Zeit. Sie wurde 1823 von Ferenc Kölcsey (1790–1838) gedichtet und von seinem Zeitgenossen Ferenc Erkel (1810–1893), dem Begründer der ungarischen Nationaloper, vertont.

Eine geradezu besessene Suche nach verloren gegangenen Mythen, Sagen und Volksliedern begann. Bereits Ende des 18. Jahrhunderts beschäftigten sich Literaturwissenschaftler mit den Besonderheiten der ungarischen Sprache, gaben Grammatiken und Sprachbücher heraus.[12] Die Romantik hatte auch Ungarn erreicht – wenn auch etwas verspätet und nur ganz kurz: Sie wurde schnell vom *Vormärz*, der *Reformzeit* abgelöst. Bis dahin hatte die ungarische Literatur nach- und aufgeholt, was seit den Türkenkriegen in einem Dornröschenschlaf gefangen gewesen war, und wurde auch im Ausland beachtet.

Selbstbiografie und sein erstes Epos „Toldi"

János Arany wurde am 2. März 1817 in Großsalontha (*Salonta, Nagyszalonta*) im Komitat Bihar des Königreiches Ungarn geboren. Er fühlte sich, obwohl in einer ehemals adligen Familie geboren, *als Kind des Volkes*. Seine Eltern waren einfache kalvinistische Landwirte und schon älter, als János als zehntes Kind geboren wurde. Da in der Familie die Tuberkulose herrschte, überlebten nur zwei der Geschwister. János lernte unter sehr bescheidenen Verhältnissen, aber immer als Klassenbester. Er war ein wissbegieriges Kind, las alles, was ihm unter die Finger kam. Er schrieb: »Die Psalmen, die anziehenderen Geschichten der Bibel hatte ich mir schon zu einer über meine Erinnerung hinaus liegenden Zeit nach dem Gehör angeeignet; als ich noch kaum 3–4 Jahre alt war, lehrte mich mein Vater, […] an Buchstaben, die er in die Asche schrieb, lesen, so dass ich, als man mich in die Schule gab, […] nicht nur bereits fertig lesen konnte, sondern sogar eine gewisse Belesenheit hatte«.[13]

---

[12] Vgl. Siegmund [Zsigmond] *Simonyi*: Die ungarische Sprache. Geschichte und Charakteristik. Straßburg 1907.

[13] *Johann Arany's Selbstbiographie. An Paul Gyulai. Nagy-Kőrös, 7. Juni 1855.* In: Ungarische Revue 1 (1883) 1, 1–20, hier 3.

Der vielseitige János beschäftigte sich zunächst mit Bildhauerei. Ausgestattet mit dem Empfehlungsbrief seines Direktors, schloss er sich aber 1836, mit 19 Jahren, einer Truppe von Wanderschauspielern an: Shakespeare wollte er spielen, nur ihn! Damals gab es in Ungarn einen regelrechten *Shakespeare-Hype* – würde man heute sagen. Aber nach kurzer Zeit verließ János enttäuscht die desorganisierte Gesellschaft und ging zu Fuß von Marmaroschsiget (*Sighetu Marmaţiei, Máramarossziget*) heim nach Großsalontha. Kurze Zeit später starb seine Mutter, und sein Vater erblindete. Er wurde 1839 mit nur 22 Jahren Konrektor und Hilfsnotar in Großsalontha. In dieser Zeit brachte er sich selbst Englisch bei, indem er Shakespeare und Byron las, sowie Französisch, als er Molière studierte. Griechisch und Lateinisch hatte er in der Schule gelernt, weshalb er die Klassiker Vergil und Homer im Original lesen konnte. Der Antike gehörte sein Herz, daran schulte er sein Denken und später sein Schreiben, genauso wie mit Hilfe der ungarischen Volksballaden.

Ab 1840 war er Vizenotar in Debreczin (*Debrecen*); in jenem Jahr heiratete er seine langjährige Verlobte Julianna Ercsey. Fortan wollte er sich ganz seiner Familie und seinen Ämtern widmen, seine »schwärmerischen Ziele«[14] gab er auf. Das zeitaufwändige Lesen anspruchsvoller Literatur gab er auf, bis ihn der befreundete Schriftsteller István Szilágyi (1819–1897) überredete, sich wieder mit Literatur zu beschäftigen. Er brachte ihm Bücher, animierte ihn zu Übersetzungen und überließ ihm eine englische Grammatik, mit der Arany sich an der Übersetzung des „Hamlet" versuchte. Als er „König Johann" in die Finger bekam, »begann König Johann in ungarischen Jamben zu reden, aber nur, um bald wieder zu verstummen«.[15]

1846 lobte die angesehene Kisfaludy-Gesellschaft einen Wettbewerb für ein zeitkritisch-satirisches Gedicht aus, den er mit seiner Wahl-Parodie „Die verlorene Verfassung" (*Az elveszett alkotmány*, 1845) anonym gewann. Dabei nahm er einen verlogenen und demagogischen Wahlkampf um Heuchelei und schmutzige Methoden aufs Korn, die sich Konservative und Liberale lieferten.[16] Er hatte das Gedicht eigentlich geschrieben, um seinem Ärger über die politischen Umtriebe seiner Zeit Luft zu machen. Bereits 1847 gewann er erneut den großen Preis der Kisfaludy-Gesellschaft, diesmal mit seinem historischen Epos „Toldi". Damit wurde er schlagartig berühmt. Auch Sándor Petőfi (1823–1849) wurde auf ihn

---

[14] Ebenda, 10.

[15] Ebenda, 12.

[16] Brigitta *Pesti*: Einführung in die ungarische Literaturgeschichte. I: Ungarische Literatur von ihren Anfängen bis zur beginnenden Moderne, 92–93. https://finno-ugristik.univie.ac.at/fileadmin/user_upload/a_finno_ugristik/Studium/StEOP_Skript__Einfu__hrung_in_die_ungarische_Literaturgeschichte_I.pdf (8. Januar 2018).

aufmerksam: Eine tiefe Freundschaft zwischen den beiden begann. Der Dichter-
fürst fragte im Gedicht „An Johann Arany" (*Arany Jánoshoz*, 1847):

> »Wer und was bist Du? dass Du auftauchst, wie im Meer
> Steigt plötzlich ein Vulkan aus seiner Tiefe Reich!
> Ein anderer bekommt nur blattweis den Lorbeer,
> Doch Dir muss reichen man den vollen Kranz sogleich!«[17]

Aranys „Toldi" wurde zu einem »Publikumserfolg«. Diese spannende Verserzählung historischer Thematik fesselte die Zeitgenossen nicht zuletzt durch ihre
volksnahe Sprache wie ein Abenteuerroman. »Aranys Dichtersprache klingt
bäuerlich-unmittelbar in diesem Werk, doch beinhaltet und gebraucht sie gleichzeitig alle Feinheiten und Errungenschaften der Sprachneuerung.«[18] „Toldi" sei
das Schönste, was bisher in ungarischer Sprache geschrieben wurde, schwärmte
der Dichter-Übersetzer József Lévay (1825–1918) 1893 in seiner Gedenkrede
über Arany bei der 53. Generalversammlung der Ungarischen Akademie.[19] Das
war es, was Aranys Größe ausmachte und ihn generationenlang auf den Sockel
gestellt hat: In einer Zeit, als Ungarn nach der eigenen Identität suchte, schenkte
er seinen Landsleuten ihre Vergangenheit wieder. Und er verwendete in seiner
schriftstellerischen Kunst, was bis dahin in die ungarische Sprache an Feinheiten,
Witz, Humor und Ausdruck eingegangen war. Das alles flocht er kunstvoll und
frisch zu seiner ureigensten Sprache zusammen.

Wir – zumal wir Deutschen – können heute wohl nicht mehr nachvollziehen,
was Arany sprachlich leistete. Den nachfolgenden Dichtern standen bereits eine
Fülle von Wortschöpfungen, eine frische volkstümliche, aber nicht volkstü-
melnde Sprache zur Verfügung. Arany *schaute dem Volk aufs Maul*, wie man
hierzulande sagt, gleichzeitig führte er aber gerade diese Sprache zu damals unge-
ahnten Höhen.

Die Handlung des – in deutscher Übersetzung 1855 erschienenen[20] – „Toldi"
spielt zur Zeit des Königs Ludwig des Großen (1326–1382), in einer glorreichen
Epoche des mittelalterlichen Königreiches Ungarn.[21] Der junge, volksnahe Guts-
herr Miklós Toldi lebt mit seiner verwitweten Mutter auf dem Land, während sein

---

[17]   *Alexanders Petőfis Lyrische Gedichte. Deutsch von Theodor Opitz.* II: 1847–1849. Pest 1864,
       26.
[18]   *Pesti* 93.
[19]   Josef [József] *Lévay*: Arany's Lyrik. In: Ungarische Revue 13 (1893) 6–7, 323–330.
[20]   *Toldi. Poetische Erzählung in zwölf Gesängen. Aus dem Ungarischen des Johann Arany im
       Versmaß des Originals übersetzt von Moritz Kolbenheyer. Mit einem Brief von Friedrich
       Hebbel.* Pesth 1855.
[21]   *Pesti* 93.

älterer Bruder György am Königshof das vornehme Leben eines Ritters führt. Das höfische Leben macht ihn eingebildet, er behandelt seinen Bruder bei einem Besuch herablassend und lässt ihn auch von seinen Gefolgsleuten beleidigen. Der bärenstarke Miklós schleudert zornig einen Mühlstein gegen die Männer und trifft einen von ihnen tödlich. In seinem ungezügelten Jähzorn hat er sich des Totschlags schuldig gemacht und muss fliehen. Unerkannt gelangt er nach Buda. Dort will er beim König um Gnade flehen.

Antal Szerb schrieb in seiner „Ungarischen Literaturgeschichte" sinngemäß, dass der Dichter durch die Gestalt des epischen Helden „Toldi" genau das verkörpere, was das ungarische Volk zu dieser Zeit am meisten brauchte: den Nationalhelden, einen mustergültigen Ungarn. Miklós Toldi, der jüngere Bruder, ist derjenige, der wegen des älteren Bruders György Toldi benachteiligt wird. Diese Tatsache bezieht sich auf das Volk, was im übertragenen Sinne verstanden werden muss. György lebt ein adliges Leben, Miklós ist nur der Bauer, der im eigentlichen Sinne das Volk repräsentiert. *Der Ungar* war in seinem eigenen Land nicht der eigene Herr, sondern fremde Herrscher haben das Land als ihr Eigentum betrachtet und ein pompöses Leben auf Kosten der kleinen Bauern geführt. Es ist die schönste und zugleich auch die verfluchteste Eigenschaft des Helden, dass Toldi ohne jeden Vorbehalt emotional ist. Er ist gefangen in den Emotionen seiner Seele, der rationale Verstand bleibt im Hintergrund. Arany ermahnte mit „Toldi" seine Landsleute, sich nicht zu unüberlegten Handlungen hinreißen zu lassen, sondern besonnen zu handeln.[22]

In dieser Verserzählung wird ein berühmter Ritter aus dem 14. Jahrhundert verewigt. Dieser Ritter lebte zur Zeit des ungarischen Königs Ludwig des Großen und wurde ebenfalls in Großsalontha geboren. Er war, so die Legende, allerdings ein grausamer Mann – ganz anders als Aranys edler Toldi, der sich zwar wegen seiner Unbeherrschtheit schuldig macht, jedoch büßt, seine Taten wiedergutmachen möchte, ein aufrechter Charakter ist, ein *echter Ungar*, der sich nicht ergibt. Da Arany mit Toldi einen so großen Erfolg hatte, schrieb er bald einen weiteren Toldi-Teil: „Toldis Abend" (*Toldi estéje*),[23] den dritten Teil der Trilogie. Den mittleren, „Toldis Liebe" (*Toldi szerelme*) konnte der Dichter erst in den späten 1870er Jahren vollenden. Das Epos beschreibt in starken Bildern die wichtigsten Eigenschaften des ungarischen Helden: Leidenschaft und Liebe, starker Wille und Mut, Ehre und Trotz. Andere Elemente stehen ihm entgegen: Herrschsucht, Missgunst

---

[22] Vgl. *Szerb* 290.

[23] János *Arany*: Toldis Abend. Poetische Erzählung in sechs Gesängen. Übersetzt von Moritz Kolbenheyer. Pesth 1856.

und Rache. Durch die farbenprächtige Schilderung des mittelalterlichen Ritterlebens schimmert das eigene Leben des Dichters durch.[24]

Nach Revolution und Freiheitskampf 1848/1849

Während der Revolution redigierte Arany das für die Bauern herausgegebene Regierungsblatt „Volksfreund" (*Nép barátja*), leistete für kurze Zeit Militärdienst bei der Nationalwacht, lebte aber größtenteils friedlich in Großsalontha, wo er eine Zeitlang Petőfis Familie Obdach bot.

Mit Petőfis Tod 1849 brach für ihn eine Welt zusammen, bis an sein Lebensende vermisste er den Freund. 1850 schrieb er der Witwe Júlia Szendrey, von der er nicht wusste, wo sie sich aufhielt, das rührende Gedicht „Auf ein Stammbuchblatt" (*Emléklapra*) über ihrer Beide Schmerz:

> »Wie *sie* den ihr entriss'nen treuen Gatten,
> Such' *ich* den mir entschwund'nen treuen Freund;«[25]

Viele hofften, dass der vermisste Petőfi wieder auftauchen würde. Der Dichter schloss jede Strophe mit der Bitte, das Blättchen möge den Weg zu Júlia finden:

> »Ich fühl', in Volkes Herz verhohl'n, indessen,
> Verstehe die geheime Seufzerfrag':
> «*Ob* wohl – und *wann* – sein Sänger noch erscheinen?
> Sein Sang erschallen werd' auf Berg, Au, Fluss?...»
> Bring', einfach Blättchen, deiner Herrin meinen
> Herzlichen, aber gramerfüllten Gruss!«[26]

Vorerst schien seine Schaffenskraft ungebrochen. Während der Revolution hatte er einen großen Teil von „Toldis Abend" fertig gestellt, und zuvor schon „Die Belagerung von Murány" (*Murány ostroma*, 1847), eine Dichtung in vier Gesän-

---

[24]   Johann Heinrich *Schwicker*: Geschichte der ungarischen Litteratur. Leipzig 1889, 597. Die Oper „Toldi" des ungarisch-kroatischen Komponisten Ödön Mihalovich (1842–1929) wurde 1893 in Budapest uraufgeführt. Katalin *Szerző*: Ödön Mihalovich: Toldi szerelme (Toldis Liebe). Eine ungarische Oper vom Ende des 19. Jahrhunderts. In: Studia Musicologica 52 (2011) 85–94.

[25]   *Auf ein Stammbuchblatt. 1850. (Der Witwe Petőfi's von Joh. Arany).* [Übersetzt von Ernst Lindner]. In: Ungarische Revue 3 (1883) 6, 513–515, hier 514. Hervorhebung im Original.

[26]   Ebenda. Hervorhebung im Original.

gen.[27] Damit gewann er wiederum einen Preis der Kisfaludy-Gesellschaft, diesmal den zweiten. Das Werk ging aber in den Wirren der Revolution unter.

Nach der Revolution verlor der Dichter seine Stellung. Zunächst als Erzieher auf dem Anwesen der Familie Tisza in Geszt (Komitat Békés) tätig, arbeitete er ab 1851 als Studienrat am Reformierten Gymnasium von Nagykőrös (Komitat Pest). Petőfis Tod und die Niederschlagung der Revolution stürzten das ganze Land in Resignation; Schweigen machte sich breit, mehrere Dichter gingen ins Exil. Arany dichtete noch, vergrub sich ansonsten in seine Arbeit als Beamter. Er sagte selbst: »Nach der Revolution habe ich weniger gearbeitet, [...] als vor der Revolution; ich verfiel in eine gewisse lyrische Stimmung, ohne dass meine Lyra einen vollen Ton gäbe. [...] So wurde ich meiner Neigung, meiner Richtung, meinem Arbeitsdrange entgegen zum subjektiven Dichter, indem ich meine schmerzende Seele in einzelne lyrische Seufzer zerbröckelte.«[28]

Als Reaktion auf die Niederschlagung des antihabsburgischen Freiheitskampfes 1849 bearbeitete Arany 1852 eine Legende aus den Türkenkriegen in der Verserzählung „Die Zigeuner von Nagyida" (*A nagyidai cigányok*).[29] Als Ungarn zur Mitte des 16. Jahrhunderts das Doppelkönigtum des Habsburgers Ferdinand I. und des einheimischen Großgrundbesitzers János Szapolyai erlebte, hatte Ferenc Perényi, ein Anhänger von Szapolyai, Zigeuner mit der Verteidigung der Burg von Nagyida (*Veľká Ida*, Slowakei) betraut. Die Zigeuner hatten die Burg verteidigt, aber den abziehenden Deutschen nachgerufen, es wäre ihnen weh gewesen, wenn das Schießpulver in der Burg nicht ausgegangen wäre. Der Anführer des deutschen Heers war daraufhin umgekehrt und hatte die Burg eingenommen.

In dem satirisch-komischen Epos drückte Arany seine Verbitterung über das Scheitern des ungarischen Freiheitskampfes aus. Er verwies damit auch auf die Fehler der ungarischen Aufständischen. Der Dichter beschrieb die Belagerung der Burg Nagyida durch die kaiserlichen Truppen. Als Munition und Lebensmittel zu Ende gehen, beschließen der Burgkapitän Márton Gerendi und seine Besatzung, die Burg heimlich zu verlassen und dem Zigeuner-Woiwoden Csóri die Macht zu übertragen. Dieser will in Nagyida ein Zigeunerreich errichten. Es kommt zu einem rauschenden *mulatság* (Fest) und einem Freudenfeuer mit der verbliebenen Munition. Die Kaiserlichen kehren zurück, stürmen mit ihren letzten drei Kanonen die Festung und verjagen die Zigeuner.

---

[27] *Erzählende Dichtungen von J. Arany. Aus dem Ungarischen übersetzt von [Karl Maria] Kertbeny. II: Die Belagerung von Murány*. Leipzig 1853.

[28] Zitiert von *Lévay* 326–327.

[29] Pál S. *Varga*: Kunstzentrierte Entfaltung des Literarischen. Die klassische ungarische Literatur 1825–1890. In: Geschichte der ungarischen Literatur. Eine historisch-poetologische Darstellung. Hg. Ernő Kulcsár Szabó. Berlin 2013, 133–263, hier 215.

In der Sprache dieses Werkes identifizierte sich Arany – wie im „Toldi" – mit den Anschauungen seiner Figuren, was ihm die zeitgenössische Kritik zum Teil übel nahm: Franz (Ferenc) Toldy, ein deutschstämmiger Literat,[30] meinte, nunmehr sei auch Aranys „Die Zigeuner von Nagyida" »die traurige Aberration einer ungewöhnlich schönen Seele«.[31] Doch bereits wenige Jahre nach seinem Tod begannen seine Zeitgenossen zu erahnen, das Arany Großartiges geleistet hatte.[32]

Der Balladendichter

Eine berühmte, an seinem 200. Geburtstag im ungarischen Fernsehen und Radio ausgestrahlte Ballade ist „Frau Agnes" (*Ágnes asszony*) von 1853. Darin geht es um eine Frau, die zuließ, dass ihr Liebhaber ihren Gatten erschlug, ob dieser Tat wahnsinnig wird – und bis an ihr Lebensende immerfort versucht, aus einem »weißen Leintuch« das Blut herauszuwaschen:

> »Weisses Leintuch wäscht Frau Agnes,
> Wäscht es in der reinen Quelle;
> Weisses Leintuch, blut'ges Leintuch
> Hascht behend die wilde Welle.
> O barmherziger Gott, verlass mich nicht!«[33]

Die letzte Strophe der zu Aranys Lebzeiten übersetzten Ballade heißt:

> »Und sie wäscht zerfetztes Linnen,
> Wäscht es fürder in der Quelle,
> Weissen Leintuchs lose Fäden
> Hascht behend die wilde Welle.
> O barmherziger Gott, verlass mich nicht!«[34]

---

[30] Ferenc Toldy (eigentlich Franz Karl Joseph Schedel, 1805–1875) war ein deutschstämmiger ungarischer Literaturhistoriker, der erst während seiner Schulzeit Ungarisch lernte. Er war 1836 Mitbegründer der Kisfaludy-Gesellschaft. Durch ihn wurde die ungarische Dichtung zum ersten Mal umfassend in die deutsche Literatur eingeführt. Franz [Ferenc] *Toldy*: Handbuch der ungrischen Poesie. Pesth/Wien 1828.

[31] Zitiert von *Varga* 216.

[32] Vgl. Zsolt *Beöthy*: Entwicklung des geistigen Lebens der Ungarn. In: Der tausendjährige ungarische Staat und sein Volk. Red. Josef von Jekelfalussy. Budapest 1896, 75–152, hier 135–145.

[33] *Frau Agnes. Ballade von Johann Arany.* Abhandlung von Árpád Török v. Ponor. Aus dem Ungarischen übersetzt von Karl Göndör. Budapest 1883, 22.

[34] Ebenda, 24.

Aranys Kunstfertigkeit kommt beispielsweise im Gedicht „Ritter Bor" (*Bor vitéz*) von 1855 zum Ausdruck. Jeweils die 2. und 4. Zeile wiederholen sich in der 1. und 3. Zeile der nächsten Strophe. „Ritter Bor" ist eine tragische Ballade um Liebe, Verlust, Tod und dem Unheimlichen: Der Held Bor fällt in einer Schlacht, seine Verlobte soll nach dem Willen ihres Vaters mit einem anderen Mann verheiratet werden, was sie aber ablehnt. Lieber folgt sie ihrem Bräutigam in den Tod. Die wichtigste Szene der Ballade ist die „Gespenster-Hochzeit" um Mitternacht in einer Waldkapelle. Die unglückliche Braut stirbt mitten in der halluzinatorischen Wiederbegegnung mit ihrem verlorenen Bräutigam.[35]

Im Jahre 1859 wurde Arany Mitglied der Ungarischen Akademie der Wissenschaften und 1860 Direktor der Kisfaludy-Gesellschaft. Er verließ Nagykőrös und ging nach Pest, wo er die Zeitschrift „Belletristischer Beobachter" (*Szépirodalmi Figyelő*), und dann den „Kranz" (*Koszorú*) gründete und redigierte. Beiden war kein langer Erfolg beschieden.[36]

In der bleiernen Zeit nach dem niedergeschlagenen Aufstand schrieb Arany zwei allegorische Balladen. „Szondis Pagen" (*Szondi két apródja*) aus 1858 bezog sich auf die Türkenkriege, genauer auf die Knappen des heldenhaft gefallenen Burgherrn Szondi, die standhaft geblieben waren, anstatt den siegreichen Pascha Ali zu preisen, die weiter ein Loblied auf ihren Herren gesungen hatten, obwohl ihnen der Tod drohte.

Und dann trug sich ein Ereignis zu, das sehr bezeichnend war für Arany, der sich politisch zwar nicht hervorgetan, aber unbeirrt an den Idealen des Freiheitskampfes festhielt. Er wurde aufgefordert, zu Ehren von Kaiser Franz Joseph I., der Ungarn 1857 besuchte, ein Loblied zu schreiben. Arany schrieb in jenem Jahr die epische Ballade „Die Barden von Wales" (*A walesi bárdok*), die im 13. Jahrhundert dem englischen König Edward I. getrotzt hatten, als sie aufgefordert wurden, ihm ein Loblied zu singen. Alle waren auf den Scheiterhaufen geschickt worden, und König Edward verfiel dem Wahnsinn, denn er hatte nicht damit gerechnet, dass alle 500 Barden nach seiner Drohung in den Tod gehen würden. Nun hatte er sich gezwungen gesehen, seinen eigenen Befehl ausführen zu lassen. Aranys Ballade ging von Hand zu Hand, veröffentlicht wurde sie aber erst 1863.

Der Waliser Komponist Karl Jenkins hat zu dieser waliser Barden-Thematik eine Kantate geschrieben, die 2011 in Budapest im Palast der Künste uraufgeführt wurde.[37] Zu Beginn des Arany-Jahres 2017 erzählte der Bürgermeister von Mont-

---

[35] *Varga* 227.

[36] Katalin *Hász-Fehér*: Deutsche Quellen der Wochenschrift *Koszorú* von Johann Arany. In: Berliner Beiträge zur Hungarologie 19 (2016) 105–137.

[37] *„Die Waliser Barden" im Palast der Künste.* In: Budapester Zeitung 10. Juni 2011. http://www. budapester-archiv.bzt.hu/2011/06/10/die-waliser-barden-im-palast-der-kunste/ (8. Januar

gomery (in der Grafschaft Montgomeryshire), dass durch Aranys Gedicht endlich die Kinder von Wales Bescheid über ihre eigene Geschichte wüssten. Arany wurde posthum der Titel *Freier Bürger von Montgomery* zugesprochen.[38]

Zum Alterswerk

1865 wurde Arany zum Sekretär der Ungarischen Akademie der Wissenschaften gewählt, ab 1870 war er ihr Generalsekretär. Sein Amt versah er gewissenhaft, aber lustlos. Zum Dichten kam er nicht mehr, es fehlten ihm Zeit und Muße. Viermal reichte er ein Gesuch um Beurlaubung ein, was aber jedes Mal abgelehnt wurde. 1876 nahm er schließlich seinen Abschied, da er immer kränker wurde und nur noch schlecht sah.

Er dichtete bis 1877 nicht mehr, sondern übersetzte Shakespeares drei Dramen „Ein Sommernachtstraum", „Hamlet" und „König Johann" ins Ungarische. 1865 starb seine Tochter Juliánna bei der Geburt ihrer Tochter Piroska. Von diesem Schlag erholte er sich bis zu seinem Lebensende nicht mehr. Im sechsten Gesang von „Toldis Liebe" betrauert er Piroska, Toldis große unerfüllte Liebe, die ihre Mutter nie gekannt hat. Diese Strophen beziehen sich auf seine Enkelin Piroska, die ihre Mutter bei der Geburt verloren hat.[39]

Nach 1877 begann Arany wieder zu dichten. Er hat sich für die Nachwelt als Dichter verewigt. Sein prosaisches, vor allem literaturkritisches Werk sollte dennoch nicht vergessen werden. Frigyes Riedl (1856–1921), einer der ersten Vertreter der modernen ungarischen Literaturwissenschaft, würdigte ihn schon zu Lebzeiten: »Der Mannigfaltigkeit der behandelten Stoffe entspricht die Weite seines Horizontes und seine Belesenheit. […] Aranys Gesammelte Schriften erstrecken sich auf zehn Jahre (1854 bis 1864).«[40]

Statt einer Schlussbetrachtung

Arany starb am 22. Oktober 1882 in Budapest, fast blind, erschöpft, an Lungenentzündung erkrankt. Seinen Nachlass verwaltete sein Sohn László, der selbst

---

2018).

38 *Montgomery díszpolgára lett Arany János.* In: hvg.hu 5. März 2017. http://hvg.hu/kultura/ 20170305_Ti_urak_ti_urak_ti_velsz_ebek__Montgomery_diszpolgara_ lett_Arany_Janos (8. Januar 2018).

39 *Aus „Toldis Liebe".* Von Johann Arany. Sechster Gesang. Übersetzt von Mor. Kolbenheyer. In: Ungarische Revue 3 (1883) 4, 282–311, hier 283, Anm. 2.

40 Friedrich [Frigyes] *Riedl:* Arany János prózai dolgozatai (Johann Arany's prosaische Schriften). Budapest 1879. In: Literarische Berichte aus Ungarn 3 (1879) 4, 765–775, hier 765–766.

Dichter war, und nach dessen Tod 1905 der neue Ehemann von Lászlós Frau Gizella, Géza Voinovich. Das Haus der Familie Voinovich wurde im letzten Kriegsjahr 1945 vernichtet – und mit ihm alles, was darin von János Arany übrig geblieben war.

Arany verschmolz in seinem Werk Volkspoesie, Sprache und Metrik zur nationalen Kunstdichtung. Dazu sammelte er aus der Überlieferung, was sich zur dichterischen Verarbeitung eignete: Anekdoten, Sprichwörter, Volkslieder und Sagen, aber auch zeitgenössische Themen, wie gerade *Frau Agnes*.

Der Buchhändler und Verleger Gustav Heckenast (1811–1878) hatte es sich zur Aufgabe gemacht, eine Verbindung zwischen Ungarn und Deutschland herzustellen. Er verlegte fast alle zeitgenössischen ungarischen Schriftsteller. Der bevorzugte Übersetzer ungarischer Dichtung war der evangelische Pastor und Dichter Moritz Kolbenheyer (1810–1884).[41] Dieser übersetzte auf Anregung des Verlegers etwa Aranys „Toldi". Der Austausch zwischen den Literaturen und Literaten, zwischen Ungarn und Deutschland, war damals überaus rege und spornt uns heute an: Was dem 19. Jahrhundert möglich war, sollte uns heute doch erst recht sein.

Gudrun Brzoska   Ehingen

---

[41]   Szabolcs *Boronkai*: Das 19. Jahrhundert. In: Beiträge zu einer Literaturgeschichte des Burgenlandes. Hgg. Helmut Stefan Milletich [u. a.]. I: Chronologie. Wien [u. a.] 2009, 177–178.

Der namenlose Wohltäter und sein Erbe
Ansprache zur Gründung der Stiftung Ungarisches Institut
Universitätsbibliothek Regensburg, 30. Januar 2017

Am 28. November 1986 ließ ein Bürger von Altona, einem Vorort von Melbourne, seinen letzten Willen beurkunden. Géza John Győry, „scientific officer" im Ruhestand, muss ein vorsorgliches und umsichtiges Mitglied der rund 20.000 Seelen starken ungarischen Exilgemeinschaft im australischen Bundesstaat Victoria gewesen sein. Bis zu seinem Ableben am 6. November 2008 gingen noch 22 Jahre ins Land. Es dauerte weitere fünf Monate, bis die Australische Staatliche Treuhandgesellschaft jene Einrichtung am anderen Ende der Welt fand, die Győry in seinem Testament als Alleinerben seines Vermögens bedacht hatte: das Ungarische Institut München.

Als wir im Institut in den November-Tagen des Jahres 2008 aus dem Bayerischen Staatsministerium für Wissenschaft, Forschung und Kunst das nachdrückliche Angebot des Umzugs nach Regensburg erhielten, war uns nicht bekannt, dass beinahe auf den Tag genau gleichzeitig dieses Testament geöffnet wurde. Im März 2009, beim Eintreffen der entsprechenden Nachricht aus Australien, saßen wir in der Schwabinger Beichstraße 3 bereits auf vorgepackten Kisten. Bei der Suche nach biografischen Daten des Erblassers fanden wir anhand der Wohnadresse nur sein Anwesen unweit der Philipps-Bucht an der Südküste Australiens. Győry ist so ein namenloser Wohltäter geblieben. Der alleinstehende Herr vermachte den wirtschaftlichen Ertrag seines mittelständischen Berufslebens einem Institut, in dem sich nicht einmal die ältere Mitarbeitergeneration daran erinnert, von ihm jemals kontaktiert worden zu sein. Auch im Archiv des Instituts wurden bislang keine Spuren einer wie auch immer gearteten Beziehung zum Wohltäter aus Australien gefunden. Die Sympathie Győrys für das Ungarische Institut München lebte nicht aus personifizierbaren Interessen, sondern war wohl an einer bestimmten Idee, am geistigen Auftrag des Instituts ausgerichtet.

Wer schon in den 1980er Jahren im Institut arbeitete, der wird bestätigen, dass diese Idee heute im Grunde dieselbe ist: die Förderung des wissenschaftlichen und kulturellen Austausches zwischen Deutschland / Bayern und Ungarn. Dieses Kernprogramm, das Ungarn in seiner heutigen wie auch historischen Erscheinungsform erfasst, ließ sich seit dem Umzug nach Regensburg 2009 um zwei Elemente erweitern: die universitäre Lehre und die Vermittlung der ungarischen Sprache im universitären und voruniversitären Bereich.

Seit 2010, dem Jahr der Annahme der Erbschaft und entsprechender Mitteilung an die Zuwendungsgeber, haben sich für das Institut die Bewährungsproben vermehrt und intensiviert. Zum einen musste seine Stellung im Regensburger Wissenschaftszentrum Ost- und Südosteuropa und an der Universität geklärt werden, was einvernehmlich und vertraglich auch gelang. Zum anderen begann eine neue Phase des deutsch-ungarischen Austausches, der heute selbst im Vergleich zu den 1980er Jahren kein einfaches Unterfangen ist. Gerade deswegen empfiehlt es sich, ihn als Dialog zu begreifen, der auf gleicher Augenhöhe und mit neugierigem, notfalls auch kritischem Augenmaß geführt wird.

Das Institut sollte sich daher weiterhin in der Pflicht fühlen, seine fachwissenschaftlichen Vorhaben mit breiteren Bildungsinitiativen zu unterstützen. Eine Schlüsselrolle kommt dabei der ungarischen Sprache als erstrangigem Kommunikations-, Informations- und Vermittlungsmittel zu, und zwar nicht nur in ihrer Originalform, sondern auch in deutscher Übersetzung. Hier, inmitten der Universitätsbibliothek, bietet sich der Hinweis an, dass wir zum Beispiel die neue Abteilung der Institutsbibliothek, die Werke von älteren und jüngeren Klassikern der ungarischen Belletristik in deutscher Übersetzung versammelt, gerne weiterentwickeln, sie in Forschungsprojekten, aber auch kulturellen Programmen an Frau und Mann bringen – getreu dem Motto: Lesen bildet und verbindet.

Die Stiftung ist das dritte Standbein des Projekts Ungarisches Institut. Der frühere Trägerverein gibt die Erbschaft aus Australien gleichsam als Mitgift dem universitären Ungarischen Institut weiter. Die Vorbereitungen zu dieser Weiterschenkung waren lang und spannend, streckenweise nervenaufreibend. Dafür, dass jetzt alle wichtigen Voraussetzungen erfüllt sind, gebührt dreifacher Dank: In erster Linie dem Freistaat Bayern, der das Institut in den frühen 1970er Jahren aus der Bundeszuwendung übernahm und danach rund drei Jahrzehnte alleine förderte, dann auch Ungarn, das sich seit 1999 an der Finanzierung des Instituts mit strukturell bedeutsamen Zuwendungen beteiligt, schließlich, aber nicht zuletzt der Universität Regensburg, die dem Institut seit 2009 auch in unruhigen Phasen eine sichere Bleibe bot – und dies, so hoffen wir, noch lange, sehr lange Zeit tun wird. Wir freuen uns jedenfalls auf die gemeinsame Arbeit nun auch in der Stiftung Ungarisches Institut. Die Zusammensetzung des Stiftungsrates aus Vertretern des Freistaats Bayern, der Universität Regensburg, Ungarns sowie des Stifters, des Ungarischen Instituts München, veranschaulicht mehr als symbolhaft den Kerngedanken, den die Stiftung nach Kräften fördern wird: den des deutsch-ungarischen Dialogs, der hin und wieder in einem Ausgleich, in einem Kompromiss seinen tieferen Sinn erhält.

Zsolt K. Lengyel   Regensburg

Verlagswechsel bei der „Studia Hungarica" und dem „Ungarn-Jahrbuch"

Die beiden Publikationen des Ungarischen Instituts München e. V. (UIM) sind an einer neuen Entwicklungsstufe angelangt.

Die Bände 1 bis 3 der „Studia Hungarica" kamen im Verlag Schnell & Steiner (Zürich), die Bände 4 bis 10 im Verlag v. Hase & Köhler (Mainz), die Bände 11 bis 39 im Verlag Dr. Dr. Rudolf Trofenik (München) heraus. Das „Ungarn-Jahrbuch" wurde von Band 1 (1969) bis Band 6 (1974/1975) durch den Verlag v. Hase & Koehler, von Band 7 (1976) bis 18 (1990) durch den Verlag Dr. Dr. Rudolf Trofenik herausgegeben. Ab Band 40 der Buchreihe und Band 19 (1991) der Zeitschrift oblagen die verlegerischen Aufgaben dem Verlag Ungarisches Institut München.

Das Ungarische Institut, das Forschungs- und Kulturinstitut des gleichnamigen Trägervereins, ist 2009 auf nachdrückliche Empfehlung der bayerischen und mit Zustimmung der ungarischen Förderseite aus München nach Regensburg umgezogen. Diesen Schritt hat es seither auf allen seiner Tätigkeitsfelder zur Weiterentwicklung der Konzeption der Hungarologie als interdisziplinärer Regionalwissenschaft im Rahmen der deutschen Forschung und Lehre zu Ost-, Ostmittel- und Südosteuropa zu nutzen versucht. Im Zuge dieser Bemühungen wurde 2015 das „Hungaricum – Ungarisches Institut" (HUI) gegründet, das als zentrale Einrichtung der Universität Regensburg inhaltlich die althergebrachten Ziele – vom früheren Trägerverein formal getrennt – verfolgt und sein Arbeitsprogramm um die universitäre Lehre erweitert.

Auf dem neu abgesteckten Wirkungsgebiet ist für die Bewältigung der gestiegenen Anforderungen die breitere Verteilung der Verantwortlichkeiten unausweichlich geworden. Für das Tätigkeitsfeld der Publikationen haben die Erfahrungen der bisherigen Institutskooperationen mit dem national und international renommierten Regensburger Verlag Friedrich Pustet den entsprechenden Beschluss entscheidend befördert. Die „Studia Hungarica" und das „Ungarn-Jahrbuch" werden ab Band 53* beziehungsweise dem vorliegenden Band 33 im Auftrag des Ungarischen Instituts München vom Ungarischen Institut der Universität Regensburg zusammengestellt, lektoriert und redigiert sowie im Pustet-Verlag herausgegeben.

Die beiden Publikationen folgen im neu gestalteten Gewand alter Programmatik. Diese hat sich seit den Anfangsjahren 1964 beziehungsweise 1969 nach allen Veränderungen sonstiger Projektmerkmale im Zeichen der breiten Konzep-

---

*   Bereits erschienen: *Ungarn, Deutschland, Europa. Einblicke in ein schwieriges Verhältnis.* Hgg. Zsolt K. Lengyel, Ralf Thomas Göllner, Wolfgang Aschauer. Regensburg 2017.

tion der Hungarologie bewährt. Sie ist zudem angesichts disziplinärer, geografischer, zeitlicher und thematischer Engführungen in den Ost-, Ostmittel- und Südosteuropawissenschaften Deutschlands nach wie vor sinnvoll. Zweck der beiden Reihen bleibt es, einschlägige Arbeiten vornehmlich zur Geschichte, Kultur, Politik, Gesellschaft und Wirtschaft des historischen und gegenwärtigen Ungarn sowie der über mannigfaltige Beziehungen verbundenen Räume der internationalen Fachwelt zugänglich zu machen – gerne weiterhin in deutscher, fallweise in englischer Sprache. Damit sollen sie die grenzüberschreitende Zusammenarbeit zwischen den verschiedenen Zweigen der interdisziplinär regionalwissenschaftlichen Hungarologie und verwandter Fächer fördern. Ihr zeitlicher Rahmen erstreckt sich vom Mittelalter bis in die Gegenwart. Die „Studia Hungarica" ist für Monografien und Aufsatzsammlungen vorgesehen. Das „Ungarn-Jahrbuch" bringt in der Regel Abhandlungen, Forschungsberichte, Mitteilungen, Besprechungen und Chronik.

Die verlegerische Betreuung der beiden Reihen geht – einschließlich der Verwaltung der Fortsetzungs-, Tausch- und Belegexemplare – ab den bezeichneten Bandnummern auf den Verlag Friedrich Pustet über (Gutenbergstraße 8, D-93051 Regensburg, Telefon: [0049] (0941) 92022-0, Telefax: [0049] (0941) 92022-330, bestellung@pustet.de). Die Gegengaben im Publikationstausch erbitten wir auch zukünftig unmittelbar an das Ungarische Institut, dessen Verlag für den Vertrieb der Bände 1–52 der „Studia Hungarica" und 1–32 des „Ungarn-Jahrbuch" unverändert zuständig ist (Landshuter Straße 4, D-93047 Regensburg, Telefon: [0049] (0941) 943 5440, Telefax: [0049] (0941) 943 5441, uim@ungarisches-institut.de). Dieser Altbestand kann auch über den Buchhandel (www.buchhandel.de) käuflich oder im Tauschverkehr unmittelbar erworben werden. Der Katalog aller 1964–2016 erschienenen Bände ist unter www.ungarisches-institut.de abrufbar. Zu den Titeln seit dem Erscheinungsjahr 2017 sei in erster Linie auf die Informationen aus dem Hause Pustet verwiesen.

Zsolt K. Lengyel   Regensburg

Mitarbeiterinnen und Mitarbeiter des Bandes

Ablonczy Balázs, Dr., Magyar Tudományos Akadémia, Bölcsészettudományi Kutatóközpont, Történettudományi Intézet, Tóth Kálmán utca 4, H–1097 Budapest, ablonczy.balazs@btk.mta.hu

Adriányi Gabriel, Prof. Dr. em., Dr. h. c., Wolfsgasse 4, D–53639 Königswinter, gabriel.adrianyi@t-online.de

Bahlcke Joachim, Prof. Dr., Universität Stuttgart, Historisches Institut, Keplerstraße 17, D–70174 Stuttgart, joachim.bahlcke@hi.uni-stuttgart.de

Balaton Petra, Dr., Károli Gáspár Református Egyetem, Történettudományi Intézet, Új és Jelenkori Történeti Tanszék, Reviczky utca 4, H–1088 Budapest, balaton.petra@gmail.com

Brzoska Gudrun, Goethestraße 1, D–89584 Ehingen, ungarnliteraturdeutsch@web.de

Bucher Florian, B. A., Universität Regensburg, Ungarisches Institut, Landshuter Straße 4, D–93047 Regensburg, bucher@ungarisches-institut.de

Busa Krisztina, M. A., Universität Regensburg, Ungarisches Institut, Landshuter Straße 4, D–93047 Regensburg, busa@ungarisches-institut.de

Fülemile Ágnes, Dr., Magyar Tudományos Akadémia, Bölcsészettudományi Kutatóközpont, Néprajztudományi Intézet, Tóth Kálmán utca 4, H–1097 Budapest, fulemile@etnologia.mta.hu

Göllner Ralf Thomas, Dr., Universität Regensburg, Ungarisches Institut, Landshuter Straße 4, D–93047 Regensburg, goellner@ungarisches-institut.de

Horváth Franz Sz., Dr., Lerchenweg 7, D–65428 Rüsselsheim, franzhorvath@web.de

Kárbin Ákos, Dr., Veritas Történetkutató Intézet, Kárász utca 6, H–1131 Budapest, akos.karbin@veritas.gov.hu

Kármán Gábor, Dr., Magyar Tudományos Akadémia, Bölcsészettudományi Kutatóközpont, Történettudományi Intézet, Tóth Kálmán utca 4, H–1097 Budapest, karman.gabor@btk.mta.hu

Kessler Wolfgang, Dr., Rahserstraße 8, D–41747 Viersen, corneliakessler@t-online.de

Kitanics Máté, Dr., Magyar Tudományos Akadémia, Bölcsészettudományi Kutatóközpont, Történettudományi Intézet, Tóth Kálmán utca 4, H–1097 Budapest, kitanics.mate@btk.mta.hu

Kovács Gyöngyi, Dr., Magyar Tudományos Akadémia, Bölcsészettudományi Kutatóközpont, Régészeti Intézet, Tóth Kálmán utca 4, H–1097 Budapest, kovacs.gyongyi@btk.mta.hu

Lengyel Zsolt K., Dr. habil., Universität Regensburg, Ungarisches Institut, Landshuter Straße 4, D–93047 Regensburg, lengyel@ungarisches-institut. de

Lukács László, Prof. Dr., Szent István Király Múzeum, Fő utca 6, H–8000 Székesfehérvár, drlukacs.fehervar@t-online.hu

Márton Mihai, Dr., Universität Regensburg, Ungarisches Institut, Landshuter Straße 4, D–93047 Regensburg, mihai_marton@yahoo.de

Pap Norbert, Dr. habil., Pécsi Tudományegyetem, Természettudományi Kar, Földrajzi Intézet, Ifjúság útja 6, H–7624 Pécs, pnorbert@gamma.ttk.pte.hu

Piesskalla Michael, Dr., BDB Rechtsanwälte, Schwanthalerstraße 106, D–80339 München, mp@muc-legal.de

Póka Ágnes, M. A., Magyar Tudományos Akadémia, Bölcsészettudományi Kutatóközpont, Történettudományi Intézet, Tóth Kálmán utca 4, H–1097 Budapest, Poka.Agnes@btk.mta.hu

Rózsa Mária, Dr., Karolina út 5, H–1113 Budapest, rozsam@t-online.hu

Szabadi István, Dr., Tiszántúli Református Egyházkerület Levéltára, Fűvészkert utca 2, H–4026 Debrecen, iszabadi@gmail.com

Szántay Antal, Dr., Budapesti Corvinus Egyetem, Szociológia és Társadalompolitika Intézet, Közraktár utca 4–6, H–1093 Budapest, antal.szantay@iif.hu

Varga Szabolcs, Dr. habil., Pécsi Püspöki Hittudományi Főiskola, Hunyadi János utca 11, H–7625 Pécs, szavarga@gmail.com

Ungarn-Jahrbuch
Zeitschrift für interdisziplinäre Hungarologie

Herausgegeben von Zsolt K. Lengyel

In Verbindung mit

Redaktion: Zsolt K. Lengyel
mit Florian Bucher, Krisztina Busa, Ralf Thomas Göllner
ISSN 0082-755X (Zeitschriftennummer)

Band 1 (1969)	1969, 240 S., Kt.
Band 2 (1970)	1970, 211 S., 2 Abb., Kt.
Band 3 (1971)	1972, 240 S., 6 Abb., Kt.
Band 4 (1972)	1973, 240 S., 13 Abb., Kt.
Band 5 (1973)	1973, 320 S., Kt.
Band 6 (1974/1975)	1976, 320 S., Kt.
Band 7 (1976)	1977, VIII, 1 Abb., 304 S., Ln.
Band 8 (1977)	1978, VIII, 2 Abb., 332 S., Ln.
Band 9 (1978)	1980, VIII, 338 S., Ln.
Band 10 (1979)	1981, 392 S., 2 Abb., 5 Taf., Ln.
Band 11 (1980/1981)	1982, 266 S., 4 Abb., Ln.
Band 12 (1982/1983)	1984, 312 S., 8 Abb., Ln.

Band 13 (1984/1985)	1985, 322 S., 2 Abb., Ln.
Band 14 (1986)	1986, XII, 309 S., 1 Abb., 2 Taf., Ln.
Band 15 (1987)	1987, IV, 286 S., 14 Abb., Ln.
Band 16 (1988)	1988, VI, 336 S., 10 Abb., Ln.
Band 17 (1989)	1989, X, 322 S., 23 Abb., Ln.
Band 18 (1990)	1991, VIII, 357 S., 13 Abb., Ln.
Band 19 (1991)	1992, VIII, 378 S., 39 Abb., Ln.
Band 20 (1992)	1993, VIII, 336 S., 13 Abb., Ln.
Band 21 (1993/1994)	1995, X, 346 S., 68 Abb., Ln.
Band 22 (1995/1996)	1996, X, 416 S., 19 Abb., Ln.
Band 23 (1997)	1998, VIII, 466 S., 41 Abb., Ln.
Band 24 (1998/1999)	2000, VIII, 458 S., 17 Abb., Ln.
Band 25 (2000/2001)	2002, X, 486 S., 5 Abb., Ln.
Band 26 (2002/2003)	2004, X, 422 S., 58 Abb., Ln.
Band 27 (2004)	2005, X, 508 S., 15 Abb., Ln.
Band 28 (2005–2007)	2007, X, 582 S., 24 Abb., Ln.
Band 29 (2008)	2009, VIII, 598 S., 26 Abb., Ln.
Band 30 (2009/2010)	2011, VIII, 350 S., 70 Abb., Ln.
Band 31 (2011–2013)	2014, VIII, 696 S., 71 Abb., Ln.
Band 32 (2014/2015)	2016, VIII, 459 S., 6 Abb., Ln.
Band 33 (2016/2017)	2018, 396 S., 72 Abb., geb.

Bestellungen der Bände 1 bis 32 werden an folgende Adresse erbeten:
Verlag Ungarisches Institut
Landshuter Straße 4
D-93407 Regensburg
uim@ungarisches-institut.de
www.ungarisches-institut.de

Bestellungen ab Band 33:
Verlag Friedrich Pustet
Gutenbergstraße 8
D-93051 Regensburg
bestellung@pustet.de
www.verlag-pustet.de

ZSOLT K. LENGYEL /
RALF THOMAS GÖLLNER /
WOLFGANG ASCHAUER (HGG.)
Ungarn, Deutschland, Europa
Einblicke in ein schwieriges
Verhältnis

Studia Hungarica, Band 53
256 Seiten, kartoniert
ISBN 978-3-7917-2861-2
auch als eBook

Der Tagungsband, der ab sofort bei Pustet erscheinenden
Reihe *Studia Hungarica*, befasst sich mit ausgewählten
Problemen der deutschen und ungarischen Zeit- sowie
bilateralen Beziehungsgeschichte. Im Fokus stehen die
Flüchtlings- und Migrantenproblematik, die Vergangenheits-
bewältigung, die Kin-State-Politik und die gegenseitige
journalistische Beurteilung in den beiden Staaten. Auch
wird die Diskussion politischer Publizisten über die Rolle der
Medien bei der gegenseitigen Wahrnehmung Deutschlands
und Ungarns behandelt. Den deutschsprachigen Beiträgen
sind Zusammenfassungen auf Englisch angefügt.

**VERLAG
FRIEDRICH
PUSTET**

Verlag Friedrich Pustet
Unser komplettes Programm unter:
www.verlag-pustet.de

Tel. 0941 / 92022-0
Fax 0941 / 92022-330
bestellung@pustet.de

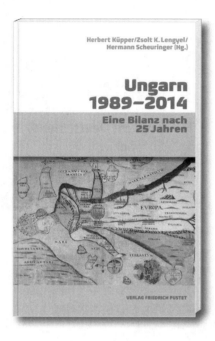

HERBERT KÜPPER /
ZSOLT K. LENGYEL /
HERMANN SCHEURINGER (HGG.)

Ungarn 1989–2014
Eine Bilanz nach 25 Jahren

200 Seiten, 2 Abbildungen
kartoniert
ISBN 978-3-7917-2742-4
auch als eBook

Dieser Band vereinigt die Beiträge der Tagung „25 Jahre.
Ungarn und seine Nachbarn 1989–2014. Eine Bilanz".
Renommierten Vertretern der deutschen und der ungarischen
Politik-, Rechts-, Gesellschafts- und Kulturwissenschaft
analysieren hier v. a. die längerfristigen Folgen der Grenz-
öffnung in ausgewählten Kernbereichen des ungarischen
Systemwandels – u. a. das politische System, die Europa-,
Nachbarschafts-, Gesellschafts- und Wirtschaftspolitik,
Minderheiten in Ungarn und ungarische Minderheiten in
den Nachbarstaaten sowie, als besonderes Element der
westlichen Außenbeziehungen, die deutsch-ungarischen
Kultur- und Wissenschaftsbeziehungen.

VERLAG FRIEDRICH PUSTET

Verlag Friedrich Pustet
Unser komplettes Programm unter:
www.verlag-pustet.de

Tel. 0941 / 92022-0
Fax 0941 / 92022-330
bestellung@pustet.de